동자문

**동자문**

초판 1쇄 인쇄 _ 2013년 1월 20일
초판 1쇄 발행 _ 2013년 1월 25일

지은이 _ 이토 진사이 | 옮긴이 _ 최경열

펴낸이 _ 유재건 | 펴낸곳 _ (주)그린비출판사 | 등록번호 _ 제313-1990-32호
주소 _ 서울시 마포구 동교로 17길 7 은혜빌딩 4층 | 전화 _ 702-2717 | 팩스 _ 703-0272

ISBN 978-89-7682-398-4  94150

이 도서의 국립중앙도서관 출판시도서목록(CIP)은 e-CIP 홈페이지(http://www.nl.go.kr/ecip)와 국가자료공동목록시스템(http://www.nl.go.kr/kolisnet)에서 이용하실 수 있습니다.
(CIP제어번호: CIP2013000225)

이 책의 번역저작권은 옮긴이에게 있으며, (주)그린비출판사와의 독점 계약에 의해 출간되었으므로 무단전재와 무단복제를 금합니다. 책값은 뒤표지에 있습니다. 잘못 만들어진 책은 서점에서 바꿔 드립니다.

그린비출판사 **나를 바꾸는 책, 세상을 바꾸는 책**
홈페이지 _ www.greenbee.co.kr | 전자우편 _ editor@greenbee.co.kr

童子問
주자학 아닌 유학을 묻는다
이토 진사이 지음·최경열 옮김

# 동자문

그린비

# 차례

간행 서(序)  11

## 동자문 上

1장. 공자와 맹자의 올바른 가르침  20
2장. 공맹 외에 도에 이르는 지름길은 없습니까  22
3장. 도에 이르는 길에 대해 더 듣고 싶습니다  24
4장. 『논어』는 너무 평이하지 않습니까  26
5장. 『논어』에 대한 분명한 깨우침을 내려 주십시오  28
6장. 어째서 『논어』가 육경보다 훌륭하다 하십니까  31
7장. 『맹자』는 읽지 않아도 됩니까  33
8장. 알기 쉽고 행하기 쉬운 것이 지극하다는 가르침  36
9장. '사람 밖에 도가 없다'는 것은 무슨 말입니까  39
10장. 후세의 학문은 어째서 『논어』와 배치됩니까  41
11장. 성인의 도에는 아주 어려운 게 있지 않습니까  43
12장. 『논어』는 왜 본성의 선함을 말하지 않습니까  45
13장. 성·도·교의 구분을 상세히 듣고자 합니다  48
14장. 성·도·교의 순서가 『중용』에서 다릅니다  50
15장. 도를 말하지만 교가 그 가운데 있다  53
16장. 교가 성보다 귀한 것입니까  55
17장. 성이 교보다 귀한 것입니까  56
18장. 성과 교에는 우열이 없는 것입니까  58
19장. 교의 조목을 상세히 알고 싶습니다  60
20장. 문을 배우는 것을 그르다 하는 이들이 있습니다  62
21장. 학문의 위대함에 대해 자세히 듣고 싶습니다  65
22장. 학문은 본성의 안과 밖 중 어디에 있습니까  69
23장. 외물에 유혹당해도 되겠습니까  71
24장. 선생님께서 말씀하신 도는 비근하지 않습니까  73
25장. 비근을 소홀히 하지 말라는 것은 무슨 뜻입니까  75
26장. 안회에 따르면 공자의 도는 비근하지 않습니다  78
27장. 도에 대한 시비가 생기는 까닭은 무엇입니까  82

28장. 알기 쉽고 행하기 쉬운 것이 옳은 것입니까     84
29장. 지금 유학자들은 도에 들어가기 어렵습니까     87
30장. 자하가 한 말에 대해 듣고 싶습니다     89
31장. 성인의 말의 쉽고 어려움을 어찌 생각하십니까     92
32장. 『논어』의 도리에 대해 더 말씀해 주십시오     94
33장. 옛사람들의 올바른 처방을 여쭙니다     95
34장. 『논어』·『맹자』의 핵심을 듣고자 합니다     96
35장. 어째서 충신이 인을 행하는 기초입니까     98
36장. 어째서 경보다 충신을 위주로 하는 것입니까     100
37장. 경은 쓰지 말아야 합니까     102
38장. 배우기를 좋아하지 않으면 폐단이 있습니까     105
39장. 인의 뜻은 무엇입니까     107
40장. 인을 알기 어려운 까닭은 무엇입니까     109
41장. 궁리는 인을 구하는 데 방해가 됩니까     111
42장. 공자와 맹자가 말씀하신 인이란 무엇입니까     115
43장. 완성된 덕으로서의 인에 대해 여쭙니다     118
44장. 인을 학문의 종지로 삼았다는 말씀을 여쭙니다     119
45장. 인은 반드시 사랑에서 그치는 것입니까     121
46장. 공맹의 인이 사랑과 관계가 있습니까     122
47장. 공자는 어째서 관중이 인하다고 하셨습니까     125
48장. 자로, 염유, 공서화는 인하지 않습니까     128
49장. 관중이 왕도를 돕지 못한 이유는 무엇입니까     129
50장. 자문과 진문자는 어째서 인하지 않습니까     131
51장. 이치에 합당하고 사심이 없으면 인한 것입니까     133
52장. 성인의 인과 관중의 인은 같습니까     135
53장. 공자의 인에 대해 여쭙겠습니다     136
54장. 덕을 완성하지 못해도 인이라 할 수 있습니까     138
55장. 한유의 박애가 비판받은 까닭은 무엇입니까     139
56장. 인을 성이라 해서 헛되게 만들어 버렸다는 뜻     141
57장. 장식이 만든 「수사언인록」은 합당합니까     144
58장. 서를 실천하여 인을 구한다는 것은 무엇입니까     146
59장. 증자는 어째서 부자의 도가 충서라 했습니까     148

## 동자문 中

| | |
|---|---|
| 1장. 책마다의 강령을 어떻게 생각하십니까 | 152 |
| 2장. 어찌 중을 두고도 인의만을 주장하십니까 | 154 |
| 3장. 인의가 중보다 소중한 것입니까 | 156 |
| 4장. 중용이 공문의 심법이라는 말을 어찌 보십니까 | 159 |
| 5장. 성인은 중으로 도통을 전했다고 합니다 | 161 |
| 6장. 인의가 공맹의 종지가 되는 까닭은 무엇입니까 | 165 |
| 7장. 맹자는 어째서 지를 미워하셨습니까 | 167 |
| 8장. 맹자가 왕도를 말씀하신 까닭은 무엇입니까 | 170 |
| 9장. 선유의 말은 왕도와 함께 말할 수 없습니까 | 172 |
| 10장. 왕도는 욕구를 경계하지 않습니까 | 175 |
| 11장. 왕도를 행하는 학문이 우선할 일입니까 | 177 |
| 12장. 왕도를 공부에 받아들여 쓰는 게 절실합니까 | 179 |
| 13장. 학문이 왕도를 근본으로 하는 뜻은 무엇입니까 | 181 |
| 14장. 경세제민의 책들도 왕도를 잘 밝히고 있습니까 | 183 |
| 15장. 왕도를 상세하고 분명히 논한 곳은 어딥니까 | 185 |
| 16장. 호화·호색에 대한 맹자의 본뜻은 무엇입니까 | 187 |
| 17장. 임금에게 정심성의를 말하면 안 됩니까 | 190 |
| 18장. 왕의 덕이란 어떤 것입니까 | 192 |
| 19장. 후세에는 왕도를 행하기 어려울 것 같습니다 | 194 |
| 20장. 고례회복보다 여민동락이 우선입니까 | 197 |
| 21장. 삼대 이후는 모두 타락한 것입니까 | 199 |
| 22장. 옛날 왕들도 검약을 숭상했습니까 | 202 |
| 23장. 문왕이 영대를 지은 일에 대해 여쭙니다 | 204 |
| 24장. 혹독한 세금을 경계한 까닭은 무엇입니까 | 206 |
| 25장. 검약으로 다스린들 사람들이 따르겠습니까 | 208 |
| 26장. 당 태종의 예악에 대해 여쭙니다 | 210 |
| 27장. 예가 절약과 검소에서 생깁니까 | 212 |
| 28장. 왕자와 패자의 구분을 여쭙겠습니다 | 214 |
| 29장. 백성을 자식처럼 기른다는 것은 무엇입니까 | 215 |
| 30장. 어떻게 하늘에 영원한 명을 빌 수 있습니까 | 217 |
| 31장. 치도의 요점을 여쭙겠습니다 | 220 |
| 32장. 상벌을 공과에 합당하게 할 수 있습니까 | 221 |
| 33장. 검약을 좋아하는 사람들은 어찌 인색합니까 | 223 |
| 34장. 천하에서 어떤 선이 가장 귀합니까 | 224 |

35장. 맹자가 제선왕에게 행한 예가 오만해 보입니다　　　226
36장. 효에 대해 여쭙겠습니다　　　228
37장. 효에도 크고 작음이 있습니까　　　229
38장. 달효란 무엇을 말합니까　　　230
39장. 충에 대해 여쭙겠습니다　　　232
40장. 충과 효 가운데 무엇이 중합니까　　　234
41장. 사제지간의 도리를 여쭙니다　　　236
42장. 스승을 구하는 방도를 여쭙니다　　　238
43장. 스승의 도리를 여쭙니다　　　239
44장. 붕우의 뜻을 여쭙니다　　　240
45장. 붕우유신의 '신'은 무엇을 말합니까　　　243
46장. 선생님께서도 소원이 있으십니까　　　245
47장. 자기 의론과 다르면 교류하지 않습니다　　　247
48장. 세상의 학자들은 서로를 비방하고 있습니다　　　249
49장. 자기 스승의 문하만을 사사롭게 감쌉니다　　　251
50장. 자신을 지키는 법도를 여쭙니다　　　253
51장. 검소함을 지키는 방도를 여쭙니다　　　254
52장. 집안을 다스리는 것에 대해 여쭙니다　　　256
53장. 세상일에 대응하는 방법을 여쭙니다　　　258
54장. 비방이나 칭찬에 마음이 흔들립니다　　　259
55장. 화와 복이 생기는 연유를 여쭙니다　　　262
56장. 학문의 요체를 여쭙니다　　　263
57장. 돌이켜 찾는 것과 충서에 차이가 있습니까　　　265
58장. 유학자의 심법은 무엇입니까　　　266
59장. 하학상달의 뜻을 여쭙니다　　　268
60장. 상달 공부를 여쭙니다　　　270
61장. 상달했을 때는 어떻게 됩니까　　　272
62장. 갑작스런 깨달음은 있습니까　　　274
63장. 소이연의 리에는 미치지 못하는 것 같습니다　　　276
64장. 이학·심학·성학 등의 명칭은 옳은 것입니까　　　279
65장. '리'를 가볍게 볼 수는 없습니다　　　281
66장. 리가 전부 다 좋은 것은 아니겠지요　　　285
67장. 리를 학문의 근본으로 삼으면 안됩니까　　　287
68장. 리는 왜 만물의 근본이 될 수 없습니까　　　290
69장. 천지는 하나의 거대한 생물이라는 이치　　　292
70장. '통함은 있으나 막힘은 없다'는 무슨 뜻입니까　　　295

71장. 심학이란 명칭은 어떠합니까 297
72장. 본연의 덕이란 무엇입니까 299
73장. 가르침에 성을 우선으로 해야 합니까 301
74장. 천지만물과 일체된다 함은 무슨 뜻입니까 304
75장. 장재의 「서명」에 대해 여쭙니다 306
76장. 가장 사랑하는 선유의 말씀은 무엇입니까 307
77장. 선유의 어떤 말씀이 가장 지극합니까 309

## 동자문 下

1장. 맹자의 성선설에 대해 말씀해 주십시오 314
2장. 송명 유학자들에 대해 듣고 싶습니다 320
3장. 오로지 『논어』·『맹자』만 공부하면 됩니까 322
4장. 오경의 이치를 여쭙니다 324
5장. 오경 각각의 대의를 여쭙겠습니다 327
6장. 『예기』에 대해 여쭙겠습니다 334
7장. 혼천의 제도에 대해 여쭙겠습니다 336
8장. 도에 부합되는 중은 무엇입니까 339
9장. 오경과 『논어』·『맹자』의 차이가 궁금합니다 342
10장. 명을 안다는 말에 대해 여쭙겠습니다 344
11장. 명을 안다는 말의 깊은 뜻을 듣고 싶습니다 346
12장. 공자께서 논란을 꺼리신 이유는 무엇입니까 348
13장. '곧다'는 말을 어떻게 생각하십니까 352
14장. 굴원에 대해 여쭙겠습니다 354
15장. 사물에 얽매이지 않고 세상과 함께 움직인다 356
16장. 이단의 말에도 취할 만한 것이 있습니까 357
17장. 노장을 좋아하는 것이 해가 됩니까 358
18장. 삼대 이후에는 성인이 불교에서 나왔습니까 359
19장. 불법은 번창하는데 유학은 그렇지 못합니다 362
20장. 고명하고 박학한 선비가 선(禪)을 좋아한 까닭 365
21장. 주자와 육상산의 같고 다름을 여쭙겠습니다 367
22장. 주자와 육상산에 대한 양명의 견해를 여쭙니다 369
23장. 옛사람들은 어디에서 도를 구했습니까 371
24장. 방심 찾기와 무슨 차이가 있습니까 373

| | |
|---|---|
| 25장. 활법으로 활물을 다스린다는 말은 무엇입니까 | 376 |
| 26장. 유와 무에 대해 알고 싶습니다 | 380 |
| 27장. 노씨의 허무와 석씨의 적멸에 차이가 있습니까 | 383 |
| 28장. 유가와 불가를 구분하는 까닭은 무엇입니까 | 385 |
| 29장. 유가의 도통은 선림의 정통과 같지 않습니다 | 388 |
| 30장. 이단의 가르침을 구분할 수 있습니까 | 391 |
| 31장. 후세에 인재가 드문 까닭은 무엇입니까 | 393 |
| 32장. 박문·박학의 가르침과 다른 듯합니다 | 396 |
| 33장. 어째서 박학과 다학이 상반됩니까 | 397 |
| 34장. 독서에는 무엇이 긴요합니까 | 398 |
| 35장. 천문·지리 등 여러 학문을 이해해야 합니까 | 400 |
| 36장. 역사서를 읽을 필요가 있습니까 | 402 |
| 37장. 역사서 읽는 법을 여쭙겠습니다 | 404 |
| 38장. 훌륭한 역사서란 어떤 것입니까 | 406 |
| 39장. 시 짓기를 좋아해도 해가 되지 않겠습니까 | 408 |
| 40장. 문장을 짓는 것은 해가 되지 않겠습니까 | 410 |
| 41장. 정도를 얻은 시문집에는 어떤 것이 있습니까 | 412 |
| 42장. 어째서 성학에 뜻을 둔 사람이 적습니까 | 415 |
| 43장. 천하의 선 가운데 무엇이 으뜸입니까 | 417 |
| 44장. 노불의 언어로 풀이된 성인의 글은 어떻습니까 | 419 |
| 45장. 선생님을 믿지 않고 비판하는 사람들이 있습니다 | 421 |
| 46장. 선과 노장의 언어를 분별해 주십시오 | 424 |
| 47장. 명경지수란 말을 미워하는 까닭은 무엇입니까 | 427 |
| 48장. 선생님 학문의 가법에 대해 여쭙겠습니다 | 431 |
| 49장. 공자에 대한 맹자의 평가를 어찌 보십니까 | 433 |
| 50장. 공자가 요순보다 현명한 까닭은 무엇입니까 | 435 |
| 51장. 공자께서는 어찌 조술하기만 하셨습니까 | 439 |
| 52장. 공자는 왜 상고의 성신들을 택하지 않았습니까 | 442 |
| 53장. 부처와 노자의 명성도 오랑캐에까지 미칩니다 | 444 |

간기(刊記)　446
원문　448
해제_유학의 자기화 혹은 독립으로서의 『동자문』　495
찾아보기　510

| 일러두기 |

1 이 책은 이토 진사이(伊藤仁斎)의 『동자문』(童子問, 1707년 편찬)을 완역한 것이다. 번역의 이해를 돕기 위해 원문을 본문 뒤에 수록했다.

2 각 장의 제목은 내용에 맞춰 옮긴이가 첨가한 것이며, 그 밖에 본문 중에 옮긴이가 첨가한 말은 대괄호([ ])를 사용해 구분했다. 그리고 각 장 본문 다음에 있는 주석은 모두 옮긴이가 정리한 것이다.

3 단행본, 전집, 정기간행물 등에는 겹낫표(『 』)를, 단편이나 기사, 편명, 미술작품 등에는 낫표(「 」)를 사용했다.

4 외국 인명이나 지명, 작품명은 2002년 〈국립국어원〉에서 펴낸 '외래어 표기법'을 따라 표기했다.

# 간행 서序

도道는 천하 어디든 이르지 않는 곳이 없고 어느 때이든 저절로 그렇지 않은 때가 없다. 성인 때문에 있는 것도 아니고 소인 때문에 없어지는 것도 아니다. 옛날부터 지금까지 변하지 않았으며 온 세상에 펼쳐 놓아도 기준이 된다. 일상생활의 윤리 안에서 행해지는 것이지, '소리도 없고 냄새도 없는 이치'[1]가 아니다. 그 조목에는 네 가지가 있으니 '인의예지'仁義禮智이다. 그러므로 공자께서는 "천하에 도가 있으면 내 함께 변역變易하려 하지 않을 것이다"[2]라고 말씀하신 것이다. 그러므로 그 근본을 따르면 무릇 사람된 자는 각자 이 사단四端의 마음을 갖지 않을 수 없으니 이는 사체四體를 가진 것과 같다. 측은해하는 마음[惻隱之心]은 인仁의 근본[3]이며 부끄러워하고 미워하는 마음[羞惡之心]은 의義의 근본이며 공경하는 마음[恭敬之心]은 예禮의 근본이며 시비를 판별하는 마음[是非之心]은 지智의 근본이다.[4] 이것이 인간의 본성[人性]이 선하며 만물과 다른 까닭이다. 만약 이를 채울 수 있다면 모두 인의예지의 덕을 이룰 수 있을 것이다. 그러나 태어날 때부터 가지고 있던 것이라 해도 기르지 않는다면 작은 채로 더 이상 커지지 않고 미미한 채로 남아 드러나지 않게 된다. 혹 심하게 속박해 잃어버리게 되면 본디 가지고 있던 것조차 다 사라져 버리고 말 것이다.

성인이 이를 걱정해 가르치는 법을 세워 사람들로 하여금 자신이 본디 가지고 있던 것을 따라 "확장해 채워 나가도록"[擴充][5] 하였다. "남에게 차마 하지 못하는 것[所不忍]에서부터 남에게 그냥 해왔던 것[所忍]에 이르기까지, 하지 않는 것[所不爲]에서부터 여태까지 하고 있는 것[所爲]에 이르기까지"[6] 차츰차츰 선善으로 옮겨 가고 잘못에서 벗어나 그 덕을 이룰 수 있도록 한 것이다. "미루어 나가[推] 미치도록 한다[及]"[7]고 한 것은 모두 그 일을 말한 것이요, '충신'忠信과 '경서'敬恕 또한 모두 이를 유지해 나가는 방법이다. 물이 흘러가 이르는 것에 비유하자면 길을 터주고 물길을 내주어 이끌어 멈추지 않도록 해주면 한 잔 넘는[濫觴] 적은 물도 하늘같이 거대한 바다에 닿을 수 있고, 나무가 점점 자라는 것에 비유하자면 나무를 돋아 주고 덮어 주어 잘 길러 해를 입지 않도록 한다면 자라나는 어린 싹이 몇 아름이나 되는 큰 재목이 될 수 있는 것과 같다. 도만 그러한 것이 아니다. 사람의 일[人事]에 실제 적용해 보면 기교와 예술 또한 모두 그 근본되는 것을 따르지 않는 것이 없으니 차츰차츰 쌓아 나가 거친 것에서 정교한 것으로, 생소한 것에서 능숙함에 이른다. 그러므로 "효제孝悌는 인仁의 근본일 것이다"[8]라고 한 것이며, 또 "잘 기르면 자라지 않는 물物이 없다"[9]라고 한 것이다. 그러므로 공자와 맹자가 사람들에게 보여 준 많은 말은 그 설명이 많기는 하나 그 요점과 귀결을 생각해 보면 이 일이 아닌 게 없다.

후세로 내려오면서 가르쳐 이끌어 주는 법은 다시는 '옛 뜻'[古義][10]을 따르지 않으면서, "인의예지는 모두 본성[性]에 갖추어져 있으나 다만 기

氣에 얽매이고 물物에 가려져 신령스러움과 밝음[靈明]이 드러나지 않는다. 힘써 덮은 것을 걷어 내고 막힌 것을 터서 '처음을 회복하면'[復其初],[11] 마치 때를 닦아 내면 거울이 다시 빛나고 탁한 것을 깨끗하게 하면 물이 다시 맑아지는 것처럼 될 것이다. 이렇게 되면 인의仁義의 덕은 다시 닦을 필요가 없을 것이며 확충하는 방법은 드디어 욕심을 없애는 가르침으로 변할 것이다"[12]라고 말을 한다. 이런 말들은 성인의 가르침에는 확충해 기르는 방법은 있어도 처음을 회복하는 얘기는 없다는 사실을 전혀 모르는 것이다. 사람이 성인에 이르는 방법이 어찌 다만 본성을 회복하는 데 그칠 뿐이겠는가. 그러므로 인의예지의 도가 본성의 선에 기반을 두고 있다고 한다면 옳거니와 최초의 본성을 온전히 회복하는 데 있다고 한다면 옳지 않다.

예전에 아버님께서 일찍부터 송학宋學을 탐독하셔서 성리性理를 연구해 완미하셨다.[13] 그 뒤 '공자와 맹자'[鄒魯][14]의 가르침으로 곧장 거슬러 가셔서는 수년 동안 침잠하셔서 그 참된 가르침을 이해하셨다. 때때로 묻는 사람이 있으면 항상 법도에 맞게 응대하시고 이를 기록해 『동자문』童子問 세 권을 만드셨다. 얼마 전에 불행히 큰일을 당해[15] 모든 일이 분주하기만 했다. 지금 삼년상을 마치고 상복을 벗으며 이에 책을 교정해 장을 나누고 구두를 떼어 목판에 올려 '부족한 자식의 마음'[16]을 갚는다.

호에이寶永 4년(정해년, 1707) 여름
5월 초하루 임자일
나가타네[17] 삼가 쓰다

주)

1) 원문의 '無聲無臭之理'에서 '무성무취'(無聲無臭)란 말은 원래 『시경』(詩經) 「대아」(大雅)의 '문왕'(文王)에 보이는 말이다. 『중용』(中庸) 제33장에 이 구절을 인용해 "하늘의 일은 소리도 없고 냄새도 없다"(上天之載, 無聲無臭)라고 해 '드러내지 않는 덕(德)의 오묘함'(不顯之妙)을 형용했다. 감춰져 있어 드러나지 않는 덕을 형용할 때 쓰는 말이다.

2) 『논어』(論語) 「미자」(微子) 제6장에 보이는 말이다. 공자가 길을 가다 자로(子路)에게 나루를 물어보게 하였는데 은자(隱者) 장저(長沮)와 걸익(桀溺)이 공자의 무리임을 알고는 천하가 다 어지러운데 누구와 변역하려 하는가 하고 말하였다. 자로가 돌아와 공자에게 그들의 말을 아뢰자, 공자는 한동안 안타까워하다가 유명한 말을 한다. "들짐승, 날짐승과 함께 무리지어 살 수는 없으니 내가 이 사람의 무리와 함께하지 않고 누구와 함께하겠는가. 천하에 도가 있으면 내 함께 변역하려 하지 않을 것이다."(鳥獸不可與同群, 吾非斯人之徒與而誰與. 天下有道, 丘不與易也)

3) 근본[端]. 『동자문』에서는 '端'을 모두 '머리' 혹은 '근본'으로 풀이했다. 보통 '실마리'로 풀이한 것과 차이가 있는데 이토 진사이(伊藤仁齊)가 주자학(朱子學)과 견해를 달리하는 곳이다. 상권 7장 참조.

4) 사단(四端)에 대한 논의는 『맹자』(孟子)에 그 근거를 두고 있는데, 맹자는 「공손추 상」(公孫丑上) 제6장에서는 "사양하는 마음이 예의 근본"(辭讓之心, 禮之端)이라 하였고, 또 「고자 상」(告子上) 제6장에서는 "공경하는 마음은 사람이 다 가지고 있으며……공경하는 마음은 예이다"(恭敬之心, 人皆有之,……恭敬之心, 禮也)라고 했다.

5) 확충(擴充)이라는 말 자체도 『맹자』 「공손추 상」 제6장 사단에 대한 논의 가운데 보인다. 『동자문』 상권 42장 참조.

6) 『맹자』 「공손추 상」 제6장에 있는 말로 『동자문』 상권 7장에서 설명된다.

7) "미루어 나가[推] 미치도록 한다[及]." 이 말은 『맹자』 「양혜왕 상」(梁惠王上) 제7장 소위 '곡속장'(觳觫章)에 근거를 두고 있다. "우리집 어른을 공경하여 그 마음을 남의 집 어른에게까지 미치도록 하고[及] 우리집 어린아이를 사랑하여 남의 집 어린아이에게까지 미루어 나가면 천하는 손바닥 위에서 마음대로 움직이듯 잘 다스려질 것입니다.……은혜를 가까운 데서 먼 데로 미루어 나가면[推] 온 세상을 편안하게 보존할 수 있고 은혜를 미루어 나가지 않으면 처자식조차 보존할 수 없을 것입니다."(老吾老, 以及人之老. 幼吾幼, 以及人之幼, 天下, 可運於掌.……推恩, 足以保四海, 不推恩, 無以保妻子)

8) 원문 '孝悌也者, 其爲仁之本歟'는 『논어』 「학이」(學而) 제2장에 보이는 공자의 제자 유약(有若)의 말이다. "유자(有子)가 말하였다. '그 사람됨이 효(孝)하고 공경스러우면서 윗사람 범하기를 좋아하는 사람은 드무니, 윗사람 범하기를 좋아하지 않고서 난

(亂) 일으키기 좋아하는 사람은 있지 않다. 군자는 근본에 힘쓰니 근본이 서면 도가 생기는 것이다. 효와 제는 인을 행하는 근본일 것이다.'"(有子曰, "其爲人也孝弟, 而好犯上者鮮矣, 不好犯上, 而好作亂者未之有也. 君子務本, 本立而道生. 孝弟也者, 其爲仁之本與!" 해석은 주자朱子의 주注를 따랐다) 주자주에는 "효제는 인을 행하는 근본일 것이다"로 해석해서 '爲仁'의 '爲'를 '행하다, 실천하다'라는 타동사로 풀었다. 인이라는 본체가 있으므로 효제는 당연히 인의 발현 형태일 수밖에 없다. 체용(體用)의 맥락에서 효제는 인을 '행하는' 근본일 수밖에 없었다.

이토 진사이는 이 글을 두고 "유자는 '그 사람됨이 효를 하고 공경스러우며'라고 말하였고, 또 '근본이 서면 도가 생겨난다'고 했으므로 효제를 인의 근본으로 삼았음을 알 수 있다"(既曰其爲人也孝悌, 又曰本立而道生, 則其以孝悌爲仁之本, 可知矣)라고 그의 『논어고의』(論語古義)에서 말하고 있다. '위인'(爲仁)의 위(爲)를 '~이다'라는 술어로 풀이했다. 『동자문』 상권 35장에서 이 말을 두고 논의가 벌어진다. 여기서는 『동자문』에 보이는 이토 진사이의 풀이를 따르기로 한다.

9) 원문 '苟得其養, 無物不長'은 『맹자』 「고자 상」 제8장, 소위 '우산장'(牛山章)에서 온 말이다.
10) 고의(古義). 이 말에는 특별한 의미가 있다. 이토 진사이 학파를 고학파(古學派), 또는 고의학파(古義學派)라고 하는데 이토 진사이의 저작 『논어고의』, 『맹자고의』(孟子古義)에서 비롯된 것이다. 이토 진사이의 서숙(書塾)도 고의당(古義堂)이라 했다. 이토 진사이의 아들 도가이(東涯)의 「『맹자고의』 간행 서序」에, "아버님께서 『논어』를 풀이하신 뒤에 이 책(『맹자』)까지 아울러서 모두 고의(古義)라고 명명하셨다. 후세의 허무하고 고원한 뜻을 배척하고 곧바로 옛 뜻으로 거슬러 올라가시고자 하신 뜻이다"(先君子旣釋論語, 幷及此書, 共名以古義, 欲其斥後世虛遠之旨, 而直溯乎古之義也)라고 해 그 뜻을 설명하였다.
11) '최초의 본성을 회복한다'는 말은 본래 당나라 때 이고(李翶)의 「복성서」(復性書)에 그 용례가 보인다. 「복성서」는 한유(韓愈)의 「원도」(原道)와 함께 후대 송나라 주자학에 큰 영향을 미쳤다. 성리학의 선구를 보여 주는 중요한 저작이다.
12) 이 말은 성리학(性理學)의 대의(大義)를 설명한 것이다.
13) 이토 진사이의 『동지회필기』(同志會筆記)에 자신의 학문 편력에 대한 기록이 있어 참고가 될 만하다. 그 일부를 옮긴다. "내가 16~7세 때 주자의 사서(四書)를 읽고 혼자 마음속으로 이는 훈고학(訓詁學)이지 성인 문하의 덕행(德行)의 학문은 아니라고 생각했다. 하지만 집에는 다른 책이 없어 『주자어록』(朱子語錄) · 『사서혹문』(四書或問) · 『근사록』(近思錄) · 『성리대전』(性理大全) 등의 서적을 존중해 믿고 진중하게 여기며 깊이 생각하고 체득해 익혔는데 세월이 흐르면서 점차 그 핵심을 파악할 수 있었다. 27세 때 「태극론」(太極論)을 지었고 28~9세에 「성선론」(性善論)을 지

었으며 후에 또 「심학원론」(心學原論)을 지어 '인심(人心)은 위태롭고 도심(道心)은 미미(微微)하니 정일(精一)하게 해서 그 중(中)을 잡으라'는 뜻을 두루 서술했기에, 스스로는 심오한 뜻을 깊이 터득해 송나라 유학자들이 미처 펴내지 못한 뜻을 발휘해 냈다고 생각하였다. 하지만 마음은 적이 편치 않았다. 또 양명(陽明)과 근계(近溪; 나여방羅汝芳의 호. 흔히 태주학파泰州學派로 일컬어지는 양명좌파의 주요 인물) 등의 저서를 구해 보았는데 마음에 부합하는 것이 있었지만 마음이 더욱 편치 않았다. 어떤 것은 부합하고 어떤 것은 멀어지며, 어떤 것은 따를 수 있었지만 어떤 것은 위배되어 어디로 돌아가야 할지 몰랐다. 이에 어록이며 각주(脚註)를 다 없애 버리고 곧바로 『논어』・『맹자』에서 구해, 자나 깨나 탐구하고 걸을 때마다 생각하며 조용히 체험해 보았더니 저절로 정해지면서 도타워지는 것이 있었다. 이에 내가 전에 썼던 모든 논문들이 다 공자와 맹자에 배치되고 오히려 노장과 불교에 가까운 줄 알게 되었다. 애오라지 이를 글로 써서 배우는 이들에게 권한다."

14) 공자와 맹자. 원문 '鄒魯'에서 추(鄒)는 맹자의 출신지를 말하며 노(魯)는 공자의 출신지를 말한다. 고향을 통해 두 사람을 말한 것이다.

15) 이토 진사이가 세상을 떠난 때를 가리키는 것으로 1705년 3월이다.

16) 원문은 '負薪之志'. 부신(負薪)이란 말은 『예기』(禮記) 「곡례 하」(曲禮下)에 보이는 말이다. "일반 서민의 아들 나이를 물으면 어른일 때는 '땔나무를 짊어질 수 있습니다'라고 대답하고, 어리면 '아직 땔나무를 짊어질 수 없습니다'라고 대답한다."(問庶人之子, 長曰, 能負薪矣, 幼曰, 未能負薪矣) 일반 서민은 힘을 쓰는 것으로 대답을 하기 때문에 이렇게 말한다고 규정한 것이다. 여기서는 장성한 자식으로서 겸사를 쓴 것이다.

17) 나가타네(長胤). 이토 진사이는 슬하에 5남 3녀를 두었는데 맏이가 나가타네로 보통 도가이(東涯)라 불린다.

동자문

上

내가 지난번에 여러 벗들에게 떠밀려 주제넘게도 스스로 문을 열고 공부하는 사람들을 대하게 되었다. 이로부터 사방 선비들이 따르며 배우는 이가 날마다 많아져 도를 묻는 일이 그치지 않았다. 내가 그때마다 "양단兩端을 다 말해 주었는데도"[1] 배우는 사람들은 대부분 옛날에 들은 것에 얽매이고 자신의 의견에 이끌려 끝내 공자와 맹자의 바른 근본[正宗]을 깨닫지 못하였다. 그들은 고원高遠하지 않으면 즐거워하지 않았고, 기이하지 않으면 기뻐하지 않았으며, 일상적인 것을 싫어하고 새로운 것을 좋아하며, "가까운 것을 버리고 먼 것을 취하였다".[2] 내 이를 깊이 고민하다 마침내 보잘것없는 말을 엮어 문답의 자료로 삼고 또 공자와 맹자가 바르게 전한 뜻을 밝혔으니 또한 부득이한 마음에서이다. 송나라의 구양수歐陽脩는 『역易 동자문』[3]을, 보광[4]은 『시전詩傳 동자문』을 지었다. 나 또한 『동자문』이라고 이름하였으니 대가들에게 말하는 것이 아님을 밝혀 둔다.

겐로쿠元祿 6년(계유년, 1693)[5] 겨울
10월 16일 낙양[6]에서
겐스케 이토 고레에다[7] 삼가 쓰다

주)_____

1) 원문은 '叩兩端以竭'이다. 『논어』(論語) 「자한」(子罕) 제7장에 나오는 말로 전문(全文)은 다음과 같다. "공자께서 말씀하셨다. '내가 아는 것이 있는가. 나는 아는 것이 없다. 어떤 비루한 사람이 내게 물어보되 그가 무식하다 하더라도 나는 그 양쪽을 다 말해 준다.'"(子曰, 吾有知乎哉. 無知也. 有鄙夫問於我, 空空如也, 我叩其兩端而竭焉) 이에 대한 주석에는 "고(叩)는 발동한다는 말이며 양단은 양쪽 머리란 말과 같으니 종시와 본말, 상하와 정추[정밀한 것과 거친 것]를 다 말해 주지 않음이 없음을 말한 것이다"(叩, 發動也. 兩端猶言兩頭, 言終始本末上下精粗, 無所不盡)라고 하였다.
2) 원문은 '舍邇而取遠'으로 『맹자』(孟子) 「이루 상」(離婁上) 제11장에서 가져왔다. "맹자께서 말씀하셨다. '도는 가까운 데서 먼 것을 구하며 일은 쉬운 것에서 어려운 것을 구한다. 사람들이 부모를 친하게 대하고 어른을 어른으로 대우하면 천하가 평안해진다.'"(孟子曰, 道在邇而求諸遠, 事在易而求諸難. 人人親其親, 長其長, 而天下平)
3) 『역 동자문』(易童子問). 문답형식으로 쓴 『역』(易)에 대한 해설서로 총 3권이다.
4) 보광(輔廣). 자(字)가 한경(漢卿)으로 남송의 학자이다. 주자(朱子)의 제자이며 저서로 『시전 동자문』(詩傳童子問), 『시전』(詩傳)이 있다.
5) 1693년. 이토 진사이의 나이 67세 때다.
6) 낙양(洛陽). 당시 교토(京都)의 아칭(雅稱)이다.
7) 겐스케(原佐)는 이토 진사이의 자이며, 고레에다(維楨)는 그의 본명이다.

# |1장| 공자와 맹자의 올바른 가르침

동자[1] 한 사람이 물었다. "삼가 들으니, 선생님께서 공자와 맹자의 바른 가르침을 천명해서서 배우는 사람을 가르쳐 인도하신다고 합니다. 하지만 입문한 지 얼마 되지 않고 천성 또한 둔한 데다 이전에 들은 것 위주로 덧붙여져 공자와 맹자의 올바른 가르침에 오히려 놀랍고 또 괴이하다는 생각을 면치 못하겠습니다. 가르쳐 깨우쳐 주시기 바랍니다."

내가 응해서 말하였다. "『논어』·『맹자』 두 책에 보이는 공자와 맹자의 올바른 가르침은 단청같이 빛나고, 천하의 이치를 모두 포함하고 있어 모자란 것이 없으며, 온갖 전적典籍을 다 모아 빠뜨린 것이 없지. 여기서 벗어나면 곁길이고 다른 길이야. 네가 내 뜻을 알고자 한다면『논어』·『맹자』 두 책을 보면 충분할 것이다. 지금 너를 위해 '창고를 기울이고 곳간을 뒤집듯이'[2] 속속들이 자세하게 다 알려 준다 해도 또한 두 책 밖으로 벗어날 수 없을 것이야. 네가 숙독하고 자세히 음미해 터득하는 것이 있다면, 나와는 생사에 차이가 있고 사는 곳이 떨어져 있으며 세대가 다르다 하더라도 서로 한 방에 모여 종일 토론하는 것처럼 마음과 마음이 서로 통하고 부절符節이 들어맞듯 저절로 어긋나지 않게 될 것이다. 게을리하지 말고 힘쓰도록 하거라. 네가 두 책을 다만 성인 문하의 평이하고 친근한 책으로만 여기고 깊은 뜻이 담긴 바를 알지 못할까 두려울 뿐이구나."

주)
1) 동자(童子). 원문은 동항(童行). 여기서 항(行)은 항렬(行列), 세대(世代)라는 뜻이다. '아이 또래' 정도의 뜻이겠으나 동자로 번역했다.
2) 원문은 '傾囷倒廩'. 이 표현은 한유(韓愈)의 「두수재에게 보내는 답장」(答竇秀才書) 세 통 가운데 두번째 편지에 보인다. 이 글에는 '倒廩傾囷'으로 되어 있다. '자세히 말해주겠다' 정도의 뜻을 비유를 들어 쓴 말이다.

| 2장 | 공맹 외에 도에 이르는 지름길은 없습니까

동자가 말하였다. "진실로 깨우쳐 주신 바를 받들도록 하겠습니다. 두 책은 제가 평생 숙독해야 할 것입니다. 『집주대전』[1]과 여러 사람들의 주해서 또한 탐구하고 공부한 적이 있습니다만, 『논어』와 『맹자』 두 책은 참으로 일상의 긴요한 책으로 지극히 친근하였습니다. 하지만 가만히 생각하건대, 이 책 이외에 지극한 도에 곧바로 이르는 지름길이 따로 있지는 않습니까?"

내가 말하였다. "그런 것은 없다. 배움이 올바르게 되길 바라고, 공부가 익기를 원한다면 기이하고 특별한 것[奇特]을 좋아해서는 안 되고 지름길을 구해서도 안 되는 것이야. 물이 차야 배가 뜨고 꽃이 져야 열매가 맺지. 바른 길을 따라가도 도달하지 못할 수 있는데 잘못된 샛길로 가서는 도달하는 일이 결코 없단다. '싹이 나고 꽃이 피고 열매 맺는 것'[2]은 알맞은 때가 있으니 저절로 깨닫도록 맡겨 두고 자신에게서 억지로 깨달음을 구하지 말거라.

『논어』・『맹자』를 읽을 때 초학자는 본래 주석에 의지하지 않고는 본문을 알 수 없지.『집주』의 장구章句를 통달한 뒤에는 주석을 모두 버리고 바로 본문에 가서 숙독하고 자세히 맛보아 흠뻑 잠겨 마음에 새긴다면 공자와 맹자의 본지本旨를 마치 깊은 잠에서 갑자기 깨어난 것처럼 저절로 마음과 눈에 명료하게 깨우칠 수 있을 것이다. 지금 네가 의심을 면하지 못하는 까닭은 모두 주석에 얽매여서지. 천하의 이치는『논어』·『맹자』에 다 담겨 있다. 다시 덧붙일 수 있는 건 없지. 의심하지 말거라."

주)_____
1)『집주대전』(集註大典). 주자가『논어집주』(論語集註)·『맹자집주』(孟子集註)를 썼는데, 이는 명나라 영락제(永樂帝) 때 황제의 명에 따라 송나라 이후 학자들의 주석을 모아 주자의 집주에 주석을 더한 것이다. 여기서는『논어집주대전』(論語集註大典)과『맹자집주대전』(孟子集註大典)을 아울러 말한다.
2) 이 비유는『논어』「자한」(子罕) 제21장에 보이는 말이다. "공자께서 말씀하셨다. '싹이 났으나 꽃이 피지 못하는 경우도 있고 꽃은 피었으나 열매를 맺지 못하는 경우도 있다.'"(子曰, 苗而不秀者, 有矣夫, 秀而不實者, 有矣夫)

| 3장 | 도에 이르는 길에 대해 더 듣고 싶습니다

"더 말씀해 주십시오."

내가 말했다. "너는 오곡[1]을 아느냐. 천하의 지극한 맛을 말한다면 다섯 가지면 끝이다. 팔진미[2]가 훌륭한 음식이고 제호[3]가 뛰어난 맛이라고 하지만 항상 먹을 수 있고 물리지 않는 오곡만 못하지. 하물며 오곡이 아니면 목숨을 보존할 수도 없지 않느냐. 저 훌륭한 맛이 우선은 입에 좋다 하더라도 즐기기를 그치지 않으면 반드시 몸에 해가 되는 것이다. 선배가 말한바 '별난 맛을 좋아하는 자는 반드시 이상한 병에 걸린다'[4]는 말이 이것이지. 도에 있어 『논어』는 바로 음식 가운데 좋은 곡식과 같지. 온 세상에 펼쳐 놓아도 법도가 되고 만세에 전하여도 폐단이 없단다. 사람들이 이를 모른다는 게 걱정스러울 뿐이구나."

주)_____

1) 오곡(五穀). 다섯 곡식이 무엇인지는 문헌에 따라 내용이 다르다. 『주례』(周禮)에 대한 정현(鄭玄)의 주에는, "삼[麻]·찰기장[黍]·메기장[稷]·보리[麥]·콩[豆] 종류"라 하였고 『맹자』에 대한 조기(趙岐)의 주에는 "벼[稻]·찰기장·메기장·보리·콩[菽]"이라 하였다.
2) 팔진미(八珍味). 『주례』「천관」(天官) '선부'(膳夫)에 보이는 말이다. 『예기』(禮記) 「내칙」(內則)에도 기록이 있다. 여덟 가지 진귀한 음식으로 진(珍)은 미식(美食)을 뜻한다. 주석가에 따라 그 내용이 다르다. 소·양·사불상[麋]·사슴·노루[麇]·돼지·개·이리로 만든 요리라고도 하고 용의 간[龍肝]·봉황의 골수[鳳髓]·토끼의 태[兎胎]·잉어 꼬리[鯉尾]·물수리 구이[鶚炙]·성성이 입술[猩脣]·곰 발바닥[熊掌]·유제품[酥酪; 소나 양의 젖을 가공한 유즙] 등의 음식을 말하기도 한다.
3) 제호(醍醐). 발효 유제품 종류를 가리킨다. '제호상미'(醍醐上味)의 준말로 우유를 가공했을 때 얻을 수 있는 5단계 음식 가운데 가장 맛이 좋은 최상품이다. 불가에서는 부처의 경지(열반)를 이르기도 한다.
4) 원문 '嗜異味者, 必有異病'은 명나라 사조제(謝肇淛)가 쓴 수필집 『오잡조』(五雜組)에 나오는 말이다.

| 4장 | 『논어』는 너무 평이하지 않습니까

　동자가 물었다. "송·명 유학과 선종禪宗, 노장의 여러 서적 가운데 의론이 고원해 금방 이해하기 어려운 것에 대해 저는 그것이 참으로 지극한 말이자 오묘한 도라고 생각했습니다. 『논어』 같은 책은 너무 평이하고 담백해서 의미가 없음을 확실히 알겠습니다. 어떻게 생각하십니까?"
　대답하였다. "난삽하고 기벽해 금방 이해하기 어려운 것은 오히려 이해할 수 있으나, 『논어』만은 알 수가 없다. 지극한 말은 평범한 것 같고 괴상한 말[邪說]은 쉽게 사람을 움직이지. 평범한 것 같기 때문에 알 수가 없고, 쉽게 사람을 움직이기 때문에 자신이 함정에 빠진 줄 깨닫지 못하는 게야. 온후하고 화평하며 조용하고 정대正大한 사람이 아니라면 결코 『논어』의 오묘함을 이해할 수 없으니, 기질이 치우치고 강해 기이한 것을 좋아하고 고원한 것에 힘쓰는 사람이 알 수 있는 게 아니야.
　지금 네가 『논어』와 『맹자』를 내버려 두고 곧장 지극한 도에 이르고자 한다면 이는 바로 잘못되고 치우친 곳에 점차 빠져드는 것이라 그 뒤에는 다시 구제할 수가 없다. 근세 학자들의 전철을 밟지 않도록 삼가도록

26　동자문 上

하여라.

옛날 한나라에서 오경박사[1]를 두었으나 논어박사를 둘 줄은 몰랐던 것도 어찌보면 당연한 것이다. 『논어』는 그 말이 평담하지만 의미는 심장하지. 때문에 한나라 사람들이라 해도 그 진리와 도가 지극하고 광대하고 두루 미쳐 육경六經보다 훨씬 훌륭하다는 것을 알지 못했던 게야. 정자程子가 '『논어』·『맹자』를 공부하고 나면 육경은 공부하지 않고도 분명히 알 수 있다'[2]고 말했지. 이는 참으로 고금의 명언이야. 대개 말이 곧고 이치가 분명해 알기 쉽고 외우기 쉬운 글은 반드시 바른 진리란다. 말이 난해하고 이치가 아득해 알기 어렵고 외우기 어려운 글은 반드시 괴상한 말이지. 네가 이 사실을 가지고 찾아보면 온 세상 책 중 백에 한 권도 잘못 보지 않을 것이다."

주)_____

1) 오경박사(五經博士). 한나라 무제(武帝) 때 처음으로 설치하였다. 오경박사는 『역』(易)에 4명(시씨施氏·맹씨孟氏·양구씨梁丘氏·경씨京氏), 『상서』(尙書)에 3명(구양씨歐陽氏·대·소하후씨大小夏候氏), 『시』(詩)에 3명(제齊·노魯·한韓), 『예』(禮)에 2명(대·소대씨大小戴氏), 『춘추』(春秋)에 2명(엄씨嚴氏·안씨顔氏) 등 다섯 경전에 대해 모두 14명의 박사를 둔 것을 말한다.
2) 정자 즉 정이(程頤)의 이 말은 『근사록』(近思錄) 권3에 실려 있다.

| 5장 | 『논어』에 대한 분명한 깨우침을 내려 주십시오

동자가 물었다. "종래에는 모두가 『논어』를 단지 평이하고 정情에 가까워 의미가 일상생활에 친근하다 여겼을 뿐 그것이 광대하고 심원한 줄은 알지 못했습니다. 이처럼 알기 어렵다면 거듭 분명한 깨우침을 내려 주시기 바랍니다."

대답하였다. "『논어』란 책은 성인이 '도에 맞는 지극히 바른'[大中至正][1] 마음으로 대중지정한 도를 설명한 것이다. 그러므로 대중지정한 사람만이 알 수 있지. 너는 필시 알기 어렵고 행하기 어려우며 고원해 도달할 수 없는 것을 지극한 도라 여기고 있어, 알기 쉽고 행하기 쉬우며 평정하고 친근한 것이 바로 영원히 바뀌지 않는, 세상의 지극한 진리라는 것을 모르고 있다. 대체로 알기 어렵고 행하기 어려우며 고원해 도달할 수 없는 말은 이단사설이지. 알기 쉽고 행하기 쉬우며 평정平正하고 친근한 것이 바로 요순의 도요, 공자가 가르침을 세운 근본이며, 『논어』의 으뜸가는 가르침[宗旨]이야.

옛날 공자께서 고금의 문헌을 두루 보시고 여러 성인의 책을 두루 편찬하시되 다만 '요임금과 순임금을 본받아 기록하고', '문왕과 무왕을 모범으로 이어받으셨지'.[2] 저 알기 어렵고 행하기 어려우며 굉장하고 광대해 살펴 헤아릴 수 없는 말들은 모두 없애 버리고, 알기 쉽고 행하기 쉬우며 영원히 바뀌지 않는 진리를 세워 백성들의 삶의 표준으로 삼으신 것이다. 이를 제자들에게 전해 주시고 후세에 알려 주셨지. 그러므로 『논어』 한 권은 실상 가장 지극한, 우주 제일의 책인 것이야. '공자는 성인으로서 사람이 생긴 이래 있은 적이 없는 분'이며 '요임금과 순임금보다 더 현명하다'[3]고 한 까닭도 이 때문이지.

　『맹자』 또한[4] 『논어』에 버금가는 책으로 공자의 가르침을 잘 밝혔다. 맹자는 '요순의 도는 효제孝悌일 뿐이다'[5]라고 하였지. 또 그 알기 어렵고 행하기 어려우며 고원해 도달할 수 없는 말을 배척해 '사설'이라 하고 '난폭한 행동'[6]이라 하면서 통렬하게 거절하시며 오로지 인의仁義의 가르침을 외치셨다. 『논어』의 뜻을 따라 주석한 것이지. 그러므로 배우는 사람들은 이러한 이치를 실제로 알고 난 이후에 『논어』・『맹자』를 읽어야 마땅하단다. 그렇지 않으면 글자 이해와 구절 풀이가 누에의 실같이 정교하고 쇠털같이 조밀해도 사실은 『논어』・『맹자』를 업신여기는 것이지. 어찌 이 책을 존경하며 믿는다고 할 수 있겠느냐.

　예전의 학자들은 모두 『논어』를 두고 공자가 제자들과 한때 문답한 말이라고 하면서[7] 그것이 육경보다 훌륭하다는 것을 알지 못했지. 도가 온 세상과 후세에 밝혀지지 못하고 행해지지 않는 까닭은 '당연히 여기서 비롯된 것일세'.[8] 배우는 이들은 살피지 않으면 아니 될 것이야."

주)_____

1) 중정(中正)이라는 말은 『주역』(周易)에 보이는 술어다. 중정이란 말을 강조해 수식어를 붙여 대중지정(大中至正)이라 한 것이다.
2) 원문은 '祖述堯舜, 憲章文武'. 『중용』(中庸) 제30장에 보이는 말로 『동자문』 하권 51장은 이 말에 대한 문답이다.
3) 이 말은 본래 『맹자』 「공손추 상」(公孫丑上) 제2장 소위 '호연지기장'(浩然之氣章)에 보인다. 공자의 두 제자가 한 말이다. 재아(宰我)가 한 말, "내가 보기엔 선생님께서는 요임금과 순임금보다 더 현명하시다"(以予觀於夫子, 賢於堯舜遠矣)와 자공(子貢)이 한 말, "사람이 있은 이래 선생님 같은 사람은 있지 않았다"(自生民以來, 未有夫子也)를 가져왔다.
4) 또한. 원문은 '又'로 되어 있으나 이토 도가이가 '亦'으로 교정하였다. 도가이의 교정을 따른다.
5) 출전은 『맹자』 「고자 하」(告子下) 제2장으로 조(曹)나라 임금의 동생 조교(曹交)가 "사람이 요순과 같이 될 수 있겠는가"라는 질문에 맹자가 답하면서 해준 말이다.
6) 사설과 난폭한 행동(邪說暴行). 『맹자』 「등문공 하」(滕文公下) 제9장에 보이는 말이다. 해당 부분은 다음과 같다. "세상이 쇠퇴해 도가 미약해지니 사설과 난폭한 행동이 일어나 자기 임금을 죽이는 신하가 있고 자기 아버지를 죽이는 아들이 있어 공자께서 이를 두려워하셔서 『춘추』를 지으셨다."(世衰道微, 邪說暴行, 有作, 臣弑其君者有之, 子弑其父者有之, 孔子懼, 作春秋) 맹자가 여기서 배척한 대상은 당시 풍미했던 양주(楊朱) · 묵적(墨翟)이었다.
7) 반고(班固)의 『한서』(漢書) 「예문지」(藝文志)에, "『논어』는 공자가 제자와 당시 사람들과 응답한 것과 제자들이 서로 한 말 그리고 선생[공자]에게서 직접 들은 말씀[語]이다. 당시 제자들이 각자 기록한 것을 가지고 있었는데 선생이 돌아가신 다음 문인(門人)들이 서로 함께 편집하고 편찬을 의논[論]했기 때문에 『논어』라고 하였다"(論語者, 孔子應答弟子時人及弟子相與言而接聞於夫子之語也. 當時弟子各有所記, 夫子旣卒, 門人相與輯而論纂, 故謂之論語)라고 기록되어 있다.
8) 원문은 '職此之由'. 『춘추좌전』(春秋左傳) '양공'(襄公) 14년'에 다음과 같은 기록이 보인다. "말이 누설된 것은 당연히 그대에게서 비롯된 것일세."(蓋言語漏泄, 職女之由) 이 어투를 가져온 것이다. 『좌전』 주석에는 '職'이라는 말을 '당연히'(當) 혹은 '주로'(主) 또는 '오로지'(專) 등으로 풀고 있다.

| 6장 |  어째서 『논어』가 육경보다 훌륭하다 하십니까

동자가 물었다. "『논어』는 평이해 알기 쉽고, 육경은 심오해 읽기 어렵습니다. 지금 말씀하시길 『논어』의 이치는 육경보다 훌륭하다고 하셨는데 무슨 말씀이신지 잘 모르겠습니다."

대답하였다. "정자가 말하지 않았느냐. '『논어』·『맹자』를 공부하면 육경은 공부하지 않고도 분명히 알 수 있다'고. 육경의 도는 평정[1]하게 모든 이치를 다 통달해 영원한 인간 윤리의 길[道]이 갖추어져 있지. 그렇기는 하나 『논어』·『맹자』를 이해하고 난 뒤에야 육경 공부에 유익함이 생기는 것이다. 그렇지 않으면 육경은 단지 빈 그릇일 뿐 오늘날 쓰이지 못하고 마는 것이야. 삼대[2]의 보배로운 그릇을 상 위에 둘 수는 있지만 매일 쓸 수 없는 것과 같지.

후세 유자儒者들의 『역』과 『춘추』 이해가 그 설명이 기괴하고 낡은 데다 어렵고 깊기만 해 일상생활의 인간 윤리에 가깝지 않은 것도 대개 이 때문일세. 『시』·『서』 두 경전도 마찬가지야. 유독 정자의 『역전』易傳이 여러 유자들의 그것보다 월등히 뛰어나 삼대 이래 좋은 책이 된 까닭은 『논어』・『맹자』의 이치에서 나왔기 때문이지. 이것이 『논어』가 육경보다 훨씬 훌륭한 까닭이란다."

주)
1) 평정(平正). 원문은 '平生'으로 되어 있지만, 도가이가 아버지 진사이의 글을 교정하면서 '평정'으로 바꿨다. '공평무사'라는 뜻이므로, 의미 차이가 생긴다. 진사이는 "육경의 도는 평생 배워야 한다"는 뜻에서 쓴 말 같은데, 도가이는 그런 의미일 경우 『논어』・『맹자』를 배우는 것과 배치될 우려가 있어 육경과 『논어』・『맹자』의 가치를 분리시키려 했던 것으로 보인다.
2) 삼대(三代). 유학에서 이상으로 삼고 있는 하・은・주(夏殷周) 세 왕조를 말한다.

| 7장 | 『맹자』는 읽지 않아도 됩니까

　동자가 물었다. "선생님께서 『맹자』는 『논어』의 뜻에 주석한 책이라고 말씀하셨습니다. 그렇다면 배우는 이들이 오로지 『논어』만 읽고 『맹자』의 경우에는 꼭 읽지 않아도 해가 없겠습니까?"
　대답하였다. "그렇지 않지. 주석이라 하는 것은 경전과 통하는 길을 찾는 것이다. 배우는 사람이 『맹자』를 숙독하지 않으면 분명 『논어』의 뜻을 이해할 수 없으니 『맹자』는 『논어』를 건너는 나루이자 뗏목이라 할 수 있는 게야.
　『논어』는 오직 인의예지를 공부하는 방법만 말하고 있지 그 뜻을 분명히 설명하지는 않았단다. 맹자 시대는 성인의 시대와 멀고 도가 사라져버려 대의가 이미 어긋난 상태였지. 그런 까닭에 맹자가 공부하는 사람들을 위해 찬찬히 그 뜻을 분별하고 그 조리條理를 명확하게 밝힌 거야. 아주 상세해서 아무것도 빠뜨려 놓은 것이 없어. 그러므로 『맹자』 일곱 편의 뜻을 통달한 뒤에야 비로소 『논어』의 조리를 분명하게 파악할 수 있는 것이다. 맹자는 말했지. '측은해하는 마음[惻隱之心]은 인의 근본[1])이며 부끄러워하고 미워하는 마음[羞惡之心]은 의의 근본이며 사양하는 마음[辭讓之心]은 예의 근본이며 시비를 판별하는 마음[是非之心]은 지의 근본이다"[2]라고. 또 말하길, '사람들에게는 모두 남에게 차마 하지 못하는 것[所不忍]이 있으니 그런데도 이를 남에게 그냥 해왔던 것[所忍]에까지 이르도록 한다면 이것이 인이요, 사람들에겐 하지 않는 것[所不爲]이 있으니 그럼에도 이를 여태까지 하고 있던 것[所爲]에 이르도록 한다면 그것이 의다'[3]라고 하셨지. 이것이 인의예지 네 글자의 풀이다. 배우는 사람들은 응당 이것에 의지해 깊이 인식하고 숙독해야 하지. 그런 뒤에 『논어』로 나아간다면 그 뜻이 비로소 명확해질 것이야. 만약 『맹자』를 없애고 단지 『논어』의 글자에만 의지해 이해하려 하면 그 뜻을 알 수 없을 뿐 아니라 필경 도에서 크게 어긋나는 데에 다다르게 되겠지. 종전의 주석과 이해가 인의예지의 뜻에 합당하지 못했던 것은 바로 이 때문이란다. 그래서 『맹자』란 책이 『논어』에 도움이 될 뿐만 아니라 실은 배우는 사람들에게 영원히 도움이 되는 게지. 『맹자』가 『논어』와 병칭될 수 있었던 것에는 참으로 이유가 있는 것이다."

주)

1) 근본[端]. '단'이라는 글자를 어떻게 보느냐에 따라 『맹자』를 이해하는 방식에 차이가 생긴다. 송나라 유학자들은 단을 '실마리'라고 풀고 있으나 이토 진사이는 이를 근본[本]이라는 뜻으로 보고 있다. 『어맹자의』(語孟字義)의 다음 글을 참조해 볼 만하다. "사단(四端)의 단은 옛 주석에 '단은 근본[本]으로, 인의예지의 근본[端本]은 여기서 생겨났다'라고 하였다. 자서(字書)를 살펴보면 또 시작[始]으로 뜻을 풀었고, 실마리[緖]로 뜻을 풀었는데 모두 한가지 뜻이다. 그런데 고정(考亭; 주희)은 단지 실마리[端緖]라는 뜻을 써서 '어떤 사물이 가운데 있어 실마리가 바깥으로 드러나는 것과 같다'고 하였다. 하지만 글자를 풀이한 용례에 몇 가지 뜻이 있다 하더라도 모두 한

가지 뜻으로 귀결되는데 '서'(緖)라는 글자 또한 당연히 본시(本始; 시작, 처음)란 글자와 그 뜻이 같다. 생각하건대 고치에 실마리가 있어 고치의 실을 계속 켜서 짜면 비단이 되어 단·냥·장·필(端兩丈疋; 여기서는 모두 수량 단위로 쓰였다)의 길이가 된다. 즉 '단'에는 끌어내 펼친다는 뜻이 있는 것이다. 고정이 말한 것은 본시라는 뜻과 상반되며 자훈(字訓)의 용례가 아니다.……또『중용』에 '군자의 도는 부부에서 근본을 만든다'(君子之道, 造端乎夫婦)고 하였고,『춘추좌씨전』에, '동지(冬至)에 근본을 밟는다'(履端於始; 통상적인 해석은 '동지를 한 해의 시작으로 삼는다'고 본다)라고 하였으며, 흔단(釁端)·화단(禍端)·개단(開端)·폐단(發端) 등의 말은 옛사람들이 모두 본시의 뜻에 의거해 쓴 것이다. 여기서 더욱 옛 주석을 따르지 않을 수 없음을 알게 된다." 요컨대 맹자의 '단'을 실마리(緖)로 본 주희의 해석은, 이토 진사이가 보기에는 본질과 어떤 관계가 있는지 맥락이 분명하지 않으며, 본질과 연결되어 그 시작[本始]으로 보아야 한다는 자신의 해석과 차별된다는 점을 설명한 것으로 보인다.

2) 이 말은『맹자』「공손추 상」(公孫丑上) 제6장에 보인다.『동자문』상권 42장에서 이 문제를 다시 한번 논의한다. 이토 진사이는『어맹자의』'인의예지조'(仁義禮智條)에서 인의예지를 다음과 같이 정의했다. "자애로운 덕이 원근(遠近), 내외(內外)에 가득 차고 두루 통해 이르지 않는 곳이 없음을 인(仁)이라 한다. 마땅히 해야 할 바를 하고 당연히 해서는 안 될 것을 하지 않음을 의(義)라 한다. 존비(尊卑), 상하(上下)의 등위가 분명해 조금도 넘보지 않는 것을 예(禮)라 한다. 천하의 이치가 명확하게 통해 의혹이 없음을 지(智)라 한다."

3) 이 말의 출전은『맹자』「진심 하」(盡心下) 제31장이다.『맹자고의』에 참고할 만한 글이 보인다. "이곳은 당연히 전편의 '사단장'(四端章)을 참고해서 봐야 한다. '차마 하지 못하는 것'과 '하지 않는 것'은 측은지심(惻隱之心)과 수오지심(羞惡之心)이다. '그런데도 해왔던 것'과 '여태까지 하고 있는 것'에까지 이르도록 한다는 것은 확충하는 일이며 인의를 확충하는 것이다. 이것이 맹자가 인의를 논하는 본래 뜻이다. 무릇『맹자』를 읽는 사람은 마땅히 이 뜻에 의지해 풀이해야 할 것이다. 그러면 뜻의 조리가 순탄하고 들어맞아 자연히 본래 뜻을 크게 잃는 데까지 이르지 않을 것이다. 송나라 유학자들은 단이란 글자를 풀이해 단서(端緖)로 보았으니 그 잘못된 것을 여기서 너욱 잘 알 수 있다."

# |8장| 알기 쉽고 행하기 쉬운 것이 지극하다는 가르침

동자가 물었다. "알기 쉽고 행하기 쉬운 것이 영원히 바뀌지 않는 이치이며 진실로 지극한 것이라는 가르침은 이미 들었습니다. 하지만 마음은 아직 석연치가 않습니다. 쉽게 알 수 있는 말로 거듭 깨우침을 내려 주시기 바랍니다."

대답하였다. "사람 밖에 도 없고 도 밖에 사람 없다.'[1] 사람으로서 사람의 도를 행하는 것인데 어찌 알기 어렵고 행하기 어려운 게 있겠느냐. 사람이 신령하면서도 날개 있는 것들처럼 날지 못하고, 비늘 있는 것들처럼 잠수할 수 없는 것은 그 본성이 다르기 때문이다. 요임금의 옷을 입고, 요임금의 행동을 하고, 요임금의 말을 외우는 데에 큰 어려움이 없는 것은 그 도가 같기 때문이야. 그러므로 맹자께서 '도는 하나일 뿐이다'[2]라고 말씀하셨지. 인륜을 버려두고 도를 구하고자 하는 것은 바람을 잡고 그림자를 붙들려는 것과 같으니 결코 그리할 수 없지. 그러므로 도를 아는 사람은 꼭 가까운 곳에서 도를 구하지. 도를 고원하고 도달할 수 없는 것으로 여기는 일은 모두 도의 본연이 아니고 미혹된 소치지. 그러므로 공자께서 말씀하시길, '중용의 덕이 지극하구나. 백성들이 잘하는 사람이 적은 지 오래되었다'³⁾라고 하셨는데 지극한 말씀이지. 너는 필경 귀로 듣고 눈으로 보는 것 외에 또 지극히 귀하고 지극히 높으며 눈부시게 빛나 놀라게 하고 즐겁게 해줄 수 있는 이치가 있다고 생각하겠지만 잘못이야.

천지 사이에 오직 한 가지 '참된 이치'[實理]가 있을 뿐 다른 기이하고 특별한 건 없단다. 사람이 생긴 이래 군신·부자·부부·형제·붕우가 있어 서로 친하고 사랑하며 서로 따르고 모여 살며, 선한 것은 선이라 하고 악한 것은 악이라 하며 옳은 것은 옳다 하고 그른 것은 그르다고 했지. 수천 년 전에도 이러했고 수천 년 후에도 또한 이럴 것이다. 네가 효제충신하고 수신하며 일에 부지런하고 이른 아침부터 저녁 늦게까지 게으름 피우지 않는다면 저절로 하늘의 도[天道]에 합치되고 인륜에 합당해져 사람됨을 잃지 않을 것이야. 『시경』에, '길이 천명[天命]에 합치하는 것이 스스로 많은 복을 구하는 길이다'⁴⁾라고 했지. 혹 지극히 귀하고 지극히 높으며 눈부시게 빛나 놀라게 하고 즐겁게 해줄 수 있는 이치를 가지고 너에게 설명하는 사람이 있다면 이는 들여우[野狐]나 산귀신[山鬼]이 너를 유혹하는 게 아니라면 필시 사설의 우두머리일 게다. 삼가고 듣지 말거라."

주)̲̲̲̲̲̲

1) 이 말은 원래 정명도(程明道: 정호程顥)의 말로 주희(朱熹)가 편찬한 『근사록』(近思錄)에 보인다. 해당 부분은 다음과 같다. "도 밖에 사물 없고 사물 밖에 도가 없으니 천지 사이 어디를 가도 도 아닌 것이 없다. 불교의 학문에는 경(敬)으로 안을 곧게 한다는 것은 있지만 의(義)로 밖을 방정하게 한다는 것은 없다. 우리의 도는 그렇지 않으니 본성을 따를 뿐이다. 이 이치는 성인이 『역』에서 두루 말하였다."(道之外無物, 物之

外無道, 是天地之間無適而非道也. 釋氏之學, 於敬以直內則有之矣, 義以方外則未之有也. 吾道則不然, 率性而已, 斯理也, 聖人於易備言之)

2) 『맹자』「등문공 상」(滕文公上) 제1장에 보이는 말이다. 해당 부분은 다음과 같다. "등문공이 세자일 때 초나라로 가는 길에 송나라에 들러 맹자를 뵈었다. 맹자께서 성(性)은 선하다고 말씀하시면서 말할 때마다 요순을 말씀하셨다. 세자가 초나라에서 돌아오는 길에 다시 맹자를 뵈었는데 맹자께서 말씀하셨다. '세자께서는 제 말을 의심하십니까? 도는 하나일 뿐입니다.'"(滕文公爲世子, 將之楚, 過宋而見孟子. 孟子道性善, 言必稱堯舜. 世子自楚反, 復見孟子, 孟子曰, 世子疑吾言乎. 夫道一而已矣)

3) 이 말은 『논어』「옹야」(雍也) 제27장에 보이고 『중용』 제3장에 있는 말이기도 하다. 마지막 구절 '民鮮久矣'를, "사람들이 이 덕을 소유한 이가 적은 지 오래이다"라고 주희는 풀었다. 『중용』 제3장에 있는 말은 원문에 약간 출입이 있다. "子曰, 中庸, 其至矣乎, 民鮮能, 久矣"로 되어 있는데 "중용은 지극한 것이다. 사람들이 능한 이가 적은 지 오래되었다" 정도로 풀 수 있다. 이토 진사이도 이런 맥락으로 풀이했다. '民鮮久矣'는 구문 자체가 특이해서 예로부터 해석에 논란이 분분한 곳이기도 하다. 여기서는 이 정도로 그친다. 중용의 중(中)은 "지나치거나 미치지 못함이 없음"(無過不及之名)으로, 용(庸)은 '평상'(平常)으로 그 의미를 풀이한다.

이토 진사이는 『논어고의』에서 중용의 뜻을 다음과 같이 풀었다. "중용의 덕은 지나치거나 미치지 못함이 없이 평상시에 행할 수 있는 도를 말한다. 지(至)는 지극하다[極]는 말이다. 삼대(三代)의 성인들이 말한바 '중'이란 일을 처리함에 마땅함을 얻는다는 의미에 지나지 않는다. 선생(공자)께서 '용'이란 글자를 덧붙인 것은 이목(耳目)을 놀라게 하지 않고 시속(時俗)을 물리치지 않으며 영원히 바뀌지 않는 일상의 도를 말하는 것이므로 그 뜻이 매우 특별하다." 다음의 11장에서 언급하는 '중용'도 이런 맥락으로 쓰였다.

4) 이 말의 원래 출전은 『시경』「대아」(大雅) '문왕지십·문왕'(文王之什·文王)이다. 『맹자』「공손추 상」(公孫丑上)과 「이루 상」(離婁上)에도 인용되어 있다. '永言配命'의 '言'을 보통 의미 없는 허사로 보는 데 비해 이토 진사이의 저작 원본에는 '永思配命'으로 되어 있다. 이토 진사이가 '생각하다'라는 뜻으로 푼 것은 암기에서 생긴 착오인 듯하다.

| 9장 | '사람 밖에 도가 없다'는 것은 무슨 말입니까

 동자가 물었다. "'사람 밖에 도가 없다'는 건 무슨 말입니까?"
 대답하였다. "사람이란 무엇이냐. 군신·부자·부부·형제·붕우다. 도는 하나일 뿐이야. 군신에 있어서는 의로움[義]이라 하고, 부자에 있어서는 친함[親]이라 하고, 부부에 있어서는 구별[別]이라 하고, 형제에 있어서는 차례[敍]라 하고, 붕우에 있어서는 믿음[信]이라 하지. 이 모두는 사람을 통해 드러나는 것이기에 사람이 없으면 도가 나타나지 않지. 그러므로 '사람 밖에 도가 없다'고 하는 것이다."
 동자가 물었다. "'도 밖에 사람 없다'는 건 무슨 말입니까?"
 대답하였다. "도란 무엇이냐. 인의예지다. 사람들은 그 안에 살기에 '잠시도 떠날 수가 없네. 떠난다면 사람이 아니지'.[1] 그러므로 '도 밖에 사람이 없다'고 하는 것이야. 무릇 천지의 바깥과 고금의 긴 시간을 말하면서 인류에 도움을 주지 않고 천하와 국가 다스림에 보탬이 되지 않는다면 이는 모두 최악의 사설이지. 설령 우주 밖에 또 우주가 있어 인간이 그 속에 산다 해도 반드시 군신·부자·부부의 윤리는 있어야 하고 인의예지의 도를 따라야 하는 법이다. 그래서 '사람을 통해 드러나는 것이기에 사람이 없으면 도가 나타나지 않는다'고 말했던 것이지. 삼가 이 말을 잘 들어 이단사설에 현혹되지 않도록 하거라."

주)
1) 『중용』 제1장에 보이는 말이다. 인용한 말은 『중용』의 원문과 약간 차이가 있다. 『중용』에서는 "도란 것은 잠시도 떠날 수 없는 것이니 떠날 수 있으면 도가 아니다"(道也者, 不可須臾離也, 可離, 非道也)라고 하였다.

| 10장 | 후세의 학문은 어째서 『논어』와 배치됩니까

동자가 또 물었다. "후세의 학문이 날마다 고원한 것을 좇아 『논어』의 가르침과 서로 배치된 것은 무슨 연유로 그러한지요?"

대답하였다. "높은 곳에 있는 사람은 낮은 곳을 바라보기 때문에 그 말이 비근할 수밖에 없고, 낮은 곳에 있는 사람은 높은 곳을 바라보기 때문에 그 말이 고원할 수밖에 없지. 이것이 자연에 부합하는 일이다. 이런 연유로 도덕이 왕성하면 의론議論이 낮고 도덕이 쇠퇴하면 의론이 높지. 이는 저울에 물건을 달 때 물건 무게에 따라 저울대가 높아지거나 낮아지는 것과 같은 것이란다. 도덕이 한 푼 쇠퇴하면 의론이 한 푼 높아지고 도덕이 두 푼 쇠퇴하면 의론은 두 푼 높아지지. 도덕이 쇠퇴할수록 의론은 더욱 높아 가는 것이다. 의론이 더욱 높아지면 도덕은 없는 것과 마찬가지지. 불교와 노자老子는 인륜을 없애 버렸고 송나라 유학자들은 중용의 도에 잘못한 일이 바로 이것이지. 사람들은 모두 고원한 의론을 좋아할 줄만 알고 그것이 실은 도덕이 타락하고 쇠퇴한 까닭이란 건 모르지.

공자의 학문은 곧바로 도덕을 통해 행하는 것이라 무익한 의론은 하지 않아. 해가 중천에 뜨면 촛불을 가지고 다닐 필요가 없는 것과 같지. 해서 단지 효제충신만 말해도 족한 것이다. 공자께서 '충신을 주로 한다'[1] 하셨고 증자는 '나는 날마다 세 번 내 몸을 살핀다'[2]고 말씀하신 게 이것이지. 배우는 사람은 항상 이 뜻을 알아야 해. 그 뒤에 『논어』를 읽어야 하지. 후세의 모든 유학자들이 감히 고원한 의론을 벌이면서 『논어』와 서로 배치되는 지경에 이른 것은 모두 도덕이 타락하고 쇠퇴했기 때문이란다."

주)

1) "충신(忠信)을 주로 한다." 이 말은 『논어』 「학이」(學而)·「자한」(子罕)·「안연」(顔淵)에 보이는 말이다. 「학이」 제8장에 보이는 말은 이렇다. "공자께서 말씀하셨다. '군자가 중후하지 않으면 위엄이 없으니 학문도 견고하지 못하다. 충신을 주로 하며 자기와 못한 자를 벗 삼지 말고, 허물이 있으면 고치기를 꺼리지 말아야 한다.'"(子曰, 君子不重則不威, 學則不固, 主忠信, 無友不如己者, 過則勿憚改) 「자한」 제24장에 있는 말은 「학이」 제8장의 "충신을 주로 하며" 이하만 기록되어 있다. 「안연」 제10장에는 "자장(子張)이 덕을 높이며 의혹을 분별함을 묻자 공자께서 말씀하셨다. '충신을 주로 하며 의로 옮겨 가는 것이 덕을 높임이며, 사랑하면 그가 살기를 바라고 미워하면 죽기를 바라니 이미 살기를 바라면서 또 죽기를 바라는 것이 의혹이다'"(子張問崇德辨惑. 子曰, 主忠信, 徙義, 崇德, 愛之欲其生, 惡之欲其死, 旣欲其生, 又欲其死, 是惑也)로 되어 있다.
이토 진사이는 『논어고의』에서 이에 대해 이런 주석을 붙였다. "주(主)는 손님[賓]과 반대되는 말이다. 충신은 학문의 근본이다. 그러므로 배움은 반드시 충신을 위주로 해야 한다."

2) "나는 날마다 세 번 내 몸을 살핀다." 『논어』 「학이」 제4장이다. 전체 문장은 다음과 같다. "증자가 말씀하셨다. '나는 날마다 세 번 내 몸을 살피니, 남을 위해 일을 도모함에 충성스럽지 않았는가, 붕우와 사귐에 성실하지 않았는가, 전수받은 것을 복습하지 않았는가.'"(曾子曰, 吾日三省吾身, 爲人謀而不忠乎, 與朋友交而不信乎, 傳不習乎) 이토 진사이는 그의 『논어고의』에서 '三省'을 두고 '반복해서 자신을 돌아본다'(丁寧反復而省其身)는 뜻이라고 명확히 밝혔다. 보통은 이 말 뒤에 보이는 말 때문에 '세 가지'로 풀지만 어색하다. 여러 번 반성을 하는데 그 반성 가운데 이런 조목이 있다 정도로 풀어야 할 것 같다. '三'은 '자주, 빈번하게'라는 의미로 한문에서 항상 쓰는 말이지 꼭 '3'이란 숫자를 가리키지는 않는다.

| 11장 |  성인의 도에는 아주 어려운 게 있지 않습니까

동자가 물었다. "성인의 도는 알기 쉽고 행하기 쉽다는 말씀은 이미 들었습니다. 어째서 사람들 가운데 잘할 수 있는 사람이 드문 것입니까? 정말 아주 어려운 게 있지 않습니까?"

대답하였다. "있지. 중용을 따르는[1] 일은 어려운 것이다. 중용이 본디 어려운 일은 아니었지. 중용을 따르는 어려움도 참에 서서[立誠][2] 오래 있는 어려움과 같지. 옛사람들이라고 하여 어떻게 사람마다 다 착하고 일마다 다 들어맞았겠느냐. 다만 사람들이 소박하고 풍속이 도타우며 성실하고 돈독[3]해 사특한 행동이 없고 명리$^{名利}$를 구하지 않았지. 그래서 행동이 저절로 중용이 아닌 게 없었던 게야. 때문에 '중용의 덕이 지극하구나. 백성들이 잘하는 사람이 적은 지 오래되었다'라고 하신 거지.[4]

후세에 와서 풍속과 기상이 날로 천박해지고 인심이 옛날 같지 않지. 어리석은 자들이야 원래 말할 게 없지만 조금 지혜가 있는 자들은 꼭 명리를 우선하고, 일상을 싫어하고 새것을 좋아하며, 가까운 것을 버리고 먼 것을 구하지. 이것이 중용이 어렵게 된 이유다. 그러므로 '천하와 국가를 고르게 다스릴 수 있고 벼슬도 사양할 수 있으며 서슬 퍼런 칼날도 밟을 수 있지만 중용은 잘할 수 없다"고 말하는 것이야. 이것이 『논어』의 최고 경지인 게야."

주)
1) 이 말은 『중용』 제11장에 보인다. 해당 문구는 다음과 같다. "군자는 중용을 따라, 세상에 은거하여 인정을 받지 못하여도 후회하지 않으니 오직 성자만이 능하다."(君子依乎中庸, 遯世不見知而不悔, 唯聖者能之)
2) "참에 서서." 입성(立誠)이란 말은 『역경』 「건괘」(乾卦) '문언전'(文言傳)에 보인다. 해당 부분은 다음과 같다. "세번째 효사에 이르기를, '군자는 종일토록 부지런히 노력하고 밤에도 삼가며 허물이 없도록 조심한다'라고 하였다. 무슨 말인가. 공자는 이렇게 말씀하셨다. '군자는 덕성을 증진하고 일을 열심히 한다. 충신을 통해 덕성을 증진하며 자기 말을 실천해 참에 섬으로써 일이 잘 유지되도록 하는 것이다.'"(九三日, 君子終日乾乾, 夕惕若, 厲无咎. 何謂也. 子曰, 君子進德脩業, 忠信所以進德, 脩辭立其誠, 所以居業也)
3) 원문은 '敦厖'이다. '돈'(敦)이란 말은 '도탑다'(厚)란 뜻이고 '방'(厖)은 '방'(尨)과 통용되어 '크다'(大)는 뜻이다. 『춘추』 '성공(成公) 16년'에 이 말을 쓴 용례가 보인다.
4) "중용의 덕이 지극하구나. 백성들이 잘하는 사람이 적은 지 오래되었다"는 말을 이해하는 데 혼선이 생길 수 있는 곳이다. 이 11장 전체는 『논어고의』에 있는 부분을 그대로 되풀이한 것이다. 『논어고의』 원문은 공자의 말을 해설하면서 시대가 변해 중용이 본래 모습을 잃어 잘하는 사람이 드물다고 풀이하였다. 고금의 변화를 강조하면서 지금의 변화된 세태에서 보자면 어려울 수밖에 없다고 한 말이다.
5) 『중용』 제9장 전문이다.

| 12장 | 『논어』는 왜 본성의 선함을 말하지 않습니까

동자가 물었다. "가르침을 받고 깨우침을 입어 비로소 『논어』 한 권이 실로 우주 첫번째 책인 줄 알게 되었으니 퍽 다행이고 매우 큰 은혜를 받았습니다. 하지만 『맹자』에서는 '본성이 선하다'[性善]고 했는데 『논어』는 한쪽에 치우쳐 학문을 위주로 하면서 본성의 선함에 대해 말한 것이 없으니 어찌 대단히 유감스런 일이 아니겠습니까?"

대답하였다. "종래의 여러 유학자들 대부분이 이 문제에 대한 자기 의견이 없어 제대로 분별하지 못하고 있단다. 성性·도道·교教[1] 이 세 가지는 실상 학문의 강령이지. 무릇 성인의 천만 가지 말은 그 많은 양을 감당할 수 없지만 이 세 가지에 다 총괄될 수 있지.

상세히 얘기해 주마.[2] 『논어』는 오로지 '교'만을 얘기하지만 '도'가 그 가운데 있고, 『맹자』는 오로지 '도'만을 말하지만 '교'가 그 가운데 있지. 이른바 '본성이 선하다'는 것은 본래 자포자기[3]한 이들을 위해 말해 준 것이니 또한 교이기도 하지. 『논어』는 오로지 교를 위주로 했기 때문에 본성[性]의 좋고 나쁨은 말하지 않은 바가 있지. 그러기에 '본성은 서로 가깝지만 습관으로 서로 멀어진다'[4]고 하신 게야. 또 '가르침[教]에 차별이 없다'[5]라고도 하신 게고. 이는 요순에서 행인[途人]까지 그 거리가 어찌 수천만 리뿐이겠는가마는 본성을 말하면 또한 서로 그렇게 멀지는 않다. 다만 이렇게 서로 현격하게 벌어진 이유는 모두 습관에서 비롯됐다는 말씀이지. 만약 배워서 밝히고 본성을 길러 채워 나간다면 모두 악을 변화시켜 선으로 만들 수 있지. 그래서 본성의 좋고 나쁨은 놓아두고, 말씀하지 않으신 것이야. 이것이 『논어』가 오로지 교만을 얘기하고 본성을 말하지 않은 이유란다.

『맹자』는 비록 본성의 선함에 대해서만 말했지만 그 이치를 말했을 뿐만 아니라 반드시 '넓히고 채워야 한다'[擴充][6] 했고 반드시 '자신의 마음을 보존하고 자신의 본성을 길러야 한다'[存養][7] 했으니 이른바 '확충존양' 擴充存養이라는 것이 교가 아니면 무엇이겠느냐. 이것이 『맹자』가 본성의 선함에 대해 말했지만 실제로는 교가 아님이 없다는 이유지. 그 때문에 나는 『논어』・『맹자』 두 책을 겉과 속은 있어도 조밀함과 거칢은 따질 수 없는 베 한 폭과 같다고 말하는 것이다."

주)

1) 『중용』 제1장에서 가져온 것이다. 해당 부분은 다음과 같다. "하늘이 명한 것을 성이라 하고, 성을 따름을 도라 하고, 도를 닦음을 교라 한다."(天命之謂性, 率性之謂道, 修道之謂教)

2) 『논어고의』 강령에 다음과 같은 글이 보인다. "천하에 존중해야 할 것이 두 가지다. 도(道)와 교(教)다. 도란 무엇인가. 인의이다. 교란 무엇인가. 학문이다. 『논어』는 오로지 교만 말했지만 도가 그 안에 있다. 『맹자』는 오로지 도만 말했지만 교가 그 안에 있다. 그 이유는 무엇 때문인가. 말해 본다. 도는 우주에 가득 차 있고 고금을 꿰뚫

고 흐르며 어디에도 있지 않은 곳이 없고 어느 때건 그렇지 않은 적이 없으니 지극한 것이다. 하지만 사람들이 저절로 선(善)으로 가도록 할 수는 없다. 때문에 성인이 이를 위해 바른 도리를 밝히고 인의를 외치며 시서예악(詩書禮樂)으로 가르쳐 사람들이 성인이 되고 현인이 될 수 있도록 하였고 만세토록 태평할 수 있게 하였다. 모두 교의 효과이다. 그러므로 선생[공자]께서 오로지 교만 말씀하셨지만 도가 그 가운데 있는 것이다.

하지만 맹자 시대에 이르러 성인은 멀어지고 도는 사라져 이단이 벌떼처럼 일어나 각자 자신의 도만을 말해 통일할 수 없었다. 때문에 맹자께서 이를 위해 인의 두 가지를 분명하게 게시해 후세에게 알려 주었다. 주야(晝夜)가 서로 운행하며 추위와 더위가 서로 대치(代置)되는 것과 같으며 치우침도 없고 기울어짐도 없어 해와 별처럼 환해 사람들이 헷갈리는 것이 없도록 하였다. 『맹자』 일곱 편 안에는 곧바로 말하기도 하고 비껴 말하기도 해 그 말이 다른 것 같지만 하나도 인의의 뜻이 아닌 게 없으며 이른바 존양(存養)·확충·거인유의(居仁由義)의 설명은 모두 교를 가지고 말한 것이다. 그러므로 맹자는 오로지 도만 말씀하셨지만 교가 그 가운데 있는 것이다."

3) 자포자기(自暴自棄). 『맹자』 「이루 상」(離婁上) 제10장에 출전을 두고 있다. "자포자(自暴者)와는 함께 이야기할 것이 못 된다. 자기자(自棄者)와는 함께 행동할 것이 못 된다. 말을 했다 하면 예와 의를 비방하는데 이를 자포(自暴)라 한다. 또 내 몸은 인에 살 수도 의를 따를 수도 없다고 하는데 이를 자기(自棄)라 한다."(孟子曰, 自暴者, 不可與有言也, 自棄者, 不可與有爲也. 言非禮義, 謂之自暴, 吾身不能居仁由義, 謂之自棄也) '포'(暴)는 '해치다'(害)로 풀이한다.

4) 『논어』 「양화」(陽貨) 제2장 전문이다.

5) 『논어』 「위령공」(衛靈公) 제38장 전문이다. 교육에 신분 차별을 두지 않았다는 의미로 통상 해석한다.

6) 『맹자』 「공손추 상」(公孫丑上) 제6장에 나오는 말이다. 해당 부분은 다음과 같다. "무릇 내게 있는 사단을 모두 확장해 채워 나갈 줄 안다면 마치 불이 막 타올라 번지고 샘이 막 솟아 바다에 이르는 것처럼 될 것이다. 만약 잘 채워 가면 온 세상을 보존하는 데에도 충분할 것이요, 채우지 못한다면 부모조차 섬기는 데도 부족할 것이다." (凡有四端於我者, 知皆擴而充之矣, 若火之始然, 泉之始達. 苟能充之, 足以保四海, 苟不充之, 不足以事父母)

7) 『맹자』 「진심 상」(盡心上) 제1장에 보이는 말이다. 해당 부분은 다음과 같다. "자신의 마음을 보존하고 자신의 본성을 기르는 것이 하늘을 섬기는 것이다."(存其心, 養其性, 所以事天也)

| 13장 |  성·도·교의 구분을 상세히 듣고자 합니다

동자가 물었다. "성·도·교의 구분을 상세히 들을 수 있겠습니까?"

대답하였다. "도는 지극한 것이고 큰 것이니 굳이 자세히 얘기할 필요는 없을 것이다. 그러나 도가 사람을 성현이 되도록 해줄 수는 없으니 이른바 '도가 사람을 넓히는 것이 아니다'[1]라는 말이 이것이지. 사람을 성현이 되도록 해주며 '장래의 학문을 열고 태평을 이룩하는 것'[2]은 모두 교의 결과이니 이른바 '사람이 도를 넓힌다'는 것이야. 그러므로 도가 으뜸이고 교는 그 다음이지. 그러나 사람의 본성이 완고하고 지혜가 없어 개나 닭과 같다면 많은 성현이 있더라도 그들을 가르쳐 선으로 가게 할 수는 없지. 성이 있기 때문에 도를 깨닫고 교를 받을 수 있지. 땅의 도리[地道]가 나무를 잘 키우는 것과 같은 정도 이상일세. 때문에 본성 또한 귀하지 않을 수 없는 거야. 이것이 성·도·교의 구별이다. 한나라와 송나라의 선유[3]들은 대부분 여기서 순서가 뒤집히고 뒤섞인 설명을 해 도에 큰 해를 입혔지. 잘 살펴보거라."

주)_____

1) 『논어』「위령공」(衛靈公) 제28장에 보인다. "공자께서 말씀하셨다. '사람이 도를 넓히는 것이요, 도가 사람을 넓히는 것이 아니다.'"(子曰, 人能弘道, 非道弘人)
2) 출전은 『근사록』(近思錄)으로 장횡거(張橫渠)의 말이다. 해당 부분의 문장은 다음과 같다. "천지를 위해 마음을 세우고 백성을 위해 도를 세우며 옛 성인을 위해 끊어진 학문을 잇고 만세를 위해 태평을 연다."(爲天地立心, 爲生民立道, 爲去聖人繼絶學, 爲萬世開太平)
3) 한나라와 송나라의 선유(先儒). 한나라의 회남왕(淮南王) 유안(劉安)과 정이(程頤)의 경전 해설과 『중용장구』 설명을 가리킨다. 유안의 『회남자』(淮南子) 권11 「제속훈」(齊俗訓)에, "본성을 따라서 행동하는 것을 도라 하고, 자신의 천성을 얻는 것을 덕(德)이라 한다. 본성을 잃은 뒤에 인을 귀하게 여기고 도를 잃은 뒤에 의를 귀하게 여긴다. 이런 까닭에 인의가 서면 도덕은 옮겨 가고 예의를 꾸미면 순박함이 흩어지며, 옳고 그름이 이루어지면 백성이 어두워지고, 주옥이 귀해지면 천하가 다툰다. 이 네 가지는 모두 쇠퇴한 시대에 이르렀다는 것이며 말세에나 있는 일이다"(率性而行謂之道, 得其天性謂之德, 性失然後貴仁, 道失然後貴義. 是故仁義立, 而道德遷矣, 禮義飾則純樸散矣, 是非形則百姓眩矣, 珠玉尊則天下爭矣. 凡此四者, 衰世之造也, 末世之用也)라고 하였다. 그리고 『이정전서』(二程全書)「경설」(經說)에, "천도가 내려와 사람에게 있기 때문에 성이라고 한다. 성은 낳고 낳는 성질을 본래 가지고 있다. 이를 따라 한다면 도 아닌 것이 없다"(天道降而在人, 故謂之性. 性者, 生生之所固有也. 循是而之焉, 莫非道也)라고 하였다.

# |14장| 성·도·교의 순서가 『중용』에서와 다릅니다

동자가 물었다. "『중용』에는 성·도·교의 순서로 되어 있는데, 지금 도가 첫째이고, 교가 그다음이며, 성은 도를 다하고 교를 받는 바탕이라고 말씀하셨습니다. 그 말을 놓는 차례가 『중용』과 같지 않은 곳이 있는 듯합니다. 어째서입니까?"

대답하였다. "본래 『중용』의 이치와 다름이 없는데 주석가들이 잘못 설명했을 뿐이야. 『중용』에 이르기를 '성인의 도는 본디 인간 본성의 자연스러움을 따르며 서로 떨어지지 않는다'[1]고 했으니 제자백가들이 자기 멋대로 지식을 써서 일상생활의 인륜에서 멀리 벗어났으면서도 이를 도라 하는 것과는 같지 않지. 그러므로 '성을 따름을 도라 이른다'고 말했고 또 '떠날 수 있으면 도가 아니다'[2]라고 말한 것이다.

무릇 성이란 하늘이 내게 부여해 주고 사람마다 본래부터 가지고 있는 것이라 본성을 따르는지 여부를 말하지 않으면 도의 옳고 그름이 드러나지 않지. 그러므로 『중용』은 본성을 먼저 들어 말했을 뿐이야. 본성을 도보다 귀하다고 여긴 건 아니란 말이지. 도란 무엇이냐. 부자에 있어서는 친함[親]이라 하고, 군신에 있어서는 의로움[義]이라 하고, 부부에 있어서는 구별[別]이라 하고, 형제에 있어서는 차례[敍]라 하고, 붕우에 있어서는 믿음[信]이라 하는 것이다. 온 세상과 고금을 통해 똑같이 그러하다고 하는 것이야. 제자백가들은 각자 자기들의 도를 도라 하면서 본성을 따르는지 마는지는 말하지 않았지. 때문에 이단이 된 것이야. 만약 사람의 본성을 따르면서 떠날 수 없다면 도가 되고, 그렇지 않다면 도가 아니야. 그러므로 성인의 도는 본성을 떠나 홀로 서는 것이 아니며 또한 본성에서 나왔다고 말하지 않는 것이지.

회암晦菴[주희]은 말하기를, '사람과 사물이 각자 그 본성의 자연스러움을 따른다면 일상생활 속에 각자 마땅히 가야 할 길이 있지 않을 수 없다'[3]라고 했는데, 이는 거꾸로 된 설명이야. 대개 본성이란 자기에게 있음을 가지고 말하는 것이며 도는 온 세상에 두루 통하는 것을 가지고 말하는 것이란다. 『주역』에 이르기를 '사람의 도를 세워 인仁과 의義라 하였다'[4]고 한 것이 이것이지. 그러므로 사람이 있으면 본성이 있고 사람이 없으면 본성이 없는 것이야. 하지만 도란 사람이 있고 없고를 상관하지 않고 본디 저절로 있는 것이고, 천지에 가득하고 인류를 통괄하니 어느 때건 그렇지 않을 수 없고 어디에든 있지 않을 수 없는데, 어떻게 사람과 사물이 각자 그 본성의 자연스러움을 따르기를 기다린 뒤에 도가 있다고 말하는 게 용납되겠느냐. 회암의 말대로라면 본성이 근본[本]이고 도는 말단[末]이며, 본성이 우선[先]이고 도는 나중[後]이라는 것이니 어찌 거꾸로 된 설명이 아니겠느냐."

주)_____

1) 이 말은 『중용』에 보이지 않는다. 『중용』 제1장 "성을 따름을 도라 이른다"(率性之謂道)에 대한 이토 진사이의 해석으로 보인다.
2) 『중용』 제1장에 보이는 말로 『동자문』 상권 9장에서 언급했다.
3) 『중용』 제1장 "성을 따름을 도라 이른다"에 붙인 주희의 주석이다.
4) 『주역』 「설괘전」(說卦傳)에 나오는 말이다. 해당 부분은 다음과 같다. "옛날 성인이 『역』을 지었으니 본성과 운명의 질서에 순응하고자 했기 때문이다. 이에 하늘의 도를 세워 음과 양이라 하였고 땅의 도를 세워 유와 강이라 하였고 사람의 도를 세워 인과 의라 하였다."(昔者聖人之作易也, 將以順性命之理. 是以立天之道曰陰與陽, 立地之道曰柔與剛, 立人之道曰仁與義)

| 15장 | 도를 말하지만 교가 그 가운데 있다

동자가 물었다. "『논어』는 오로지 교를 말하지만 도가 그 가운데 있다는 말씀은 이미 가르침을 받았습니다. 그런데 『맹자』는 도만을 말하지만 교가 그 가운데 있다는 말씀은 무엇인지 자세히 알지 못하겠습니다."

  대답하였다. "도란 무엇이냐. 인의이다. 『맹자』라는 책은 인의를 으뜸으로 하지. 『맹자』 일곱 편 가운데 한 글자도 이 두 글자에서 끌어내지 않은 것이 없단다. 성선설을 말한 곳도 그 이치를 자세히 설명했을 뿐 아니라 사람들로 하여금 본성이 선함을 알아 그것을 확충해 나가도록 하였지. 그렇기에 '자기의 마음을 다하는 사람은 자기의 본성을 안다'[1]라고 하였고, 또 '만약 채우지 못한다면 부모를 섬기는 데에도 부족하다'[2]라고 했으며, 또 '제대로 기른다면 어떤 물物도 자라지 않을 수 없으며 잘못 기르다면 어떤 물도 소멸되지 않을 수 없다'[3]라고 한 것이야. 이는 모두 본성의 선만을 믿을 수 없으며 이를 확충하는 일을 게을리해서는 안 된다는 걸 말한 거지. 그러므로 『맹자』는 오로지 도만을 말하지만 교가 그 가운데 있다고 한 것이란다.

사람들이 학문하기를 좋아한다고 말하기는 하지만 뜻을 가지고 힘써 배우면서 용감하게 곧장 앞으로 나가 자포자기하지 않는 사람은 천 명이나 백 명 가운데 한두 명도 안 되지. 그러므로 성선설은 인의가 자기에게 본래 있는 것이라고 명확히 하지만 실제로는 자포자기하는 이들을 위해 말한 것이야."

주)_____
1) 이 말은 『맹자』 「진심 상」(盡心上) 제1장에 보인다. 해당 단락은 다음과 같다. "자기의 마음을 다하는 사람은 자기의 본성[性]을 알게 되니 자기의 본성을 알게 되면 하늘을 안다."(盡其心者, 知其性也, 知其性則知天矣)
2) 『맹자』 「공손추 상」(公孫丑上) 제6장에 나오는 말이다. 여기서 "채운다"[充之]는 말은 '자기 마음의 사단(四端)을 채운다'는 뜻이다. '확충'(擴充)이라는 말도 이 6장에 보인다. 『동자문』 상권 12장의 주6) 참조.
3) 『맹자』 「고자 상」(告子上) 제8장 소위 '우산장'(牛山章)이라는 유명한 문장에 보이는 글이다. 물(物)은 심(心)에 대응하는 만물 전반을 가리킨다. 기르는 대상은 역시 인간의 본성이다.

## |16장| 교가 성보다 귀한 것입니까

동자가 물었다. "그렇다면 교가 성보다 귀한 것입니까?"

대답하였다. "어찌 그렇겠느냐. 훌륭한 가르침이 있다 한들 사람의 본성이 착하지 않아 인간 아닌 개나 말과 같다면 도와는 막혀 버려 무엇도 들어갈 수 없지. 본성은 선한 것이야. 그래서 선을 보면 기뻐하고 선하지 않음을 보면 미워하며, 군자를 보면 귀하게 여기고 소인을 보면 천하게 여기지. 아무리 어질지 않은 도적이라 해도 선에 대한 반응은 그렇지 않을 수 없는 게야. 이 선한 본성은 교가 경유해 들어가는 길이지. 가르침이라고는 하나 없는 오랑캐 땅, 배움이 끊어진 말세라 해도 사람들이 모두 귀신과 도깨비로 변하지 않는 것은 본성이 선하기 때문이거늘 본성의 선함이 어찌 귀하지 않다 할 수 있겠느냐."

## |17장| 성이 교보다 귀한 것입니까

동자가 물었다. "그렇다면 성이 교보다 귀한 것입니까?"
    대답하였다. "그렇지는 않아. 사람은 모두 본성[性]을 가지고 있고 본성은 모두 선하지. 그러나 배워 확충해 나가면 군자가 되고 확충할 수 없다면 보통사람이 될 뿐이지. 본성을 믿을 수 없음이 이와 같은 것이다. 그렇기 때문에 '만약 채우지 못한다면 부모를 섬기기에도 부족하다'고 말하는 것이야. 공자 또한 '본성은 서로 가깝지만 습관으로 서로 멀어진다'라고 말씀하신 것이고, 대개 군자와 소인의 구분은 본성에서 비롯되는 것이 아니라 교에서 비롯되는 것이다. 때문에 공자께서는 본성을 탓하지 않고 오직 습관을 탓한 것이니 그 뜻을 알 수가 있지. 또 말씀하시길 '사람이 도를 넓히는 것이요, 도가 사람을 넓히는 것이 아니다'라고 하셨는데 역시 이와 같은 뜻이다. 공자는 사람이 생긴 이래 한 번도 있던 적이 없는 지극한 성인이시지. 고금을 두루 보고 하늘과 사람을 통찰하셔서 사람을 위해 가르침의 위대한 방법을 만들어 세우셨으니 바로 배움일 뿐이다. 때문에 '배우고 시간마다 익히면 참으로 기쁘지 아니한가'[1] 하셨고 또 '내 일찍이 종일토록 안 먹고 밤새도록 자지 않고 생각해 본 적이 있었는데 아무 보탬이 없었다. 배우는 것만 같지 못하였다'[2]라고 말씀하셨지. 대개 천하의 지극한 이로움은 학문만 한 것이 없고, 허공에 매달려 멋대로 생각해 봤자 실상 아무 소득도 없었다는 말씀이란다. 힘쓰거라."


주)_____
1) 『논어』 「학이」(學而) 제1장, 유명한 첫 구절이다.
2) 『논어』 「위령공」(衛靈公) 제30장 전문이다.

| 18장 | 성과 교에는 우열이 없는 것입니까

동자가 물었다. "성과 교에는 결국 우열이 없는 것입니까?"

대답하였다. "본성은 선하지만 하는 일이 없고 교는 하는 일이 있지만 속으로 들어가기가 어렵지. 들어가기 어려운 가르침[教]을 받아들일 수 있게 하는 것이 본성의 선함이며, 본성의 선함을 확충해 나가는 것이 가르침의 효과지. 본성과 가르침, 이 두 가지는 수레의 두 바퀴와 같아서 서로 필요로 하고 없어서는 안 되는 것이다. 하지만 본성은 본디 서로 가깝더라도 가르침의 효과는 차이가 크지. 남산의 대나무[1]가 손대지 않아도 저절로 곧은 것은 본성의 선함이요, 홈을 파 깃을 달고 촉을 끼워 날카롭게 화살을 만들면 깊이 박히는 것은 가르침의 효과지. 만약 깃을 달지 않고 촉을 끼우지 않으면 그저 한 조각 대나무일 터이니 어디에 쓰이겠느냐. 그것이 높은 담 위의 새매를 백발백중 맞히는 것은 모두 깃과 촉의 도움 때문이란다. 이것이 『논어』가 오로지 가르침을 위주로 하고 『맹자』가 확충을 얘기한 이유인 게야."

주)_____

1) '남산의 대나무'(南山之竹). 이 비유는 『공자가어』(孔子家語) 「자로초현」(子路初見)에 보인다. 해당 구절은 다음과 같다. "자로가 공자를 처음 뵈었는데 …… 공자께서 말씀하셨다. '군자는 배우지 않을 수 없네.' 자로가 말하였다. '남산에 있는 대나무는 만져 주지 않아도 저절로 곧아 이걸 베어 쓰면 무소가죽도 꿰뚫지요. 이것으로 말해 보면 무슨 놈의 배움이 필요합니까?' 공자께서 말씀하셨다. '홈을 파 깃을 달고 촉을 끼워 날카롭게 하면 그 또한 깊이 박히지 않을까.' 자로가 두 번 절하며 말했다. '공경하여 가르침을 받겠습니다.'"(子路初見孔子.……子曰, 君子不可以不學也. 子路曰, 南山有竹, 不揉自直, 斬而用之. 達于犀革. 以此言之, 何學之有. 孔子曰, 括而羽之, 鏃而砥礪之, 其入之不亦深乎. 子路再拜曰, 敬受教哉)

| 19장 | 교의 조목을 상세히 알고 싶습니다

동자가 물었다. "성·도·교의 구분에 대해서는 상세히 들었습니다. 교의 조목을 상세히 알고 싶습니다."

대답하였다. "공자께서는 네 가지로 가르치셨으니 문·행·충·신이다.[1] 이는 공자 문하에서 학문을 하는 정해진 법도이자 초학자가 도에 들어가는 규범[2]으로, 배우는 사람이라면 영원토록 위반할 수 없는 것이지. 문은 『시詩』・『서書』 등 육예[3]가 이것이며, 행은 효행[孝]·공경[悌]·예절[禮]·양보[讓]가 이것이지. 자신을 다하는 것을 충이라 하고, 남에게 진실한 것을 신이라 하지. 문을 배우면 그 지혜가 치우치지 않고, 행에 힘쓰면 그 배움이 헛되지 않고, 충을 하게 되면 도를 충분히 행할 수 있으며, 신이 있으면 덕이 이를 통해 확립되지. 문을 배우지 않으면 그 지식이 반드시 치우치게 되니 불교와 도교가 이것이요, 행에 힘쓰지 않으면 그 배움이 저절로 헛되어 버리니 속된 유학자들의 학문이 이것이며, 충신하지 않으면 인간의 도리가 서지 않으니 시정의 소인이 이것이지. 이 네 가지는 차례가 있긴 하지만 단계가 있는 것은 아니니 배우는 이들이 종신토록 해야 할 일이지. 이것을 법도로 삼으면 '살 수 있는 편안한 집이 되고 갈 수 있는 큰길이 되어'⁴⁾ 학문하는 길이 갖추어지는 것이란다."


주)_____
1) 원문 '子以四敎, 文行忠信'은 『논어』 「술이」(述而) 제24장의 전문이다. 주희는 이 말에 정자(程子)의 말만 인용해 주석을 붙였다. "정자가 말씀하셨다. '사람을 가르치되 글을 배우고 행실을 닦으며 충신을 마음에 간직하게 한 것이니, 이 중에 충신이 근본이다.'"(程子曰, 敎人以學文修行而存忠信, 忠信本也) 이토 진사이는 『논어고의』에서 문·행·충·신(文行忠信)에 대해 다음과 같은 설명하였다. "이 사교(四敎)는 공씨 집안의 법도이다. 문으로 앎에 이르고, 행으로 선을 실천하며, 충으로 자신을 다하고, 신으로 만물에 응한다. 영원한 학문의 정식일 것이다. 배우는 사람은 당연히 삼가 지키고 갑자기 그 법도를 바꿔서는 안 된다."
2) 원문은 '規矩'. 규(規)는 오늘날 컴퍼스와, 구(矩)는 곱자와 유사하다.
3) 육예(六藝), 육경(六經)과 같은 말로 유가의 기본 경전을 말한다. 『시』(詩)·『서』(書)·『역』(易)·『예기』(禮記)·『춘추』(春秋)·『악』(樂)을 말한다. 『악』은 현재 전해지지 않는데 오경과 함께 묶어 통상 육경이라 칭했다.
4) 『맹자』 「이루 상」(離婁上)에 나오는 말이다. 자포자기를 설명하는 제10장에 보이는 문구로 해당 구절은 다음과 같다. "인은 사람의 편안한 집이요, 의는 사람의 바른 길이다. 편안한 집을 비워 두고 살지 않으며 바른 길을 버려 두고 가지 않으니 슬프구나."(仁, 人之安宅, 義, 人之正路, 曠安宅而不居, 舍正路而不由, 哀哉) '안택'(安宅)이라는 말은 「공손추 상」(公孫丑上) 제7장에도 그 표현이 보인다.

| 20장 | 문을 배우는 것을 그르다 하는 이들이 있습니다

동자가 물었다. "선생님께서 문을 배우지 않으면 그 지식이 반드시 치우치게 된다고 말씀하셨습니다. 하지만 불가에서는 불립문자不立文字를 말하고 근세 왕양명王陽明의 학문에서도 책을 읽고 의리義理를 강론하는 것을 그르다고 합니다. 저들이 모두 잘못된 겁니까?"

대답하였다. "규구規矩는 모난 것과 둥근 것의 표준이지. 지당함이야말로 도의 표준인 게야. 천하에 알기 어려운 것을 잘 알고 천하에 행하기 어려운 것을 잘 행하더라도, 다만 지당함에 잘못을 저지르면 전체가 다 틀리고 말지. 오묘한 지혜는 알기 쉽고 탁월한 행동은 하기 쉽지. 오로지 지당함만이 어려운 것이야. 깨달음이 높을수록 그 치우침은 더욱 심하지. 그러므로 군자가 독서와 궁리窮理를 할 때 이전의 말과 앞 시대의 행실을 많이 알려 하는[1] 것은 단지 천하의 도리를 끝까지 다 헤아려 보고 싶어서일 뿐 아니라 천하의 지당함을 터득하고서야 그치고 싶어서란다. 만약 학문을 자신의 일로 삼는다면 높이 있는 이는 굽어보고 낮은 이는 올려다보며 '떠들린 것은 낮추고 낮은 것은 들어 올려'[2] 모두 수평을 잡은 뒤에 그칠 것이다. 어찌 공허한 데 힘쓰고 멋대로 하면서 자기 혼자만의 지식을 마음대로 부리는 자들이 미칠 수 있는 지경이겠느냐. 그러므로 공자께서 말씀하시길 '인만 좋아하고 배우기를 좋아하지 않으면 그 폐단이 어리석게 되고, 지혜만 좋아하고 배우기를 좋아하지 않으면 그 폐단이 허황하게 되고, 믿음[信]만 좋아하고 배우기를 좋아하지 않으면 그 폐단이 해치게 되고, 정직만 좋아하고 배우기를 좋아하지 않으면 그 폐단이 과격하게 되고, 용맹만 좋아하고 배우기를 좋아하지 않으면 그 폐단이 혼란을 일으키게 되고, 강剛한 것만 좋아하고 배우기를 좋아하지 않으면 그 폐단이 함부로 행동하게 된다'[3]고 하셨지.

무릇 인의 덕은 크고 지식의 길은 깊은 것이다.[4] 하지만 배움으로 비추지 않으면 오히려 폐단이 있게 되지. 그러므로 천하에는 학문의 도움보다 큰 것이 없으며 또한 학문의 길보다 귀한 것이 없는 게야."

주)_____

1) 알려 하는. 이토 진사이는 원문을 '畜'으로 썼으나 도가이가 '식'(識)으로 교정하였다. 도가이의 교정에 따른다. 의미 차이는 크지 않다.
2) 『시경』「소아」(小雅) '유월'(六月)에 보이는 시구에서 온 말이다. "융거(戎車; 전투용 수레)가 이미 편안하니 지(輊)같이 하고 헌(軒) 같구나."(戎車旣安, 如輊如軒) '지'란 수레 앞이 무거우면 숙이고 '헌'은 앞이 가벼우면 들어 올리는 것을 말한다. '軒者低, 輊者昻'는 바로 앞 문상 "높이 있는 이는 굽어보고 낮은 이는 올려다보며"(高者俯, 卑者企)와 대구를 맞춘 문장으로 의미는 같다.
3) 『논어』「양화」(陽貨) 제8장에 나오는 말이다. 전문은 다음과 같다. "공자께서 말씀하시기를 '유(由; 자로의 이름)야, 너는 육언(六言)과 육폐(六蔽; 여섯 가지 폐단)를 들어보았느냐' 하시자 자로가 대답하였다. '아직 듣지 못했습니다.' 앉거라. 내 너에게 말해 주겠다. 인만 좋아하고 배우기를 좋아하지 않으면 그 폐단이 어리석게 되고, 지혜

만 좋아하고 배우기를 좋아하지 않으면 그 폐단이 허황하게 되고, 믿음만 좋아하고 배우기를 좋아하지 않으면 그 폐단이 해치게 되고, 정직만 좋아하고 배우기를 좋아하지 않으면 그 폐단이 과격하게 되고, 용맹만 좋아하고 배우기를 좋아하지 않으면 그 폐단이 혼란을 일으키게 되고, 강한 것만 좋아하고 배우기를 좋아하지 않으면 그 폐단이 함부로 행동하게 된다.'"(子曰, 由也, 女聞六言六蔽矣乎. 對曰, 未也. 居, 吾語女. 好仁不好學, 其蔽也愚, 好知不好學, 其蔽也蕩, 好信不好學, 其蔽也賊, 好直不好學, 其蔽也絞, 好勇不好學, 其蔽也亂, 好剛不好學, 其蔽也狂) 주희는 여기서 '허황하다'[蕩]라는 말에 "높은 것을 다하고 넓은 것을 다하여 그치는 곳이 없는 것이다"(蕩謂窮高極廣而無所止)라고 주석하였다. '해치게 된다'는 말은 남에게 이용당하기 쉬워서 결국 자신을 해친다는 말로 이해할 수 있다. '교'(絞)는 과격하고 각박하다[急切]는 뜻이며 '광'(狂)은 가만 있지 못하고 경솔하게 행동한다[躁率]는 말이다.

4) 원문 '深'에는 멀리까지 미친다[遠]는 뜻이 있다.

| 21장 | 학문의 위대함에 대해 자세히 듣고 싶습니다

동자가 물었다. "대단합니다. 학문의 위대함이란! 그 자세한 것을 듣고 싶습니다."

대답하였다. "송나라와 명나라의 선유들은 모두 본성을 다하는 것[盡性]을 최고의 준칙으로 삼았지만 '학문의 공력이 더 크다는 것을 알지 못했지'.[1] 자신의 본성은 유한하고 천하의 도는 무궁하다는 걸 전혀 알지 못했던 것이다. 유한한 본성으로 무궁한 도를 다하려고 하면 학문의 공력이 아니고선 할 수가 없지. 이것이 공자 문하에서 오로지 가르침[教]만을 귀하게 여긴 까닭이란다.

『중용』에 이르기를 '오직 천하의 지극히 성실한 사람이라야 능히 자신의 본성[性]을 다할 수 있으니 자신의 본성을 다하면 능히 사람의 본성[人之性]을 다할 것이요, 사람의 본성을 다하면 능히 사물의 본성[物之性]을 다할 것이요, 사물의 본성을 다하면 천지의 변화와 양육[化育]을 도울 것이요, 천지의 변화와 양육을 도우면 천지와 더불어 참여하게 될 것이다'[2]라고 하였다. 이른바 '능히 자신의 본성을 다할 수 있다'[能盡其性]는 말은 우리 본성의 본분 안에 있는 것을 가지고 말한 것이지만, '사람과 사물의 본성을 끝까지 다하면 천지의 변화와 양육을 도와주게 된다'는 지경에 이르게 되면 또한 내 본성 다한 것을 미루어 나간다 하더라도 어찌 다만 나의 본성만을 다하는 데서 그치겠느냐. 남이란 나와는 형체가 다르고 기가 달라 그가 병에 괴로워하고 부스럼에 가려워한들 모두 나와 상관이 없는데, 하물며 사람이 사물과는 유[類]가 다르고 형태가 다르니 어떻게 서로 관계할 수가 있겠느냐. '천지의 도를 헤아려 이뤄 주고 도와주어'[3] 만물이 각자 자신의 본성을 이루도록 해준다고 말한다면 옳지만, '내 본성을 다하는 것이다'[盡我性]라고 말한다면 옳겠느냐. 그렇다면 오직 내 본성을 다하기만 하고 학문의 공력을 거치지 않는다면 제대로 할 수 없음이 명백하지.

　장작으로 밥을 짓는 것에 비유해 보마.[4] 장작 한 단으로는 쌀 한 되를 끓일 순 있지만 쌀 한 말을 끓일 수는 없지. 장작 열 단으로는 쌀 한 말을 끓일 수는 있지만 쌀 한 섬을 끓일 수는 없지. 쌀 한 섬은 장작 한 수레가 아니면 끓일 수 없을 것이야. 장작 한 단으로 쌀 한 되를 끓이고 장작 열 단으로는 쌀 한 말을 끓이며 장작 한 수레로 쌀 한 섬을 끓이는 것은 그 본성의 고유한 성질[性分]을 다하는 것이지. 장작 한 단으로 쌀 한 말을 끓일 수는 없고 장작 열 단으로 쌀 한 섬을 끓일 수 없는 것은 본성의 고유한 성질이 미칠 수 있는 게 아니기 때문인 게야. 만약 바람 부는 쪽으로 불을 붙이고 장작을 더해 주어 불을 더 붙게 한다면 불똥 하나로 궁전을 태울 수 있고 한 점 들불도 들판을 살라 버릴 수 있지. 게다가 그 기세가 훨훨 타올라 번지고 멋대로 옮겨 다니면 불길을 잡아 끌 수 없으니 이 어찌 장작 한 단의 힘이겠느냐. 사람이 뜻을 세워 돌이키지 아니하고 배움에 힘써 게으름 피우지 않는다면 성인이 될 수 있고 현인[賢人]이 될 수 있으며, 사람과 사물의 본성을 다하고 천지의 변화와 양육을 도와줄 수 있으니 가르침[敎]을 귀하다고 할 수 있는 게 이와 같은 것이다.

맹자가 말한 확충이란 것도 바로 이를 말한 것이지. 그러므로 '원천이 있는 물은 끊임없이 솟아 나와 밤낮으로 그치지 않으며 웅덩이를 채우고 나아가 사방 바다에 이른다'[5]고 하신 거야. 무릇 천하의 물은 동쪽으로 흐르면 동쪽 바다로 들어가고 서쪽으로 흐르면 서쪽 바다로 들어가는데 지금 사방 바다에 이른다고 한 것은 무슨 말이겠느냐. '역시'[6] 확충이 쌓이면 흘러감이 무궁하다는 말이지. 또 호연지기를 논하면서 '올바름으로 길러 해침이 없으면 천지 사이에 가득 찬다'[7]고 하였지. 우리의 기 또한 유한한 물건인데 '천지 사이에 가득 찬다'라고 말한 것 역시 기를 지극하게 양성하게 되면 어디를 가도 도달하지 않음이 없음을 말한 것이지. 이 모두는 확충을 얘기한 것이야. 옛풀이는 '본연本然의 양을 채운다'[8]라고 했는데 틀렸어. 물 한 되는 한 되 되는 그릇에 담고 물 한 말은 한 말 되는 그릇에 담는 것을 본연의 양을 채운다고 말하지. 맹자가 이른바 확충은 광대하게 미뤄 나가 채우는 기세를 막을 수도 멈출 수도 없음을 말하는 것이지 본연의 양을 채움을 말하는 게 아니야. 옛풀이는 단지 리理로 단정하고 있을 뿐인데 맹자의 본래 뜻을 몰랐기 때문이다."

주)_____
1) 원문 '不知學問之功益大矣'를 도가이는 '不以學問之功爲重'으로 교정했다. 여기서는 원문을 따랐다.
2) 『중용』 제22장 전문이다. 주희는 '능히 다하다'(能盡之)라는 말에 "앎이 밝지 않음이 없고 처함이 마땅하지 않음이 없는 것이다"(知之無不明而處之無不當也)라고 주석을

달았다.

3) 『주역』「태괘」(泰卦)에 나오는 말이다. "하늘과 땅이 화합하는 것이 태의 괘상이다. 왕은 이 괘상을 보고 천지의 도를 헤아려 이뤄 주고 천지의 마땅함을 도와 백성을 인도해야 한다."(象曰, 天地交, 泰, 后以財成天地之道, 輔相天地之宜, 以左右民) 여기서 '財成'의 '財'는 '裁'와 같은 말로 '헤아리다'라는 뜻이다.

4) 장작불의 비유는 『맹자』「고자 상」(告子上) 제18장에 보인다. "맹자께서 말씀하셨다. '인(仁)이 불인(不仁)을 이기는 것은 물이 불을 이기는 것과 같다. 지금은 인을 행하는 사람은 마치 물 한 잔을 가지고 땔나무 가득한 수레에 붙은 불을 끄려는 것과 같아서 불이 꺼지지 않으면 물이 불을 이기지 못한다고 말하니 이는 또 불인을 조장하는 것이 아주 심한 것이다. 또한 결국에는 인을 잃어버리고 말 것이다.'"(孟子曰, 仁之勝不仁也, 猶水勝火. 今之爲仁者, 猶以一杯水救一車薪之火也, 不熄則謂之水不勝火, 此又與於不仁之甚者也, 亦終必亡而已矣)

5) 『맹자』「이루 하」(離婁下) 제18장에 보이는 말이다.

6) 역시[亦]. 원문에는 '又'로 되어 있는데 도가이가 '亦'으로 교감하였다. 이 문장은 뒷문장의 "亦謂其養成之極……"과 대칭을 이루기 때문에 도가이의 교감은 타당성이 있다. 도가이의 교감을 따라 번역했다.

7) 『맹자』「공손추 상」(公孫丑上) 제2장 소위 '호연지기장'(浩然之氣章)에 나오는 말이다. 해당 부분만 보이면 다음과 같다. "(공손추가 물었다.) '감히 여쭙겠습니다. 호연지기란 무엇을 말합니까.' (맹자께서) 말씀하셨다. '말로 하기가 어렵네. 그 기(氣)는 지극히 크고 지극히 강하며 올바름으로 길러 해침이 없으면 천지 사이에 가득 차지."(敢問何謂浩然之氣. 曰, 難言也. 其爲氣也, 至大至剛, 以直養而無害, 則塞于天地之間)

8) 옛풀이. 주희의 주를 말한다. 『맹자』「공손추 상」제6장에 확충(擴充)이라는 말이 쓰였는데 이 확충이라는 말을 주희는 다음과 같이 풀었다. "'확'(擴)은 널리 미루어 나간다는 뜻이다. '충'(充)은 채운다는 말이다. 사단(四端)은 내게 있으므로 어디를 가든 드러나니 모두 여기에 나가 널리 미루어 나가 그 본연의 양을 채울 줄 안다면 날마다 새로워지고 또 새로워짐에 장차 스스로 그치지 못하게 될 것이다."(擴推廣之意. 充滿也. 四端在我, 隨處發見, 知皆卽此推廣而充滿其本然之量, 則其日新又新, 將有不能自已者矣)

| 22장 | 학문은 본성의 안과 밖 중 어디에 있습니까

동자가 물었다. "학문이란 과연 본성 안에 있습니까, 본성 밖에 있습니까?"

대답하였다. "안팎은 한가지 뜻이란다. 안은 밖에 도움을 주고 밖은 안을 기르니까 서로 없어서는 안 되지. 비유하자면 사람의 몸과 같아서 마음·생각·지혜는 안이고 시각·청각·움직임은 밖이야. 오로지 마음·생각·지혜만 귀하게 여기면서 시각·청각·움직임을 모조리 없애 버린다면 되겠느냐. 또 사람이 사는 데 필요한 것들은 음식, 약에서부터 집, 의복에 이르기까지 쓰임새에 맞는 모든 기구들은 모두 밖에서 도움을 얻지 않는 바가 없지. 어찌 유독 학문의 경우에만 이를 의심하겠느냐. 나무는 흙이 아니면 살 수 없고 고기는 물이 아니면 살지 못하지. 하지만 나무와 고기 처지에서 보자면 흙과 물은 모두 바깥의 것이야. 그렇지만 잠시도 떠날 수는 없지. 사람이 학문을 하고 살아가는 데 필요한 기물들은 어떤 물건이든 밖에서 도움받는 게 아니겠느냐. 만약 그것들을 바깥이라 해서 버린다면 나무가 흙을 떠나고 고기가 물을 떠나는 것과 같아 하루도 살 수 없을 테니 그리할 수 없음이 명백하지.

사람이 오륜에 있어 부자의 친밀함과 형제의 화목이 있다 하더라도 벌써 그 형체를 달리하는데, 하물며 군신·부부·붕우는 모두 의로 맺어진 관계가 아니냐. 그렇다고 이를 두고 밖이라고 하면 어찌 옳겠느냐.

무릇 안과 밖, 두 글자는 옛사람들이 칭하던 것과 지금 사람들이 말하는 게 그 뜻이 현저하게 달라졌어. 이른바 안은 친하게 여긴다는 말이요, 밖은 소홀히 한다는 말이었지. 예컨대 『대학』에서 '근본을 밖으로 하고 말단을 안으로 한다'[1]라고 말하거나 장주莊周가 '안으로는 성인이요, 밖으로는 왕'[2]이라고 말한 것과 같은 게 이것이지. 그렇다고 본성은 안으로 삼고 본성이 아닌 것은 밖의 것으로 버리라는 건 아니란다. 고자告子가 '의는 바깥'이라 말한 것[3]도 의를 밖의 것으로 보고 행한다는 말이지 버리고 쓰지 않는다는 말은 아니야. 성현에겐 애초에 안팎이란 말이 없었으니 안팎의 구분을 세운 것은 후대 유자들의 고루한 말이다."

주)

1) 『대학』(大學) 제10장에 보이는 말이다. "덕은 근본이요 재물은 말단이니 근본을 밖으로 하고 말단을 안으로 하면 백성을 다투게 하여 빼앗는 가르침을 베푸는 것이다."(德者本也, 財者末也, 外本內末, 爭民施奪)
2) 『장자』「천하」(天下)에 보이는 말이다. "그러므로 안으로는 성인이고 밖으로는 왕이 되는 도는 어두워 밝지 않으며 쌓아 두고 드러내지 않는 것인데, 온 세상 사람들은 각자 하고 싶은 것을 하면서 스스로를 한 방법으로 여긴다."(是故內聖外王之道, 闇而不明, 鬱而不發, 天下之人, 各爲其所欲焉, 以自爲方)
3) 『맹자』「고자 상」(告子上) 제4장에 보이는 말이다. "고자가 말했다. '좋은 맛을 좋아하고 색을 기뻐하는 것은 본성이다. 인은 안이요 밖이 아니며, 의는 밖이지 안이 아니다.'"(告子曰, 食色, 性也. 仁, 內也, 非外也, 義, 外也, 非內也)

| 23장 | 외물에 유혹당해도 되겠습니까

동자가 물었다. "부귀와 벼슬은 모두 외물外物이라고 들었습니다. 우리가 이것에 유혹당해도 되겠습니까?"

대답하였다. "부귀와 벼슬은 모두 인간사에 없을 수 없는 것이야. 예·의를 분별해야 마땅하니 다만 외물이라 하면서 싫어해서야 되겠느냐. 너는 아직도 낡은 의견에 사로잡혀 있으니 엄하게 이 생각을 씻어 버리지 않으면 훗날 반드시 인간의 일을 싫어하는 데 이를 것이다.

메마르고 적막함을 좋아하며 일용을 멀리하고 인륜을 없애는 일은 아주 옳지 않아. 지금 입은 의복과 먹는 음식은 외물이 아니더냐. 하지만 음식을 먹지 않고 의복을 입지 않은 채 배를 비우고 벌거숭이로 산다면 닷새, 열흘도 못 가서 반드시 목숨이 끊어질 것이다. 또 인삼, 황기 같은 약물은 대부분 외국에서 생산되니 외물이라 하면서 쓰지 않는다면 곧 죽고 말 테니 외물을 미워해서는 안 되는 게 이와 같은 것이다. 유자들이 혹 높은 벼슬[1]을 하찮게 여기고 부귀를 먼지와 풀처럼 보는 것을 고상하게 생각하고, 세상에서도 초연히 높은 행동을 하고 인간 세상을 멸시하는 일을 최고로 여긴다면, 모두 도를 전혀 알지 못하는 것이지. 예·의를 분별하지 못하고 다만 외물을 미워하는 마음만 가지고서는 분명히 이단이 되고 말 게다. '외물'이라는 두 글자는 본래 『장자』에서 나온 것[2]으로 유자들이 쓰기에 합당한 말은 아니다."

주)────
1) 원문은 '軒冕'으로 '헌'(軒)은 고관이 타는 수레를, '면'(冕)은 고관이 쓰는 모자를 말한다.
2) 외물(外物)은 『장자』「외물」에 나오는 말로, "외물은 꼭 어떻게 하겠다고 해서 할 수 있는 게 아니다"(外物不可必)에서 비롯됐다.

## |24장| 선생님께서 말씀하신 도는 비근하지 않습니까

동자가 물었다. "선생님께서 말씀해 주신 도는 참으로 좋습니다. 하지만 너무 지나치게 비근卑近하지 않습니까?"

대답하였다. "[도가] 낮다면 저절로 찬[實] 것이요, 높다면 반드시 빈 [虛] 것이다. 그러므로 학문은 비근한 것을 싫어하지 않는 법이다. 비근을 소홀히 하는 사람은 도를 아는 사람이 아니지. 도는 대지와 같은 것이다. 천하에 땅보다 낮은 게 없지. 하지만 사람이 밟는 것은 땅이 아닌 게 없으니 땅을 떠나서는 설 수가 없다. 땅은 '화산을 싣고서도 무겁다 하지 않고 강과 바다를 거두어들이면서도 새지 않으며 만물을 싣고 있는데'[1] 어찌 낮은 데 있다고 천하게 여길 수 있겠느냐. 하늘도 그렇다. 사람들은 푸르고 푸른 하늘만 알지 눈앞이 모두 하늘인 것은 알지 못해. 하늘은 땅을 감싸고 땅은 하늘 안에 있지. '땅부터 그 위는 모두 하늘이지.'[2] 전후좌우 모두 하늘이야. 사람들은 하늘과 땅 사이에 살고 있는데 어찌 하늘을 멀다 할 수 있겠느냐. 그러므로 모든 일은 다 가까운 것에서 구해야 마땅하지 먼 것에서 구해서는 안 되는 것이다. 먼 것에서 구하면 도에 들어맞지 않게 돼.

배우는 사람 스스로 도가 비근함을 부끄러워하면, 감히 고담준론이나 논하고 기이한 행동을 하면서 세상에서 자신만이 고상하다 생각하고, 혹 '이상한 것을 파고들면서 신령스럽다 하고 하늘을 끌어와 드높다'[3]고 하는 지경에 이르기까지 한다. 제자백가와 이단의 무리들이 특히 심한데 모두 참된 덕을 알지 못하기 때문이야. 비근, 두 글자 말하기를 부끄러워하지 않으면 도道로 갈 수 있고 배움을 밝힐 수 있어, 도에서 멀리 벗어난 곳에 이르지 않게 된단다."

주)
1) 『중용』 제26장에 나오는 말이다. 해당 부분은 다음과 같다. "이제 땅은 한줌의 흙이 많이 모인 것인데 그 넓고 두터운 데 미쳐서는 화산[華嶽]을 싣고서도 무겁다 하지 않고 강과 바다를 거두어들이면서도 새지 않으며 만물이 실려 있다."(今夫地, 一撮土之多, 及其廣厚, 載華嶽而不重, 振河海而不洩, 萬物載焉) 화산은 중국의 명산 오악(五嶽) 가운데 하나를 말한다.
2) 남송(南宋) 초의 학자 호인(胡寅)이 말한 것이다. "하늘은 형체가 있는 땅 같은 것이 아니다. 땅에서부터 그 위는 모두 하늘 아닌 것이 없다. 옛날 사람들은 쌓인 기운을 가지고 그 모습에 이름을 붙이거나 기대고 덮은 것을 가지고 그 형체에 이름을 붙였는데 모두 하늘을 안 것이 아니다."(天非若地之有形. 自地而上, 無非天也. 昔人以積氣名其象, 以倚蓋名其形, 皆非知天者)
3) 유종원의 「시령론 상」(時令論上)에, "성인의 도는 이상한 것을 파고들어 신령스럽다 하지 않고 하늘을 끌어와 고원하다고 하지 않는다. 사람에게 이로움을 주고, 일을 준비할 수 있는 것, 이와 같을 뿐이다"(聖人之道, 不窮異以爲神, 不引天以爲高, 利於人, 備於事, 如斯而已矣)라고 하였다.

## | 25장 | 비근을 소홀히 하지 말라는 것은 무슨 뜻입니까

동자가 물었다. "비근을 소홀히 하는 사람은 도를 아는 사람이 아니라는 가르침을 받았습니다. 무슨 뜻입니까?"

대답하였다. "맹자가 말했지. '도는 가까운 데 있는데도 먼 데서 구하며 일은 쉬운 곳에 있는데도 어려운 곳에서 구한다. 사람들이 부모를 사랑하고 어른을 어른으로 대우하면 천하가 평안해진다.'[1] 또 말했지. '군자의 말은 허리띠 아래로 내려가지 않으면서 도가 있으며, 군자가 지키는 것은 자신의 몸을 닦는 것이지만 천하가 평안해진다.'[2] 『중용』에 이르기를, '군자의 도는 비유하자면 먼 곳을 가려면 반드시 가까운 곳에서부터 하며 높은 데 오르려면 반드시 낮은 데서부터 하는 것과 같다'[3] 하였지. 비근한 가운데 저절로 고원한 이치가 있는 것이지. 그리고 이른바 고원이라는 것도 세상에서 말하는 고원이 아니란다. 일이 비근한 것은 부모를 사랑하며 어른을 어른으로 대우하며 '처자 사이 정이 좋고 뜻이 맞으며 형제간이 화합하는'[4] 것에 지나지 않으니 천하가 평안한 것보다 고원한 게 없지. 그러므로 비근할수록 더 빛이 밝지[光明]. 멀리 천리 밖에서도 보이는 높은 태산泰山도 본디 한 줌 흙이 쌓여 시작되는 것과 같은 거야. 때문에 '넓고 두터우면 고대광명高大光明하다.'5)고 말한 것이지.

 '안자顔子는 선善을 하나 얻으면 받들어 잡아 가슴에 두고 잃지 않았지.'6) 선 하나는 아주 작은 것이야. 하지만 쌓고 또 쌓아 쌓는 것이 그치지 않으면 충분히 큰 덕을 이룰 수 있지. 헌데 뭇사람들의 마음은 미약한 선 하나로는 큰 덕을 이루기에 부족하다고 생각하고는 항상 소홀히 하면서 힘쓰지 않지. 안자만은 지극히 총명해 이를 받들어 잡아 가슴에 두고 잃지 않았지. 이것이 안자가 아성亞聖의 경지에 이를 수 있었던 까닭이다. 세상에 집안을 일으켜 수만금을 쌓아 놓은 이가 처음에는 칼끝같이 적은 이익을 다투며 한 푼을 가지고 목숨처럼 여기다가 많이 불어나면 천하에 아무리 똑똑한 사람도 그 재산을 다 헤아릴 수 없는 것과 같지. 비근을 소홀히 할 수 없음이 이와 같은 것이다. 아는 이가 적을 뿐이야."

주)

1) 『맹자』 「이루 상」(離婁上) 제11장 전문이다.
2) 『맹자』 「진심 하」(盡心下) 제32장에 보이는 말이다. 해당 부분은 다음과 같다. "맹자께서 말씀하셨다. '말이 비근하면서 뜻이 심원한 것은 훌륭한 말이요, 지키는 것이 간단하면서도 그 베풂이 넓은 것은 훌륭한 도이다. 군자의 말은 허리띠 아래로 내려가지 않으면서 도가 있으며, 군자가 지키는 것은 자신의 몸을 닦는 것이지만 천하가 평안해진다.'"(孟子曰, 言近而指遠者, 善言也, 守約而施博者, 善道也, 君子之言也, 不下帶而道存焉, 君子之守, 修其身而天下平) 주희는 "허리띠 아래로 내려가지 않는다"(不下帶)는 것에 다음과 같이 주석을 붙였다. "옛사람들은 시선이 허리띠에서 내려가지 않으니 허리띠 위는 항상 눈앞에 보이는 아주 가까운 곳이다. 눈앞에 가까운 일을 들어 지극한 이치가 있도록 하니 말이 비근하면서 뜻이 심원한 것이다."(古人視不下於帶, 則帶之上, 乃目前常見, 至近之處也. 擧目前之近事, 而至理存焉, 所以爲言近而指遠也)

3) 『중용』 제15장에 있는 말이다.
4) 원래 이 말은 『시경』 「소아」(小雅) '상체'(常棣)에 나오는 시구인데 『중용』 제15장에 인용되었다. 해당 부분은 다음과 같다. "『시경』에 이르기를 '처자 사이 정이 좋고 뜻이 맞음이 금슬을 타는 듯하며, 형제간이 화합하여 화락하고 또 즐겁구나. 네 집안을 마땅하게 하여, 너의 처자를 즐겁게 하라.'"(詩曰, 妻子好合, 如鼓瑟琴, 兄弟旣翕, 和樂且耽, 宜爾室家, 樂爾妻帑)
5) 『중용』 제26장에 보이는 말이다. 해당 부분을 보이면 다음과 같다. "지성은 쉼이 없으니, 쉬지 않으면 오래가고, 오래가면 징험이 나타나고, 징험이 나타나면 유원하고, 유원하면 박후하고, 박후하면 고대광명하다."(至誠無息, 不息則久, 久則徵, 徵則悠遠, 悠遠則博厚, 博厚則高明)
6) 『중용』 제8장에 있는 말로 공자가 안회(顔回)를 칭찬한 말이다. "공자께서 말씀하셨다. '안회의 사람됨은 중용을 가려 선을 하나 얻으면 받들어 잡아 가슴에 두고 잃지 않았다.'"(子曰, 回之爲人也, 擇乎中庸, 得一善則拳拳服膺而弗失之矣)

## | 26장 | 안회에 따르면 공자의 도는 비근하지 않습니다

동자가 물었다. "안자가 크게 탄식하며 말했습니다. '우러러볼수록 더욱 높으며 뚫을수록 더욱 견고하고 바라보매 앞에 있더니 홀연히 뒤에 있구나.'[1] 이 말로 보면 공자의 도 또한 아주 높고 묘해[高妙] 비근하다고는 말할 수 없습니다."

대답하였다. "이는 해설한 사람의 잘못된 견해[2]지 '노론'魯論[3]의 본뜻이 아니야. 안자의 탄식은 공자가 '높고 견고하며 앞에 있는가 하면 뒤에 있음을 탄식'하는 것이 아니라 공자의 단련을 받고 이전의 잘못을 깨달아 기뻐하며 감탄한 것이다. 안자는 아주 총명해서 처음에 도가 아주 높은 줄 알았지. 단지 그것은 아득[恍惚]하고 변환하는 것이라 형용할 수 없다고 보았을 뿐 그 실제 모습은 아직 보지 못했던 거야. 그러니까 더욱 높고 더욱 견고하며 앞에 있더니 뒤에 있다고 말한 것이지. 이 말에서 안자가 더듬어 잡은 것이 없어 아직 수단[4]을 손에 넣지 못했음을 알 수 있단다. '문으로 넓히고 예로 요약하는'[博文約禮] 가르침을 듣고 나서야 비로소 '부자가 차근차근 사람을 잘 이끈다'는 걸 알게 된 거지. 배움이 처음으로 평범하고 실질적인 것[平實]에 나가서야 '그만두고자 해도 그만둘 수 없는' 지경에 이를 수 있었던 거야. 그런 까닭에 기뻐하고 감탄한 거지. 그러므로 처음에는 '높고 견고하며 앞에 있는가 하면 뒤에 있다'는 말을 하고, 다음에는 '부자가 차근차근 사람을 잘 이끈다'고 말했으며, 마지막으로 '따르고자 하나 어디로부터 시작해야 할지 모르겠다'고 말했으니,⁵⁾ 그 차례를 저절로 알 수 있지. 박문약례博文約禮는 하학下學⁶⁾하는 일이니 또한 비근한 것이 아니고 무엇이겠느냐. 그러므로 실제 덕[實德]을 알고 난 다음에 비근을 숭상할 수 있다는 걸 알게 되고, 비근을 숭상할 수 있다는 걸 알고 난 다음에야 자연스레 『논어』의 오묘함을 알게 되지. 어렵지, 어려운 것이란다."

주)_____

1) 『논어』「자한」(子罕) 제10장에 보이는 말이다. 인용한 부분은 제10장 1절이고 2절은 다음과 같다. "부자(공자)께서 차근차근 사람을 잘 이끄시어 문으로 나의 지식을 넓혀 주시고 예로써 나의 행동을 요약해 해주셨다."(夫子循循然善誘人, 博我以文, 約我以禮) 다음은 3절이다. "공부를 그만두고자 해도 그만둘 수 없었다. 이미 내 재주를 다 써 버렸건만 부자의 도는 내 앞에 우뚝 서 있는 듯하다. 따르고자 하나 어디서부터 시작해야 할지 모르겠다."(欲罷不能. 旣竭吾才, 如有所立卓爾. 雖欲從之, 末由也已) 이 장에서 동자는 안연이 한 말 가운데 1절만 인용해 묻고 있으나 대답을 보면 10장 전체에 다 해당한다.
2) 잘못된 견해. '높고 묘하다'(高妙)라고 말하는 것은 잘못됐다는 뜻이다. '높고 묘하다'는 말은 앞에 인용한 안연의 말 10장 2절에 붙인 주희의 주석에 근거를 두고 있다. 주희의 주석 해당 부분은 다음과 같다. "부자의 도는 높고 묘하나 사람을 가르침에 순서가 있음을 말한 것이다."(言夫子道雖高妙, 而教人有序也)
3) '노론'(魯論). 『논어』 텍스트를 전승하는 주요 학파가 셋이 있다. 본래 『논어』는 공자 제자들이 기록한 '노론' 20편이 전해 왔으나 '노론'보다 2편이 더 많은 '제론'(齊論)이 따로 전승되고 있었다. '제론'은 '노론'과 똑같은 20편이지만 장구는 훨씬 많았다. 노나라 공왕(恭王) 때 공자의 집을 헐어 궁(宮)을 만들면서 『고문논어』(古文論語)를 발

견하게 되는데 이를 '한론'(韓論)이라고도 불렀다. 『고문논어』는 21편으로 '노론'·'제론'과 편차(篇次)도 달랐다. 이 세 텍스트가 모두 전승되고 있었는데 한나라 말 정현(鄭玄)이 '노론'을 기준으로 편장(篇章)을 나누고 '제론'과 『고문논어』를 참고로 해 주석을 붙여 현재 통용되는 『논어』 텍스트 20편의 골격을 잡았다. 위나라 하안(何晏)의 「논어집해 서」(論語集解敍)에 그 설명이 보인다.

4) 원문은 '欘柄'으로 '자루'라는 뜻이다. 여기서는 의역했다.

5) 참고로 이토 진사이의 『논어고의』에서 이 10장 1절 "仰之彌高, 鑽之彌堅, 瞻之在前, 忽焉在後"에 주석 붙인 곳을 보이면 다음과 같다. "'鑽'은 뚫는다는 말이다. '仰之彌高'는 미칠 수 없다는 뜻이다. '鑽之彌堅'은 들어갈 수 없다는 말이다. '在前在後'는 잡을 수 없다는 말이다. 이는 안자가 공자의 가르침을 받기 전에는 단지 도가 지극히 높고 지극히 견고해 아득[恍惚]하고 변화하며 나타나[變現] 붙잡을 것이 없는 것으로 보아 도가 실제 있는 곳을 알지 못했다고 스스로 서술한 것이다." 2절 "夫子循循然善誘人, 博我以文, 約我以禮, 欲罷不能, 旣竭吾才"에는 다음과 같은 주석을 달았다. "'循循'은 차례가 있는 모양이다. '誘'는 나아가게 하는 것(進)이다. '博文'은 지식을 넓히는 것이며, '約禮'는 수행하는 것이다. 안자는 여기서 선생님 가르침의 요령을 깨달아 붙잡을 데가 없는 것에 비로소 근거로 삼을 것을 가져 스스로 그만둘 수 없음을 자신이 말하는 것이다." 3절 "如有所立卓爾. 雖欲從之, 末由也已"에는 아래와 같은 설명을 덧붙였다. "'卓'은 서 있는 모양이다. '有所立卓爾'는 앞에 나란히 서고 (수레 앞) 가로지른 나무에 기대어 있다는 것[항상 눈앞에 있다는 말]과 같은 뜻이다. '末'은 없다[無]는 뜻이다. 안자는 여기서 도가 아주 명백한 것을 보고 난 뒤에 선생님의 도는 편안하고 평이해 쉽게 닿을 것 같으면서도 실제로는 힘을 써서 도달할 수 없음을 안 것이다." 이어 『논어』 10장 전체에 대해 논찬한다.
"이 장은 안자가 자신 평생의 학문이력을 스스로 서술한 것이다. '높고 견고하며 앞이며 뒤'라는 말은 그가 처음에는 단지 도가 고원한 것이라 보아 그 실상을 알지 못했음을 말한 것이다. '박문약례'는 선생님의 가르침을 받고 학문이 비로소 평실(平實)한 것으로 나아갔음을 말한 것이다. '그만두려 해도 그럴 수 없었다'는 말 이하는 그가 스스로 터득한 것을 말한 것이다. 무릇 천하 사람들은 천품[資稟]이 총명하고 똑똑한 사람은 고원한 곳에 마음을 노닐도록 하고 어렵고 심오한 곳에 힘을 쏟아 도가 본래 매일 행하는 일상 속에 있으며 평평하고 탁 트여 아주 지극히 가까운 것을 알지 못해, 결국은 반드시 이단·허무·적멸의 무리가 되고 만다. 안자만은 천품이 총명하면서 또 중용을 선택하였다. 이 때문에 선생님이 잘 이끌어 주는 것을 터득해 도에서 벗어나지 않았다. 이것이 마침내 아성(亞聖)의 경지에 이른 이유이다."

6) 하학(下學). 『논어』 「헌문」(憲問) 제37장에 보이는 말이다. "공자께서 말씀하셨다. '나를 알아주는 이가 없구나!' 자공이 말하였다. '어찌하여 선생님을 알아주는 이가 없

는 것입니까?' 공자께서 말씀하셨다. '하늘을 원망하지 않으며 사람을 탓하지 않고 아래로 인사를 배우면서 위로 천리를 통달하니 나를 알아주는 것은 하늘일 것이다.'"(子曰, 莫我知也夫! 子貢曰, 何爲其莫知子也. 子曰, 不怨天, 不尤人, 下學而上達, 知我者其天乎) '하학이상달'(下學而上達)이란 말은 '下學人事, 上達天理'의 줄임말이다. '하학상달'(下學上達)에 대해서는『동자문』중권 59장에 문답이 있다.

| 27장 | 도에 대한 시비가 생기는 까닭은 무엇입니까

동자가 물었다. "선禪과 노장, 송나라 유학자들이 도를 얘기할 때는 먼 것, 큰 것을 표준으로 삼습니다. 지금 도는 가까운 데 있지 멀리 있지 않다고 말씀하셨습니다. 그 시비가 생기는 까닭을 밝혀 주시기 바랍니다."

대답하였다. "사람에게 말해 주었는데 알기 어려운 것은 좋은 가르침이 아니야. 사람을 이끌어 가는데 따르기 어려운 것은 좋은 길[道]이 아니지. 성인의 도는 군신·부자·부부·형제·붕우 사이에 있고 덕은 인의충신 밖으로 벗어나지 않아. 고금에 모두 통하면서도 변하는 것이 없고 온 세상에 표준을 삼아도 어그러지는 것이 없으며, 인심에 뿌리를 두고 풍속에 다 적용되어, 천자도 없앨 수 없으며 성인도 고칠 수 없는 것이지. '어리석고 못난 부부'[1]조차도 모두 잘 알 수 있고 모두 잘 행할 수 있지. 때문에 천하에 모두 통하는 도덕이라 하는 것이다.

선과 노장의 이치와 송나라 유학자들의 성리학 같은 것은 그 이치가 은미해서 알기 어렵고 그 도가 높고 오묘해서 행하기 어려워, 인사에서 멀고 풍속에 어긋나지. 이를 인륜·일용에 미루어 나가면 모두 소용이 없으니 어찌 천하에 모두 통하는 도덕이라 할 수 있겠느냐. 대개 고원에 힘써 인륜에 이익이 없고 일용에 도움이 없으며 천하국가를 다스림에 보탬이 없는 것은 바로 맹자가 이른바 '사악한 말이며 난폭한 행동'[邪說暴行], 이것일 뿐이지. 그 시비는 이것에서 알 수 있는 것이란다."

주)

1) 『중용』 제12장에 보이는 말이다. 해당 부분은 다음과 같다. "군자의 도는 쓰임이 넓으면서 본체는 은미하다. 부부의 어리석음으로도 참여해 알 수 있지만 그 지극함에 이르러서는 비록 성인이라도 또한 알지 못하는 바가 있다. 부부의 못남[不肖]으로도 능히 행할 수 있지만 그 지극함에 이르러서는 비록 성인이라도 또한 능하지 못하는 바가 있다."(君子之道費而隱. 夫婦之愚, 可以與知焉, 及其至也, 雖聖人, 亦有所不知焉. 夫婦之不肖, 可以能行焉, 及其至也, 雖聖人, 亦有所不能焉)

## |28장| 알기 쉽고 행하기 쉬운 것이 옳은 것입니까

동자가 물었다. "선생님 말씀은, 알기 쉽고 행하기 쉬운 것은 옳고, 알기 어렵고 행하기 어려운 것은 틀렸다는 것입니다. 알기 어렵고 행하기 어려운 것이 진짜 옳고, 알기 쉽고 행하기 쉬운 것이 옳은 게 아닐지 어떻게 알겠습니까? 거듭 자세히 말씀해 주시기 바랍니다."

대답하였다. "『중용』에 이르기를, '도道란 것은 잠시도 떠날 수 없는 것이니 떠날 수 있으면 도가 아니다'라고 했어. 도가 진실로 옳은지 진실로 그른지는 실로 여기서 판연히 드러나는 것이다. 잠시도 떠날 수 없는 것은 요순공자의 도가 바로 이것이지.

불교와 노장의 도 같은 것은 있더라도 천하에 이익이 없고, 없더라도 세상에 손해될 게 없어 모두 떠날 수 있는 것이니 어찌 도라고 말할 수 있겠느냐. 노장의 학설은 전국 시대와 진·한나라 즈음에 번성했고, 불교의 가르침은 후한 영평永平 8년[명제明帝 치세로 서기 65년]에 한나라에 처음 들어왔으니 요순시대인 당우唐虞 삼대三代 때에는 모두 없었던 것이야. 하지만 천하는 태평하였고 백성들은 수壽를 누려 잘 다스려진 것이 모두 수백 년에 이르렀지. 이때는 노불이 없었어도 세상을 잘 다스리는 데 해가 되지는 않았다. 진시황제와 한 무제武帝, 당 현종玄宗, 송 휘종徽宗은 도교를 가장 잘 믿었지만 정치는 날로 붕괴되고 풍속은 날로 타락했지. 불법佛法은 진晉·송宋·제齊·양梁·진陳·수隋나라 때 번성해 당송에까지 미쳤지. 육조 시대[1] 때는 난리와 망국이 서로 이어졌는데 이때 노불이 있었는데도 난세를 구할 수 없었어. 당송 시대는 그런대로 소강小康[2]이라 할 수 있겠지만 근본적으로 불법과 관련이 없고 또한 태평이라 할 수도 없으니, 도교와 불교는 있더라도 천하에 보탬이 없는 게 아니겠으며 없더라도 손해가 없는 게 아니겠느냐.

    요순공자의 도 같은 것은 하루라도 이를 떠나게 되면 천하의 군신·부자·부부·형제·붕우가 모두 제자리를 잃게 되니 어찌 '잠시도 떠날 수 없는' 도가 아니겠느냐. 진짜 옳은지 진짜 그른지 또한 판연히 드러나는 것이다.

    『중용』에 이르기를, '군자의 도는 자기 몸에 근본하여 여러 사람에게 징험徵驗하며, 삼왕三王에게 상고해도 틀리지 않으며, 천지에 세워도 어그러지지 않으며, 귀신에게 질정質正하여도 의심이 없으며, 백세에 성인을 기다려도 의혹되지 않는 것이다'[3]라고 하였으니, 성인의 도는 자기에게서 구하고 남에게 살펴보며 지난 옛일에 상고해 보고 미래에 미루어 보며 천지·귀신에 징험해 보아도 모두 부합되지 않음이 없음을 말한 것이지. 산천·초목·짐승·새·벌레·물고기와 다리로 움직이며 입으로 숨 쉬는 미물微物에 이르기까지 무엇에 징험해 보아도 부합되지 않음이 없고 어디에 미루어 가더라도 통하지 않는 곳이 없으니 천하에 모두 통하는 도이기 때문이지. 은미한 말과 고묘한 이치 같은 것은 보려 해도 보이는 것이 없고 들으려 해도 들리는 것이 없으며, 인륜·풍속에서 찾아보아도 모두 어긋나기만 하니 천지 사이에 본래 이런 이치는 없었음을 알 수 있지. 진정 옳고 진정 그른 것을 명확히 알 수 있을 것이다."

주)_____
1) 육조(六朝) 시대. 위진남북조 시대 때 남조(南朝)의 육국(六國) 즉, 오(吳)·동진(東晉)·송(宋)·제(齊)·양(梁)·진(陳)을 가리킨다. 모두 건업(建業)에 도읍했다. 건업은 건강(建康), 혹은 금릉(金陵)이라고도 한다. 지금의 남경(南京)이다.
2) 소강(小康). 대도(大道)가 행해져 태평한 시대보다 못한 때, 그래도 비교적 편안한 시대를 말한다. 원 출전은 『예기』(禮記) 「예운」(禮運)편이다.
3) 이 말은 『중용』 제29장의 여섯 구절 가운데 세번째 구절을 인용한 것이다.

## |29장| 지금 유학자들은 도에 들어가기 어렵습니까

동자가 물었다. "선생님께서 누누이 도는 알기 쉽고 행하기 쉽다는 걸 밝혀 주셨습니다. 하지만 지금 유학을 공부하는 사람들은 모두 도에 들어가기 어려워 괴로워합니다. 어째서입니까?"

　대답하였다. "사람들이 학문을 하면서 학문을 보고는 지극히 귀하고 지극히 높아 세속을 벗어나고 인정에서 멀리 있으며 아주 높고 행하기 어려운 어떤 것으로 생각하는데 이것이 모두 도에 들어가기 어려워 괴로워하는 이유란다. 성인이 베푼 가르침은 사람을 따라 가르침을 세운 것이지, 가르침을 세워 놓고 사람을 몰아가는 게 아니야. 조작도 없고 더하거나 꾸밈도 없으며 인심이 똑같은 그러하다고 하는 것에서 나왔으니 억지로 한 게 있는 것도 아니지. 효제충신하는 사람은 천하가 모두 그를 훌륭하다고 여기고 모두 아름답다고 하며 감히 헐뜯는 자가 없지. 이것이 옳은 배움이야. 이것 외에는 이른바 학문이라는 것은 다시 없다. 농부·일꾼·장사꾼·노예같이 천한 이들 가운데 혹 천성이 효성스럽고 우애 깊으며 청렴하고 정직해 선비들도 미치지 못하는 사람이 있기도 하고, 학문을 하지 않았는데도 신의가 있고 정의로우며 겸손하고 양보심을 가져 담백하게 스스로를 다스리고 강개慷慨하게 의義에 나아가는 사람 또한 왕왕 있는데 이것이 오히려 학문의 기본이지. 이른바 학문이라는 것은 이것을 채워 나갈 뿐이야. 다만 그 타고난 아름다운 자질이 볼만하다 하더라도 그것은 미약해 아직 드러나지 않았고, 작아 아직 채워지지 않아서 그 때문에 성인이 가르침을 세우고 배움을 펼쳐 사람들이 책을 읽고 글을 배우도록 해서 그 미약한 것은 드러나도록 하고 그 작은 것은 채우도록 한 것이지. 하지만 천하에 공통되게 그러하다는 것에서 나왔지 터럭 하나도 그 사이에 보탠 것은 없단다. 그래서 『중용』에 이르기를, '도를 닦는 것을 일러 가르침[敎]이라 한다'고 한 것이지.

대체로 타고난 아름다운 자질이 선하다 해도 확충하지 않으면 덕을 완성할 수 없는 법이다. 때문에 공자께서 말씀하시길, '10호戶 되는 조그만 읍에도 반드시 나처럼 충신한 자는 있지만 나처럼 배우기를 좋아하는 이는 없을 것이다'[1]라고 하신 게야. 도는 성인이라 해도 본디 알지 못하고 잘 하지 못하는 것이 있지. 하지만 그 근본은 부부의 어리석음과 못남으로도 함께 알고 잘할 수 있는 것으로, 알기 어렵고 행하기 어려운 것은 없단다. 배우는 이들이 진실로 이 이치를 알고 난 이후에야 배웠다고 할 수 있지. 앞서 말한 '지극히 귀하고 지극히 높아 세속을 벗어나고, 인정에서 멀리 떨어져 너무 높아 행하기 어려운 것'은 도가 아님을 알 수 있지."

주)_____
1) 『논어』「공야장」(公冶長) 제27장 전문이다.

| 30장 | 자하가 한 말에 대해 듣고 싶습니다

동자가 물었다. "자하가 말했습니다. '비록 배우지 않았다 하더라도 나는 그 사람을 두고 반드시 배웠다고 하겠다.'[1] 이 말을 두고 오씨吳氏가 말했습니다. '말 속에 억양抑揚[억누르거나 찬양함]이 너무 지나쳐서 그것이 흘러가 닿는 폐단은 혹 학문을 그만두는 데까지 이를 것이다.'[2] 선생님 말씀 또한 자하와 폐단이 똑같습니다. 어찌 굽은 것을 바로잡다 지나쳐 반대로 휘어진 것이 아니겠습니까?"

대답하였다. "너는 어찌 그리 심하게 자하를 가벼이 보느냐. 자하는 공자 문하의 뛰어난 제자[高弟]로, 성인을 직접 뵙고 배운 지 오래되어서 참으로 당연히 스승의 뜻을 깊이 얻었다. 그리고 『논어』를 편찬한 일은 공자 문하의 학맥을 참되게 아는 사람이 아니라면 할 수가 없어. 지금 그 말이 『논어』의 첫 편 제7장에 실려 있는 게 어찌 그냥 있는 것이겠느냐. 깊은 뜻이 있는 데가 있지. 여러 제자들의 말을 공자의 말씀과 함께 실어 놓았다면 그들을 높이는 것 또한 공자를 높이는 것에 버금가다는 말이겠지. 지금 가볍게 그를 비판하는 것은 공자의 말씀을 모욕하는 것과 똑같은 죄이니 두려워하지 않아서야 되겠느냐.

　　송나라 사람들의 성리학이 일어나면서 여러 유학자들은 가장 수준이 높다고 자처하며 공자 문하 제자라도 자하·자장子張·유약有若·번지樊遲 같은 사람들은 모두 멸시하는 경향이 있었지. 회옹晦翁[주희]이 오씨의 말을 가져다 『집주』에 넣고부터 그런 논의가 더욱 굳어지고 그 말이 더욱 정설로 되어서 마침내는 후학들에게 심한 해가 되었다. 게다가 글공부는 과하게 하기 쉽고 덕행은 미치기 어려운 게 예나 지금이나 공부하는 사람들에게 늘 보이는 병인데, 지금 또 미치기 어려운 덕행에 힘쓰도록 권하지는 않고 반대로 지나치게 하기 쉬운 글공부를 더 하려고 하니 이 어찌 불에 불을 더하고 진흙에 진흙을 섞는 일과 다르겠느냐. 『시』에 이런 말이 있지. '원숭이에게 나무타기를 가르치지 말지어다. 진흙에 진흙을 붙이는 것과 같느니라.'[3]"

주)

1) 자하의 말은 『논어』 「학이」(學而) 제7장에 보인다. 전문은 다음과 같다. "자하가 말하였다. '어진 이를 어진 이로 여기되 색(色)을 좋아하는 마음과 바꾸며, 부모를 섬기되 능히 그 힘을 다하며 인군(人君)을 섬기되 능히 그 몸을 바치며, 붕우와 사귀되 말함에 성실함이 있으면, 비록 배우지 않았다고 하더라도 나는 그 사람을 두고 반드시 배웠다고 하겠다.'"(子夏曰, 賢賢易色, 事父母能竭其力, 事君能致其身, 與朋友交言而有信. 雖曰未學, 吾必謂之學矣)

2) 오씨(이름은 역棫, 자는 재로才老. 남송의 학자다. 저서로 『논어지장』論語指掌이 있다)의 이 말은 위의 자하의 말에 붙인 주희의 『집주』(集註)에 보인다. 전문은 다음과 같다. "자하의 말은 그 뜻이 좋다. 그러나 말 속에 억양이 너무 지나쳐 그것이 흘러가 닿는 폐단은 혹 학문을 그만두는 데까지 이를 수 있으니 반드시 위 장의 부자(夫子)의 말씀[「학이」 6장의 여력이 있으면 글을 배우라는 공자의 말]과 같이 한 뒤에야 폐단이 없게 될 것

이다."(子夏之言, 其意善矣. 然詞氣之間, 抑揚大過, 其流之弊, 將或至於廢學, 必若上章夫子之言 然後爲無弊也)

3) 이 시 구절은『시경』「소아」(小雅) '각궁'(角弓)에 보인다. 주나라 유왕(幽王)을 풍자한 시로 알려졌는데 여기서는 더러운 진흙에 더러운 진흙을 더하는 소용없는 짓을 조장하는 행태를 비난하는 뜻으로 인용한 것 같다.

| 31장 | 성인의 말의 쉽고 어려움을 어찌 생각하십니까

동자가 물었다. "이천 선생(伊川先生)[정이]께서 이르기를, '성인은 말을 쉽게 해서 사람들을 교만스럽게 만들지 않았으며, 말을 어렵게 해서 사람들이 앞으로 나아가는 것을 막은 적도 없었다'라고 하셨습니다. 이 말을 어떻게 생각하십니까?"

　대답하였다. "성인의 언어는 모두 말의 자연스런 흐름을 따를 뿐, 치장한 적도 농을 한 적도 없지. 만약 말을 쉽게 한 적이 없으며 또한 말을 어렵게 한 적이 없다라고만 했다면 이는 성인이 언어를 가지고 도(道)를 희롱했다는 것이지. 『논어』에 공자께서 말씀하시길, '누구든 밖에 나갈 때 문을 지나가지 않는가? 그런데 어찌하여 이 도를 따르는 이가 없는가?'[1] 라고 하셨고, 또 말씀하시기를, '인이 멀리 있는가? 내가 인을 하고자 하면 인은 곧 이르는 것이다'[2]라고 하셨지. 또 말씀하시기를, '그리워하지 않는 것이지 뭐가 멀다는 말이냐'[3]라고도 하셨지. 맹자께서 이르시기를, '도는 가까운 데 있는데도 먼 데서 구하며 일은 쉬운 곳에 있는데도 어려운 곳에서 구한다'[4]라고도 하셨지. 이 모두 가깝고도 쉬운 것을 말한 것이야. 배우는 사람이 도에 들어가기 어렵다고 힘들어하는 것은 모두 도가 실제 있는 곳을 모르기 때문이란다."

주)
1) 『논어』 「옹야」(雍也) 제15장 전문이다.
2) 『논어』 「술이」(述而) 제29장 전문이다.
3) 『논어』 「자한」(子罕) 제30장에 있는 말이다. 전문은 다음과 같다. "'당체꽃이여 바람에 펄럭이는구나. 어찌 그대를 그리워하지 않겠소, 집이 멀어서라오.' 공자께서 말씀하셨다. '그리워하지 않는 것이지 뭐가 멀다는 말이냐.'"(唐棣之華, 偏其反而. 豈不爾思, 室是遠而. 子曰, 未之思也, 夫何遠之有) "집이 멀어 못 가는 것이지 그대를 그리지 않는 것은 아니다"라는 시구를 두고, 공자는 먼 거리란 없다, 그리워하지 않아서 그런 것이라고 반론한 것이다. 공자는 여기서 "인(仁)이 멀리 있겠는가"라고 말했다.
4) 『맹자』 「이루 상」(離婁上) 제11장에 보이는 말이다. 『동자문』 상권 25장에 인용한 적이 있다.

| 32장 | 『논어』의 도리에 대해 더 말씀해 주십시오

동자가 물었다. "선생님께서 『논어』의 도리를 말씀하시면서 도가 사람에게서 멀지 않다는 것에 대해 자세하게 조목조목 다 말씀해 주셔서 더 이상 남은 게 없습니다. 이것 외에 또 말씀해 주실 것이 있습니까?"

대답하였다. "너는 의사가 병을 치료하는 것을 보았느냐. 앞의 의사들의 잘못된 치료로 증세가 악화되었을 때는 반드시 그 증세를 가라앉히는 약을 먼저 쓰고, 그 뒤에 병의 원인을 살펴보고 약을 써야 한다. 지금 내가 너에게 일러준 것은 모두 증세가 악화된 중증을 다스리는 임시 약일 뿐 병을 치료하는 정확한 처방은 아니다. 곧바로 옛사람들의 올바른 처방을 살펴봐야 옳다."

## |33장| 옛사람들의 올바른 처방을 여쭙니다

동자가 물었다. "감히 옛사람들의 올바른 처방을 여쭙니다."

대답하였다. "내가 앞에서도 말했었지. 네가 내 뜻을 알고자 한다면 『논어』・『맹자』 두 책을 읽는 것으로 충분하다고. 두 책에는 병을 치료하는 정확한 처방뿐 아니라 보양하고 조리하는 방법까지도 모두 갖춰져 있다. 허나 지금은 아는 사람이 적을 뿐 아니라 기록해 두는 사람도 드물지. 네가 숙독해 외우고 맛보아, 당연한 결과로 마음에 기쁘게 깨닫는 것이 있다면 아무것도 없던 곳에 갑자기 무언가가 생기는 것과 똑같을 것이다. 어제 이미 읽은 걸 오늘 또 처음 읽듯 하면 말이 새로워지고 구절이 새로워져 처음 보았던 것과는 의미의 깊이가 저절로 확연히 구별될 게야. 힘써야 한다."

| 34장 | 『논어』·『맹자』의 핵심을 듣고자 합니다

동자가 물었다. "평소에 『논어』·『맹자』를 숙독했습니다만 그 핵심[要領]을 알 수 없었습니다. 자세한 가르침을 받고 싶습니다."

    대답하였다. "좋아. 성인 문하에서 학문하는 첫째 글자는 인仁이다. 의義로 짝을 삼고, 예禮로 보충하고, 충忠과 신信으로 그 기초를 삼지. 인과 의의 관계는 음과 양의 관계와 같지. 그러므로 의와 짝짓는다고 하는 것은 서로 떨어질 수 없음을 말하는 것이다. 예는 인을 지키는 '제방'[1)]이 있는 곳이지. 그러므로 예로 보충한다고 하는 것이니 예가 아니면 인을 보존하지 못함을 말하는 것이야. 자신을 다하는 것을 충이라 하고 참[實]으로 행하는 것을 신이라 하니 이 둘이 바로 학문의 기본이다. 그러므로 충과 신으로 그 기초를 삼는다고 하는 것이니 집을 지을 때 터가 있는 것과 같지. 이것이 총괄적인 요지이니 모두 인의 덕을 이루어 주는 것이란다."

주)

1) 원문은 '防閑'. 방비하고 막아준다는 뜻이다. 『시경』 「제풍」(齊風) '폐구'(敝苟) 모서(毛序; 모씨가 쓴 주석)에, "부서진 통발"(敝苟)이란 시는 제나라의 문강(文姜)을 풍자한 것이다. 노나라 환공(魯桓公)이 미약해 문강을 막을 수 없어 문강이 음란한 행동까지 하게 되어 두 나라의 걱정거리가 된 것을 제나라 사람들이 미워하였다"(敝苟, 刺文姜也. 齊人惡魯桓公微弱, 不能防閑文姜, 使至淫亂, 爲二國患焉)라는 기록이 보인다. 참고로 「제풍」'폐구'에 언급된 제나라 문강은 제양공(齊襄公)의 누이동생으로 노나라 환공의 아내가 되었는데 시집간 후에도 오빠 제양공과 사통해 노환공이 제나라 사람에게 피살된다. 문강의 아들이 노장공(魯莊公)으로 즉위한 뒤에도 문강이 계속 제나라에 들락거리자 제나라 사람이 이 시를 지은 것이다.

| 35장 | 어째서 충신이 인을 행하는 기초입니까

동자가 물었다. "선생님께서는 이미 인仁을 성인 문하에서 학문하는 첫째 글자라고 하셨습니다. 하지만 또 충신忠信으로 인을 행하는 기초로 삼은 것은 어째서입니까?"

대답하였다. "유자가 말했지. '효제는 인의 근본일 것이다'[1]라고. 공자께서도 '충신을 주로 한다'[2]고 말씀하셨지. 효제는 순박한 덕[順德][3]이고 충신은 참된 마음[實心]이지. 사람이 충신하지 않으면 명색이 효라 해도 실제는 효가 아니며 명색은 충이라 해도 실제는 충이 아니지. 예의 삼백, 위의 삼천[4]이 있어 절차와 꾸밈, 규정과 수량이 찬연히 빛나 볼만하다 하더라도 모두 빈 문채文彩요, 말단의 절차일 뿐, 요컨대 볼만한 것이 없지. 마치 조화造花 핀 꽃나무를 보는 것과 같아 눈은 즐겁게 해줄 수 있지만 본디 참된 것이 아니니 어찌 귀하다 할 수 있겠느냐. 그러므로 '성실하지 못하면 사물이 없게 된다'[5]고 하는 것이니 충신이 인을 행하는 바탕이 되는 것은 또한 당연하지 않느냐."

주)_____
1) 『동자문』「간행 서」에 인용되었다. 주8) 참조.
2) 『동자문』 상권 10장 주1) 참조.
3) 순덕(順德)이란 말은 『주역』「승괘」(升卦)에, "상(象)에 이르기를, 땅속에서 나무가 자라 나오니, 군자가 이를 써서 자신의 순박한 덕을 순리에 따라 작은 것을 쌓아 크고 높게 된다"(象曰, 地中生木升, 君子以順德, 積小以高大)에서 온 것이다.
4) 예의(禮儀) 삼백, 위의(威儀) 삼천. 예의는 기본 예의[經禮]를, 위의는 세밀한 여러 가지 예절[曲禮]을 말한다. 예법을 일반적으로 말할 때 항용 쓰는 표현이다. 『중용』 제27장에, "우우(優優)하게 넉넉하구나. 예의가 삼백 가지며 위의가 삼천 가지로다"(優優大哉, 禮儀三百, 威儀三千)라는 표현이 보인다. '우우'는 충분해 남음이 있다는 뜻이다.
5) 『중용』 제25장에 보이는 말이다. 해당 부분은 다음과 같다. "성(誠)은 스스로 이루어지는 것이요, 도(道)는 스스로 행하는 것이다. 성은 사물의 끝과 시작이니 성실하지 못하면 사물이 없게 된다. 그러므로 군자는 성실히 함을 귀하게 여기는 것이다."(誠者, 自成也, 而道, 自道也. 誠者, 物之終始, 不誠無物. 是故君子誠之爲貴)

## 36장 | 어째서 경보다 충신을 위주로 하는 것입니까

동자가 물었다. "송나라 유학자들은 경敬을 위주로 하는데 지금은 충신을 위주로 하니 어째서입니까?"

대답하였다. "학문은 전적으로 성실에 달려 있는 것이다. 때문에 '충신을 주로 한다'[主忠信]고 말씀하신 것이지. '주'主라는 글자는 '빈'賓이라는 글자와 대對가 되지. 배우는 이는 오로지 충신을 위주로 하지 않으면 안 된다는 말이다. 충신을 주로 하면 언동과 행위준칙이 평담하고 무미하더라도 내실에는 취할 만한 게 있지.

오로지 '경만을 잡고 있는'[1] 사람은 다만 억제하고 삼가는 것만 일삼아 외면은 정제整齊되어 있지. 그러므로 그를 보면 엄연한 유자儒者이지. 하지만 그 안을 잘 살펴보면 성의誠意가 혹 충분치 않아, 자기를 지키는 것이 너무 굳세고 남을 꾸짖는 게 너무 심해 종종 병통이 굳게 자리 잡아 그 폐단이 이루 다 말할 수 없을 정도지. 그러므로 충신을 주로 하는 공부의 절실함만 못한 게야."

주)

1) '경만을 잡고 있는'(持敬). 경(敬)은 주자학의 핵심 수양법이다. 주희는 「경재잠」(敬齋箴)을 지어 그 의의를 밝힌 바 있다.

| 37장 | 경은 쓰지 말아야 합니까

동자가 물었다. "충신을 주로 한다면 경敬은 쓰지 말아야 합니까?"

대답하였다. "아니지. 공자께서 말씀하시길, '말이 충신하고 행동이 독실·공경스럽다'[1] 하셨고 또 말씀하시길, '거처할 때 공손히 하며 일을 집행할 때 공경하며 사람을 대할 때 충성으로 해야 한다'[2]라고 하셨다. 경 또한 성인이 되는 학문에서 공부하는 한 가지 방도이지. 완성된 가르침이 다 갖추어졌으니 어찌 버릴 수 있겠느냐. 성인이 사람을 가르칠 때 그 공부 조목은 단 하나만이 아니다. 여러 가지 공부를 함께 하고 난 뒤에 자기의 덕을 이룰 수 있는 것이니라.

그것은 의사가 병을 치료하는 것과 같다. 약을 쓰는 원칙에는 군·신·좌·사[3]가 있고 처방에는 일곱 가지, 조제에는 열 가지[4]가 있지. 여러 가지 약을 아울러 갖추고 나서야 병을 치료할 수 있는 것이다. 해서 어떤 이는 '지·인·용'[5]을 말하고 어떤 이는 '충신·독경篤敬'을 말하고 어떤 이는 '공손함·너그러움·믿음·민첩함·은혜로움'[6]을 말하지. 어떤 사람은 '충신을 주로 하며 의로 옮겨 가는 것'[7]이라고 말하기도 하고 말이야. 일에 따라 가르침을 베풀어 사람마다 다른 방책을 보여 준 것이니 어찌 다만 한 가지 일만 지켜 덕을 이룰 수 있겠느냐. 하지만 그 충신에 대해 말하자면 그것은 약 가운데 감초와 같아서 빠뜨릴 수는 없지. 허다한 공부가 있더라도 이것을 주로 하지 않을 수 없는 것이다. 송나라 유학자들이 이른바 '경을 잡는다'[持敬]는 말은 '옛사람들은 일에 나아가 경을 지극히 하였다'라는 말과도 그 뜻이 이미 다르고, 또한 충신을 위주로 하려 하지 않고, 단지 경 한 글자만으로 학문의 시종을 포괄하려는 것이다. 마치 단방單方으로 온갖 병을 다스리려는 것과 같으니 사람을 잘못되지 않게 하려 한들 그럴 수 없을 것이야."

주)

1) 『논어』「위령공」(衛靈公) 제5장에 있는 말이다. 전문은 다음과 같다. "자장이 행(行; 행동)을 물었다. 공자께서 말씀하셨다. '말이 충신하고 행동이 독실·공경스러우면 오랑캐 나라라고 하더라도 행할 수 있겠지만 말이 충신하지 못하고 행동이 독실·공경스럽지 못하면 마을에서라도 행할 수 있겠느냐. 일어서면 그것(충신과 독경篤敬)이 앞에 펼쳐진 것을 볼 수 있고 수레에 있으면 그것이 멍에에 가로로 써 있는 것을 볼 수 있어야 하니 이와 같은 뒤에 행할 수 있는 것이다.' 자장이 이 말을 허리띠에 적었다."(子張問行. 子曰, 言忠信, 行篤敬, 雖蠻貊之邦, 行矣. 言不忠信, 行不篤敬, 雖州里, 行乎哉. 立則見其參於前也, 在輿則見其倚於衡也, 夫然後行. 子張書諸紳)

2) 『논어』「자로」(子路) 제19장에 있는 말이다. 전문은 다음과 같다. "번지가 인을 물었다. 공자께서 말씀하셨다. '거처할 때 공손히 하며 일을 집행할 때 공경하며 사람을 대할 때 충성으로 해야 한다. 이것은 비록 오랑캐 나라에 가더라도 버려서는 안 된다.'"(樊遲問仁. 子曰, 居處恭, 執事敬, 與人忠. 雖之夷狄, 不可棄也)

3) 군(君)·신(臣)·좌(佐)·사(使). 명나라 이시진(李時珍)의 『본초강목』(本草綱目) '서례'(序例)에 보이는 말이다. 「신농본경명례」(神農本經名例)란 제목 아래 기록돼 있다. 해당 부분은 대체로 다음과 같다. "상약(上藥) 120종을 군(君)이라 한다. 생명을 기르는 일을 주관하며 하늘[天]에 조응한다. 독이 없어 많이 먹고 오래 복용해도 사람을 상

하게 하지 않는다. 몸을 가볍게 하고 기운을 돋우며 불로장생하고자 하는 사람은 상경(上經)에 근본을 두어야 한다. 중약(中藥) 120종을 신(臣)이라 한다. 성정(性情)을 기르는 일을 주관하며 땅[地]에 조응한다. 독이 있기도 하고 없기도 하며 알맞은 양을 참작해 써야 한다. 병을 막고 허하고 약함을 보충하고 싶은 사람은 중경(中經)에 근본을 두어야 한다. 하약(下藥) 120종을 좌(佐)·사(使)라 한다. 병을 치료하는 일을 주관하며 사람[人]에 조응한다. 독이 많아 오래 복용해서는 안 된다. 한열(寒熱)과 사기(邪氣)를 없애고 몸 안에 쌓이고 모인 것을 깨뜨려 병을 치료하고자 하는 사람은 하경(下經)에 근본을 두어야 한다.

약에는 군·신·좌·사가 있으므로 서로 알맞게 해서 보양해야 한다. 군 1, 신 2, 좌 3, 사 5를 배합해 조제해야 알맞으며, 또는 군 1, 신 3, 좌사 9가 좋다."

이토 진사이의 『동지회필기』(同志會筆記)에도 이와 관련한 진술이 보인다.

4) 일곱 가지 처방[七方]과 열 가지 조제법[十劑]. 명나라 이시진의 『본초강목』 '서례'에 보이는 말이다. 일곱 가지 처방은 다음과 같다. 1. 대방(大方) 2. 소방(小方) 3. 완방(緩方) 4. 급방(急方) 5. 기방(奇方) 6.우방(偶方) 7.복방(複方)으로 대개 처방의 큰 개요를 설명한 것이다. 열 가지 조제법은 다음과 같다. 1. 선제(宣劑) 2. 통제(通劑) 3. 보제(補劑) 4. 설제(洩劑) 5. 경제(輕劑) 6. 중제(重劑) 7. 활제(滑劑) 8. 삽제(澁劑) 9. 조제(燥劑) 10. 윤제(潤劑)로 약의 성질에 따른 조제법을 설명한 것이다.

5) 지(知)·인(仁)·용(勇). 이 세 가지 조목은 『중용』 제20장에 보인다. 해당 부분은 다음과 같다. "천하에 공통된 도가 다섯 가지인데 이것을 행하는 것은 세 가지입니다. 군신·부자·부부·형제·붕우 이 다섯 가지는 천하에 두루 통하는 도요, 지·인·용 이 세 가지는 천하에 공통된 덕입니다. 이것을 행하는 것은 하나(성誠)입니다."(天下之達道五, 所以行之者三, 曰君臣也, 父子也, 夫婦也, 昆弟也, 朋友之交也, 五者, 天下之達道也, 知仁勇三者, 天下之達德也, 所以行之者一也) 애공(哀公)이 정사(政事)를 물은 데 대한 공자의 답변 가운데 나온 말이다.

6) 공손함[恭]·너그러움[寬]·믿음[信]·민첩함[敏]·은혜로움[惠]. 이 다섯 조목은 『논어』 「양화」(陽貨) 제6장에 나온다. 전문은 다음과 같다. "자장이 공자께 인(仁)을 물었다. 공자께서 말씀하셨다. '능히 다섯 가지를 천하에 행할 수 있으면 인이 된다' 하셨다. 자장이 '그것을 여쭙고자 합니다' 하자 말씀하셨다. '공손함·너그러움·믿음·민첩함·은혜로움이니, 공손하면 업신여김을 당하지 않고 너그러우면 뭇사람들을 얻게 되고 믿음이 있으면 남들이 의지하게 되고 민첩하면 공이 있게 되고 은혜로우면 남을 부릴 수 있게 된다'고 하셨다."(子張問仁於孔子. 孔子曰, 能行五者於天下爲仁矣. 請問之. 曰, 恭寬信敏惠. 恭則不侮, 寬則得衆, 信則人任焉, 敏則有功, 惠則足以使人)

7) 충신(忠信)을 주로 하며 의(義)로 옮겨 가는 것. 『논어』 「안연」(顏淵) 제10장에 보이는 말이다. 『동자문』 상권 10장 주1) 참조.

## | 38장 | 배우기를 좋아하지 않으면 폐단이 있습니까

　동자가 물었다. "충신忠信은 진실로 미덕이지만 '신信만 좋아하고 배우기를 좋아하지 않으면 그 폐단이 해를 가져온다'[1]고 했으니 또한[2] 반드시 폐단이 없을 수는 없을 듯합니다."

　대답하였다. "그렇지. 유자가 이르기를, '신信이 의義에 가까우면 그 말을 실천할 수 있다'[3]라고 하였고 맹자가 말하기를, '대인大人이란 말은 기필코 믿음이 있도록 해야 하는 것이 아니며 행동은 기필코 과단성 있게 행해야만 하는 것은 아니다. 의가 있는 것을 따를 뿐이다'[4]라고 하였지. 단지 신만 좋아하고 의에 합치하지 않으면 도를 해치는 것이다. 하지만 충분히 잘 알고 나서 반드시 충신하게 된 이후에야 이 말을 할 수가 있지. 만약 안으로 충신을 다하지 않고 조금이라도 틈이 있거나 빠뜨리는 것이 생기면 먼저 의까지 잃게 될 테니 어디에 학문이 있을 수 있겠느냐.

　사물과 접할 때에 속이지 않고 철저하게 진실하며, 굳게 잡고 돌아보지 않는 것을 충신이라 하지. 천변만화하는 가운데 그 변화의 조짐을 보고 알맞게 행동해서, 버리고 얻을 때 잘못하지 않는 것은 의의 효험이고.

충신은 만사에 근본이 되고 의는 학문에 크게 쓰인단다. 그러므로 배우는 사람은 마땅히 충신을 기초로 삼고 의로 제재[制]해야 할 것이야. 그러기에 '충신을 주로 하며 의로 옮겨 가는 것이 덕을 높이는 것'[5]이라 하였고, 공자께서도 이런 말씀을 하신 적이 있지. '10호 되는 조그만 읍에도 반드시 나처럼 충신한 자는 있지만 나처럼 배우기를 좋아하는 이는 없을 것이다.'[6] 이 말씀은 충신은 참으로 미덕이긴 하나 배워 완성하지 않으면 선善이 되기에는 부족하다는 뜻이다. 이 또한 배우는 이들이 의당 충분히 생각해야 하는 것이야."

주)
1) 이 말은 언급한 적이 있다. 『동자문』 상권 20장 주 3) 참조.
2) 원문은 '又'인데 도가이는 '亦'으로 교감하였다. 도가이의 교감에 따랐다.
3) 『논어』 「학이」(學而) 제13장에 나오는 말이다. 전문은 다음과 같다. "유자가 말하였다. '믿음이 의에 가까우면 그 말을 실천할 수 있으며, 공손함이 예에 가까우면 치욕을 멀리할 수 있으며, 주인을 정할 때 그 친한 사람을 잃지 않으면 또한 종주(宗主)로 삼을 수 있다.'"(有子曰, 信近於義, 言可復也. 恭近於禮, 遠恥辱也. 因不失其親, 亦可宗也) '信'을 주희는 약속으로 풀었다. '因不失其親, 亦可宗也'라는 말은 애매한 표현으로 논란이 있는 부분인데, 여기서는 주희의 주에 따라 풀었다.
4) 『맹자』 「이루 하」(離婁下) 제11장 전문이다.
5) 『논어』 「안연」(顔淵) 제10장에 보이는 말이다. 『동자문』 상권 10장 주 1) 참조.
6) 『논어』 「공야장」(公冶長) 제27장 전문이다. 『동자문』 상권 29장에서도 인용하였다.

## 39장 | 인의 뜻은 무엇입니까

동자가 물었다. "인은 성인 문하의 첫째 글자입니다. 그 뜻은 무엇입니까?"
　대답하였다. "인이라는 덕은 크지. 하지만 '한마디 말로 다 표현하자면'[1] 사랑[愛]이라고 할 수 있지. 군신에 있어서는 의로움[義]이라 하며 부자에겐 친함[親]이라 하며 부부에겐 구별[別]이라 하며 형제에겐 차례[敍]라 하며 붕우에겐 믿음[信]이라 하지만 모두 사랑에서 나오지. 사랑이란 참된 마음에서 나오기 때문에 이 다섯 가지는 사랑에서 나오면 참이 되지만 사랑에서 나오지 않으면 거짓일 뿐이야. 그러므로 군자는 자애自愛의 덕보다 더 높이 평가하는 것이 없으며, 잔인하고 각박한 마음보다 더 슬프게 보는 게 없지. 공자 문하에서 인을 덕의 으뜸으로 여기는 것도 이 때문이란다. 이것이 인이 성인 문하에서 제일의 글자가 되는 까닭이지.
　만약 덕을 아는 사람이 아니라면 이 사실을 깨달을 수도 없고 또한 믿을 수도 없어, 막연하게 긴요한 것은 없다고 보고만 말아, 진중하게 믿고 받아들일 줄 모르지. 매양 엉뚱한 길을 따라가서는, 혹은 고상하게 성명性命을 말하고 혹은 허정虛靜을 탐닉하고 즐기며 혹은 인을 리理니 성性이니 지각知覺이니 하면서, 일상생활에서 실천할 줄 모르지. 그러므로 공자께서 인을 드물게 말씀하신 것은 덕을 모르는 사람에게 갑작스레 말해 주었다가는 그 이치를 모를 뿐만 아니라 반드시 폐단이 있기 때문이었으니, 깊이 생각하지 않으면 안 되는 것이야. 네가 오직 충신을 주로 하는 데 힘쓰고 『논어』·『맹자』를 숙독해 참된 덕 구하기를 마음에 두어 이를 오래 실천한다면 저절로 이해하게 될 것이다. 삼가 옛 전철을 밟지 않도록 하거라."

주)_____

1) 『논어』 「위정」(爲政) 제2장을 가져다 쓴 것이다. "공자께서 말씀하셨다. '『시경』 3백 편의 뜻을 한마디로 다 덮을(대표할) 수 있으니 생각에 간사함이 없다는 말이다.'"(子曰詩三百, 一言以蔽之, 曰思無邪)

## | 40장 | 인을 알기 어려운 까닭은 무엇입니까

동자가 물었다. "인을 알기 어려운 까닭은 무엇입니까?"

대답하였다. "인을 터득하기는 참으로 어렵지만 인의 이치를 아는 데에야 무슨 어려움이 있겠느냐. 다만 배우는 사람들이 올바른 방법을 잃어버렸기 때문에 저절로 알기 어렵게 된 것이다.

대체로 옛사람의 학문은 오로지 덕행을 근본으로 삼았는데 후대 사람들은 먼저 궁리窮理를 위주로 했지. 이것이 인이 어렵게 된 까닭이다. 인은 사랑을 주로 하고 덕은 사람을 사랑하는 것보다 큰 것이 없지.

하지만 먼저 궁리를 위주로 하면 리를 찾느라 고원한 것에 마음을 두고 정미精微한 것에 힘을 다 써, 마침내는 사랑을 인의 용用이라 하고 유약하다, 얕고 가까이에 있는 것이다[淺近], 일상생활에 늘 하는 것이다 히면서 경시하고 천대하는 뜻을 갖게 되지. 위로 나아가는 길은 여기에 있지 않다고 하면서 지론은 너무 높고 도를 찾는 것은 너무 멀지. 또 공자께서 훌륭한 제자 중유仲由·염유冉有·공서화公西華와 당시의 어진 선비·대부였던 영윤 자문·진문자 같은 사람들조차 모두 인으로 인정하지 않은 것[1]을 보고, 인을 구할 수 없자 따로 의견을 내어서는, 인을 '천리天理의 공정함[公]'으로[2] 보기도 하고 리에 합당해 사심이 없는 것으로 보는 등 그 논의가 분분해 감당할 수 없을 정도로 많아졌지. 하지만 인과 거리는 더욱 멀어졌어. 그러기에 내가, '불교와 노장이 우리 유교와 다른 까닭은 대부분 의에 있지만 후세 유학자들이 성인과 다른 까닭은 오로지 인에 있다'[3]고 말한 것이다. 이것이 인을 알기 어려운 까닭이야."

주)

1) 『논어』「공야장」(公冶長) 제18장에 보이는 말이다. 영윤(令尹) 자문(子文)과 진문자(陳文子)에 대한 평가 문제는 『동자문』 상권 50장과 51장에서 상세하게 다뤄진다.
2) 정이(程頤)의 말이다. "인은 천하의 공정함(공적인 것)이며 선의 근본이다."(仁者, 天下之公, 善之本也)
3) 『어맹자의』 상권, '인의예지조'(仁義禮智條)의 제13항에 보이는 말이다. 원문과 약간의 글자 출입이 있으나 의미에는 차이가 없다.

| 41장 | 궁리는 인을 구하는 데 방해가 됩니까

동자가 물었다. "저는 학문은 지식을 우선으로 한다고 들었습니다. 하지만 지금 말씀하시길 궁리에 대한 말은 인을 구하는 데 자못 방해가 된다 하시니 논리에 어그러짐이 없지 않습니다."

대답하였다. "독서 궁리는 공자 문하에서 항상 하는 방법이니 옳지 않다고 해서는 안 된다. 다만 처음 입문할 때[1] 먼저 천하의 책을 다 읽으려 하고 천하의 이치를 다 궁구하려 한다면 그것은 성인의 학문이 아니지. 어째서 그러하냐? 만약 궁리를 우선으로 한다면 덕행을 뒤로 하지 않으려 해도 덕행은 저절로 뒤에 있을 수밖에 없지. 이것이 학문에 해가 되는 까닭인 게야.

송나라 유학자들의 말에, '천하에 성性 밖에 있는 사물은 없다'[2]라 하기도 하고 또 '성은 리理다'라고 하기도 하지. 하지만 리 하나로 천하의 일을 단정할 수는 없다. 만물[物]에는 좋고 나쁨이 있고 일[事]에는 완급이 있어, 다양하고 수도 없이 많으며 들어오고 나가며 드러나고 숨는 것을 다 리로 결정할 수는 없지. 그렇기에 '군자는 자기가 알지 못하는 것에 대해서는 말하지 않고 가만히 있는 법이다'[3]라고 하는 것이다. 만약 덕행을 근본으로 삼으면 지식이 지극해지고 도[道]가 밝아지고 일의 시비득실이 또렷하고 분명해져 생각할 필요도 없이 저절로 그 핵심[4]에 들어맞게 되지. 이와 같이 하지 않고 오로지 리로 결단하고자 한다면 그 말이 길어질수록 참[實]에서 거리가 더욱 멀어지는 게야.

정씨 형제와 주희는 천도를 논하면서 오로지 리로 결단했으니 천도를 죽였다고 말할 수 있는 것이다.[5] 그것은 인에서도 마찬가지야. 그러므로 그 리는 아주 정미해졌지만 인과는 거리가 더 멀어졌지. '병아리를 보면 인을 볼 수 있다'[6] 하기도 하고, '맥을 짚어 보면 인을 가장 실감할 수 있다'[7]라고 하기도 하고, '성현이 인을 말씀하신 것을 가지고 비슷한 것을 모아서 본다'[8]라는 말이 그것이야. 무릇 인은 참된 덕이지. 리로 알 수 있는 게 아니야. 공자께서 '인이란 사람을 사랑하는 것이다'[9]라고 말씀하셨고, 맹자께서도 '사람들에게는 모두 차마 남에게 하지 못하는 것이 있으니 이를 여지껏 해왔던 것에까지 이르도록 한다면 이것이 인이다'[10]라고 하셨지. 공자와 맹자의 말씀이 어찌 아주 가까우면서도 쉽지 않겠느냐. 만약 리를 가지고 인을 구한다면 더욱 멀어지고 더욱 알기 어려워질 뿐이야."

주)
1) 원문은 '初'로 되어 있으나 도가이가 '時'로 교감하였다. 도가이의 교감에 따랐다.
2) 『태극도설』(太極圖說)의 주에 보이는 주희의 말이다.
3) 『논어』 「자로」(子路) 제3장에 보이는 말이다. "자로가 말하였다. '위나라 군주가 선생님을 기다려 정치를 하려고 합니다. 선생님께서는 우선 무엇을 하시겠습니까?' 공자께서 대답하셨다. '반드시 명분을 바로잡겠다.' 자로가 말하였다. '이러하십니다,

선생님의 우활하심이! 어떻게 바로잡겠다고 하십니까?' 공자께서 말씀하셨다. '조 야하구나 유(由; 자로의 이름)여. 군자는 자기가 알지 못하는 것에는 말하지 않고 가 만히 있는 법이다. 명분이 바르지 못하면 말이 순하지 못하고, 말이 순하지 못하면 일이 이루어지지 못하고, 일이 이루어지지 못하면 예악이 일어나지 못하고, 예악이 일어나지 못하면 형벌이 알맞지 못하고, 형벌이 알맞지 못하면 백성들이 손발을 둘 곳이 없게 된다. 그러므로 군자가 이름을 붙이면 반드시 말할 수 있으며, 말할 수 있으면 반드시 행할 수 있는 것이니 군자는 그 말에 구차히 함이 없을 뿐이다.'"(子路曰, 衛君待子而爲政, 子將奚先. 子曰, 必也正名乎. 子路曰, 有是哉, 子之迂也. 奚其正. 子曰, 野哉, 由 也. 君子於其所不知, 蓋闕如也. 名不正, 則言不順, 言不順, 則事不成, 事不成, 則禮樂不興, 禮樂不 興, 則刑罰不中, 刑罰不中, 則民無所措手足. 故君子名之必可言也, 言之必可行也. 君子於其言, 無 所苟而已矣)

4) 원문은 '肯綮'. 문자 그대로의 뜻은 뼈에 붙은 살[肯]과 힘줄이 모인 곳[綮]으로, 사물 의 관건이나 핵심이 되는 곳이란 의미로 확대되었다. 원출전은 『장자』(莊子) 「양생 주」(養生主)다.
5) 『동자문』 중권 67장에 "천지는 거대한 생물이다"(天地一大活物)라는 말이 보인다. 이 토 진사이의 활물(活物) 사상을 전제로 할 때 이해될 수 있는 말이다.
6) 정호(程顥)의 말로 『주자어류』(朱子語類)에 보인다. "주자께서 말씀하셨다. '원(元)은 처음을 말한다. 나무의 싹과 같고 풀의 싹과 같으며 사람에게 있어서는 측은히 아파 하는 것과 같다. 처음이라는 의미는 정자가 말한 '병아리를 보면 인을 볼 수 있다'는 것이다. 어리고 작은 것에 인의 사상이 있기 때문이다.'" 이 말에 대한 풀이는 다음 문답을 참조할 수 있다. "주자의 제자가 물었다. '병아리를 보면 인을 볼 수 있다는 말은 무슨 뜻입니까.' 주자께서 대답하였다. '모든 사물에서 다 볼 수 있다. 여기서는 우연히 병아리를 보고 말했을 뿐이다.'" 이는 자그마한 것에도 살리는 이치가 모두 갖춰져 있음을 말한 것이다.
7) 정호의 말이다. "고요한 가운데 모두 봄의 뜻을 느낄 수 있으니 맥을 짚어 보면 인을 가장 실감할 수 있다."(於靜中皆有春意, 切脈敢可體仁)
8) 『근사록』(近思錄) 권1 「도체류」(道體類)에 보이는 말이다. 해당 부분은 다음과 같다. "인에 대해 묻자 이천 선생이 말하였다. '이는 여러 선생들이 각자 생각하신 것에서 성현이 인을 말씀하신 것을 가져와 비슷한 종류를 모아서 보고 온몸으로 인식해야 한다.'"(問仁, 伊川先生曰, 此在諸公自思之, 將聖賢所言仁處, 類聚觀之, 體認出來)
9) 원문 '仁者愛人'이라는 말 자체는 『맹자』 「이루 하」(離婁下) 제28장에 보인다. 해당 부 분을 보이면 다음과 같다. "군자가 남과 다른 까닭은 마음을 보존하기 때문이다. 군 자는 인으로 마음을 보존하고 예로 마음을 보존한다. 인이란 사람을 사랑하는 것이 요, 예란 사람을 공경하는 것이다. 사람을 사랑하는 사람은 남들이 항상 그를 사랑

하며 사람을 공경하는 사람은 남들이 항상 그를 공경한다."(孟子曰, 君子所以異於人者, 以其存心也. 君子以仁存心, 以禮存心. 仁者愛人, 有禮者敬人. 愛人者人恒愛之, 敬人者人恒敬之) 『논어』「안연」(顔淵) 제22장에 이와 비슷한 말이 보이긴 한다. 해당 부분은 다음과 같다. "번지가 인을 묻자, 공자께서 '사람을 사랑하는 것이다' 하셨다. 지를 묻자, 공자께서 '사람을 아는 것이다'라고 하셨다."(樊遲問仁. 子曰, 愛人. 問知. 子曰, 知人)

10) 『맹자』「진심 하」(盡心下) 제31장에 보인다.

| 42장 | 공자와 맹자가 말씀하신 인이란 무엇입니까

동자가 물었다. "공자와 맹자께서 말씀하신 인은 과연 무슨 뜻입니까?"

대답하였다. "인이란 사람의 도리[人道] 가운데 큰 근본이며 여러 선善을 총괄하는 요체란다. 인도에 인의가 있음은 천도에 음양이 있음과 같지. 그러므로 '인은 사람이 사는 편안한 집이요, 의는 사람이 가는 바른 길이다'[1]라고 말씀하신 거지. 인의 두 가지는 서로 떨어질 수 없으며 인을 요체로 삼지. 때문에 공자 문하의 제자들은 인을 일상다반사로 여겨 감히 인의 의미를 의심하는 사람이 없었지. 그러므로 『논어』 한 책은 모두 인을 닦는 방법만을 말했지, 인의 의미를 말하지는 않은 것이다. 여러 제자들의 질문과 공자의 대답은 모두 이런 것이야.

그 의미를 밝히고 싶다면 마땅히 『맹자』에서부터 들어가야 해. 맹자께서 이르시기를, '측은해하는 마음은 인의 근본이다. 사람이 이 네 근본[四端]을 가지고 있는 것은 사지를 가지고 있는 것과 같다. 모두 이를 확충해 나갈 줄 안다면 불이 막 타오르고 샘물이 막 솟아 흐르는 것과 같으니 잘 채워 나간다면 온 세상을 보존할 수 있다'[2] 하였고, 또 '사람들에게는 모두 남에게 차마 하지 못하는 것이 있으니 이를 여지껏 해왔던 것에까지 이르도록 한다면 이것이 인이다'[3]라고 하였지. 네가 이 두 장을 잘 숙독하면 저절로 그 이치를 이해하게 될 것이다. 공자와 맹자께서 말씀하신 인은 명백하고 분명해 다시 의심할 게 없지. 그 때문에 내가 『맹자』란 책은 『논어』의 뜻에 주석을 붙인 것'이라 했던 것이야.[4] 옛 주석을 살펴보니 '단端은 근본[本]이요, 시작[始]이다'라고 했지.[5] 사단의 마음은 태어날 때부터 충분히 갖추고 있어 사지를 가진 것과 같다는 말이다. '확충'이란 것은 도달[達]한다는 말이니, 곧 측은해하는 마음을 확충해 이르지 않는 곳이 없음이 바로 인이라는 뜻이지. '온 세상을 충분히 보존한다'는 말은 사단의 마음을 확충해 인의예지의 덕을 이룩함을 말하지. 인의예지의 덕을 쓰지 않으면 온 세상을 보존할 수 없는 것이란다."

주)

1) 『맹자』「이루 상」(離婁上) 제10장에 보이는 문구로 해당 구절은 다음과 같다. "인은 사람이 사는 편안한 집이요, 의는 사람이 가는 바른 길이다. 편안한 집을 비워 두고 살지 않으며 바른 길을 버려두고 가지 않으니 슬프구나."(仁人之安宅, 義人之正路, 曠安宅而不居, 舍正路而不由, 哀哉)

2) 『맹자』「공손추 상」(公孫丑上) 제6장에 나오는 말이다. 중간에 말이 생략되어 있다. 전문은 다음과 같다. "맹자께서 말씀하셨다. '사람은 모두 남에게 차마 하지 못하는 마음을 가지고 있다. 선왕이 남에게 차마 하지 못하는 마음을 가지고 있었기에 남을 차마 해치지 않는 정치를 행했던 것이다. 남에게 차마 하지 못하는 마음을 가지고 남을 차마 해치지 않는 정치를 행한다면 천하 다스리기를 손바닥 위에서 움직이듯 할 수 있을 것이다. 이른바 '사람은 모두 남에게 차마 하지 못하는 마음을 가지고 있다'라고 하는 까닭은 만약 어떤 사람이 어린아이가 우물에 빠지려는 것을 갑자기 보게 되면 모두 두려워하고 측은해하는 마음을 갖게 되어서이니, 어린아이의 부모와 사귀고 싶어서도 아니요, 마을과 친구 사이에서 명예를 구하려고 해서도 아니요, 어

린아이의 울음소리가 싫어서 그런 것도 아니다. 이로부터 보자면, 측은해하는 마음이 없으면 사람이 아니요, 부끄러워하고 미워하는 마음이 없으면 사람이 아니요, 사양하고 양보하는 마음이 없으면 사람이 아니요, 옳고 그름을 가리는 마음이 없으면 사람이 아니다. 측은해하는 마음은 인의 근본[혹은 실마리]이요, 부끄러워하고 미워하는 마음은 의의 근본이요, 사양하고 양보하는 마음은 예의 근본이요, 옳고 그름을 가리는 마음은 지의 근본이다. 사람이 이 네 가지 근본을 가진 것은 사지를 가진 것과 같으니 네 가지 근본을 갖고서 잘하지 못한다고 스스로 말하는 것은 스스로를 해치는 것이다. 그 임금을 두고 잘하지 못한다고 말하는 것은 그 임금을 해치는 것이다. 자기에게 있는 네 가지 근본을 확충할 줄 알면 불이 막 타오르고 샘물이 막 솟아오르는 것과 같을 것이니 만약 채울 수 있다면 온 세상을 보전할 수 있고 채우지 못한다면 부모도 섬기지 못할 것이다."(孟子曰, 人皆有不忍人之心. 先王有不忍人之心, 斯有不忍人之政矣. 以不忍人之心, 行不忍人之政, 治天下可運於掌上. 所以謂人皆有不忍人之心者, 今人乍見孺子將入於井, 皆有怵惕惻隱之心, 非所以內交於孺子之父母也, 非所以要譽於鄕黨朋友也, 非惡其聲而然也. 由是觀之, 無惻隱之心, 非人也, 無羞惡之心, 非人也, 無辭讓之心, 非人也, 無是非之心, 非人也. 惻隱之心, 仁之端也, 羞惡之心, 義之端也, 辭讓之心, 禮之端也, 是非之心, 智之端也. 人之有是四端也, 猶其有四體也. 有是四端而自謂不能者, 自賊者也, 謂其君不能者, 賊其君者也. 凡有四端於我者, 知皆擴而充之矣, 若火之始然, 泉之始達. 苟能充之, 足以保四海, 苟不充之, 不足以事父母)

3) 『맹자』 「진심 하」(盡心下) 제31장에 보이는 말이다. 『동자문』 상권 7장과 상권 41장에도 이 말을 인용하였다.
4) 『동자문』 상권 5장에서 한 말이다.
5) 『동자문』 상권 7장 주1)에서 언급한 적이 있다.

## |43장| 완성된 덕으로서의 인에 대해 여쭙니다

동자가 물었다. "완성된 덕으로서의 인에 대해서도 들을 수 있겠습니까?"
대답하였다. "그래. 자애慈愛의 마음이란 모든 것을 다 품고 어느 곳에서도 다 통하는 것이야. 안에서 밖에까지 이르지 않는 곳이 없고 어느 곳에나 도달하지 않는 곳이 없지. 그러면서 잔인하고 각박한 마음이 털끝만큼도 없는 것을 바로 인이라 하지. 여기에 가지고 있으면서 저기에서 행하지 않는 것은 인이 아니야. 한 사람에게는 베풀면서 열 사람에게 미치지 않으면 인이 아닌 것이다. 눈 깜박이고 숨 쉬는 때에도 있고 잠자고 깨어 있는 순간에도 통하지. 마음은 사랑과 떨어지지 않고 사랑은 마음에서 온전히 하나가 되는 것이 바로 인이야. 그러므로 사람을 사랑하는 것보다 큰 덕은 없고 사람을 해치는 것보다 선하지 않은 것은 없지. 공자의 문하에서 인을 학문의 종지로 삼은 것은 이 때문이란다."

## 44장 | 인을 학문의 종지로 삼았다는 말씀을 여쭙니다

동자가 물었다. "사람을 사랑하는 것보다 큰 덕은 없으므로 공자의 문하에서 인을 학문의 종지로 삼았다는 말씀에 대해 그 설명을 끝까지 다 듣고 싶습니다."

대답하였다. "인이라는 덕을 어떻게 말로 다하고 입으로 다할 수 있겠느냐. 천하의 왕이 되면 천하에 미치고 한 나라의 군주가 되면 한 나라에, 한 집안의 주인이 되면 한 집안에 미치지. 아버지가 되면 자식에게, 지아비가 되면 아내에게, 형이 되면 동생에게, 동생이 되면 형에게 미치지. 이것을 가지고 '몸을 닦으면'[1] 몸이 닦여지고 이것을 가지고 일을 처리하면 일이 이루어지지. 내가 남을 사랑하면 남도 날 사랑해서 서로 사랑하고 서로 친해, 마치 부모의 사랑처럼 형제의 화목처럼 어떤 행동을 해도 행해지지 않는 게 없고 어떤 일을 해도 이루어지지 않는 게 없지. 마치 순임금이 1년 만에 마을을 이루고 2년에 읍(邑)을 이루며 3년에 도성을 이룬 것과 같으며,[2] '탕임금이 동쪽으로 가 정벌할 때는 서쪽 오랑캐가 자기들에게 먼저 오지 않는다고 원망하고 남쪽으로 가 정벌할 때는 북쪽 오랑캐가 원망했다'³⁾는 것과 같지. 이것이 인의 효과란다.

불인한 자는 이와 반대로 잔인하게 굴고 해치니 민중은 떠나가고 부모도 떠나 버려 죽음에 이르지 않으면 그치지 않지. 그러므로 인은 도덕의 큰 근본이고 학문의 극치란다. 천하의 선이라는 것도 이것에 지나지 않아."

동자가 말하였다. "알겠습니다."

---

주)

1) 원문은 '治身'으로 되어 있으나 도가이가 '修身'으로 교감하였다. 도가이의 교감에 따랐다.
2) 『사기』(史記) 「오제본기」(五帝本紀)에 기록이 보인다.
3) 이 표현은 탕임금이 정벌할 때 나오는 얘기로 원출전은 『상서』(尙書) 「중훼지고」(仲虺之誥)인데 『맹자』에 보이는 출전과 약간의 글자 출입이 있다. 여기서는 『맹자』에 출전을 두었으며 「양혜왕 하」(梁惠王下) 제11장, 「진심 하」(盡心下) 제4장 등에서 볼 수 있다.

## | 45장 | 인은 반드시 사랑에서 그치는 것입니까

동자가 물었다. "인은 필경 사랑에서 그치는 것입니까?"

대답하였다. "필경 사랑에서 그치지. 사랑은 실질적인 덕이야. 사랑이 아니라면 그 덕을 볼 수가 없지. 만약 잔인하고 각박하며 해치는 마음이 털끝만큼이라도 있다면 인이 될 수가 없어. 그러므로 배움은 인에 이르러서야 참된 덕이 되는 것이야. 각양각색의 선행도 모두 이를 미루어 나가는 것이지. 인의 덕은 그 여파가 넓게 퍼진단다."

## | 46장 | 공맹의 인이 사랑과 관계가 있습니까

동자가 물었다. "공자와 맹자께서 인을 논한 것은 사랑[愛]이라는 글자와 서로 관계가 있지 않은 것 같습니다. 어떻게 생각하십니까?"

대답하였다. "사랑 하나가 이르면 저절로 여러 가지 선이 생겨나지. 그렇기 때문에 '측은해하는 마음은 인의 근본이다'[1]라고 말한 것이다. '원천이 있는 물은 끊임없이 솟아 나와,'[2] 거슬러 흐르기도 하고, 빙 돌아 흐르기도 하고, 연못이 되기도 하고, 여울이 되기도 하면서 끝없이 기이한 모습으로 변해 뭐라 형용할 수 없지만 모두 한 물줄기가 흐르다 갈라지는 것과 같지. 어진 사람은 사랑을 마음으로 여기기 때문에 그 마음이 저절로 평안해지지. 마음이 저절로 평안해지기 때문에 관대함과 여유로 사물을 받아들이는 것이야. 관대하고 여유있게 사물을 받아들이기 때문에 차분하고 급하지 않지. 차분하고 급하지 않기 때문에 즐거워하며 근심하지 않아. 즐거워하며 근심하지 않으니까 태연하게 저절로 편안해지지. 태연하게 저절로 편안하다면 무엇을 하든 안 되는 것이 없으며 어떠한 행동도 다 제대로 될 수밖에 없지. 이것이 인도[仁道]의 맥락이 서로 이어지는 순서다.

이는 한 가지 덕으로 이름 붙일 수 없는 것이야. 불인한 자는 이와 반대지.

공자께서 여러 제자들에게 대답한 것을 보거라. 효를 물으면 효의 방도로 대답하고[3] 지를 물으면 지의 방도로 대답하지.[4] 인을 논한 곳과 인에 대해 문답한 경우[5]에는 다만 어진 사람[仁者]의 모습을 거론해 대답하셨을 뿐이지. 이른바 '인자(仁者)는 자기가 서고자 하여 남도 세워 주는 것'[6]이라든지 '인이란 어려운 일을 먼저 하고 얻는 것을 뒤에 한다'[7]는 것이 이것이란다. 완성된 덕으로서의 인은 한 가지 덕으로 다 덮을 수 없는 것이야. 맹자께서는 '측은해하는 마음은 인의 근본이다'라 했고 또 '사람들에게는 모두 남에게 차마 하지 못하는 것이 있으니 이를 여지껏 해왔던 것에까지 이르도록 한다면 이것이 인이다'라고 했으며, 또 '남을 해치지 않고자 하는 마음을 채워 나가면 인을 전부 다 쓸 수 없을 정도가 된다'[8]고 했지. 이것이 모두 맹자께서 인을 논한 본래 뜻인 게야. '인이란 활쏘기와 같다'[9]는 등의 말은 사랑이라는 글자와 관계가 없는 것처럼 보이지만 말한 본래 뜻을 미루어 탐구해 보면 모두 사랑으로 근본을 삼지 않은 것이 없지. 공자와 맹자의 말을 참고해 서로 비춰 보면 알 수 있을 것이다. 지난번에 『논어』는 글자대로만 풀 수 없다고 했던 것[10]도 바로 이 때문이었단다."

주)

1) 『동자문』 상권 7장에서 쓰기 시작했다. 『맹자』 「공손추 상」(公孫丑上) 제6장에 보이는 말이다.
2) 『동자문』 상권 21장에 쓴 말이다.
3) 『논어』 가운데 효(孝)에 대해 문답한 장을 말한다. 「위정」(爲政) 편의 제5장 맹의자(孟懿子)가 효를 물은 장, 제6장 맹무백(孟武伯)이 효를 물은 장, 제7장 자유(子游)가 효를

물은 장, 제8장 자하(子夏)가 효를 물은 장 등을 말한다.
4) 『논어』 가운데 지(知)에 대해 문답한 곳을 말한다. 「옹야」(雍也) 제20장 번지(樊遲)가 지를 물은 장, 「안연」(顏淵) 제22장 번지가 인과 지를 물은 장 등을 말한다.
5) 『논어』 가운데 인에 대한 문답이 보이는 주요 장은 다음과 같다. 「옹야」 제20장 번지가 물은 곳, 제28장 자공(子貢)과 대화한 곳, 「안연」 제1장 안연이 물은 곳, 제2장 중궁(仲弓)이 물은 곳, 제3장 사마우(司馬牛)가 물은 곳, 제14장 자장(子張)이 물은 곳, 제22장 번지가 물은 곳, 「자로」(子路) 제19장 번지가 물은 곳, 「양화」(陽貨) 제6장 자장이 물은 곳 등을 말한다.
6) 『논어』 「옹야」 제28장에 보인다. 전문은 다음과 같다. "자공이 말하였다. '만일 백성에게 은혜를 널리 베풀어 많은 사람을 구제한다면 어떻습니까? 인하다고 할 만합니까?' 공자께서 말씀하셨다. '어찌 인하다고 하는 데 그치겠는가! 반드시 성인일 것이다! 요순도 이에 있어서는 오히려 부족하다고 여기셨다. 어진 사람은 자기가 서고자 하여 남도 세워 주며 자신이 통달하고자 하여 남도 통달하게 하는 것이다. 가까운 데서 구체적인 예를 찾을 수 있으면 인의 (실천) 방법이라 말할 수 있다.'"(子貢曰, 如有博施於民而能濟衆, 何如. 可謂仁乎. 子曰, 何事於仁. 必也聖乎. 堯舜其猶病諸. 夫仁者, 己欲立而立人, 己欲達而達人. 能近取譬, 可謂仁之方也已)
7) 『논어』 「옹야」 제20장에 보이는 말이다. 전문은 다음과 같다. "번지가 지에 대해서 묻자 공자께서 말씀하셨다. '사람이 지켜야 할 도리에 힘쓰고 귀신을 공경하되 멀리한다면 지라 말할 수 있다.' 인에 대해 묻자 말씀하셨다. '인이란 어려운 일을 먼저 하고 얻는 것을 뒤에 한다면 인이라 말할 수 있다.'"(樊遲問知, 子曰, 務民之義, 敬鬼神而遠之, 可謂知矣. 問仁, 曰, 仁者先難而後獲, 可謂仁矣)
8) '사람들에게는 모두 남에게 차마 하지 못하는 것이 있다' 등의 말은 모두 『맹자』 「진심 하」(盡心下) 제31장에 보이는 말이다.
9) 인자는 활쏘기와 같다. 『맹자』 「공손추 상」(公孫丑上) 제7장에 보이는 말이다. 해당 부분을 보이면 다음과 같다. "인이란 활쏘기와 같다. 활 쏘는 사람은 자신을 올바로 한 뒤에 화살을 쏘며 쏘고 나서 과녁에 맞지 않아도 자기를 이긴 사람을 원망하지 않고 돌이켜 자신에게서 찾을 뿐이다."(仁者如射, 射者正己而後發, 發而不中, 不怨勝己者, 反求諸己而已矣)
10) 『동자문』 상권 7장에서 이 말을 했다.

| 47장 | 공자는 어째서 관중이 인하다고 하셨습니까

동자가 물었다. "관중은 패자霸者의 신하입니다. 그러므로 맹자께서는 그가 왕도王道를 알지 못했다고 비판했습니다. 하지만 공자께서는 그가 인仁하다고 인정하셨습니다.[1] 어째서입니까?"

대답하였다. "완성된 덕으로서의 인은 그 이익과 은혜가 멀리 미쳐 천하 후세에까지 충분히 다 갈 수 있지.『상서』「요전」堯典에, '빛이 사방에 미쳐 하늘과 땅에 이른다'고 한 것은 요임금의 인이요,『시경』에 이르기를, '아아, 전왕前王을 잊지 못하리라'[2]라고 한 것은 문왕과 무왕의 인이지. 관중 같은 사람의 뜻과 재주는 매우 위대한 것이야. 그의 뜻은 자잘하게 제齊나라 정사만을 닦고 잘 다스리는 데 있지 아니하고, 무너진 기강을 떨쳐 일으키고 백성을 구하며 후세에까지 이익과 은택을 끼치고자 한 것이었지. 그의 재주도 그의 뜻에 걸맞았지. 때문에 공자께서 '관중이 환공을 도와 제후의 패자가 되어 한번 천하를 바로잡아 백성들이 지금까지 그 혜택을 받고 있으니 관중이 아니었다면 나는 머리를 풀고 옷깃을 왼편으로 하는 오랑캐가 되었을 것이다'라고 말씀하신 것이다. 또 말씀하시길,

'환공이 제후들을 규합하되 무력을 쓰지 않은 것은 관중의 힘이었다. 이처럼 어질었다, 이처럼 어질었어'³⁾라고 하신 게고.

주희는 『집주』에서 이 말에 대해 '관중이 어진 사람[仁人]이 될 수는 없으나 인의 공이 있다'⁴⁾고 했지. 그 뜻은 그가 한 일을 두고 인이라 할 수는 없고 다만 인을 이룬 공은 있다는 것이지. 그러나 자로가 '인하지 않을 것입니다'라고 하였고 자공이 '관중은 인자가 아닐 것입니다'라고 하였는데, 공자께서는 한쪽에는 '이처럼 어질었다, 이처럼 어질었어'라는 말씀으로 대답하셨고, 다른 한쪽에는 '백성들이 지금까지 그 혜택을 받고 있다'⁵⁾는 말씀으로 대답하셨으니, 이는 바로 인하다고 그를 인정하신 것이야. 너는 마땅히 그 의도를 이해해야 한다."

주)
1) 공자가 관중을 인하다고 인정했다는 말은 『논어』 「헌문」(憲問) 제18장에 보인다. "자공이 말하였다. '관중은 인자(仁者)가 아닐 것입니다. 환공이 공자 규(公子 糾)를 죽였는데 죽지 못하고 또 환공을 도와주었으니까요.' 공자께서 말씀하셨다. '관중이 환공을 도와 제후의 패자가 되어 한번 천하를 바로잡아 백성들이 지금까지 그 혜택을 받고 있으니 관중이 아니었다면 나는 머리를 풀고 옷깃을 왼편으로 하는 오랑캐가 되었을 것이다. 어찌 필부필부가 조그마한 신의를 위해 스스로 도랑에서 목매어 죽어 알아주는 이가 없는 것과 같이 하겠는가.'"(子貢曰, 管仲非仁者與, 桓公殺公子糾, 不能死, 又相之. 子曰, 管仲相桓公, 霸諸侯, 一匡天下, 民到于今受其賜, 微管仲, 吾其被髮左衽矣. 豈若匹夫匹婦之爲諒也, 自經於溝瀆而莫之知也)
2) 이 시구는 『시경』 「주송」(周頌) '열문'(烈文)에 보인다.
3) 『논어』 「헌문」 제17장에 보인다. 전문은 다음과 같다. "자로가 말하였다. '환공이 공자 규를 죽이자 소홀은 죽었고 관중은 죽지 않았으니 관중은 인하지 않을 것입니다.' 공자께서 말씀하셨다. '환공이 제후들을 규합하되 무력을 쓰지 않은 것은 관중의 힘이었다. 이처럼 어질었다, 이처럼 어질었어.'"(子路曰, 桓公殺公子糾, 召忽死之, 管仲

不死, 曰未仁乎. 子曰, 桓公九合諸侯, 不以兵車, 管仲之力也. 如其仁, 如其仁)

4) 「헌문」 제17장에 대한 집주에 이에 해당하는 부분이 다음과 같이 보인다. "'如其仁' 은 누가 그의 인만 하겠는가라는 말이다. 또 두 번 말씀하여 깊이 인정하셨으니 관중이 비록 인인(仁人)이 될 수는 없으나 그 혜택이 사람들에게 미쳤으면 인의 공이 있는 것이다."(如其仁, 言雖如其仁者, 又再言以深許之. 蓋管仲未得爲仁人, 而其利澤及人, 則有仁之功矣)

5) 『논어』 「헌문」 제18장에 보이는 말이다. 위의 주1) 참조.

| 48장 | 자로, 염유, 공서화는 인하지 않습니까

동자가 물었다. "공자께서는 어찌해서 자로·염유·공서화를 인하다고 인정하지 않으신 겁니까?"

    대답하였다. "자애롭고 측은해하는 마음이 잠시도 떠나지 않고, 잔인하고 각박한 마음이 털끝만큼도 없어야 바로 인이란다. 이 세 사람은 아주 뛰어난 제자였지만 이런 마음을 시종불변하게 보존하기는 어려웠지. 이것이 공자께서 인하다고 인정하지 않으신 까닭이야."

## |49장| 관중이 왕도를 돕지 못한 이유는 무엇입니까

동자가 물었다. "관중은 어찌해서 왕도王道를 행하도록 돕는 재주를 가진 사람이 되지 못했습니까?"

대답하였다. "뜻이 있고 재주가 있고 학문이 있은 뒤에야 왕도를 행할 수 있지. 뜻이 없으면 천하 다스리기를 자신의 임무로 여길 수 없고, 재주가 없으면 큰일을 돌볼 수 없고, 학문이 없으면 뜻과 재주가 있더라도 자잘한 공과 이익을 세우려고만 해서 큰 도[王道]¹⁾를 이룰 수가 없지. 이것이 관중이 다만 관중으로 그치고 만 이유란다. 만약 관중이 탕왕과 무왕의 도를 알았더라면 이윤(伊尹)과 여상呂尙 같은 사람이 되었을 것이야.

내가 일찍이 노재 선생²⁾의 『심법』心法에 서문을 쓰면서, '실질적인 학문[實學]이 있은 뒤에야 실질적인 덕[實德]이 있다. 실질적인 덕이 있으면 실질적인 재주[實材]가 따른다'고 한 것이 이것이다. 관중이 재주는 가졌으면서도 실질적인 재주를 갖기에 부족했던 것은 그에게 학문이 없었기 때문이지."

주)

1) 큰 도(王道). 원문은 '大道'로 되어 있으나 동자의 질문과 일치시키기 위해 도가이가 '王道'로 교감하였다. 도가이의 교감을 참조해 덧붙였다.
2) 노재(魯齋) 선생. 노재는 원나라의 유명한 유학자 허형(許衡)의 호다. 자는 중평(仲平)으로 원 세조(世祖) 때 벼슬을 하였다. 시호는 문정(文正)이며 사후 위국공(魏國公)에 봉해졌다.

| 50장 | 자문과 진문자는 어째서 인하지 않습니까

동자가 물었다. "영윤 자문과 진문자는 어찌해서 인하다고 인정하지 않았습니까?"[1]

대답하였다. "두 사람이 관중과 같은 뜻과 재주를 가졌다면 또한 인하다고 당연히 칭찬했겠지. 자문은 자기 몸을 돌보지 아니하고 충성으로 알려 주었고, 문자는 자기 몸을 깨끗이 하고 떠났으니 모두 족히 볼만한 게 있지. 하지만 이익과 은택이 다른 사람에게 미치는 공적이 없었으니 이것이 그들이 충실[忠]과 청결[淸]에 그치고 만 이유란다."

주)_____

1) 『논어』「공야장」(公冶長) 제18장에 보이는 말이다. 전문은 다음과 같다. "자장이 물었다. '영윤 자문(令尹 子文)이 세 번 벼슬하여 영윤이 되었으나 기뻐하는 기색이 없었고 세 번 벼슬을 그만두면서도 서운해하는 기색이 없었습니다. 옛날 자신이 맡아보던 영윤의 정사를 반드시 새로 부임해 온 영윤에게 일러 주었습니다. 이 사람은 어떻습니까?' 공자께서 말씀하셨다. '충성스럽다.' '인하다 하겠습니까?' 하고 묻자,

'모르겠다. 어찌 인하다 할 수 있겠느냐' 하셨다. '최자가 제나라 임금을 시해하자 진문자(陳文子)는 말 10승[1승은 말 4필]을 소유하고 있었는데 이것을 버리고 그곳을 떠나 다른 나라에 이르러 말하기를, 이 사람도 우리나라의 대부 최자와 같다, 하고 그곳을 떠났으며, 또 한 나라[一邦]에 이르러 또 말하기를, 이 사람도 우리나라의 대부 최자와 같다, 하고 그곳을 떠났습니다. 이 사람은 어떻습니까?' 공자께서 말씀하셨다. '깨끗하다.' '인하다 하겠습니까' 하고 묻자, '모르겠다. 어찌 인하다 할 수 있겠느냐' 하셨다."(子張問曰, 令尹子文三仕爲令尹, 無喜色, 三已之, 無慍色, 舊令尹之政, 必以告新令尹. 何如. 子曰, 忠矣. 曰, 仁矣乎. 曰, 未知, 焉得仁. 崔子弑齊君, 陳文子有馬十乘, 棄而違之, 至於他邦, 則曰, 猶吾大夫崔子也. 違之. 之一邦, 則又曰, 猶吾大夫崔子也. 違之. 何如. 子曰, 淸矣. 曰, 仁矣乎. 曰, 未知, 焉得仁) 여기서 영윤은 초나라에서만 쓰였던 벼슬로 상경(上卿)에 해당하는 최고 지위 집정자를 말한다.

| 51장 | 이치에 합당하고 사심이 없으면 인한 것입니까

동자가 물었다. "주자께서 말씀하시길 '자문과 문자는 인하다 할 수 없다' 하면서 이는 '이치에 합당하고 사심이 없어야 하는데 그렇지 못해서이다' 라고 했습니다.[1] 어떻게 생각하십니까?"

대답하였다. "그렇지 않다. 가령 두 사람의 행동이 이치에 합당하고 사심이 없었더라도 이 또한 단지 충실[忠]과 청결[淸]의 문제라 할 수 있는 게야. 관중 같은 경우는 그 일이 온전히 이치에 합당하고 마음에 과연 사심이 없는지 알 수 없지마는 그러나 공자께서 그가 인하다고 말씀하신 것은 백성들이 그가 끼친 은택을 받았기 때문이지. '이치에 합당하고 사심이 없다'는 것으로 인을 풀이한다면 이는 이른바 '제대로 그 설명을 하지 못하고 경우에 따라 얘기한다'[2]는 것이어서 인의 뜻과 거리가 더욱 멀어지지. 만약 그 말대로 한다면 인하다고 할 수 없을 뿐만 아니라 또 충실하고 청결했다고도 할 수 없을 것이다."

주)_____

1) 『논어』 「공야장」(公冶長) 제18장에 붙인 주희의 주석에 있는 말이다. 해당 부분은 다음과 같다. "내가 선생[연평延平 이동李侗]께 들으니 '이치에 합당하고 사심이 없으면 인이다'라고 하셨다. 이제 이 말씀을 가지고 두 사람의 일을 보면 그 행실의 높음은 따라갈 수 없을 것 같다. 그러나 그것이 모두 꼭 이치에 합당하고 참으로 사심이 없었는지를 알 수 없다."(愚聞之師曰, 當理而無私心則仁矣. 今以是而觀二子之事, 雖其制行之高, 若不可及, 然皆未有以見其必當於理而眞無私心也)

2) 이 말은 한유의 글 「대우문」(對禹問)에서 가져온 표현이다.

## |52장| 성인의 인과 관중의 인은 같습니까

동자가 물었다. "성인의 인과 관중의 인은 같습니까, 같지 않습니까?"

대답하였다. "같지. 요임금과 순임금의 인은 큰 바닷물과 같아 한없이 넓어 끝을 가늠할 수 없지. 관중의 인은 몇 자 깊이의 우물과 같아 볼만한 것은 없지만 가뭄을 만나면 또한 물을 대 주는 이로운 일에 쓸 수 있지. 크고 작은 차이가 있기는 하나 어떻게 물이 아니라고 할 수 있겠느냐. 자문과 문자의 경우에는 항아리의 물과 같아서 있는 힘을 다해 짊어지더라도 그 양이 몇 말에 지나지 않지. 이용하는 데 한계가 있으니 물이라 하기엔 부족한 것이다."

| 53장 | 공자의 인에 대해 여쭙겠습니다

"공자의 인에 대해 여쭙겠습니다."

대답하였다. "공자께서 관중의 인을 칭찬하시면서, '백성들이 지금까지 그 혜택을 받고 있으니 관중이 아니었다면 나는 머리를 풀고 옷깃을 왼편으로 하는 오랑캐가 되었을 것이다'[1]라고 하셨지만, 공자의 인은 실로 천지와 같으니[2] 관중보다 탁월한 정도가 어찌 억만 배뿐이겠느냐. 공자로부터 지금까지 2천여 년간 온 세상 사람들이 모두 선을 좋게 여기고 악을 미워하며, 군신·부자·부부·형제·붕우 관계에서 각자 그 윤리를 행할 수 있고, 옷깃을 왼편으로 하는 풍속을 갖지 않은 것은 모두 공자 덕택이지. 사람들은 모두 공자의 가르침 안에 있으면서도 공자의 가르침이 얼마나 큰 줄 모른단다. 그건 사람들이 천지 안에 살면서 천지가 얼마나 큰 줄 모르는 것과 같지. 공자가 아니었다면, 사람들이 모두 '귀신이 되고 물여우가 되었거나'[3] 아니면 '삼강이 타락하고 구법[4]이 깨져'[5] 온 세상이 제대로 된 세상이 되지 못했을 것이야. 아아, 얼마나 위대한 것이냐. 송나라 사람이 오래된 절의 들보에 '하늘이 공자를 낳지 않았다면 영원히 긴 밤 같았으리라'天不生孔子, 萬古如長夜라고 크게 열 글자가 써 있는 걸 보았다는데[6] 마침내 천고의 명언이 되었지. 당연한 일이야."

주)

1) 『동자문』 상권 47장에서 언급한 적이 있다.
2) 천지와 같다. 이 말은 『주역』 「계사전 상」(繫辭傳上) 제4장의 첫 문장에서 가져왔다. "역은 천지를 기준으로 만들어 천지와 같은 것이다."(易與天地準)
3) 귀신이 되고 물여우가 되지. 이 말은 『시경』 「소아」(小雅) '하인사'(何人斯; '어떤 사람인가'라는 뜻)에 나온다. "귀신이 되고 물여우가 된다면, 볼 수가 없을 텐데, 버젓이 면목이 있어, 사람을 다 보는구나."(爲鬼爲蜮, 則不可得, 有靦面目, 視人罔極) 물여우가 모래를 머금어 물 속에 비친 사람 그림자를 쏘면 그 사람은 곧 병이 든다고 한다. 형체가 보이지 않는다는 전설의 동물이다. 사람이 사람답게 되지 못했을 것이라는 의미를 귀신·물여우에 비유한 것이다.
4) 구법(九法). 본래 홍범구주(洪範九疇)를 말한다. 여기서는 삼강과 함께 인류의 법도를 가리킨다.
5) 한유의 「여맹간상서서」(與孟簡尙書書)에 보이는 말이다. "성현의 도가 밝혀지지 않으면 삼강이 타락하고 구법이 깨지며 예악이 무너지고 이적이 함부로 날 뛸 것입니다."(聖賢之道不明, 則三綱淪而九法斁, 禮樂崩而夷狄橫)
6) 원출전은 송나라 때 당경(唐庚)이 쓴 필기 『송당강문록』(宋唐康文錄)에 보이는 기록인데, 『주자어류』 권93에 인용되었다.

## |54장| 덕을 완성하지 못해도 인이라 할 수 있습니까

동자가 물었다. "인의 덕을 완성하는 데 이르지 못하더라도 또한 인이라 할 수 있습니까?"

대답하였다. "한 가지 작은 일이라도 그 사랑이 참된 마음에서 나와 이익과 은택이 남에게 미친다면 또한 인이라 할 수 있지. 인의 결과만을 두고 말하는 것이 아니란다."

## | 55장 | 한유의 박애가 비판받은 까닭은 무엇입니까

동자가 물었다. "한자<sup>韓子</sup>[한유]의 「원도」에, '널리 사랑하는 것[博愛]을 인이라 한다'라고 하였는데 송나라 유학자가 심하게 비판했습니다.[1] 어째서입니까?"

대답하였다. "송나라 유학자들은 인을 성<sup>性</sup>이라 하고 사랑[愛]을 정<sup>情</sup>이라 했지. 그런 까닭에 한자를 정만 알고 성을 모른다고 비판한 거야. 박애<sup>博愛</sup>가 아직 충분히 인이 되지 못했던 것은 바로 미숙한가 성숙한가, 크냐 작으냐의 문제지 주자학에서 말하는 성정의 구별에 있는 게 아니야. 만약 가득 채워 성숙하고 큰 것에 이른다면 또한 인이 될 수 있지. 한자는 단지 사물을 사랑하는 것이 인임을 알았을 뿐이고, 성학<sup>聖學</sup> 전체와 모든 선<sup>善</sup>의 총체가 다 인에 있음을 알지 못했지. 하지만 송나라 유학자들이 인을 성으로 보아 헛된 '빈 그릇'[2]으로 만들어 실제 일에 쓸 수 없게 한 것보다야 훨씬 낫지."

주)_____
1) 정이가 맹자의 "측은지심이 인이다"라는 말을 근거로 한 비판을 가리킨다.
2) 「원도」(原道)에, "인과 의는 정해진 자리가 있고, 도와 덕은 빈자리이다"(仁與義爲定位, 道與德爲虛位)라는 말이 보이는데 이 '빈자리'(虛位)라는 말을 가져와 '빈 그릇'(虛器)이란 말로 비틀어 써서 주자학을 조롱한 것이다.

| 56장 | 인을 성이라 해서 헛되게 만들어 버렸다는 뜻

동자가 물었다. "'인을 성이라 해서 헛된 빈 그릇으로 만들어 버렸다'라고 말씀하셨는데 그 뜻이 무엇입니까?"

　대답하였다. "인이란 온 세상의 아름다운 덕이니 어찌 성과 정으로만 나눌 수 있겠느냐. 송나라 유학자들의 말을 가지고 논해 보면, 성은 아직 나타나지 않은 것[未發]이고 정은 이미 나타난 것[已發]이어서, 성은 물이 땅속에 있는 것과 같고 정은 근원에서 솟아난 샘물과 같지. 물길을 터 주고 이끌어 맑게 하는 일은 물이 다 밖으로 흘러나온 뒤에야 할 수 있으니 물이 땅속에 있을 때에는 어떻게 할 수가 없는 것이다. 인의예지를 성이라 하는 것은 물이 땅속에 있는 것과 같아서, 물길을 터 주고 이끌어 맑게 하는 일은 할 수가 없지. 때문에 후세에 학문을 하면서 다시는 인의를 보존해 기르려[存養] 하지 않고 별도로 다른 종지를 세워, '욕심을 없애고 고요함을 주로 한다'[無欲主靜]느니 '맑은 거울처럼 잔잔한 물'[明鏡止水]이라느니 하면서 오로지 인의를 가리는 것만을 없애서 최초의 상태를 회복하려고만 했지. 그런 지경이니 인의의 덕은 빈 그릇이 돼 버리고 만 게야. 그렇다면 차라리 욕심을 없애라고 말하는 것이 더 나을 텐데 그만도 못하게 됐어.

맹자는 '인은 사람의 마음이요, 의는 사람의 길인데 그 길을 버려 두고 가지 않으며 이 마음을 놓아두고 구할 줄 모르니 학문하는 방법은 다른 게 아니라 그 놓아 버린 마음[放心]을 구하는 데 있다'[1]라고 했지. 이 말에 대해 『집주』에서는 '방심을 구할 수 있다면 인에 어긋나지 않고 의가 저절로 그 가운데 있다'고 했지. 그 뜻은 인이 마음에 있는 것은 달이 물에 비치는 것과 같아 물결이 고요하면 그림자가 뚜렷해지고 물결이 요동치면 그림자가 어지럽혀지는 것과 같다는 말이야. 이와 같다면 공부는 오로지 이런 마음을 거둬들이는 것에만 달려 있어, '인에 머무르고 의를 따르는'[居仁由義][2] 공부는 사라지고 말지. 달이 숨고 드러나는 것은 물에 달려 있지 달에 달려 있지 않다는 말과 같은 꼴이지.

맹자가 말한 '방심'이란 그런 게 아니야. 인의라는 양심을 놓쳐 잃어버렸다는 말이지, 마음이 '어두워져 제멋대로'[昏昧放逸][3]라는 말이 아니야. 맹자는 또 '남을 해치지 않으려는 마음을 채우면 인을 다 쓸 수 없으며 담을 뚫고 넘지 않으려는 마음을 채우면 의를 다 쓸 수 없다'[4]라고 했지. 이 말은, 송나라 유학자들이 마음 거둬들이는 공부만 오로지 할 줄 알아, 인에 머무르고 의를 따르는 공부를 우선 할 일로 삼지 않은 것과는 실로 하늘과 땅 차이야. 마음 거둬들이는 것만 오로지 일삼으면, 맑고[淸明] 고요해져[寂靜] 혹 볼만은 하겠지만 사랑[愛]의 뿌리는 찍혀 나가고 사라져, 바로 인의의 양심을 막아 버리니 이것이 어찌 공자와 맹자의 뜻이겠느냐. 그러므로 인을 성이라고 하면 『논어』와 『맹자』 두 책은 인의 작용[用][현상]을 총괄해 설명하고, 본체는 전혀 언급하지 않은 서물이 돼 버리니, 이는 한퇴지[한유]를 정만 알고 성은 몰랐다고 비판한 것과 무엇이 다르겠느냐. 이렇게까지 생각이 모자라다니……."

주)_____
1) 『맹자』「고자 상」(告子上) 제11장에 보이는 말이다.
2) 『맹자』「진심 상」(盡心上) 제33장에 보이는 말이다.
3) 원문 '昏昧放逸'이란 말은 『맹자』의 "방심을 구하는 것일 뿐이다"(求其放心而已矣)라는 말에 붙인 주희의 주에 보인다. "이것[방심 구하기]을 잘 하면 뜻과 기운이 맑아지고 의리가 환해져 위로 통달할 수 있고, 그렇지 못하면 어두워져 제멋대로 되어 배움에 열심이더라도 끝내 깨우치는 것을 갖지 못한다."(能如是, 則志氣淸明, 義理昭著, 而可以上達. 不然, 則昏昧放逸, 雖曰從事於學, 而終不能有所發明矣)
4) 『맹자』「진심 하」 제31장에 보이는 말이다.

| 57장 | 장식이 만든 「수사언인록」은 합당합니까

동자가 물었다. "남헌 장자[1]가 『논어』 가운데 인을 말한 장 모두를 종류별로 모아 한 편을 만들어 「수사언인록」洙泗言仁錄이라 했는데 합당한지요?"

대답하였다. "그렇지 않다. '노론' 20편은 처음부터 끝까지 한마디도 인이 아닌 게 없지. 남헌은 인을 말한 곳이 인인 줄 알았을 뿐 인을 말하지 않은 곳도 모두 인이란 것을 알지 못했던 거야. 「대전」大傳에 확실하게 말하고 있지. '인한 사람은 이[=도]를 보고 인하다 하고 지혜로운 사람은 이를 보고 지혜롭다고 한다. 백성들은 이를 날마다 쓰면서도 알지 못한다. 그러므로 군자의 도는 다 아는 이가 드물다.'[2]

하지만 인은 덕의 으뜸이라 학문이 인에 이르게 되면 모든 덕德이 모이게 되지. 그러므로 자하子夏는 '배우기를 널리 하고 뜻을 독실하게 하며 절실하게 묻고 가까이 생각하면 인이 그 가운데 있다'[3]고 했지. 배우기를 널리 하고 뜻을 독실하게 하며 절실하게 묻고 가까이 생각하는 것은 모두 학문의 일인데 자하는 어이해서 인이 그 가운데 있다고 말했겠느냐. 인이란 것은 성인 문하에서 학문의 종지라 인을 제외하면 이른바 학문이 없기 때문이지. 송나라의 여러 선생들은 모두 리에 의지해 풀이했기 때문에 인의 뜻과 거리가 더욱 멀어졌지."

주)_____
1) 남헌 장자(南軒張子). 장식(張栻, 1133~1180)을 말한다. 주희의 친구로 자는 경부(敬夫), 남헌은 그의 호다.
2) 이 말은 『주역』「계사전 상」(繫辭傳上) 5장에 보이는 말이다. 「대전」(大傳)은 「계사전」을 가리킨다.
3) 『논어』「자장」(子張) 제6장이다.

## 58장 | 서를 실천하여 인을 구한다는 것은 무엇입니까

동자가 물었다. "맹자께서 말씀하시기를, '서(恕)[1]를 힘써 실천하면 인을 구하기가 이보다 더 가까운 게 없다'[2]라고 하셨습니다. 무슨 말입니까?"

대답하였다. "이른바 구한다는 것은 없는 것을 구한다는 말이지, '도달한다'[到]는 글자로 보아서는 안 된단다. 인은 힘쓴다고 해서 할 수 있는 게 아니지만 서는 힘쓰면 잘할 수 있지. 인은 덕이 있는 사람이 아니면 할 수 없지만 서는 힘써 행하는 자라면 잘할 수 있지. 자신이 힘써 능숙하게 할 수 있는 서를 실행한다면 힘쓴다고 해서 할 수 있는 게 아닌 인을 스스로 터득해, 한 가지 서를 실행하면 한 가지 인을 터득하고 두 가지 서를 실행하면 두 가지 인을 터득하게 된단다. 단지 자신이 힘써 실행하는 여하에 달려 있을 뿐이야. 그러므로 '인을 구함에 이보다 더 가까운 게 없다'고 말씀하신 거야. 인은 인이고 서는 서일 뿐 각기 다른 것이기 때문에 서를 인에 도달하는 공부로 보아서는 안 돼. 또한 미숙과 성숙, 큰 것과 작은 것의 구분이 있다 해도 안 돼."

주)_____

1) 주희에 따르면 서(恕)는 자신의 마음을 남에게 미루어 나간다는 뜻이다. 다음 59장에 자세히 나온다.
2) 『맹자』「진심 상」(盡心上) 제4장에 있는 말이다. 전문은 다음과 같다. "맹자께서 말씀하셨다. '만물은 모두 나에게 갖추어져 있으니 자신을 반성해 참되면 즐거움이 이보다 큰 것이 없고 힘써 서를 해나가면 인을 구하는 것이 이보다 더 가까운 게 없다.'"
(孟子曰, 萬物皆備於我矣. 反身而誠, 樂莫大焉. 強恕而行, 求仁莫近焉)

| 59장 | 증자는 어째서 부자의 도가 충서라 했습니까

동자가 물었다. "도는 인의일 뿐입니다. 증자는 어찌해서 '부자夫子의 도는 충서忠恕일 뿐이다'<sup>1)</sup>라고 했습니까?"

대답하였다. "인의는 확실히 도의 전체라 자연 다른 논의가 필요치 않단다. '부자의 도'라고 한 것은 공자 자신만의 것을 일컫는데 공자의 가법家法이라고 말한 것과 같지. 자공이 '한마디 말로 종신토록 행할 만한 것이 있습니까?' 하고 묻자 공자께서는 인이라고도 하지 않으시고 의라고도 하지 않으시고 다만 '서恕일 것이다'라고 하셨는데,<sup>2)</sup> 증자가 말한 것과 자연스레 그 뜻이 같은 말이지. 배우는 사람에게 쉽게 잘할 수 있는 방법을 보여 주신 것이야. 앞에서 이른바, '자신이 힘써 잘할 수 있는 서를 실행한다면 힘쓴다고 해서 할 수 있는 게 아닌 인을 스스로 터득한다'는 것을 말하지.

'충'은 자기 자신을 다하는 것을 말하니까 그 뜻이 쉽게 이해되지만 '서'라는 글자는 뜻이 분명하게 이해되지 않아. 자서字書에는 '자기를 미루어서 남을 체득[體]하는 것을 서라 한다'<sup>3)</sup>고 되어 있지. 체득이라는 글자가 아주 좋아. 남의 마음을 깊이 체득해 살피면 저절로 관대하게 용서하는 뜻이 생겨나서, 과오에 각박해지지 않게 되지. 그러므로 서에는 또 관대하게 용서한다는 뜻이 있지. 무릇 사람 만나는 사이를 깊이 체득해 살펴 관대하게 용서하는 뜻을 가지면 친하고 소원하며 가깝고 먼 사이, 귀한 사람과 천한 사람, 대인과 소인이 각자 제자리를 갖게 되고, 인이 행해지고 의가 통달하게 되어 도가 있지 않은 곳이 없지. 증자가 '부자의 도는 충서일 뿐이다'라고 한 것은 바로 이 말이다.

훌륭한 관리가 옥사를 판결하듯이 죄를 지었을 때 분명 합당한 처벌을 내려야 하지. 하지만 깊이 그 마음을 체득해 살핀다면 오히려 얼마간 가련하게 여겨 용서하는 정을 갖게 되지. 하물며 사람들이 잘못했을 때, 그 죄에 확실히 용서할[恕] 점이 있음에랴. 그러므로 옛사람들에겐 세 가지 사면하고 세 가지 용서하는 법⁴⁾이 있어 의도하지 않아도 '힘써 용서하는'[強恕] 도에 부합했던 것이지. 혹 원망하고 탓하려는 일의 경우에도 마찬가지야. 서를 힘써 실행하지 않을 수 없는 게 이와 같은 것이다."

주)_____

1) 『논어』「이인」(里仁) 제15장에 보이는 말이다. 전문은 다음과 같다. "공자께서 말씀하셨다. '삼아, 나의 도는 하나로 꿰어진다.' 증자가 대답하였다. '그렇습니다.' 공자께서 나가시자, 문인(門人)들이 '무슨 말씀입니까?' 물으니 증자가 말하였다. '부자의 도는 충서일 뿐이다.'"(子曰, 參乎! 吾道一以貫之. 曾子曰, 唯. 子出, 門人問曰, 何謂也. 曾子曰, 夫子之道, 忠恕而已矣)
2) 『논어』「위령공」(衛靈公) 제23장에 보이는 말이다. 전문은 다음과 같다. "자공(子貢)이 '한마디 말로 종신토록 행할 만한 것이 있습니까' 하고 묻자 공자께서 말씀하셨다. '서(恕)일 것이다. 자기가 하고자 하지 않는 것을 남에게 베풀지 않는 것이다.'"(子

貢問曰, 有一言而可以終身行之者乎. 子曰, 其恕乎! 己所不欲, 勿施於人)

3) 명나라 매응조(梅膺祚)가 편찬한 자전(字典) 『자휘』(字彙)에 보이는 말이다.
4) 세 가지의 사면과 세 가지 용서하는 법(三赦三宥之法), 『주례』(周禮)에 보인다. 세 가지 부류의 사면 대상은, 어리고 약한 사람[幼弱], 늙은이[老耄], 천치[憃愚]를 가리키며. 용서해 주는 세 경우는 법을 몰랐을 때[不識], 실수했을 때[過失], 잊었을 때[遺忘]를 말한다.

동
자
문

中

## |1장| 책마다의 강령을 어떻게 생각하십니까

동자가 물었다. "깨우쳐 주신 가르침 잘 받들겠습니다. 『논어』는 우주 제일의 책이며 인仁은 공자 문하 제일의 글자입니다. 하지만 『대학』 같은 경우 경敬을 핵심으로 하고, 『중용』은 성誠을 중심으로 하며, 『시경』의 '사무사',[1] 『서경』의 중中, 『역경』의 시時와 같이 각 책마다의 강령이 있습니다. 어떻게 생각하십니까?"

대답하였다. "인도人道에 인의仁義가 있는 것은 천도天道에 음양陰陽이 있는 것과 같은 것이다. 인의를 제쳐 두고 어떻게 다시 도가 있을 수 있겠느냐. 그리고 인이 의를 포괄하는 것은 '양이 음을 통괄하는 것'[2]과 같지. 때문에 공자 문하에서 인을 으뜸으로 삼고 의를 보충한 것이야. 경이라는 것은 인의를 공경해 실천한다는 것이요, 성이라는 것은 인의를 진실로 행한다는 것이며, 『시경』의 '사무사', 『서경』의 중, 『역경』의 시도 모두 그러하지. 도에는 본래 여러 갈래가 없기 때문에 '나의 도는 하나로 꿸 수 있다'고 말씀하신 것이야."

주)_____

1) 사무사(思無邪). 이 말은 『논어』 「위정」(爲政) 제2장에서 가져왔다. '생각에 나쁨이 없음'이란 뜻이다.
참고로 이토 진사이(伊藤仁齊)가 『논어고의』(論語古義)에서 이 문장에 붙인 주석을 보기로 한다. "'子曰, 詩三百, 一言以蔽之, 曰思無邪.' 시 311편을 300이라고 한 것은 큰 수를 들어 말한 것이다. '蔽'는 덮는다(盖)와 같은 말이다. '사무사'는 『시경』 「노송」(魯頌) '경'(駉)의 구절이다. 『시경』이라는 경전은 그 가르침이 무궁하지만 사람들이 생각하는 것에 나쁨(邪曲)이 없도록 하는 데 지나지 않음을 말씀하신 것이다.
'사무사'란 곧음[直]이다. 선생[공자]께서 시를 읽다가 여기에 이르자 자신의 마음에 부합되는 것이 있었다. 그러므로 이 말을 들어 보여 주시면서, '사무사'라는 한마디 말은 시 전체의 뜻을 다 덮을 수 있다고 말씀하신 것이다. 시는 선생께서 평소에 말씀하시는 것이니 어찌 단지 시 삼백 편을 다 덮을 수 있다는 말에서만 그치겠는가. 선생의 도를 다 덮을 수 있다고 말해도 될 것이다.
이 장을 논해 본다. 인의예지(仁義禮智)를 도덕이라 하니 인도의 근본이다. 충신경서(忠信敬恕)를 실행이라 하니 저 도덕을 구해 도달하는 것이다. 그러므로 도덕을 말하려면 인을 으뜸으로 삼아야 하고, 실행을 논하려면 충을 요체로 삼아야 한다. 선생께서는 '사무사'라는 한마디 말로 시 삼백 편의 뜻을 다 덮는다고 하셨는데 역시 '충신을 주로 한다'(主忠信)는 뜻과 같은 것이다. 선유들은 혹 인(仁)을 『논어』의 요체라 하고, 성선(性善)을 『맹자』의 요체라 하며, 집중(執中)을 『서경』의 요체라 하고, 시(時)를 『역경』의 요체라 하면서 경(經) 하나하나마다 각자 경 하나의 요체가 있어 통일할 수 없다고 한다. 성인의 도는 똑같은 곳으로 돌아가지만 길이 다르고, 한 가지 이치이지만 생각은 많으며, 그 말이 다단(多端)하더라도 하나로 꿸 수 있음을 모르는 것이다. 그렇다면 '사무사' 한마디 말은 참으로 성학(聖學)의 처음이 되고 마지막이 되는 것이다."
2) "양(陽)이 음(陰)을 통괄하는 것". 현대 일본의 연구자들은 이 말을 이토 진사이의 특이한 사상으로 거론하고 있다. 『동자문』 중권 69장의 활물설(活物說)을 그 근거에 두고 있다.

| 2장 | 어찌 중을 두고도 인의만을 주장하십니까

 동자가 물었다. "저는 '중中이란 것이 요순 이래 전해 내려온 심법心法으로 이를 가지고 성인과 성인이 서로 이어졌다'<sup>1)</sup>고 들었습니다. 지금 오로지 인의만을 주장하시는 것은 어째서입니까?"

 대답하였다. "인의가 바로 중이란다. 차별을 두지 않고 두루 사랑한다거나[兼愛] 오직 나만을 위하는 것[爲我]<sup>2)</sup>은 지나쳤다는 잘못이 있으니 인의가 아니요, 작은 은혜를 베풀고 자질구레한 행동을 하는 것<sup>3)</sup>은 미치지 못했다는 잘못이 있으니 또한 인의가 아니지. 이른바 인의는 지나쳤거나 미치지 못함<sup>4)</sup>이 없음을 말하지. 그러므로 주자周子<sup>5)</sup>는 '인의는 중정일 뿐이다'<sup>6)</sup>라고 하였지. 오로지 중만을 전해 내려온 심법으로 여기고 인의를 공자와 맹자의 종지宗旨로 여기지 않는 것은 깊이 탐구하지 않아서인 게야. 중의 이치는 비었지만[虛] 인의의 덕은 실제란다[實]."

주)_____

1) 주희가 지은 「중용 서」(中庸序)에 보이는 말이다.
2) 겸애(兼愛)는 묵적(墨翟)의 설을, 위아(爲我)는 양주(楊朱)의 학설을 가리킨다. 『맹자』 「등문공 하」(滕文公下) 제9장에 보이는 말을 가져온 것이다.
3) 작은 은혜와 자질구레한 행동. '후후혈혈'(煦煦孑孑)을 번역한 말이다. 한유(韓愈)의 「원도」(原道)에 보이는 말이다. "저들은 작은 은혜를 베푸는 것을 인이라 하고 자질구레한 행동을 의라 한다."(彼以煦煦爲仁, 以孑孑爲義)
4) 『논어』 「선진」(先進) 제15장의 과유불급(過猶不及)에 근거를 두고 쓴 것이다. 이토 진사이는 『논어고의』에서 '과유불급'에 다음과 같이 주석하였다. "사람들은 지나침을 우수하다 하고 미치지 못함을 열등하다고 한다. 때문에 선생께서 이렇게 말씀하신 것이다. 사람은 중도에 맞는 행동[中行]을 도달점으로 삼아야 한다. 두 제자(자장子張과 자하子夏)의 행동은 지나침과 미치지 못함이 있지만 중도에 맞는 행동에 잘못이 있기는 마찬가지다."
5) 주자(周子). 염계(濂溪) 선생으로 알려진 주돈이(周敦頤, 1017~1073)를 말한다. 북송의 철학자로 주희에게 큰 영향을 끼쳤다. 저서로 『통서』(通書) 등이 전한다.
6) "인의는 중정(中正)일 뿐이다." 중정은 중용(中庸)과 같은 말이다. 치우치지 않고 정도에 딱 들어맞음을 말한다. 주돈이의 『통서』 제6장에 보이는 말이다. 이토 진사이가 인용한 말과는 약간 의미 차이가 있다. "성인의 도는 인의·중정일 뿐이다. 이를 지키면 귀하게 되고 이를 행하면 이롭게 되며 넓혀 나가면 천지와 짝하게 된다. 어찌 쉽고 간단하지 않으며 어찌 알기 어려운 것인가. 지키지 않고 행하지 않고 넓혀 나가지 않을 뿐이다."(聖人之道, 仁義中正而已矣. 守之貴, 行之利, 廓之配天地, 豈不易簡, 豈爲難知, 不守不行不廓耳) 인의중정(仁義中正)은 도를 이루는 내용인데 이토 진사이는 인의가 바로 중정이라고 해석하였다. 단장취의(斷章取義)의 한 예로 볼 수 있다.

| 3장 | 인의가 중보다 소중한 것입니까

동자가 물었다. "그렇다면 인의가 중보다 소중하다는 말씀이십니까?"
　대답하였다. "그렇지. 학문에는 인의보다 귀한 것이 없고 인의를 보존하는 데에는 예보다 긴요한 것이 없단다. 그렇기에 『논어』에서 예를 말하고 중을 말하지 않은 것이야. 안연이 인을 묻자 공자께서 말씀하시기를, '자신을 이기고 예를 반복하는 것이 인을 행하는 것이다'[1]라 하셨고, 또 말씀하시기를, '군자가 널리 글을 배우고 예로써 단속한다면 또한 도에 어긋나지 않을 것이다'[2]라고 하셨지. 또 말씀하시길, '공손하면서 예가 없으면 수고롭고, 신중하면서 예가 없으면 두려워하고, 용감하면서 예가 없으면 어지럽게 되고, 곧으면서 예가 없으면 가혹 없다'[3]고 하셨지. 이런 것들은 모두 공자 문하에서 사람들을 가르친 절실하고 요긴한 말이요, 영원한 학문의 법도이자 기준이란다. 이른바 '지극히 당연한 것은 하나로 귀결되니 정묘한 뜻은 둘이 아니'[4]라는 것이지.
　요순이 다스리던 시절에는 가르치는 방법이 어떠했는지 상세하지 않으나 행동이 인의가 아닌 것이 없었고 다만 인의라는 조목이 없었을 따름이지. 그러기에 '진실로 그 중을 잡으라'允執其中[5]고 한 것이야. 공자와 맹자에 이르러 오로지 인의를 가르침으로 삼고 예를 핵심으로 삼은 것이지. 중은 눈금 없는 저울과 같고 예는 저울로 물건을 다는 것과 같아서, 중에는 막연해 기준을 잡기 어려운 문제가 있고, 예에는 질서 있게 잡을 수 있는 법도가 있지. 예가 본래 인의에서 생겨나긴 했지만 또 인의를 보존할 수 있는 효험이 있지. 이 때문에 공자께서는 항상 예로 사람들을 가르치셨고 중을 말하지 않으신 것이란다."

주)

1) 『논어』「안연」(顔淵) 제1장에 나오는 말이다. "克己復禮, 爲仁"에 대해 『논어고의』에서 이토 진사이는 다음과 같이 주석하였다. "이는 선생께서 천하를 사랑하는 도를 가지고 알려 주신 것이다. '克'은 이긴다[勝]이다. '己'는 남과 상대되는 말이다. '復'은 반복이라는 뜻이다. 극기(克己)는 자기를 버리고 남을 따른다는 뜻이니 자기를 가지지 않는다는 말이다. 극기는 사람들을 널리 사랑한다는 말이요, 복례(復禮)는 절차와 문채가 있다는 말이다. 그러므로 널리 사람을 사랑하고 또 절차와 문채가 있으면 인이 행해지는 것이다." 이토 진사이의 의도에 맞춰 『논어』의 말을 번역했다.

2) 『논어』「옹야」(雍也) 제25장 전문이다(「안연」제15장에도 같은 말이 보인다). 『논어고의』에서는 다음과 같이 주석하였다. "'子曰, 君子博學於文, 約之以禮, 亦可以不畔矣夫.' 문(文)은 선왕이 남긴 글이요 도가 있는 곳으로 평소 보고 듣는 게 아니다. 그러므로 박학이라고 말한 것이다. 약(約)은 묶는 것이다. '박문'(博文)은 지식을 가지고 말한 것이요, '약례'(約禮)는 행(行)을 가지고 말한 것이다. 반(畔)은 등진다[背]는 말이다. 이는 공자 문하에서 학문을 하는 정법(定法)이다. 글을 널리 배우면 학식이 고금을 통달해 일에 부합하는 것이 있으며, 예로 단속하면 몸은 법도를 따르므로 행동에 준수하는 것이 있다. 이 모두 모범으로 삼고 취할 바가 있다. 그러므로 도를 등지지 않을 수 있다. 무릇 세상에서 도를 말하는 사람들은 스스로 지극한 말이라 하면서도 실제로는 편파적이고 지나치게 말하고 사악하고 둘러대는[詖淫邪遁] 무리가 되지 않을 수 없고, 스스로 오묘한 도라고 하면서도 실제로는 바람을 잡고 그림자를 붙드는 병이 생기지 않을 수 없다. 모두 박문약례의 공부 없이 한갓 자기 마음을 스승으로 삼기 때문이다. 그렇기 때문에 성인께서 사람을 가르치실 때 박문약례를 학문의

정법으로 삼은 것이다. 오늘날 말하는 박학은 모두 잡스런 학문을 하는 무리들의 공부이지 성인의 문하에서 말하는 박학이 아니다. 박학은 근본이 하나이기 때문에 널리 할수록 더욱 통달하지만, 잡학(雜學)은 근본이 둘이기 때문에 갈래가 많아질수록 더욱 문란하게 된다. 배우는 사람은 이를 살펴야 한다.

이 장을 논해 본다. 삼대의 성인은 누차 중을 말했지만 우리 선생에 이르러서는 단지 예를 가르침으로 삼으셨다. 이 장과 '극기복례장'을 보면 알 수 있다. 중에는 막연해 근거를 잡기 어려운 병이 있지만, 예에는 질서가 있어 잡을 수 있는 법도가 존재한다. 그러므로 삼대의 성인의 경우 중을 말해도 되지만 배우는 사람을 가르칠 때는 예가 아니면 안 된다."

3) 『논어』 「태백」(泰伯) 제2장에 보이는 말이다. 『논어고의』에서는 이렇게 주석하였다. "子曰, 恭而無禮則勞, 愼而無禮則葸, 勇而無禮則亂, 直而無禮則絞. 君子篤於親, 則民興於仁, 故舊不遺, 則民不偸.' 주자는 '葸'는 두려워하는 모양이다, '絞'는 급하고 박절한 것이다, 예가 없으면 절차와 문채가 없으므로 이 네 가지 폐단이 있는 것이라고 하였다. 이 장은 사람의 모든 행동은 예로 준칙을 삼지 않으면 안 된다는 것을 전적으로 말한 것이다. '박문약례·극기복례장'과 서로 참조해 보아야 한다. 그릇을 하나 만들고 물건을 하나 만드는 데에도 각자 알맞은 법이 다 있는데 하물며 천하 사람의 강유진퇴(剛柔進退)가 수없이 많아 같지 않음에랴. 만약 법도를 가지고 규율을 가하지 않는다면 지나친 사람은 더욱 지나치고, 미치지 못하는 사람은 더욱 미치지 못한다. 이것이 도가 밝혀지지 않고 행해지지 않는 까닭이다. 사람에게 예는 어떤 것인가. 아마 기준이 되는 자[規矩準繩]일 것이다. 공손하고 삼가는 사람은 부드러운[柔] 덕을 가진 것이며, 용감하고 곧은 사람은 강[剛]함이 발휘된 것이니 모두 인간의 선행이다. 하지만 예로 다듬지 않으면 공손하더라도 수고로움이 되고 말 것이고, 삼가더라도 두려워하게 돼 버릴 것이며, 용감하더라도 어지럽게 되고 말 것이며, 곧더라도 가차 없이 되고 말아 그 폐단을 이루 다 말할 수 없을 것이다. 때문에 공자께서 항상 예를 인간의 잣대[規矩準繩]로 삼아 사람들이 이를 기준으로 삼도록 하신 것이다. 크게는 나라를 다스리고 세상을 경영하며, 가까이로는 자기 몸을 닦고 집안을 잘 다스리는 것에까지 모두 예에 종사하지 않으면 안 된다. 후세의 학문 또한 예를 가지고 말하지만 그 말이 지나치게 높고 오로지 자기 마음에서 구하는 것뿐이다. 마음을 법도로 삼는 경우에도 또한 선생의 뜻에 어긋난 것이다."

4) 이 말은 당나라 현종이 「효경 서」(孝經序)에 쓴 말이다. 송나라의 형병(邢昺)이 『효경정의』(孝經正義)를 지어 현종의 이 말에 다음과 같이 주석하였다. "지극히 당연한 것은 반드시 하나로 귀결된다. 정묘한 뜻이 어찌 두세 개가 있겠는가. 여러 사람의 의견이 같지 않지만 당연히 합쳐질 것임을 말한 것이다."

5) 출전은 『서경』 「대우모」(大禹謨)로 순임금이 우(禹)에게 경계해 준 말이다.

| 4장 | 중용이 공문의 심법이라는 말을 어찌 보십니까

동자가 물었다. "정자<sup>程子</sup>는 중용을 공자 문하에 전해 내려온 심법이라 하였습니다.[1] 어떻게 생각하십니까?"

대답하였다. "중용이란 말은 『논어』에 처음 보이는데,[2] 지나침이나 미치지 못함이 없고 평소에 항상 행할 수 있는 도를 말하지. 중용이란 말은 중이라는 한 글자 말과는 그 의미가 저절로 구별되는 게야. 『중용』이란 책은 『논어』를 부연 설명한 것[3]으로, 중용만을 오직 공자 문하의 심법이라 하는 것은 잘못이야. 증자가 이르길, '선생님의 도는 충서일 뿐이다'라고 했고, 안연이 인을 묻자 공자께서 말씀하시기를, '자신을 이기고 예를 반복하는 것이 인이다'라고 했으며, 자공은 '어질고 지혜로우시니 선생님께서는 이미 성인의 경지시다'[4]고 했지. 이런 것들이 공자 문하의 심법으로, 모두 인의의 뜻이 아닌 게 없지. 중이 공자 문하에서 전한 심법이란 것은 듣지 못하였다."

주)_____

1) 『중용』에 주석을 단 주희의 『중용장구』(中庸章句)에 '중용'이란 말을 설명하면서 정자(정이)의 말을 인용해 쓴 것이다.

2) 『논어』「옹야」(雍也) 제27장 "중용(中庸)의 덕이 지극하구나. 백성들이 잘하는 사람이 적은 지 오래되었다"(中庸之爲德也, 其至矣乎, 民鮮久矣)를 두고 한 말이다. 『동자문』 상권 8장 주3) 참조.

3) 이토 진사이의 『중용발휘』(中庸發揮) 강령(綱領)에 다음과 같은 말이 보인다. "『중용』이란 책은 『논어』를 부연 설명한 것이다. 중용이란 말은 『논어』에 처음 나오는데 자사(子思)가 이 말을 부연해 『중용』을 지었다. 지나침이나 미치지 못함이 없이 평상시에도 행할 수 있는 덕을 찬양해 책에 그런 이름을 붙였다. 선유들은 요순 이래 전해 내려온 심법이며 공자 문하의 심오한 책이라고 잘못 생각해, 고원하고 은미한 설명으로 이 책을 풀이했다. 하지만 공자와 맹자의 가르침은 인의 두 글자를 벗어나지 않으며 인의 외에는 또 이른바 중용이 없음을 알지 못했다."

4) 『맹자』「공손추 상」(公孫丑上) 제2장 소위 '호연지기장'(浩然之氣章)에 나오는 말이다. "예전에 자공이 '선생님께서는 성인의 경지에 이르셨습니까'라고 질문했는데, 공자께서, '성인의 경지엔 내 이를 수 없고, 배움에 싫증 내지 않고 가르침에 게으르지 않다'고 대답하셨지. 자공이 말하길, '배움에 싫증 내지 않으니 지혜로운 것이요, 가르침에 게으르지 않으니 인자하신 것이다. 인자하고 지혜로우시니 선생님께서는 이미 성인의 경지이시다'라고 하였네."(昔者子貢問於孔子曰, 夫子聖矣乎. 孔子曰, 聖則吾不能, 我學不厭而敎不倦也. 子貢曰, 學不厭智也, 敎不倦仁也, 仁且智, 夫子旣聖矣)

| 5장 | 성인은 중으로 도통을 전했다고 합니다

동자가 물었다. "「중용장구 서」에, '요순 이래 성인과 성인이 이어져 성왕·탕왕·문왕·무왕 같은 임금과 고요皐陶·이윤伊尹·부열傅說·주공 단旦·소공召公 석奭 같은 신하가 모두 중中으로 도통道統의 전함을 이었다'고 했습니다. 어떻게 생각하십니까?"

대답하였다. "그 말을 『서경』의 '여러 글'[1]에서 살펴보면 여러 성인의 말에 중을 언급한 것은 거의 없단다. 『논어』「요왈堯曰」에 요임금께서 말씀하시기를, '아! 너, 순아! 하늘의 역수曆數가 네 몸에 있으니 진실로 그 중을 잡아라. 온 세상이 곤궁하면 하늘의 녹이 영원히 끊어질 것이다'라 하셨는데, 순임금 또한 이 말씀으로 우에게 명해 주셨다[2]고 했지. 이 말에 의거해 보면, 요임금이 순임금에게 명해 주고 순임금이 우에게 명해 준 것은 이 스물두 글자[咨! 爾舜! 天之曆數在爾躬, 允執其中. 四海困窮, 天祿永終]를 들어 말씀해 주신 것이지, '진실로 그 중을 잡아라' 한 구절만 가지고 명해 주신 게 아님을 알 수 있다. 역수라는 것은 세시歲時와 계절의 순서를 말하는 것으로 '하늘의 일[天工]을 대신해'[3] 온 세상을 잘 다스린다는 말이니까 순은 바

| 5장 | 성인은 중으로 도통을 전했다고 합니다  161

로 천도와 같다는 것이지. 그렇기 때문에 '네 몸에 있다'고 한 것이다. 오히려 이 말이 핵심어이므로 아주 중요하지.

　그리고 맹자도 순임금·우임금·성왕·탕왕·문왕·무왕·주공의 일을 순서대로 서술하면서 오직 탕임금에 대해서만 '중을 잡았다'[4]고 말했지. 이 말로 여러 성인들을 다 포괄한 것은 아니야. 하·은·주 삼대의 성인이라고 해도 공자께서는 다만 요순을 이어받아 말씀하셨고[祖述], 맹자는 순에 대해 무엇보다도 '인의를 따라 행하셨지, 인의를 행한 것은 아니다'[5]라고 말하였으니, 인의의 뜻은 공자를 기다릴 필요도 없이 이미 명백한 것이다. 그러하니 중을 요순 이래 서로 전해 온 심법으로 삼지 않았음은 더욱 명백하지."

주)
1) 여러 글. 원문은 '전모훈고'(典謨訓誥).『서경』의 여러 편명을 들어 말한 것이다. '전'(典)은 좋은 정치를 뜻하며「요전」(堯典)·「순전」(舜典)을 가리키고, '모'(謨)는 아름다운 말씀이란 의미로 '대우모'(大禹謨) 등을 말하며, '훈'(訓)은 신하가 임금을 경계한 것이란 말로 '이훈'(伊訓) 등이 있고, '고'(誥)는 임금이 신민(臣民)에게 알리는 말로「강고」(康誥)·「주고」(酒誥) 등이 있다.
2) 『논어』「요왈」(堯曰) 제1장에 보이는 말이다. 이토 진사이는 『논어고의』에서 다음과 같이 주석하였다.
"咨! 爾舜! 天之曆數在爾躬, 允執其中, 四海困窮, 天祿永終.' '咨'는 감탄하는 소리다. '曆數'는 세시와 절기를 기록해 백성들에게 알맞은 때를 알려 준다는 것이다. '在爾躬'은 천지의 도를 완성하고 보충하는 것을 말하는 것으로『서경』에서 말하는 '하늘의 일을 사람이 대신해 하는 것입니다'라는 것이다. '允'은 '진실로'이다. '中'은 지나침이나 미치지 못함이 없는 것을 이른다. 세상 사람들이 곤궁하면 임금의 녹도 영원히 끊어질 것이므로 경계한 말이다. 이는 요임금이 순임금에게 명해 제위를 선양(禪讓)할 때 한 말이다. '舜亦以命禹.' 순임금이 후에 우에게 자리를 물려줄 때 또한 이 말로 명해 주었다.

상고의 성인은 그 도가 무한히 넓고 커서 중도(中道)를 지나쳐 인륜에 적절하지 않아 천하국가를 다스림에 보탬이 되지 않는 것이 혹 있었다. 때문에 요임금이 '진실로 그 중을 잡아라'는 말로 순에게 명해 주셨는데 순은 여러 사물에 밝고 인륜을 잘 살펴 인의를 따라 행하였지, 인의를 행한 것이 아니었다. 이것이 순이 요임금의 도를 이을 수 있었던 까닭이다.

이 장을 논해 본다. 『고문상서』(古文尙書) 「대우모」편에도 이 말이 실려 있는데, 인심도심(人心道心), 위미정일(危微精一) 등의 말이 덧붙여 있다['人心唯危, 道心唯微, 唯精唯一, 允執其中'가 원문이다—옮긴이]. 하지만 이 편에서 오직 '舜亦以命禹'라고만 말한 것을 보면 요임금이 순에게 명하고 순임금이 우에게 명한 것은 모두 이 스물두 글자에 그치지 '危微精一' 등의 말은 없었음을 알 수 있다. 생각건대, 송나라와 명나라의 여러 유학자들은 혹 「대우모」가 진짜 고문(古文)이 아니라고 의심해 한나라 유학자들의 위작이라고 했을 것이다. 여러 경전과 『논어』·『맹자』 가운데 말에 의거해 모방하고 아울러 그 자구를 표절해 지어 만든 것이다. 『순자』(荀子)에도 '人心之危, 道心之微' 두 구절을 인용하고 『도경』(道經)에 이르기를'이라고 말했지, 『서경』의 「우서」(虞書)라고 말하지 않았으니 이 말(人心唯危, 道心唯微, 唯精唯一, 允執其中)이 본래 요임금과 순임금이 주고받은 말이 아님을 명백히 알겠다. 요순시대에는 그 말이 평이하고 소박하며 실질적이라 사람을 알고 정치를 논하는 문제에 오로지 관심이 있었지 후세처럼 심성(心性)의 정미(精微)를 논하는 것이 없었다. 그러므로 「대우모」편은 실제로 한나라 유학자들의 손에서 나왔으며 요순이 명한 말은 이 스물두 자에 그치는 것임을 알겠다."

참고로 '역수'에 대해 주희는 『논어집주』에서, "제왕이 서로 계승하는 차례. 세시 절기의 선후와 같다"라고 하였다. 이토 진사이와 차이가 있다.

3) 『서경』 「고요모」(皐陶謨)에 보이는 표현을 가져온 것이다. "여러 벼슬을 폐하지 마십시오. 하늘의 일을 사람이 대신해 하는 것입니다."(無曠庶官, 天工, 人其代之)

4) 『맹자』 「이루 하」(離婁下) 제20장에 보이는 말이다. 순임금·우임금·성왕·탕왕·문왕·무왕·주공을 차례대로 서술하면서 탕왕에 대해 다음과 같이 표현했다. "탕왕은 중을 잡아 현명한 사람을 지위에 세움에 그 출신을 묻지 않았다."(湯執中, 立賢無方)

5) 『맹자』 「이루 하」 제19장에 보이는 말이다. 해당 부분은 다음과 같다. "순임금은 여러 사물을 밝게 알고 인륜을 살피시어 인의를 따라 행하셨지 인의를 행하시지는 않았다."(舜明於庶物, 察於人倫, 由仁義行, 非行仁義也)

이 구절에 대해서는 이토 진사이가 저술한 『맹자고의』(孟子古義)의 다음 말이 참고된다. "'察'은 드러낸다(著)는 밀이다. 순임금이 여러 사물을 밝혀 여러 사물이 빛닐 수 있었고, 인륜을 드러내 백성이 밝아질 수 있었다. 그 행동하는 바가 저절로 인의에서 비롯되지 않은 것이 없었으며 인의를 아름답다고 생각하고 행한 것이 아니었다. 상고의 성인들에게는 무한히 크고 넓어 '무위하면서 저절로 변화하는 것'(無爲自化)을 도로 여겨, 인륜에 적절하지 않고 천하국가를 다스림에 보탬이 되지 않는 것이 있었다. 때문에 요임금이 '진실로 그 중(中)을 잡으라'는 말로 순에게 명해 주셨다. 이른바 '明於庶物, 察於人倫, 由仁義行, 非行仁義'는 바로 순임금이 요임금의 말을 계승할 수 있었던 까닭이다. 오로지 '무위자화'를 도로 여기기보다는, 인의를 일로 삼는 것이 나으므로 그 일은 차이가 현격하다. 이것이 만세의 법도가 되는 까닭이다." 이토 진사이의 해석을 따랐다.

## 6장 | 인의가 공맹의 종지가 되는 까닭은 무엇입니까

동자가 물었다. "인의가 공자와 맹자의 학문에서 종지가 되는 것은 어째서입니까?"

대답하였다. "『맹자』는 『논어』의 뜻을 설명한 책이요, 인의라는 두 글자는 책을 펼치면 보게 되는 첫째 뜻이지.[1] 『맹자』 일곱 편은 모든 말과 구절이 인의의 효험을 설명하지 않은 것이 없어. 본성이 선함[性善]을 말한 것은 인의가 실상 자신에게 있음을 밝힌 것이고, 호연지기를 말한 것은 인의의 쓰임을 논한 것이지. 많은 말이 다방면에 걸쳐 있지만 인의 두 글자로 모두 총괄된단다.

어버이를 사랑하는 것에서부터 채워 나가 친구, 마을사람, 관계가 소원한 사람에게까지 사랑하는 마음이 두루 미쳐 이르지 않는 곳이 없어 해치고 피해를 끼치려는 마음이 털끝만큼도 없는 것을 인이라 하는 것이다. 한 가지를 취사선택하는 문제에서부터 채워 나가 구별이 분명해 의가 아니면 온 세상을 준다 해도 돌아보지 않는 것을 의라 하지. 다른 탁월한 행동과 위대한 업적이 건질 만하더라도 조금이라도 인에 흠이 있으면 모두 덕이라 할 수 없으며, 의에 족하지 않으면 또한 덕이라 할 수 없지. 지智라는 것은 이 인의, 두 가지를 알아 벗어나지 않는 것이며, 예禮는 이 두 가지를 절도 있게 하고 빛나게 하는 것이니 모두 인의를 미루어 나가는 것이다. 인의가 공자와 맹자의 학문에 종지가 되는 까닭은 이 때문인 게야."


주)_____
1) 『맹자』의 첫 편 「양혜왕 상」(梁惠王上) 제1장의 요지가 인의(仁義)이기 때문에 이렇게 말한 것이다. "맹자가 양혜왕에게 대답하였다. '왕께서는 하필 이로움을 말씀하십니까? 역시 인의가 있을 뿐입니다.'"(孟子對曰, 王何必曰利, 亦有仁義而已矣)

## |7장| 맹자는 어째서 지를 미워하셨습니까

동자가 물었다. "맹자께서는 어째서 인의만을 주로 말씀하시고 '지'[1]는 간혹 미워하셨습니까?"[2]

대답하였다. "지나치게 고원한 것과 지나치게 심오한 것, 거창한 것을 좋아하고 어려운 것을 즐기는 일, 숨어 있는 이상한 것을 찾아내고 괴이한 행동을 하는 것,[3] '사설과 난폭한 행동'[4]같이 요순의 도에 함께 들어갈 수 없는 것들은 다 지를 지나치게 썼기 때문이야. 『장자』 서른세 편, 『대장경』 오천 상자, 그 밖의 제자백가가 모두 지라는 한 글자에 잘못이 있으니 어찌 크게 두려워할 만하지 않겠느냐.

공자께서 말씀하시길, '아는 것을 안다 하고 모르는 것을 모른다 하는 것, 이것이 아는 것이다'[5]라고 하셨고, 또 말씀하시길, '군자는 자기가 알지 못하는 것에 대해서는 말하지 않고 가만히 있는 것이다'[6]라고 하셨지. 맹자께서도 말씀하시길, '요순이 지혜로웠으나 사물을 다 알지 못했던 것은 먼저 힘써야 될 일을 서둘러 했기 때문이다'[7]라고 하셨는데 바로 '우임금이 물을 잘 흐르게 한 것은 물이 자연스럽게 흐르도록 한 것이다'라는 말씀이지.

　맹자께서 한번은 백이·이윤·유하혜(柳下惠)가 공자와 다른 까닭을 논하면서 말씀하시길, '지는 비유하자면 기교요, 성(聖)은 비유하자면 힘이다. 백보 밖에서 활을 쏘는데 화살이 표적에 닿는 것은 쏜 사람의 힘이지만 표적에 적중하는 것은 쏜 사람의 힘이 아니다'[8]라고 하셨지. 또 말씀하시길, '지혜로운 사람 또한 자연스럽게 행한다면 지 또한 위대해질 것이다'라고 하셨으니 맹자도 어찌 지를 폐기했으랴마는 그가 지를 미워했던 것은 천착하기 때문이다. 공자도 말씀하셨지. '지혜만 좋아하고 배우기를 좋아하지 않으면 그 폐단은 허황하게 되는 것이다'[9]라고. 그러므로 군자가 지를 쓸 때에는 그가 취사선택한 것을 알 수 있단다."

주)

1) 지(智). 이 글자는 지(知)와 구분 없이 쓰였다. 지혜·지식·앎을 두루 포괄하는 말인데 여기서는 지식이라는 의미가 강하다.

2) 『맹자』「이루 하」(離婁下) 제26장을 염두에 두고 한 말이다. 답변도 이 26장의 글을 전제로 진행된다. 해당 부분은 다음과 같다. "지(智)에 미움을 두는 것은 천착하는 경향이 있기 때문이다. 만약 지혜로운 사람이 우임금이 물을 흐르게 한 것처럼 한다면 지에 미움이 없을 것이다. 우임금이 물을 잘 흐르게 한 것은 물이 자연스럽게 흐르도록 한 것이니 지혜로운 사람 또한 자연스럽게 행한다면 지 또한 위대해질 것이다."(所惡於智者, 爲其鑿也. 如智者若禹之行水也, 則無惡於智矣. 禹之行水也, 行其所無事也. 如智者亦行其所無事也, 則智亦大矣).

3) 원문은 '索隱行怪'. 『중용』 제11장에 보이는 말이다. "공자께서 말씀하셨다. '숨어 있는 이상한 것을 찾아내고 괴이한 행동을 하는 것을 후세에 전해 기술한 것이 있는데 나는 이런 것은 하지 않는다.'"(子曰, 索隱行怪, 後世有述焉 吾弗爲之矣)

4) "사설과 난폭한 행동"(邪說暴行). 『맹자』「등문공 하」(滕文公下) 제9장에 보이는 말이다. 『동자문』 상권 5장 주6) 참조.

5) 『논어』「위정」(爲政) 제17장에 보이는 말이다.
6) 『논어』「자로」(子路) 제3장에 보이는 말이다. 『동자문』 상권 41장 주 3) 참조.
7) 『맹자』「진심 상」(盡心上) 제46장에 보이는 말이다.
8) 『맹자』「만장 하」(萬章下) 제1장에 보이는 말을 쓴 것이다.
9) 『논어』「양화」(陽貨) 제8장에 나오는 말이다. 『동자문』 상권 20장 주 3) 참조.

| 8장 | 맹자가 왕도를 말씀하신 까닭은 무엇입니까

동자가 물었다. "맹자께서 인의를 종지로 삼으시면서도 또 자주 왕도王道를 말씀하신 것은 어째서입니까?"

대답하였다. "왕도가 바로 인의란다. 인의 밖에 또 왕도가 있는 게 아니야. 맹자께서 이르시기를, '덕으로 인을 행하는 사람을 왕이라 한다'[1]고 하셨고, 또 '어진 사람에겐 적이 없다'[2]고 말씀하셨지. 또 말씀하시기를, '선왕은 남에게 차마 하지 못하는 마음[不忍人之心]이 있어서 이에 남을 차마 어떻게 하지 못하는 정치[不忍人之政]가 있게 되었다. 남에게 차마 하지 못하는 이런 마음을 가지고 남을 차마 어떻게 하지 못하는 정치를 행하면 천하를 다스리는 일은 손바닥 위에서 움직이는 것 같을 것이다'[3]라고 하신 것도 이것이지. 왕도는 확실히 인의 두 글자를 벗어나지 않지만 요약해서 말하면 인이라는 한 글자로 다 말할 수 있지. 『순자』에 이른바 '어진 사람만을 순전히 쓰면 왕이 될 것이며 어진 사람과 어질지 않은 사람을 섞어 쓰면 패자가 된다'[4]고 한 말과 여러 유학자들이 '지극한 천리를 모두 다하고 털끝만큼도 사사로운 인욕이 없다'[5]고 한 말 따위는 모두 의론은 들을 만하지만 실제 왕도를 안다고 할 수는 없지.『맹자』를 제대로 읽지 못했기 때문이야."


주)_____
1) 『맹자』「공손추 상」(公孫丑上) 제3장에 나오는 말이다.
2) 『맹자』「양혜왕 상」(梁惠王上) 제5장에 나오는 말이다.
3) 『맹자』「공손추 상」제6장에 나오는 말이다. 이 6장은 사단(四端)이 언급되는 곳이라 『동자문』에 자주 인용되었다.
4) 『순자』「왕패」(王覇)에 보이는 말이다. 해당 부분은 다음과 같다. "어진 사람만을 순전히 쓰면 왕이 될 것이며 어진 사람과 어질지 않은 사람을 섞어 쓰면 패자가 된다. 어진 사람이 하나도 없으면 그 나라는 망한다."(粹而王, 駁而覇, 無一焉而亡)
5) 송대 성리학의 대표적인 명제로 주희가 「대학장구 서」(大學章句 序) 제1장 1절의 주에서 쓴 말이다.

| 9장 | 선유의 말은 왕도와 함께 말할 수 없습니까

동자가 물었다. "선배 유학자께서 왕도를 말씀하시면서 반드시 '지극한 천리를 다하고 털끝만큼도 사사로운 인욕이 없다'고 하셨습니다. 이 말은 아주 훌륭해서 더 이상 보탤 것이 없습니다. 무슨 까닭으로 왕도와 함께 말씀하지 않으셨습니까?"

대답하였다. "성인이 세상을 다스림은 세상을 평화롭게 하는[大同] 도를 가지고 세상의 평화로운 사람들을 다스리는 것[1]이다. 위대한 중용[大中]의 도를 세워[2] 지나치게 고원한 행동은 하지 않으셨지. 그렇기에 『중용』에서 이르기를, '군자는 사람의 도리로써 사람을 다스리다가 잘못을 고치면 그친다'[3]라고 한 것이야.

지극한 천리를 다하는 일은 사람들이 잘할 수 있는 게 아니고, 털끝만큼도 사사로운 인욕이 없도록 하는 일도 육체를 갖고 인정 있는 사람이 잘할 수 있는 건 아니다. 성인도 이것으로 자신을 다스리지 않으셨고 또한 이것을 사람들에게 강요하지 않으셨지. 인의를 따라 행하셨을 따름이지, 인의를 행한 것은 아니란다. 맹자께서 말씀하시길, '선왕은 남에게 차마 하지 못하는 마음[不忍人之心]이 있어서 이에 남을 차마 어떻게 하지 못하는 정치[不忍人之政]가 있게 되었다'고 하셨고, 또 '문왕은 백성 보기를 자신의 상처 보듯이 하였다'[4]고 말씀하셨지. 성현이 논한 왕도는 이와 같은 것이니, 지극한 천리를 다하고 털끝만큼도 사사로운 인욕이 없다는 것이 왕도라는 말은 아직 듣지 못하였다.

털끝만큼도 사사로운 인욕이 없음은 곧 지극한 천리를 다하는 것이요, 지극한 천리를 다함은 바로 털끝만큼도 사사로운 인욕이 없는 것이니, 달마·혜능[5]의 무리에게나 해당하지 우리 성인들은 이런 것을 도로 여기지 않는다. 그러므로 이것으로 왕도를 논할 수는 없는 것이야. 송나라 유학자들의 의도는, 달마·혜능이 이단을 면치 못한 까닭은 그들이 인륜을 버렸기 때문이다. 저들이 인륜을 버리지 않았더라도 지극한 천리를 다하고 털끝만큼도 사사로운 인욕이 없도록 하는 점에는 남긴 공적이 거의 없을 것이라고 말하는 게 틀림없어. 아, 설사 달마·혜능이 인륜을 버리지 않았더라도 역시 달마·혜능으로만 남아 있을 뿐인 게야. 성인의 마음과는 진실로 천지차이가 있지. 그러니 지극한 천리를 다하고 털끝만큼도 사사로운 인욕이 없는 것이 왕도와 함께 칭해지지 않는 까닭을 여기서 알 수 있는 것이다."

주)_____

1) 천하대동(天下大同)이라는 말을 가져와 풀어 쓴 것이다. 대동(大同)이란 말은 이상적인 태평시대를 표현한 말로 『예기』(禮記) 「예운」(禮運)에 상세하게 묘사되었다.
2) 원문은 '建大中之道'. 『서경』 「홍범」(洪範)에 "황극은 임금이 그 극을 세우는 것이니"(皇極, 皇建其有極)라는 말이 보인다. 한나라 유학자들은 '황극'(皇極)을 '대중'(大中)으

로 풀어, "대중의 도는, 그 중을 크게 세운다"라는 말로 「홍범」의 말을 풀이한다. 송대 유학자들은 이 풀이에 반대했다. 채침(蔡沈)의 『서전대전』(書傳大全)을 보면 소주(小注)에 "황극을 대중으로 풀이하는 것은 옳지 않다"라고 되어 있다. 채침의 풀이는 다음과 같다. "극은 북극의 극과 같은 것으로 지극하다는 뜻이요, 표준을 말한다. 중심이 세워져 사방에서 중심을 따라 취하는 것이 올바르다는 것이다."(極猶北極之極, 至極之義, 標準之名, 中立而四方之所取, 正焉者也)
3) 『중용』 제13장에 보이는 말이다.
4) 『맹자』 「이루 하」(離婁下) 제20장에 보이는 말이다.
5) 달마·혜능(達磨·慧能). 원문에는 '少林曹溪'로 되어 있다. 둘 다 유명한 곳으로 소림은 달마(?~536)가 참선했던 절이고, 조계는 혜능(638~713)이 머물렀던 곳이다. 달마는 선(禪)을 연 사람이고 혜능은 선종의 법맥을 이어 육조(六祖)라 불리는 고승이다.

| 10장 | 왕도는 욕구를 경계하지 않습니까

동자가 물었다. "그러면 왕도는 욕구를 경계하지 않는다는 말씀입니까?"
대답하였다. "그렇지는 않지. 『서경』에 이르기를, '의로 일을 제어하고 예로 마음을 제어한다'[1]고 하였고 『맹자』에 이르기를, '군자는 인으로 마음을 보존하고 예로 마음을 보존한다'[2]고 했지. 예의로 잘 다듬으면 정情이 바로 도이고 욕구가 바로 의인데 미워할 무엇이 있겠느냐. 예의로 잘 다듬지 못하고 사랑을 끊고 욕구를 없애려고만 한다면 이는 굽은 것을 바로잡으려다 오히려 더 잘못되는 것이니, 지극한 정까지 다 끊고 없애 버려 형체를 상하게 하고 눈과 귀를 막아 버린 뒤에야 그치게 될 것이다. 이는 사람들이 할 수 있는 것도 아니고 세상에 통용되는 도도 아니지. 그래서 성인들은 하지 않았던 것이야.
무릇 천하 국가를 다스림에 보탬이 없고 인류의 일상생활에 도움이 되지 않는 것을 일러 사설과 난폭한 행동이라 하니 불교와 노장의 학문 그리고 선禪에 빠진 후세 유학자들의 고원하고 은미한 말 같은 따위가 이것이란다.

주)

1) 『서경』「중훼지고」(仲虺之誥)에 보이는 말이다. 해당 부분은 다음과 같다. "의로 일을 제어하시고 예로 마음을 제어하셔야 후세에 넉넉하게 전해질 것입니다."(以義制事, 以禮制心, 垂裕後昆)

2) 『맹자』「이루 하」(離婁下) 제28장에 보이는 말이다. 해당 부분은 다음과 같다. "맹자께서 말씀하셨다. '군자가 남과 다른 까닭은 마음을 보존하기 때문이니 군자는 인으로 마음을 보존하고 예로 마음을 보존한다.'"(孟子曰 君子所以異於人者, 以其存心也. 君子以仁存心, 以禮存心)

## |11장| 왕도를 행하는 학문이 우선할 일입니까

동자가 물었다. "왕도를 행하는 학문은 참으로 위대합니다. 하지만 지금 유학자들이 우선할 일은 아닙니다."

대답하였다. "아니지. 유학자에게 왕도란, 손무孫武와 오기吳起가 병법에, 노盧에 살았던 편작扁鵲이 의학에 관계를 맺는 것과 같아서 전문으로 해야 할 일이야. 학문은 왕도를 중심으로 삼지. 그래서 『중용』에, '중니[공자]는 요순을 본받아 말씀하시고 문왕·무왕을 모범으로 삼으셨다'[1]고 한 게다. 공자의 학문은 요순문무의 도요, 맹자의 말씀은 바로 공자의 학문이니 모두 요순문무가 온 세상을 다스리던 도이지. 이것 외에 어찌 이른바 학문이라는 것이 있겠느냐. 있더라도 왕도를 중심으로 해서 하는 공부라고 할 수 없을 것이다.

자신을 닦아 남을 다스리는 모든 공부는 다 왕도에서 나왔지. 그러므로 공자께서 말씀하시기를, '군자는 자신을 다스려 백성을 편안하게 한다'[2]고 하셨다. 또 '자신을 이기고 예를 반복하며 온 세상이 인으로 돌아갈 것이다'[3]라고 말씀하셨고. '마음을 보존하고 본성을 기르는 것',[4] '말이 충신忠信하고 행동이 독실·공경한 것'⁵⁾ 등 조목이 많기는 하지만 모두 왕도를 중심으로 삼지 않은 게 없으니 바로 인을 핵심으로 하는 것이지. '홀로 자신의 몸만을 선하게 하는 것'⁶⁾이 어찌 성인의 본심이겠느냐. 후세의 유학자들은 왕도를 논하지만 실제로는 심법에만 힘써야 한다고 보았기 때문에 이단으로 흘러가지 않을 수 없었지.

네가 이러한 뜻을 가지고 『논어』・『맹자』를 읽는다면 하나하나 모두 합치되고 구절구절 다 들어맞아, 성인의 은미한 뜻이 있는 곳이나 주석이 다 헤아리지 못한 곳이 또렷해져서 저절로 빠뜨리는 게 없을 것이다."

주)

1) 『중용』 제30장에 보이는 말이다.
2) 『논어』 「헌문」(憲問) 제45장에 나오는 말이다. 자로(子路)가 군자에 대해 묻자 대답한 말이다.
3) 『논어』 「안연」(顔淵) 제1장에 보이는 말이다. '극기복례'에 대한 부분은 『동자문』 중권 3장에서도 언급되었다. 이토 진사이는 『논어고의』에서 「안연」 제1장의 뜻을 다음과 같이 풀이하였다. "극기는 인의 근본이다. 복례는 인의 바탕이다. 극기가 아니면 인을 터득할 수 없고 복례가 아니면 인을 보존할 수 없다. 『중용』에 이르기를, '재계(齋戒)하고 깨끗하며 의복을 성대하게 입는다'라고 했는데 예가 아니면 움직이지 않는 것이 수신이다. 수신은 인을 보존하는 것이다. 공자께서 말씀하시기를, '자신을 다스려 백성을 편안하게 한다'라고 하셨으니 이는 요순조차도 잘 하지 못한다고 한 것이다. 수신의 효험이란 이렇게 큰 것이다."
4) 『맹자』 「진심 상」(盡心上) 제1장에 있는 말이다. 『동자문』 상권 12장의 주7) 참조.
5) 『논어』 「위령공」(衛靈公) 제5장에 있는 말이다. 『동자문』 상권 37장의 주1) 참조.
6) 『맹자』 「진심 상」 제9장에 있는 말이다. 해당 부분은 다음과 같다. "옛사람들은 뜻을 얻으면 백성들에게 은혜가 더해졌고, 뜻을 얻지 못하면 자신을 닦아 세상에 드러냈다. 궁하게 되면 홀로 자신의 몸을 선하게 하였고 영달하게 되면 온 세상을 함께 선하게 하였다."(古之人, 得志, 澤加於民, 不得志, 修身見於世. 窮則獨善其身, 達則兼善天下)

| 12장 | 왕도를 공부에 받아들여 쓰는 게 절실합니까

동자가 물었다. "성인의 문하에서는 왕도를 중심으로 삼는다는 말씀 잘 들었습니다. 하지만 공부에 받아들여 쓰기에는 약간 절실하지 않은 것 같습니다. 어떻게 생각하십니까?"

　대답하였다. "절실한지 절실하지 않은지를 묻지 말고 도에 합치하는지 아닌지만 보도록 하거라. 공부에 절실하지 않은 것은 말할 가치도 없지. 하지만 대체로 절실하다고 말하는 것은 반드시 바로잡으려다가 오히려 더 잘못되는 경우가 돼 버리니 이 두 가지[1]를 벗어나는 일이야말로 학문하는 어려움 가운데 가장 큰 어려움이지. 절실하지 않은 것은 그 병이 얕지만, 바로잡으려다 더 잘못되는 것은 고질병이 깊어져 치료할 약조차 없게 되니 두려워하지 않을 수 있겠느냐. 맹자께서, '마음을 기르는 데는 욕심을 줄이는 것보다 좋은 방법이 없다'[2]라고 하셨으니 지극한 중용이지. 주렴계周濂溪가 말하길, '마음 기르는 일은 욕심 줄이는 데서 그치지 않는다. 줄이고 또 줄여 없어지는 데에까지 이르면 성실이 확립되고 통찰력이 트인다'라고 하였는데 맹자의 말씀과 비교하면, 이 말이 절실해 보이지만 바로잡으려다 더 잘못되는 병폐를 면치 못한 것이다.

　　옛사람들은 예의, 두 글자를 모든 일의 기준과 법도로 삼아 일상다반사로 여겼지. 예의에 따라 먹고 마시며 예의에 따라 옷을 입어 평소 행동이 잠시도 예의를 떠나지 않았지. 『서경』에 이르기를 '의로 일을 제어하고 예로 마음을 제어한다' 하였고, 공자께서는 '의로써 바탕을 삼는다'[3]고 하셨으며, 맹자께서도 '예로써 마음을 보존한다'고 말씀하신 게 이것이지. 예의로 통제하면 정이며 욕구조차 도가 될 것이니 본디 미워할 수 있는 게 아니지. 예의로 통제하지 않고 단지 공부에 절실하고자 하면 필시 정을 없애고 욕구를 없애는 데 이르지 않고서는 그만두지 않을 것이야. 이것이 근세 이학가들이 선(禪)과 노장으로 저절로 흘러가지 않을 수 없었던 이유란다. 네가 왕도를 절실하게 여기지 않는 것도 속된 의견일 뿐이다."

주)
1) '절실한 것'(切緊)과 '바로잡으려다가 오히려 더 잘못되는 것'(矯枉過直)을 말한다.
2) 『맹자』 「진심 하」(盡心下) 제35장에 보이는 말이다. 전문은 다음과 같다. "맹자께서 말씀하셨다. '마음을 기르는 데는 욕심을 적게 하는 것보다 좋은 방법이 없다. 사람됨이 욕심이 적으면 마음을 보존하는 일이 있지 않더라도 적을 것이며, 사람됨이 욕심이 많으면 마음을 보존하는 일이 있다 하더라도 적을 것이다.'"(孟子曰, 養心莫善於寡欲. 其爲人也寡欲, 雖有不存焉者, 寡矣. 其爲人也多欲, 雖有存焉者, 寡矣) 『맹자고의』에서는 다음과 같은 주석을 붙였다. "욕(欲)은 눈·코·귀·입의 욕구다. 마음은 대체(大體)이며 눈·코·귀·입은 소체(小體)다. 소체를 따르면 반드시 대체를 해쳐 인의(仁義)의 양심을 잃는다. 그러므로 마음을 기르는 데는 욕심을 적게 하는 것보다 좋은 방법이 없다."
3) 『논어』 「위령공」(衛靈公) 제17장에 보이는 말이다. 전문은 다음과 같다. "공자께서 말씀하셨다. '군자는 의로써 바탕을 삼고, 예로써 그것을 행하며, 겸손으로 그것을 내며, 신으로써 그것을 이루니 이것이 군자인 것이다.'"(子曰, 君子義以爲質, 禮以行之, 孫以出之, 信以成之. 君子哉)

| 13장 |  학문이 왕도를 근본으로 하는 뜻은 무엇입니까

동자가 물었다. "성인 문하의 학문은 왕도를 근본으로 합니다. 그 뜻은 무엇입니까?"

대답하였다. "네가 성인의 학문과 불교·노장의 학문이 어디에서 갈라지는지 안다면 그 뜻을 저절로 알게 될 것이다. 성인은 천하를 따라 도를 보고, 불교·노장은 자신에게서 도를 구하지. 자신에게서 도를 구하기 때문에 천하가 따르는지 아닌지 돌아보지 않고 오로지 '깨끗하고 욕심 없기'[1]를 구해 한 몸의 편안함을 성취하고, 끝내 인륜을 버리고 예악을 없애는 데까지 이르니 이것이 이단이 되는 까닭이네.

성인은 천하라는 관점에서 도를 보기 때문에 천하가 모두 함께 그렇다고 하는 것에서 도를 본다. 천하를 떠나 홀로 자기 몸만 착하게 하려 하지 않기 때문에 그 학문은 세상을 경영하고 그 도는 '천하에 두루 통하는 도'[2]이며 그 가르침은 인의충신仁義忠信이지. 성인의 말씀에, '내가 이 사람들과 함께 살지 않고 누구와 함께 살겠느냐. 천하에 도가 있으면 내 함께 바꾸려 하지 않을 것이다'[3]라고 하셨지. 자신을 닦아 덕을 세워 천하의 사람들을 편안하게 해주려 하기 때문에 천하 사람이 할 수 없는 것을 사람들에게 강요하지 않으며, 또한 천하 사람이 따를 수 없는 것을 가르침으로 삼지 않아. 이 때문에 왕도가 되는 것이야. 그러므로 성인의 글을 읽을 때는 반드시 핵심어[字眼]가 있기 마련이니 '천하'라는 두 글자가 성인의 글 가운데 핵심어란다. 무릇 공자와 맹자의 글을 읽다가 천하라는 글자 있는 곳을 만나면 눈을 떼지 말고 보도록 하거라. 서두르지 말고."

주)_____

1) 깨끗하고 욕심 없기(淸淨無欲). 청정(淸淨)이란 말은 불교에서 쓰는 용어로 악행과 번뇌의 원인을 멀리하는 것을 말한다. 무욕(無欲)은 『노자』에 보이는 말로, "항상 백성을 무지하게 하고 욕구가 없도록 하라"(常使民無知無欲)는 표현이 보인다.
2) 이 말은 『중용』 제1장에 보인다. 해당 부분은 다음과 같다. "희노애락이 발현하지 않은 것을 중이라 하고, 발현해 모두 절도에 맞는 것을 화라 한다. '중'은 천하의 큰 근본이요, '화'는 천하에 두루 통하는 도다."(喜怒哀樂之未發謂之中, 發而皆中節謂之和. 中也者, 天下之大本也, 和也者, 天下之達道也)
3) 『논어』 「미자」(微子) 제6장에 나오는 말이다. 자로가 은자를 만나고 돌아와 공자에게 아뢰자 이에 공자가 한 말이다.

## |14장| 경세제민의 책들도 왕도를 잘 밝히고 있습니까

 동자가 물었다. "이즈음 여러 유학자들이 쓴 경세제민經世濟民의 책들도 왕도를 잘 밝히고 있습니까?"

 대답하였다. "핵심을 아는 자는 말이 필시 간결하니 말이 많은 자는 반드시 핵심을 모르는 것이다.[1] 소위 '핵심 있는 말은 번다하지 않다'[2]는 말이 이것이지. 마단림馬端臨의 『문헌통고』, 구준邱濬의 『대학연의보』, 풍기馮琦의 『경제유편』, 장황章潢의 『도서편』 같은 책은 양이 모두 수백 권씩[3]인데 이는 바로 왕도를 알지 못했기 때문인 게야. 『대학』의 '치국평천하장'[4]과 『중용』의 '애공문정장'[5] 모두 글자가 수백 자에 지나지 않지만 왕도의 뜻을 포괄해 빠뜨린 것이 없으니 핵심을 얻은 것이지. 『맹자』 한 책은 왕도를 논하면서 비껴 말하기도 하고 곧바로 말하기도 하면서 끝없이 변화하지만 모두 인仁이라는 한 글자에서 끌어 나온 것이므로 간결하면서도 끝까지 다 말했다고 할 수 있지. 요·순·공자의 도를 참으로 아는 사람이 아니라면 어떻게 이렇게 할 수 있겠느냐. 『맹자』를 읽고서도 왕도를 알지 못했다면 이른바 '많이 외운다 한들 어디에 쓰겠는가'[6]라는 것이다."

주)_____

1) 이토 진사이의 『동지회필기』(同志會筆記)에 다음과 같은 기록이 보인다. "정도(正道)는 많은 말이 필요 없다. 말이 많으면 정도를 어지럽힌다. 바른 이치(正理)는 많은 소리가 필요치 않다. 많은 소리는 바른 이치를 해친다. 도에 나아갈수록 말은 더욱 적어진다. 이치가 밝을수록 소리는 더욱 적다. 우리 성현의 도 같은 경우 실질적인 말로 실질적인 도를 밝혔다. 그러므로 효제(孝弟)를 말하고 예의(禮義)를 말할 때 그 도가 자명했다. 정도는 많은 말이 필요 없다는 말은 바로 이 뜻이다."
2) 이 말의 출전은 진수(陳壽)의 『삼국지』(三國志) 「위지」(魏志) 권29 '관로전'(管輅傳)이다. 정확히는 배송지(裵松之)가 '관로전'에 주석을 하면서 '노별전'(輅別傳)을 인용했는데 그 '노별전'에 있는 말이다. 이 '노별전'은 양(梁)나라의 문학가 유준(劉峻; 자는 효표孝標, 「광절교론」廣絶交論으로 유명하다)이 쓴 글이다. 평원인(平原人) 관로가 역(易)에 밝아 하안(何晏)이 그와 역을 얘기했는데 관로가 역의 뜻에 관해서는 말하지 않았다. 왜 그러냐고 하안이 묻자 관로는 역을 잘하는 이는 역을 말하지 않는다고 대답하였다. 하안이 그에 대해 칭찬하면서 이 말을 했다. "핵심 있는 말은 번다하지 않다."(可謂要言不煩也)
3) 『문헌통고』(文獻通考) 348권은 원나라 때 편찬한 것이고, 나머지는 모두 명나라 때 나온 것이다. 『대학연의보』(大學衍義補)는 송나라 진덕수(眞德秀)의 『대학연의』(大學衍義)를 보충한 것으로 160권, 『경제유편』(經濟類編)은 100권, 『도서편』(圖書編)은 127권이다.
4) '치국평천하장'(治國平天下章). 『대학』 제10장을 말한다.
5) '애공문정장'(哀公問政章). 『중용』 제20장을 말한다.
6) 『논어』 「자로」(子路) 제5장에 있는 말을 가져와 쓴 것이다. 전문은 다음과 같다. "공자께서 말씀하셨다. '시 삼백 편을 외우면서도 정치를 맡겼을 때 제대로 하지 못하고, 사방에 사신으로 나가 혼자 일을 해내지 못하면 많이 외운다 한들 어디에 쓰겠는가.'"(子曰, 誦詩三百, 授之以政, 不達, 使於四方, 不能專對, 雖多, 亦奚以爲)

| 15장 | 왕도를 상세하고 분명히 논한 곳은 어딥니까

　동자가 물었다. "왕도를 논한 『맹자』 가운데 어느 편이 가장 상세하고 분명합니까?"
　대답하였다. "매 편이 다 상세하고 매 장이 다 정밀하지. 초학자는 「양혜왕」편을 당시 임금에게 권하면서 얘기한 것으로 보기 때문에 읽고서는 심상한 이야기라 생각하고, 「고자」·「진심」 두 편을 정밀하고 심오한 곳으로 보는데 사실 그렇지 않아. 「양혜왕」 한 편은 오히려 맹자 일생의 사업이 갖춰져 있는 곳이라 숙독해 잘 익혀야 한다. 해서 나는 「양혜왕」은 필시 맹자가 직접 저술한 것으로 본단다. 「공손추」편부터 그 이하 「이루 상」편까지는 한 구절도 왕도를 얘기하지 않은 것이 없고 그 이후에서야 비로소 이러저러 논의들이 나오지.[1] 일곱 편은 각각 한 권의 책이라 할 수 있다. 한 편을 갖고 숙독해서 자세히 맛보아 터득하면 왕도를 알지 못하는 게 무슨 걱정이겠느냐. 옛날 황석공黃石公이 장량張良에게 책 한 권을 주면서, '이 책을 읽으면 왕의 스승이 될 수 있다'고 하였느데,[2] 나 역시 『맹자』 「양혜왕」 한 편을 숙독하면 황제의 스승이 될 수 있다고 생각한다."

주)

1) 『맹자』 일곱 편의 편차는 다음과 같다. 「양혜왕」, 「공손추」, 「등문공」, 「이루」, 「만장」, 「고자」, 「진심」으로 모두 각각 상·하로 이루어져 있다.
2) 이 이야기는 반고(班固)의 『한서』(漢書) 권40 「열전」 제10 '장량'(張良)에 보인다. 『한서』 원문에는, '讀是, 則爲王者師'로 되어 있다. 황석공이 장량에게 준 책은 병서(兵書) 『육도삼략』(六韜三略)으로 알려져 있다.

# 16장 | 호화·호색에 대한 맹자의 본뜻은 무엇입니까

동자가 물었다. "제齊나라 선왕宣王이 '제가 재물을 좋아합니다'라고 하자 맹자께서 대답하시길, '왕께서 재물 좋아하시는 것을 백성들과 함께하신다면 왕노릇 하는 데 무슨 어려움이 있겠습니까'라고 하셨습니다. 또 제나라 선왕이 '제가 여색을 좋아합니다'라고 하자 맹자께서 대답하시길, '왕께서 여색 좋아하시는 것을 백성들과 함께하신다면 왕노릇하는 데 무슨 어려움이 있겠습니까'라고 하셨습니다.[1] 선배 유학자께서는 이 말씀을 두고 '공손하게 해준 말이다'[2]라고 하였고, 또 다른 분께서는 '당시의 일을 구제하려고 말한 것이다'[3]라고 말하기도 하였습니다. 그렇습니까?"

대답하였다. "그렇지 않다. 맹자의 이런 말이 바로 왕도라는 것이야. 맹자께서 확실히 이런 말씀을 하셨지. '임금이 백성들이 즐거워하는 것을 즐거워하면 백성들도 그가 즐거워하는 것을 즐거워하고, 백성들이 근심하는 것을 근심하면 백성들도 그가 근심하는 것을 근심합니다. 온 천하와 함께 즐거워하고 온 천하와 함께 근심하는데도 왕노릇하지 못하는 사람은 아직까지 없었습니다.'[4]

예로부터 지금까지 재물을 좋아하고 여색을 좋아하는 임금을 보면 사람들의 원망을 돌아보지 않고 사람들의 분노를 살피지 않으면서 백성들의 부녀자들을 빼앗고 백성들의 재물을 약탈해, 오로지 자기의 눈과 귀를 즐겁게 할 뿐 백성들과 좋아하고 미워하는 것을 함께하지 못했지. 재앙의 문이 열리고 원망의 성이 쌓일 수밖에. 하지만 왕의 마음은 그렇지 않은 것이다. 백성들이 '바라는 것을 함께 모아 주고 미워하는 것을 행하지 않으며',[5] '자기가 서고자 하면 남을 먼저 세워 주고 자기가 통달하고자 하면 남을 먼저 통달하게 해주지'.[6] 자기가 여색을 좋아하면 이 마음을 미뤄 나가 백성에게까지 미치고 자기가 재물을 좋아하면 이 마음을 미루어 나가 백성에게까지 미치지. 그 마음이 얼마나 공평하고 얼마나 관대하고 인자한가. 참으로 천지와 같은 마음이라 할 수 있지. 그렇기 때문에 선왕先王께서 매씨라는 관직을 두어[7] 남녀백성들이 결혼하도록 해서 '안에는 남편이 없어 원망하는 여자가 없고 밖에는 아내가 없는 남자가 없었지'.[8] 또 '혹독하게 세금 걷는 신하'[9]를 아주 미워해서 '가렴주구하는 신하가 벼슬자리에 있으면 꾸짖었지'.[10] 그러므로 백성들과 좋아하고 미워하는 것을 함께한다면 재물을 좋아하고 여색을 좋아하는 것 모두 왕도가 되는 게야. 또 무얼 의심하겠느냐."

주)
1) 『맹자』 「양혜왕 하」(梁惠王下) 제5장에 나오는 말이다.
2) 송나라의 양시(楊時)의 말을 가리킨다. "맹자가 왕정(王政)을 얘기한 것은 법언(法言; 성인의 말)이며 재물과 여색을 좋아하는 것에 대한 말은 손언(巽言; 공손한 말)이다."
3) 북송의 범조우(范祖禹)가 한 말을 가리킨다. "공자의 말씀은 나라를 다스리는 정도

(正道)요, 맹자의 말은 당시를 구하는 급한 일이다."
4) 『맹자』「양혜왕 하」 제4장에 나오는 말이다.
5) 『맹자』「이루 상」(離婁上) 제9장에 보이는 말이다. 해당 부분은 다음과 같다. "백성을 얻는 데는 방법이 있으니 그 마음을 얻으면 백성을 얻는다. 마음을 얻는 데는 방법이 있으니 원하는 것을 모아 주고 미워하는 것을 행하지 않는 것이다."(得其民有道, 得其心, 斯得民矣. 得其心, 有道, 所欲與之聚之, 所惡勿施爾也)
이 부분에 대해 이토 진사이는 『맹자고의』에서 다음과 같이 말했다. "백성의 마음을 얻는 방법은 그들을 위해 이익을 만들어 주고 해를 없애는 데 있다. 백성들이 원하고 바라는 바를 모아 주고 싫어하고 미워하는 것을 하지 않을 뿐이다. 이것이 이른 바 인이다."
6) 『논어』「옹야」(雍也) 제28장에 보이는 말을 가져온 것이다.
7) 『주례』(周禮)에 따르면, 지관(地官)에 배속된 관직으로 남녀가 부부가 될 수 있도록 하였다.
8) 『맹자』「양혜왕 하」 제5장, 제나라 선왕에게 호색(好色)에 대한 답변으로 한 말에서 가져와 쓴 것이다. '內無怨女, 外無曠夫'라는 말은 보통 '안에는 남편이 없어 원망하는 여자가 없고 밖에는 아내 없는 남자가 없다'로 해석한다. 하지만 '怨'을 '蓄'의 뜻으로 풀고 주체를 임금으로 보아, '궁중 안에는 임금의 궁녀를 많이 두지 않고 궁중 밖에는 아내 없는 남자가 없다'로 해석해 글의 대구와 의미를 일치시켜 풀기도 한다.
9) 『대학』 제10장 맹헌자(孟獻子)의 말을 가져왔다. "혹독하게 세금 걷는 신하를 두기보다는 차라리 도둑질하는 신하를 둬라."(與其聚斂之臣, 寧有盜臣)
10) 『맹자』「고자 하」(告子下) 제7장에 보이는 말을 가져왔다.

| 17장 | 임금에게 정심성의를 말하면 안 됩니까

동자가 물었다. "송나라 효종孝宗이 주희를 불렀을 때 어떤 이가 도중에 주희를 만나 보길 청해 '정심성의正心誠意는 주상께서 듣기 싫어하는 말이니 말하지 말라'고 경계하자, 회옹晦翁[주희]께서는 '내 평생의 학문은 정심성의에 있을 뿐인데 어떻게 말을 빙빙 돌려 우리 임금을 속일 수 있겠는가'라고 하였습니다. 어떻게 생각하십니까?"

대답하였다. "내 생각엔 그의 말이 아주 좋구나. 하지만 공부하는 사람에겐 옳겠지만 임금에게 얘기할 것은 아니지. 공부하는 사람이라면 확실히 이것으로 스스로를 수양하겠지만, 임금은 마땅히 백성들과 좋아하고 미워하는 것을 함께하는 것을 근본으로 삼아야 하는 것이야. 임금이 정심성의만 알 뿐 백성들과 호오를 함께할 수 없다면 나라를 다스리는 법에 무슨 보탬이 되겠느냐. 자기 몸을 삼가고 행동을 조심하면서 일상생활을 백성들과 호오를 함께하겠다고 뜻을 세웠다면 백성들은 뜻을 떨쳐 일어나고 군사들은 사기가 충천하여, 무르고 약한 남송南宋이라도 북쪽 오랑캐의 굳센 병력을 때려잡을 수 있었을 것이다. 맹자께서 제나라와 양나라의 여러 임금들에게 한 말을 보면 알 수 있지. 또 용렬하고 우둔한 왕이라면 어떻게 성의정심誠意正心이라는 말을 받아들여 행할 수 있겠느냐. 이는 바로 이른바 '들어가려는데 문을 닫아 버리는' 격이지. 명나라 태조도 물정 모르는 소리라고 지목했을 정도니 태조의 말이 지나치다고 할 수 없는 것이다."

| 18장 | 왕의 덕이란 어떤 것입니까

동자가 물었다. "왕의 덕이란 어떤 것입니까?"

대답하였다. "왕이 되어 천하를 다스린다는 것은 천하에 맞는 천도를 실행하는 것이요, 왕이 되어 한 나라를 다스린다는 것은 한 나라에 맞는 천도를 실행하는 것이며, 한 집안의 주인이 된다는 것은 한 집안에 맞는 천도를 실행하는 것이지. 무릇 '하늘은 만물 가운데 골라 따로 덮어 주지 않고, 땅은 만물 가운데 골라 따로 싣고 있지 않으며, 해와 달은 만물 가운데 골라 따로 비추지 않지'.[1] 어두운 골짜기, 깊은 계곡, 그늘진 담, 집 아래까지도 태양의 기운이 이르지 않는 곳이 없고 물고기, 벌레, 새싹 같은 미물까지 그 기운을 받아 생겨나지 않는 것이 없단다. 그렇기에 옛날 왕은 천도를 본받아 자신의 덕으로 삼은 것이야. 이른바 '천지의 도를 완성해 주고 도와주어 백성들을 태평으로 이끈다'[2]는 말이 이 뜻이지. 그러므로 그런 왕의 지위를 천위天位라 하고 그의 직분을 천직天職이라 하지. 『서경』에 이르기를, '하늘의 일을 사람이 대신한다'[3]고 하였으니 훌륭한 관리와 신하라면 마땅히 왕의 마음을 자신의 마음과 똑같이 해야겠지. 이윤이 이르기를, '천하의 백성 필부필부 가운데 요순의 은택을 함께 입지 못한 사람이 있으면 마치 내가 그를 밀어 도랑에 빠뜨린 것 같았다'[4]고 하였으니 이런 말은 이윤이 천직을 자신의 임무로 삼았기 때문이다.

백성은 아주 천하고 왕은 아주 귀하지. 하지만 백성의 부모라는 말이 왕에 대한 미칭美稱이 되는 것은 어째서이겠느냐. 무릇 자식은 부모를 섬길 때, 자기 몸을 나중으로 생각하고 부모를 우선해 자기 몸을 버리고 부모를 보호해서, 생사의 환난이 생기면 부모만을 사랑하고 감싸지. 왕은 천하가 즐거워하는 것을 즐거워하고 천하가 근심하는 것을 근심해, 백성을 자기 아기로 본다. 그러므로 백성도 자기 임금을 자기 부모와 똑같이 받들어, 메아리가 응답하고 그림자가 따르듯 왕이 바라는 대로 따르지. 당연히 천하에 적개심을 살 일이 없고 사방에 막아야 할 적이 없어져, '동쪽을 정벌하면 서쪽 오랑캐가 원망하고 남쪽을 정벌하면 북쪽 오랑캐가 원망하지'.[5] 『서경』에서도, '우리 임금을 기다리는데 임금이 오시니 소생하였네'[6]라고 하였다. 백성의 부모라는 말을 왕의 미칭으로 하는 게 당연하지 않느냐."

주)

1) 『예기』(禮記) 「공자한거」(孔子閑居)에, 자하가 사사로움이 없는 세 가지[三無私]를 묻자 공자가 대답한 말이 이것이다.
2) 『역경』「태괘」(泰卦) '대상'(大象)에 나오는 말이다.
3) 『서경』「고요모」(皐陶謨)에 보이는 표현을 가져온 것이다. 『동자문』 중권 5장에도 이 말을 인용하고 있다. 신하의 직분과 관계되는 말이다.
4) 이 말은 『맹자』「만장 상」(萬章上) 제7장에 보인다. 원래는 맹자가 이윤의 행동을 해석한 일종의 평어(評語)인데 이토 진사이는 이윤의 말이라고 하였다.
5) 『동자문』 상권 44장 주3) 참조.
6) 원래 이 말의 출전은 『서경』「중훼지고」(仲虺之誥)이나 여기서는 『맹자』「양혜왕 하」(梁惠王下) 제11장에서 가져온 것이다.

## |19장| 후세에는 왕도를 행하기 어려울 것 같습니다

동자가 물었다. "후세에는 왕도를 행하기 어려울 것 같습니다."

대답하였다. "너는 정전법井田法을 시행하지 않고 봉건제를 실시하지 않으면 왕도를 행할 수 없다는 말이냐. 후세의 법은 모두 없애고 옛날 삼대로 돌아가야 한다고 생각하는 게야?"

"그렇습니다. 아닙니까?"

"아니지. 왕도가 어떻게 법과 제도에만 있겠느냐. 이른바 왕도라는 것은 차마 남을 해치지 못하는 마음으로 차마 남을 해치지 못하는 정치를 행하는 것일 뿐이니 이렇게 한다면 무슨 어려움이 있겠느냐. 지금 세상에 성인들이 산다면 역시 반드시 지금의 풍속을 따르고 지금의 법을 써서 '군자는 표변豹變하고 소인은 낯을 바꾸어'[1] 천하가 저절로 다스려졌을 것이다.

맹자는 어지러운 전국시대를 살면서 용렬한 제나라·양나라 왕에게 왕도를 권했는데, 어떻게 제대로 행할 수 없는 시기에 행할 수 없는 왕도를 행하라고 권한 것이었겠느냐. 할 만한 사람이 있었다면 아무리 전국시대라고 한들 행할 수 있었을 터인데 하물며 전국시대가 아닌 때라면 어땠 겠느냐. 제나라 선왕이나 양나라 혜왕이라도 행할 수 있을 정도라면, 제나 라 선왕이나 양나라 혜왕 같지 않은 왕일 때는 어땠겠느냐.

당나라 태종이 즉위 초에 신하들과 얘기를 나누다가 화제가 교화에 미친 적이 있었지. 태종이, '지금은 대란 뒤라 백성들 교화가 쉽지 않은 것 같소'라고 하자, 위징魏徵이 대답하길, '그렇지 않습니다. 오랫동안 편안한 백성은 교만하고 안일합니다. 교만하고 안일하면 가르치기 어렵습니다. 난리를 겪은 백성은 근심하고 고단합니다. 근심하고 고단하면 교화하기 쉽습니다. 비유하자면 배고픈 자에겐 무엇이든 쉽게 먹을거리가 되고 목 마른 이에겐 무엇이든 쉽게 마실거리가 되는 것과 같습니다'라고 하자 왕 이 매우 맞는 말이라고 했지. 그러나 봉덕이封德彝[이름은 倫, '덕이'는 재가 그 를 비판하면서, '위징은 서생이라 시무를 알지 못합니다. 그의 헛된 말을 믿으면 반드시 나라를 망치고 말 것입니다'라고 하였지. 위징이, '오제삼 왕五帝三王은 백성들을 쉽게 보고 교화하지 않았습니다. 제帝의 도리를 행 해 제가 되었고 왕의 도리를 행해 왕이 되었습니다. 단지 어떻게 하느냐에 달려 있을 뿐입니다'라고 하자 태종이 마침내 위징의 말을 따랐지. 정관貞 觀 원년[627년]에 관중關中 지역에 기근이 들어 쌀 한 말 가격이 비단 한 필 이었지. 이듬해에는 천하가 메뚜기 피해를 입었고 그 다음 해에는 큰물이 났어. 임금이 부지런히 정사에 힘써 백성들을 어루만지지 이 해에 천하에 큰 풍년이 들어 쌀 한 말이 3~4전錢에 불과했고 한 해 동안 사형집행도 29 명뿐이었다. 대문을 닫지 않고 살며, 여행하는 사람은 양식을 가지고 다닐 필요가 없었지. 그때 황제가 신하들에게 말했지. '이는 위징이 나에게 인 의를 행하라고 한 것이 벌써 효과를 본 것이오.'²⁾

이것이 가까운 시대에서 찾아볼 수 있는 명백한 증거다. 왕도가 어떻게 옛날에만 행할 수 있고 지금은 행할 수 없는 것이겠느냐. 위징의 학문은 『맹자』를 알았다고 할 수는 없다. 하지만 그의 말조차 이처럼 명백한 효과가 있었으니 하물며 위징보다 나은 사람이라면 어떻겠느냐.”


주)
1) 『역경』 「혁괘」(革卦) '상육'(上六)의 효사(爻辭)이다. 혁명의 변화가 완결되어서 군자는 표범이 아름다운 무늬의 가죽을 가진 것처럼 아름답게 변하고 소인은 낯을 바꾸어 따른다는 말에서 가져온 것이다.
2) 당 태종과 위징의 이 일은 구양수의 『당서』(唐書) 권97 「위징 열전」에서 가져왔다.

| 20장 | 고례회복보다 여민동락이 우선입니까

동자가 물었다. "염계 선생께서 말씀하시기를, '고례[1]를 회복하지 않으면 지금의 음악[수樂]을 바꿀 수 없으니 훌륭한 정치를 하려는 것과는 거리가 멀다'[2]라고 하셨습니다. 그러합니까?"

대답하였다. "염계의 말은 진실이지. 하지만 왕도가 이루어진 뒤에 쓴다면 되겠지만 왕도를 막 실천하는 때에 시행한다면 안 될 거야. 왕이 천하를 다스릴 때는 오로지 백성과 함께 근심하고 함께 즐거워해야지, 음악이 옛것이냐 지금 것이냐를 분별하는 것은 우선할 일로 보지 않는다. 백성과 함께 근심하고 함께 즐거워하면 인심이 화평해지고 풍속이 순후해져 예악禮樂을 일으킬 수 있지. 이때 음악을 제정해 바람처럼 온 세상에 퍼뜨려[3] 천하 사람들의 감정을 화평하게 하는 것이야. 성인은 너무 심한 것만 제거할 뿐 그 나머지는 모두 시대와 풍속을 따라 다스리지 의도적으로 변화시키려고 하지 않았단다. (백성과 함께 근심하지도 함께 즐거워하지도 않고)[4] 한갓 지금의 음악만 비꾸려 한다면 예악은 반드시 갑작스레 일어나지 않을 것이요, 천하가 시끄러워질 것이다. 성인이 어찌 이런 일을 하겠느냐."

주)_____

1) 고례(古禮). 원문은 '古樂'이나 도가이가 '古禮'로 교감했다. 도가이를 따랐다.
2) 『통서』(通書) 「악 상」(樂上) 제17장에 보이는 말이다.
3) 원문은 '宣八風之氣'. 이와 의미가 같은 문맥이 『춘추좌전』 '은공(隱公) 5년'에 보인다. "춤이란 여덟 종류의 악기를 잘 연주해 팔방으로 바람을 퍼뜨리는 것입니다. 그러므로 천자의 팔일무(八佾舞)에서 제후의 육일무(六佾舞)로 점차 줄여 나갑니다." (夫舞, 所以節八音而行八風, 故自八以下) 공영달(孔穎達)의 『오경정의』(五經正義)에서는 『춘추좌전』의 이 기사에 다음과 같이 주를 달았다. "악(樂)을 제정하는 근본, 팔음(八音)을 잘 연주하고 팔풍(八風)에 퍼뜨리는 뜻을 재차 말한 것이다. 여덟 종류의 악기를 연주해 팔방에 부는 바람에 퍼뜨려 사람들이 이에 따라 손발이 춤을 추도록 한 것이며, 예에 맞도록 절도 있게 하여 지나치지 않게 한 것이며, 인정(人情)을 알맞게 펼쳐내 속에 맺히거나 쌓이지 않게 한 것이다."
팔풍(八風)은 『여씨춘추』(呂氏春秋) 「유시람」(有始覽)에 풀이가 보인다. "팔풍은 무엇인가. 동북은 염풍(炎風), 동쪽은 함풍(滔風), 동남은 훈풍(薰風), 남쪽은 거풍(巨風), 서남은 처풍(淒風), 서쪽은 요풍(飂風), 서북은 여풍(厲風), 북쪽은 한풍(寒風)을 말한다."
4) 원문은 '不與民同憂樂而'. 이 일곱 글자는 이토 진사이의 원문에는 없는 글귀인데 도가이가 교감해 삽입했다. 의미가 명료해지므로 도가이의 교감을 따랐다.

| 21장 | 삼대 이후는 모두 타락한 것입니까

 동자가 물었다. "회옹께서 말씀하시길, '삼대 이전은 모두 천리天理에서 나왔고 삼대 이후는 모두 인욕人欲이다'[1]라고 하셨습니다. 이 말씀은 어떻게 생각하십니까?"

 대답하였다. "이는 어진 사람의 말이 아니다. 어진 사람은 풍속을 미워하는 마음이 적지. 때문에 지금이 옛날과 머지않다는 것을 알아. 어질지 않은 사람은 세상에 분개하는 마음이 크지. 때문에 지금 옛날을 회복할 수 없다고 알고 있지. 이 둘은 마음씀이 같지 않고 나아갈 방향도 몹시 달라. 후세에도 군자가 없을 수 없는 것은 옛날에 소인이 없을 수 없는 것과 같은데, 어떻게 유독 삼대 이후는 모두 인욕뿐이라고 할 수 있겠느냐. 공자가, '지금 이 백성들은 삼대의 성직한 도로 행해 왔다'[2]라고 말씀하셨는데, 어찌 백성들만 정직한 도를 행했겠느냐. 귀한 사람, 천한 사람들도 모두 그러했지.

 반고班固는 한나라 문제文帝에 대해 평하면서, '문제는 즉위 23년 동안 궁실과 정원을 넓힌 곳이 없고 불편한 것이 있으면 바로 없애서 백성들을 이롭게 했다고 했지. 한번은 노대露臺를 지으려고 장인을 불러 계획을 세웠는데 백금百金을 써야 한다고 하자 황제께서 말씀하시기를, '백금이면 중인 열 집의 재산에 해당한다. 내가 선제先帝께서 물려주신 궁실을 이어받아 쓰면서 항상 부끄러웠는데 어이 대를 짓겠는가'라고 하셨어. 몸에는 검은 물 들인 두꺼운 비단 옷을 입었고 황제가 총애하는 신 부인愼夫人은 옷이 땅에 끌리지 않았으며 휘장에 무늬를 수놓지 않아서 순박함을 보여주며 천하에 솔선수범하였다'3)고 하였지. 반고가 『한서』에 기록한 문제의 인정仁政과 선행은 다 헤아릴 수가 없지. 그러니 문제를 왕도를 행한 사람이라고 해야 하지 않을까.

　　무릇 사람의 행동은 큰 것이 도를 벗어나지 않으면 자질구레한 것은 치워 두고 말하지 않는 것이 옳아. 전傳에 이르기를, '공자는 어떤 사람의 한 가지 옳은 것을 보면 그의 백 가지 잘못을 잊었다'4)고 하였다. 유학자들은 문제가 황로黃老의 말을 좋아한다고 해서 하나하나 살펴 논하지 않는데, 어찌 그렇게 선행을 평가하는 데는 인색하면서 진선진미盡善盡美를 갖추라고 심하게 요구한단 말이냐. 이는 공자의 마음과도 다른 것이다. 내가 꼭 왕통과 진량5)을 '편드는 것'6)은 아니나 그들의 충후忠厚에는 나도 모르게 감복하게 되는구나."

주)
1) 『주문공문집』(朱文公文集) 권36에 「진동보에게 답함」(答陳同甫; 진동보에 대해서는 주5를 참조)이 13통 수록되어 있다. 그 가운데 보인 주희의 천리·인욕에 대한 요지를 이렇게 정리해 말한 것이다.
2) 『논어』「위령공」(衛靈公) 제24장에 보이는 말이다. 공자가 '자신이 남을 헐뜯거나 칭

찬하지 않는 까닭은 그 사람들이 삼대의 도를 따라 선을 선으로 여기고 악을 미워한 백성들이기 때문이다'라는 뜻에서 한 말이다.
3) 『한서』(漢書) 권4 「문제기」(文帝紀)에 보인다. 인용한 부분은 찬문(贊文)을 축약한 것이다.
4) 『공자가어』(孔子家語) 「육본」(六本)편에 나오는 말이다.
5) 왕통(王通)과 진량(陳亮). 원문은 '하분영강'(河汾永康). 하분(河汾)은 문중자(文中子)로 알려진 수나라의 유학자 왕통을 가리킨다. 하분에 살면서 후학들을 길렀기에 그렇게 썼다. 영강(永康)은 자가 동보(同甫)인 진량(陳亮)으로 그의 관향(貫鄕)이 영강이다. 주희와 동시대인으로 주희와 벌인 논쟁으로 유명하다.
6) 원문은 '좌단'(左袒)이다. 이 말에는 고사가 있다. 한나라 고조(高祖) 유방이 세상을 떠나자 여후(呂后)가 정치를 농단했다. 여후가 죽은 뒤 한나라 창업공신 주발(周勃)이 여씨 일족을 없애 버리려고 군대에 영을 내린다. "여씨를 위한다면 오른쪽 소매를 벗고 유씨를 위한다면 왼쪽 소매를 벗어라."(爲呂氏右袒, 爲劉氏左袒) 군대가 모두 '좌단'(左袒)을 해 여씨 일족을 없앴다. 이로부터 한쪽을 선택할 때 쓰는 고사가 되었다. 『사기』「여태후본기」(呂太后本紀) 등에 보인다.

## 22장 | 옛날 왕들도 검약을 숭상했습니까

동자가 물었다. "반고는 한 문제가 검소하다고 매우 칭찬했습니다. 옛날 왕들도 검약을 숭상했습니까?"

대답하였다. "왕도는 검약을 근본으로 한단다. 사치하면 넉넉하지 못하고 검약하면 남는 게 있어. 내 여유를 가지고 남의 부족을 도와줄 수 있지. 내가 부족하면 어떻게 부족한 남에게 보충해 줄 수 있겠느냐. 전(傳)에 이르기를, '요임금은 흙으로 만든 계단이 세 자 높이였을 뿐이었고 지붕이는 띠풀도 다듬지 않았으며 기둥도 손질하지 않은 채였고 문지기나 먹는 보잘것없는 음식조차 배불리 먹지 못했다'[1]고 하였지. 꼭 그 말 같기야 했겠는가마는 그래도 이를 통해 요임금의 검소한 덕을 알 수는 있지. 공자 말씀에, '우임금은 내가 뭐라 트집 잡을 것이 없다. 음식은 소박하게 잡수시면서도 제사를 지내는 데 효행을 다하셨고, 의복은 허름하게 입으면서도 제사 예복과 관(冠)은 지극히 아름답게 했으며, 궁실은 낮게 지었으면서 관개와 물길 트기에 힘을 다 쓰셨다'[2]고 하셨지. 옛날 성왕들께서는 모두 몸소 검소에 힘쓰셨으니 백성을 기르는 근본을 세웠다고 할 수 있지. 그렇기 때문에 왕도는 검약을 근본으로 하는 것이야.

『한서』「문제기」에 보면 한 해 전조(田租)의 반을 돌려준 것이 두 번이었다고 기록하였고, 전조를 면제해 준 것이 한 번이라고 기록했으니, 황제가 몸소 절약과 검소에 힘써 천하의 재물을 가볍게 쓰지 않았다는 증거가 아니겠느냐. 이때 천하는 부유하고 넉넉했으며 백성들도 편안해 한나라의 4백 년 운세를 연장할 수 있었지. 이는 모두 문제가 절약과 검소에 힘쓴 효과란다."

주)
1) 『한비자』(韓非子)「오두」(五蠹)에 있는 말을 축약해 인용한 것이다.
2) 『논어』「태백」(泰伯) 제21장이다. 『논어고의』에 다음과 같은 주석이 있다. "검소는 덕이 이로부터 모이는 것이다. 예는 검소에서 일어나며 백성은 이것을 믿고 의지한다. 우임금은 스스로를 위하는 것에는 박했으면서 제사에는 신중했고 조례(朝禮)에는 도타웠으며 백성 일에는 부지런했다. 이것이 수백 년의 태평을 이룰 수 있었던 까닭이었다. 어찌 뭐라 할 수 있겠는가."

| 23장 | 문왕이 영대를 지은 일에 대해 여쭙니다

동자가 물었다. "한나라 문제는 백금을 쓰기가 아까워 감히 노대를 짓지 않았습니다. 하지만 주나라 문왕은 누대를 짓고 연못을 만들었습니다. 어째서입니까?"

대답하였다. "선왕先王이 성을 쌓고 문을 만들며 누대나 정원 등을 만든 일은 한편으로는 나라를 위하고 한편으로는 백성을 위한 것이지만, 나라를 위하는 것도 역시 백성을 위한 것이지 한갓 오락거리나 볼거리를 위해 감히 세웠던 것은 아니야. 노나라 사람들이 장부長府라는 창고를 짓자 민자건閔子騫이 말하길, '옛것을 그대로 쓰는 것이 어떻겠나. 꼭 고쳐 지어야 하는가'[1]라고 하였지. 토목사업 하나라도 일으키면 『춘추』에 꼭 기록했던 것은 백성들의 힘을 중하게 여겼기 때문이야.

넓은 집, 큰 건물은 창고가 채워져야 세울 수 있는 것이야. 창고를 채우는 일은 백성들의 농기구에서 나오지. 보잘것없는 농기구가 하는 일이 쌓여 곡식 한 말, 한 섬이 되고, 곡식 한 말, 한 섬이 쌓여 창고를 채우고, 창고에 쌓인 곡식이 넘쳐 넓은 집, 큰 건물이 되는 것이다. 사람들은 넓은 집,

큰 건물 짓기가 창고에서 비롯되는 줄은 모두 알면서 그 근본이 작은 농기구에서 시작되는 사실은 모르지.

섭이중의 시[2]에,

곡식에 김매다 보니 어느덧 중천
흐르는 땀방울이 땅에 떨어지네
뉘 알랴, 상 위 밥이
한톨한톨 모두 괴로움인 것을
鋤禾日當午, 汗滴禾下土.
誰識盤中餐, 粒粒皆辛苦.

이라고 했지. 나라를 위하고 백성을 위하지 않으면서 함부로 건물을 짓는 일은 나라의 근본을 굳건하게 하는 방법을 모르는 것이야. 문왕이 영대를 짓고 연못을 만든 일은 백성과 함께 즐거워하는 행동이 지극했던 것이라 '많은 백성들이 자식처럼 와서 금방 완성했으니'[3] 다른 일과 똑같이 얘기할 수는 없는 것이다."

주)\_\_\_\_\_
1) 『논어』「선진」(先進) 제13장에 보이는 말이다.
2) 섭이중(聶夷中)의 시. 시의 제목은 「민농」(憫農). 조선시대에 널리 읽힌 송나라 황견(黃堅)의 『고문진보』(古文眞寶)에는 당나라 시인 이신(李紳: 772?~846)의 작품으로 되어 있다. 섭이중(837~?) 역시 당나라 시인이다.
3) 원래는 『시경』에 나오는 시 구절이나 여기서는 『맹자』「양혜왕 상」(梁惠王上) 제2장에 인용한 것을 가져왔다.

## 24장 | 혹독한 세금을 경계한 까닭은 무엇입니까

동자가 물었다. "성현들께서 혹독하게 세금 걷는 일에 대해 깊이 경계하신 까닭은 무엇입니까?"

대답하였다. "백성들의 원망을 사는 이유 가운데 혹독하게 세금 걷는 일보다 심한 건 없지. 소인이 임금을 섬길 때는 함부로 세금을 걷고 가혹하게 긁어모아 오로지 임금만 위할 줄 알지 백성을 위할 줄 몰라. 백성을 위하는 것이 바로 임금을 위하는 것이라는 사실을 절대 모르지. 백성을 위하는데 임금은 위하지 않는 일은 없단다. 또 백성을 위하지 않고서 임금을 위할 수 있는 일도 없지. 때문에 백성을 조금 위하면 효과가 조금 있고 백성을 크게 위하면 큰 효과가 있지.

옛날에 풍환이 맹상군孟嘗君을 위해 설薛 지역의 빚문서를 불살라 버렸지. 일 년 뒤에 맹상군이 재상을 그만두고 설 지역 영지로 갔는데 백 리 밖에 이르기 전에 백성들이 노인을 부축하고 아이들을 데리고 나와 그를 맞이했지.[1] 빚문서를 태워 버린 것은 작은 일이지만 오히려 이처럼 민심을 얻었으니, 하물며 이보다 큰일에는 어떻겠느냐. 윗사람이 멋대로 세금 걷기를 좋아하면 백성들은 반드시 원망하고, 원망하는데도 그만두지 않으면 분노하고, 분노하면 백성은 떠나게 되고, 떠나게 되면 반란이 일어나지. 녹대의 재산²⁾과 미오의 금³⁾이 있더라도 어떻게 자기 것으로 가질 수 있겠느냐.

무릇 검소하면 여유가 있고 여유가 있으면 족히 남에게 베풀 수 있는 것이다. 사치하면 부족해지고 부족해지면 혹독하게 세금을 거둘 수밖에 없지. 이것이 성인이 검약을 숭상하고 함부로 세금 걷는 것을 경계한 이유란다."

주)_____
1) 풍환(馮驩)의 고사로 알려져 있다.『사기』「맹상군전」(孟嘗君傳)에 보이는 기록이다.
2) 녹대(鹿臺)는 대(臺) 이름으로 은나라 주왕(紂王)이 재산을 쌓아 둔 곳이다.『서경』「무성」(武成)에 보인다.
3) 미오(郿塢)는 동탁(董卓)이 미(郿)라는 지역에 성채[塢]를 쌓았다는 데서 유래한 이름이다. 동탁은 미오에 자기 친속들을 살게 하고 재물을 모아 두었다. 후한 헌제(獻帝) '초평(初平) 3년'의 일로『후한서』「동탁전」에 보인다.

| 25장 | 검약으로 다스린들 사람들이 따르겠습니까

동자가 물었다. "나라에 평화로운 날이 오래되면 사람들이 모두 안일해져서 서로 사치를 숭상하게 됩니다. 이것이 오래가면 습관이 되고 풍속이 되어 사람들은 그게 사치인 줄도 모릅니다. 지금 와서 갑자기 절약과 검소로 다스리려 하면 사람들이 갑자기 따르기 어렵지 않을까요? 어떻게 생각하십니까?"

대답하였다. "군자의 덕은 바람이요, 소인의 덕은 풀이라 풀 위로 바람이 불면 반드시 풀은 눕지.'[1] 백성들은 윗사람이 명령한 것을 따르지 않고 윗사람이 좋아하는 것을 따르지. 바로 윗사람이 좋아하는 게 무엇이냐에 달려 있을 뿐이야. 공자 말씀에, '윗사람이 예를 좋아하면 백성은 감히 불경하지 않을 것이며, 윗사람이 의를 좋아하면 백성은 감히 불복하지 않을 것이며, 윗사람이 신信을 좋아하면 백성은 감히 진정으로 대하지 않을 수 없다'[2]라고 하셨으니, 모두 윗사람이 좋아하는 것을 삼가는 데 달려 있다는 말이야. 윗사람 자신은 사치를 좋아하면서 아랫사람이 절약하고 검소하기를 바란다면 엄격한 형벌과 가혹한 법으로 백성을 바로잡으려 해도 할 수가 없지. 윗사람 자신이 절약하고 검소하면 명령하지 않아도 저절로 행해지는 것이야. 등문공이 고례古禮를 행하려 하자 부형이며 관리들이 모두 원하지 않았지만 그가 죽을 때에는 사방이 움직이고 바뀌어 길에 물건이 떨어져 있어도 줍지 않는 효과까지 있었지.[3] 그러므로 아랫사람에게 명령하고자 하면 자신이 좋아하는 것을 삼가야 한다. 윗사람이 진실로 절약과 검소를 좋아하면 아랫사람이 따르지 않을까 무슨 걱정이겠느냐."

주)
1) 『논어』 「안연」(顔淵) 제19장에 보이는 말이다.
2) 『논어』 「자로」 제4장에 보이는 말이다. 이토 진사이는 『논어고의』에서 이 부분을 다음과 같이 주석했다. "예·의·신(禮義信) 세 가지는 대인(大人)의 일이다. 윗사람이 이 셋을 좋아하면 아래에서도 같은 것으로 반응해 북채로 북을 치는 것보다 빠르고, 역참을 설치하는 것보다 빠르다. 만민을 고무시킬 수 있고 사방을 움직여 바꿀 수 있으니 다만 좋아하는 것이 돈독하지 않을까 걱정한다."
3) 등문공의 고사. 『맹자』 「등문공 상」(滕文公上) 제2장에 보인다. 문공이 아버지 정공(定公)의 장례를 고례에 맞게 잘 치렀다는 기록인데 사방 풍속이 바뀌었다는 말은 2장에 직접 보이지 않는다.

## |26장| 당태종의 예악에 대해 여쭙니다

동자가 물었다. "당나라 태종의 말이 예악에 이르자 방현령과 두여회[1]가 부끄러운 낯빛을 띤 것은 어째서입니까?"

대답하였다. "이는 왕도가 어려운 줄 알았지 왕도가 쉬운 줄은 몰랐기 때문이지. 맹자께서 이르기를, '훌륭한 임금은 백성들에게 생업을 만들어 주어 위로는 부모를 섬길 수 있도록 하고 아래로는 처자를 기를 수 있도록 해 풍년이 든 해에는 종신토록 배불리 먹고 흉년이 든 해에는 죽음을 면하게 했다. 그런 뒤에야 백성들을 인도해 선으로 가도록 했다. 그렇기 때문에 백성들이 따르기 쉬웠다'고 하였지.[2]

대개 예는 절약과 검소에서 생기고 악은 여유가 있는 데서 이루어지지. 선왕 시대에는 집집마다 넉넉하고 재산이 많아, 백성들이 편안하고 풍속이 순후해서 새벽에서 저녁까지, 봄에서 겨울까지 민심이 조화롭고 흡족했지. 정월 초하루에 좋은 옷을 차려 입고 위의威儀를 갖춰, 잔을 들어 축수를 올리고 각자 만복[3]을 빌며 온 가족이 화목해 문득 힘든 한 해의 노고를 다 잊는 것과 같은 것이다. 어찌 예악이 일어나지 않겠느냐. 그런 까닭에 맹자는 왕도를 논하면서 반드시 백성들에게 생업을 만들어 주는 것을 우선으로 삼은 게야. 방현령과 두여회는 이를 구하지 못하고 멋대로 '바다를 보고 부러워하는 마음'[4]을 일으켰기 때문에 부끄러운 기색을 띤 것이다. 『맹자』를 몰랐기 때문이지."

주)_____

1) 방현령(房玄齡, 578~648)과 두여회(杜如晦, 585~630). 모두 당나라 초기의 유명한 현신(賢臣)이다.
2) 『맹자』「양혜왕 상」(梁惠王上) 제7장에 보이는 말이다. 마지막 부분은 "백성들이 발걸음이 가벼웠다"로 풀기도 한다.
3) 만복(萬福). 원문은 '만세'(萬歲)이지만 도가이가 '만복'으로 교감하였다. 도가이를 따랐다.
4) 원문은 '望洋之心'. 망양지탄(望洋而歎)으로도 쓴다. 『장자』「추수」(秋水)에 보이는 말이다. 고원한 것을 우러러보는 마음을 말한다.

| 27장 | 예가 절약과 검소에서 생깁니까

동자가 물었다. "악樂은 여유가 있는 데서 이루어진다는 가르침은 앞에서 잘 들었습니다. 예禮란 절약과 검소에서 생긴다는 말씀은 무엇입니까?"

대답하였다. "좋아하면 부지런하고 싫증나면 게을러지는 게 인정이란다. 절약하고 검소한 뒤에야 꼭 집안이 부유해지고 힘이 넉넉해지지. 때문에 꾸미기[文]를 즐거움으로 삼지. 이것이 예가 생기는 까닭이다. 예가 사치스럽고 꾸미기가 우세하면 재산을 소모하고 힘을 허비하지. 때문에 싫증나는 마음이 생기지. 이것이 예가 없어지는 까닭이고. 그렇기에 『논어』에 이르기를, '예는 사치스럽기보다는 차라리 검소한 것이다'[1]라고 했고, 또 이르기를, '옛사람들은 예악에 있어 촌사람[野人] 같고 지금 사람들은 예악에 있어 군자 같다. 만약 예를 쓴다면 나는 옛사람을 따르겠다'[2]고 한 것이다.

당나라와 송나라가 예제禮制를 정할 때 꼭 문식文飾 더하는 것을 일삼았기 때문에 당나라의 『개원례』,[3] 송나라의 『개보례』,[4] 『정화례』[5] 등은 모두 빈 그릇이 돼 버려 때에 맞게 쓰이지 않았지. 예의 말단만을 알고 예의 근본은 몰랐기 때문이야. 악은 여유가 있는 데서 이루어지긴 하지만, 절약과 검소로 말미암아 여유에 이르니 악이라 해도 역시 모두 절약과 검소에 근본을 두지. 그러므로 왕도를 행하고자 한다면 검소하지 않을 수 없는 것이야."




주)
1) 『논어』 「팔일」(八佾) 제4장에 보이는 말이다. 임방(林放)이 예의 근본을 물은 데 대한 공자의 답이다.
2) 『논어』 「선진」(先進) 제1장 전문이다. 이토 진사이는 『논어고의』에서 이 부분을 다음과 같이 풀었다. "주나라 말엽에 문(文; 꾸밈, 세련됨)이 승(勝)해서 이때 사람들은 오로지 문을 숭배할 줄만 알고 실질[實]을 숭상할 줄 몰랐다. 때문에 선배들의 예악을 촌사람의 것이라 하였는데, 그 문의 근본이 실질에서 나왔음을 몰라서였다. 후배들의 예악을 군자의 것이라고 하였는데, 그 문이 이미 지나치게 화려한 줄을 또한 몰라서였다. 공자의 말씀은 또한 '불손하기보다는 차라리 고루해지겠다'는 뜻과 같은 것이다. 이 말씀은 당시 사람들을 위해 한 말일 것이지만 실상 영원토록 바뀌지 않을 근본 법도이다."(周末文勝, 時人專知崇文, 不知崇實. 故以先進之禮樂, 謂之野人, 不知其本出於實, 以後進之禮樂, 謂之君子, 亦不知其過於華. 夫子之言, 亦與其不遜也寧固之意. 蓋雖爲當時言之, 然實萬世不易之定法也)
3) 『개원례』(開元禮). 당나라 현종(玄宗)의 칙명으로 소숭(蕭嵩)이 편찬한 150권의 『대당개원례』(大唐開元禮)를 말한다.
4) 『개보례』(開寶禮). 송나라 태조(太祖) 때 황제의 칙명으로 유온수(劉溫叟)·이방(李昉)이 편찬한 『개보통례』(開寶通禮)를 말한다. 『개원례』를 바로잡은 것으로 200권이다.
5) 『정화례』(政和禮). 송나라 휘종(徽宗) 때 황제의 칙명으로 정거중(鄭居中)이 편찬한 220권의 『정화오례신의』(政和五禮新儀)를 말한다.

| 28장 | 왕자와 패자의 구분을 여쭙겠습니다

"왕자王者와 패자霸者의 구분을 여쭙겠습니다."

대답하였다. "왕자는 백성을 자식으로 여겨 기르고, 패자는 백성을 백성으로만 보고 다스리지. 마음씀이 다르니까 백성들도 윗사람 대하는 것이 그에 따라 다르지. 백성을 자식으로 여겨 기르기 때문에 백성들도 임금을 자기 부모 보듯 해서 보호하고 감싸며 사랑으로 섬기어, 목숨을 바치면서 떠나지 않지. 백성을 백성으로만 보고 다스리기 때문에 백성들은 오직 노역을 하고 법을 받들 줄 알 뿐, 자기 윗사람을 친하게 볼 줄 몰라 난리가 생기면 떠나가지. 이것이 왕자와 패자의 구분이다."

| 29장 | 백성을 자식처럼 기른다는 것은 무엇입니까

동자가 물었다. "백성을 자식으로 여겨 기른다는 것은 무슨 말입니까?"

대답하였다. "선왕들은 백성을 자기 아기처럼 보아서 백성들이 제자리를 얻지 못할까 두려워하셨지. 때문에 백성들에게 생업을 만들어 위로는 부모를 섬길 수 있도록 하고 아래로는 처자를 기를 수 있도록 하셨지. 또 상·서·학교를 만들어[1] 효제孝悌의 뜻을 거듭 가르치셨지. 이를 일러 백성을 자식으로 여겨 기른다는 것이다."

"백성을 백성으로 보고 다스린다는 것은 무슨 말입니까?"

"권위로 군림하고 법으로 바로잡아 몰아대며 부리고 호령할 줄만 알고, 슬퍼하고 안타까워하며 가여워하는 마음이 없는 것을 일러 백성을 백성으로 보고 다스린다고 하지. 맹자께서 말씀하시길, '법이 정비된 정치[善政]를 백성들은 두려워하고, 잘 교화시키는 것[善敎]을 백성들은 사랑한다'[2]고 하였고, 또 말씀하시길, '선善으로 남을 복종시키려는 사람 가운데 백성을 복종시킬 수 있는 사람은 아직 없다. 선으로 백성을 기른 뒤에야 천하를 복종시킬 수가 있으니, 천하 사람들이 마음으로 복종하지 않는

데 왕노릇한 사람은 없다"[3]라고 하셨지. 이 두 말씀은 『맹자』 한 권의 핵심이지. 임금을 위해 유세하는 학자는 마땅히 이 말을 임금에게 권해야 하는 것이다."


주)
1) 『맹자』 「등문공 상」(滕文公上) 제3장에 보이는 말이다. "상(庠)·서(序)·학교를 만들어 백성을 가르쳤습니다. '상'은 기른다는 말이며, '서'는 활을 쏜다는 말입니다. 하나라에서는 '교'(敎)라 했고 은나라에서는 '서'라 했으며 주나라에서는 '상'이라 하였고 국학(國學)은 삼대(三代)에 공통으로 있었습니다. 모두 인륜을 밝히는 것이었습니다."
2) 『맹자』 「진심 상」(盡心上) 제14장에 보이는 말이다. 여기서 말하는 정치는 법으로만 운영하려는 체제에 가깝다고 할 수 있다.
3) 『맹자』 「이루 하」(離婁下) 제16장 전문이다. 『맹자고의』의 다음 주석이 참조할 만하다. "선(善)으로 남을 복종시킨다는 것은 선을 행해 인심이 복종하도록 해 성취하려는 것을 말한다. 선으로 백성을 기른다는 것은 백성들에게 생업을 마련해 주고 효제의 뜻을 거듭 가르쳐 주는 일 같은 것이다. 선으로 남을 복종시키는 것은 패자(覇者)의 일이다. 선으로 백성을 기르는 것은 왕자(王者)의 덕이다. 선으로 남을 복종시키는 것은 사람을 복종시키는 일에 뜻을 두었기 때문에 사람들이 복종하지 않는 것이다. 선으로 백성을 기르는 일은 사람들이 모두 선해지길 바라고 복종시킬 의도가 없기 때문에 천하 사람들 스스로 복종하지 않을 수 없는 것이다. 진실과 거짓이 나뉘는 곳이니 그 효과는 천양지차다."

| 30장 | 어떻게 하늘께 영원한 명을 빌 수 있습니까

동자가 물었다. "정자程子께서 말씀하시길, '수양으로 생명을 늘리는 것, 나라의 운세가 영원히 이어지도록 하늘께 비는 것, 보통사람이 성인이 되는 것 이 모두는 공부가 지극한 경지에 이르면 응답이 있을 것이다'[1]라고 하셨습니다. 수양으로 생명을 늘리는 것이야 자질을 변화시키는 것이니 모두 힘써 이룰 수 있습니다만 '하늘께 영원한 명을 비는 것'[2]은 오직 하늘에 달려 있을 뿐이요, 사람의 힘으로 이룰 수 있는 것이 아닙니다. 어떤 술법으로 이룰 수 있겠습니까?"

대답하였다. "하늘께 영원한 명을 비는 것이라고 어찌 다름이 있겠느냐. 역시 인仁일 뿐이다. 하늘은 무심하나 민심을 마음으로 삼으니, 민심이 기뻐하면 천심도 기뻐하고 민심이 싫어하면 천심도 싫어하지.『서경』에 이르기를, '하늘은 우리 백성이 보는 것을 보고 하늘은 우리 백성이 듣는 것을 듣는다'[3]라고 하였지. 백성들이 좋아하는 것을 좋아하고 백성들이 미워하는 것을 미워해 백성들이 기뻐하면 하늘께 영원한 명을 빌 수 있는 게야.

옛날 문왕이 기岐를 다스릴 때에는 밭 가는 이들은 정전법井田法으로 9분의 1을 세금으로 내었고 벼슬하는 사람은 대대로 녹을 받았으며, 관문과 시장은 살피기만 하고 세금을 매기지 않았고, 연못에 어량魚梁 설치를 금지하지 않았으며, 죄인은 연좌하지 않았다. 홀아비·과부·고아·자식 없는 사람 이 네 부류는 천하의 궁핍한 백성으로 하소연할 곳 없는 사람들이라 문왕은 정사를 베풀고 인을 펼치면서 반드시 이 네 부류 사람들을 우선으로 했지. 그랬기에 주나라가 천하를 가질 수 있었던 게야. 주나라 중간에 유왕幽王과 여왕厲王이 폭정을 해 선조가 세운 나라의 명운을 줄이긴 했지만, 그래도 800년 넘는 오랜 세월을 지킬 수 있었지. 만약 훌륭한 자손이 계속 이어져 잘 유지했더라면 단지 800년이란 햇수를 지나오는 데 그쳤겠느냐. 영원토록 천명에 응해 얼마나 오랫동안 중국[4]을 다스렸을지 짐작[5]조차 할 수 없었을 것이다. 『시경』에도, '아아, 전왕前王을 잊지 못하겠네'[6]라고 하였으니까 말이지. 경사스런 일과 복이 자손에까지 미쳐 대대로 이어져 융성하면서 왕조가 바뀌지 않는 것은, 귀신도 어찌할 수 없고 사람의 힘으로 미칠 수 있는 바가 아니지. 오직 민심을 얻어 세상을 떠나도 백성이 잊지 못하는 경우가 아니라면 그렇게 될 수 없지. 그러므로 온갖 귀신에게 기도한들 실제 민심을 얻어 원대하게 되느니만 못한 것이야.

예를 들어 진시황이나 본조本朝의 도요토미 히데요시는 웅대한 무력과 빼어난 전략으로 고금의 누구보다도 월등히 뛰어나, 싸우면 이기고 공격하면 빼앗아, 바람이 일면 풀이 쓰러지듯 그 앞에 강한 적이란 없었으니 자손이 번성해 수백 년 종사[종묘와 사직]를 보전해야 마땅하거늘, 단지 한두 왕에게 전해지다가 망해 버렸지. 예전의 눈부시던 기염은 어디에 있단 말이냐. 아아, 불인不仁의 재앙은 우리[和]나 중국[漢]이나 똑같은 것이야.

한나라 고조高祖는 단지 관대함과 어짊으로 천하를 구제했고, 당나라 태종은 위징의 말을 따라 인과 의를 써서 모두 몸소 태평한 세상을 이뤄 자손이 면면히 이어졌으니 이는 귀신도 그런 신령스러움을 이룰 수 없는 것이요, 오직 민심을 얻어야 능히 그럴 수 있지. 인과 의의 효과가 어찌 위대하지 않겠느냐."

주)_____

1) 『근사록』 권2 「위학류」(爲學類)에 보이는 말이다.
2) 원문 '祈天永命'은 『서경』 「소고」(召誥)에 보인다. 고요(皐陶)가 순임금에게 간한 말이다.
3) 『서경』 「태서 중」(泰書中)에 보이는 말이다.
4) 중국. 원문은 '구유'(九有). 구주(九州)라는 말과 같은 뜻으로 아홉 지역으로 나누었던 당시 중국의 전 지역을 가리킨다. 이 말은 『서경』 「함유일덕」(咸有一德)에 보인다.
5) 원문은 '茹度'. 『시경』 「패풍」(邶風) '백주'(柏舟)에, "내 마음은 거울이 아니라 헤아릴 수 없네"(我心匪鑒, 不可以茹)라는 시구에서 "여"는 '헤아린다'는 뜻이다"(茹度)라는 주석을 그대로 가져온 것이다.
6) 『시경』 「주송」(周頌) '열문'(烈文)에 보이는 표현이다.

## |31장| 치도의 요점을 여쭙겠습니다

"치도治道의 요점을 여쭙겠습니다."

　대답하였다. "문文이 무武를 이기면 나라의 운세는 잘 닦이고, 무가 문을 이기면 나라의 명운은 줄어들지. 상이 벌을 이기면 형벌이 깨끗해져 민심이 안정되며, 벌이 상을 이기면 형벌이 어지러워 민심이 흔들린다."

## | 32장 | 상벌을 공과에 합당하게 할 수 있습니까

동자가 물었다. "어떻게 하면 상과 벌이 공과 죄에 합당하도록 할 수 있습니까?"

대답하였다. "상과 벌이 공과 죄에 합당하게 하려는 것은 위정자의 마음이지. 하지만 상과 벌이 각각 공과 죄에 합당하게 하려다 보면 벌은 반드시 지나치게 주고 상은 반드시 부족하게 주게 된단다. 벌이 지나치고 상이 미치지 못하면 사람들 마음이 어그러지고, 사람들 마음이 어그러지면 나라가 위태로워지지. 그렇기에 성인은 상은 넘치게 주고 벌은 줄여 주었던 게야. 상을 넘치게 주고 벌을 줄이면 상벌은 저절로 합당하게 될 것이다.

『서경』에, '죄가 의심스런 이는 죄를 가볍게 하시고, 공이 의심스런 이는 공을 무겁게 하시어, 죄 없는 사람을 죽이기보다는 차라리 법을 따르지 않는 잘못을 저지르는 편이 낫습니다'[1]라고 한 말이 이것이야. 공자 말씀에, '어진 사람만이 남을 좋아할 수 있고 남을 미워할 수 있다'[2]고 하였지. 남의 선 좋아하기는 늘 미치기 어렵고, 남의 악 미워하기는 필시 지나치기 쉽지. 어진 사람만이 남을 깊이 사랑한단다. 때문에 좋아하고 미워하는 것이 실상에 정확히 들어맞을 수 있지. 상과 벌이 공과 죄에 합당할 수 있는 것도 그와 같단다."


주)_____
1) 『서경』「대우모」(大禹謨)에 나오는 말이다.
2) 『논어』「이인」(里仁) 제3장 전문이다.

## |33장| 검약을 좋아하는 사람들은 어찌 인색합니까

동자가 물었다. "검약을 좋아하는 사람들을 보면 대개 인색한데 어째서입니까?"

대답하였다. "검약과 인색은 자취는 서로 비슷하지만 그 마음은 실제로는 상반된다. 검약은 선의 기초이고 인색은 욕심이 모인 것이지. 검약하면서 베풀기 좋아하는 것이 참된 검약이고, 검약할 줄만 알고 베풀 줄 모르면 역시 인색일 뿐이야. 옛사람들이 검약에 힘쓴 것은 베풀기 위해서였지. 검약하기만 하고 베풀 줄 모르면 검약하다고 할 수 없는 게야. 세상의 인색한 인간이 검소를 빙자해 사치를 비난하는 일은 크게 한번 웃어 버리면 된다. 검약하면서 베풀기 좋아하는 사람은 참으로 큰 덕이 있는 사람이요, 검소하기만 하고 베풀 줄 모르는 사람은 진짜 수전노일 뿐이지."

| 34장 |  **천하에서 어떤 선이 가장 귀합니까**

동자가 물었다. "천하에서 어떤 선善이 가장 귀합니까?"

대답하였다. "현자를 좋아하는 것보다 귀한 건 없지. 위로는 왕공王公에서부터 아래로는 서인에 이르기까지 현자를 존경하지 않으면서 몸을 닦고 마음을 보존해 큰일을 이룬 사람은 없단다. 위대한 현자를 존경하면 큰 이익이 있고 작은 현자를 존경하면 작은 이익이 있지. 이른바 현자는 자기보다 뛰어난 사람 모두를 말하는 게야. 반드시 학문을 알고 도를 밝힌 뒤에 현자라고 할 필요는 없단다. 『중용』의 구경[1]은 수신修身을 으뜸으로 하고 현자를 존경하는 것이 그 다음이야. 부모를 사랑하고 대신大臣을 공경하는 것 등은 모두 그 뒤에 놓여서, 현자를 존경하는 일 한 가지가 아주 중요해 모든 일의 근본임을 알 수 있지.

후세 사람들이 옛사람에게 미치지 못하는 이유는 오직 이 때문이다. 후세 사람들은 현자를 존경하지 않을 뿐 아니라 혹 미워하고 질투하며, 혹 업신여기고 모욕하기도 하며, 심하게는 가로막고 해를 끼치기까지 하니 슬픈 일이야. 맹자 말씀에, '말에 진실이 없으면 상서롭지 않은데 상서롭지 않은 실상으로는 현자를 막는 일이 이에 해당한다'[2]고 하셨다. 현자를 막았다는 말이 들리면 나라는 반드시 무너지고 몸은 반드시 망한다는 말이지."

주)

1) 구경(九經).『중용』제20장에 보인다. 아홉 가지 중심이 되는 법도를 말한다. 해당 부분은 다음과 같다. "무릇 천하와 국가를 다스리는 데 구경이 있으니, 수신과 현자를 존경하는 것과 친척을 친하게 대하는 것과 대신을 공경함과 여러 신하를 그들의 위치가 되어 살펴보는 것과 여러 백성을 자식처럼 사랑하는 것과 온갖 기술자를 오게 하는 것과 먼 곳에 있는 사람을 위무하는 것과 제후들에게 은혜를 베푸는 것이다."
(凡爲天下國家有九經, 曰, 修身也, 尊賢也, 親親也, 敬大臣也, 體羣臣也, 子庶民也, 來百工也, 柔遠人也, 懷諸侯也)

2) 『맹자』「이루 하」(離婁下) 제17장 전문이다. 이 말은 다음과 같이 다르게 해석하기도 한다. "말에는 실상 상서롭지 않은 것이 없다. 상서롭지 않은 실상으로는 현자를 막는 일이 여기에 해당한다."
『맹자고의』의 다음과 같은 주석이 참고된다. "불상(不祥)은 흉악(凶惡)을 말한다. 이 장은 다음과 같은 뜻이다. 사망이나 상란(喪亂) 같은 말은 사람들이 듣기 싫어하지만 모두 실상이 없는 말이다. 현자를 막는 말을 들어 주면 패망의 화가 반드시 이를 것이니 상서롭지 않은 실상으로 이보다 심한 게 무엇이겠는가. 현자를 가로막는 말은 그 해가 더욱 큰 것임을 깊이 밝힌 것이다. 하지만 사람들은 그저 사망이나 상란의 말이나 피할 줄 알지 현자를 가로막는 말을 미워할 줄 모르니, 무지(無知)가 심한 게 아닌가."

## |35장| 맹자가 제선왕에게 행한 예가 오만해 보입니다

동자가 물었다. "맹자가 제나라 선왕에게 그 예를 행한 것이 아주 오만해 보입니다.[1] 어떻게 생각하십니까?"

대답하였다. "예란 진실로 걸맞음[稱]을 말하지. 어찌 아주 오만하다고 할 수 있겠느냐. 옛날에는 도덕이 융성했기 때문에 현자를 존경했지. 후세에는 도덕이 쇠퇴했기 때문에 현자를 함부로 보는 게야. 현자를 존경하기 때문에 현자의 권위가 무겁고 현자를 함부로 보기 때문에 현자의 세력이 미약하지. 천하의 치란과 성쇠가 여기서 판연히 달라지는 것이란다.

옛날 황제는 천자의 존귀함을 굽히고 공동산에서 도를 물었지.[2] 요임금은 만승萬乘의 지위로 사위를 부궁副宮에 맞이해 번갈아 가며 주인과 손님이 되었고,[3] 탕임금은 이윤을, 환공은 관중을 처음에는 모두 스승으로 여기고 존경했지. 진나라 평공은 큰 나라의 왕으로 해당亥唐을 존경해, 집에 들어오라 하면 들어오고 자리에 앉으라 하면 앉고 음식을 먹으라 하면 먹어서 거친 밥과 채소국이라도 배불리 먹지 않은 적이 없었지. 맹자는 오히려 평공이 해당과 천위天位를 함께하면서 천직을 잘 행하지 못한 것을 안타까워했지. 전국시대는 도가 사라지고 학문이 없어졌지만 선왕이 끼친 교화가 아직은 남아 있어 사람들은 맹자가 예를 간략하게 한다고 여기지 않았지. 이것이 후세 사람들이 미치지 못하는 것이란다."

주)_____
1) 『맹자』「공손추 하」(公孫丑下) 제2장에 보이는 일을 말한다. 맹자가 제나라 선왕을 뵈려 했는데 왕이 사자를 보내 병을 핑계로 만나려 하지 않자 맹자 역시 병을 핑계로 왕을 찾지 않았다. 그 다음 날에도 왕을 뵙지 않고 다른 사람 집에 문상 간 일 등을 말한다.
『맹자고의』의 다음 주석을 참고할 수 있다. "논자(論者) 가운데 혹 맹자가 제나라 왕에게 행한 예가 아주 오만한 것 같다고 말한다. 그렇지 않다. 자신의 임금이 탕왕·무왕같이 되기를 바라는 사람은 반드시 이윤(伊尹)과 주공으로 자임하고, 자신의 임금이 제나라 환공(桓公), 진나라 문공같이 되기를 바라는 사람은 반드시 관중과 조최(趙衰; 진나라 문공을 잘 보좌한 명신)로 자처한다. 맹자가 당시 임금에게 탕왕·무왕같이 되기를 바라지 않은 적이 없으니 스스로를 중하게 여긴 것이 참으로 당연하다 하겠다. 속된 선비나 소인들이 알 수 있는 바가 아니다. 어찌 오만하다 할 수 있겠는가."
2) 황제(黃帝)가 공동산(崆峒山)의 은자(隱者) 광성자(廣成子)에게 도를 물은 일을 말한다. 『사기』「오제본기」(五帝本紀)에 보인다.
3) 『맹자』「만장 하」(萬章下) 제3장에 보인다. 바로 뒤의 진(晉)나라 평공(平公)과 해당(亥唐)에 대한 기록도 같은 장에서 가져온 것이다.

| 36장 | 효에 대해 여쭙겠습니다

"효에 대해 여쭙겠습니다."

대답하였다. "효는 사랑을 근본으로 하지. 사랑하면 순종하고 순종하면 모든 행동이 제대로 되지. 순종은 부모님의 마음을 거스르지 않는 것을 말하는 것이다.[1] 자기 부모는 사랑하지 않으면서 남을 사랑하는 것을 '덕을 어지럽힌다'[悖德]고 하고, 자기 부모에게는 순종하지 않으면서 남에겐 순종하는 것을 '덕을 거스른다'[逆德]고 하지. 맹자 말씀에, '큰 효는 종신토록 부모를 사모하는 것이다. 나이 쉰이 되어서도 사모하는 것을 나는 위대한 순임금에게서 보았다'[2]라고 하였지. 사모는 피어나는 사랑이요, 큰 효는 지극한 사랑이다."

주)
1) 원문은 '是也'인데 도가이가 '之謂也'로 교정했다. 도가이를 따랐다.
2) 『맹자』 「만장 상」(萬章上) 제1장에 보이는 말이다.

## |37장| 효에도 크고 작음이 있습니까

동자가 물었다. "효에도 크고 작음이 있습니까?"

대답하였다. "부모님께 걱정을 끼치지 않기는 쉽지만 부모를 기쁘게 하기는 어렵지. 어째서일까. 무릇 자식된 자가 평생 자기 몸을 편안히 하고 일을 부지런히 하면서, 무뢰배를 사귀지 않으며 바둑 따위를 두지 않고 술을 즐기지 않으며, 용맹을 좋아해서 싸움을 해 부모를 위태롭게 하지 않으면 부모의 근심을 없앴다고 할 수 있지. 하지만 부모 마음을 기쁘게 했다고는 할 수 없는 게야. 학문을 좋아하고 선善에 뜻을 두어 스스로를 세워 집안을 일으켜서, 가업을 펼쳐 집안을 빛내, 그런 뒤에 부모 마음이 흔쾌해 기뻐 어쩔 줄 모른다면 그것이 효의 지극함이지. 부모가 걱정하지 않도록 할 수 없는 자는 사람이라 할 수 없고, 부모가 기뻐하도록 할 수 없는 자는 자식이라 할 수 없다. 힘써야 해."

| 38장 | 달효란 무엇을 말합니까

동자가 물었다. "달효達孝란 무엇을 말합니까?"

대답하였다. "달효란 천하에 모두 통하는 효를 말하는 것이지, 한 사람의 작은 효를 말하는 게 아니란다. 음식으로 받들어 모시며 곁에서 잘 보살피는 것은 자식들이 항상 하는 일이라 효라 할 수 없지. 사람의 뜻을 잘 잇고 일을 잘 받아 '자신을 세워 도를 행해 후세에 이름을 날려 부모의 이름을 드러낸'[1] 이후에 효라 말할 수 있지. 공자 말씀에, '맹장자孟莊子의 효는, 다른 것은 누구나 할 수 있어도, 그가 아버지의 신하와 아버지의 정사를 바꾸지 않은 것은 하기 어렵다'[2]라고 하였다. 맹장자의 아버지 헌자獻子는 노나라의 어진 대부로 제후들 사이에 이름을 떨쳤지. 신하는 모두 헌자가 천거해 쓴 사람들이고 그 정사는 헌자가 세운 것이라, 인재와 기강을 후세에 물려줄 만한 것이었다. 맹장자가 모두 그대로 등용해 쓰고 정사를 고치지 않았기 때문에 공자께서 맹장자를 칭찬하시면서, 맹장자의 효는 하기 어려운 것이 참으로 많지만 잘하기 가장 어려운 것은 이 두 가지 일만 한 것이 없다고 말씀하신 거야. 이것으로 보자면 선조의 가업을 망치고 집안의 명성을 떨어뜨리는 일은 다른 미덕이 있더라도 심한 불효이지.

맹의자孟懿子가 효를 묻자 공자께서, '살아계실 때는 예로 섬기고, 돌아가시면 예로 장사 지내며, 예로써 제사 지낸다'라고 말씀하셨다.[3] 맹의자는 노나라의 상경上卿으로 백성들이 모두 우러러보는 사람이었다. 부모가 살아계실 때 예로 섬기고 장례와 제사를 예로 한다면 집안을 다스리는 데 법도가 있을 뿐 아니라 노나라도 잘 다스릴 수 있어. 임금은 충이라 여기고 백성들은 귀의처로 여길 테니 맹씨 집안의 제사를 영원히 지낼 수 있는 것이지. 때문에 공자께서 이 말씀으로 알려 주신 것이다. 깊은 뜻이 있는 게야."

주)
1) 이 구절은 '개종명의장'(開宗明義章; 근본을 펼쳐 의리를 밝힌다)으로 알려진 『효경』(孝經) 제1장 공자의 말에서 가져왔다.
2) 『논어』「자장」(子張) 제18장에 있는 말이다.
3) 『논어』「위정」(爲政) 제5장에 있는 말이다.

| 39장 | 충에 대해 여쭙겠습니다

"충忠에 대해 여쭙겠습니다."

　대답하였다. "고금을 통해 충신으로 불리는 사람들은 그 종류가 한 가지가 아니지. 은혜에 감격해 자기 목숨을 바친 사람들이 있으니, 정영·저구[1]·형가·예양[2]·기신[3] 같은 사람이 이들이지. 임금만 알고 자신은 돌보지 않은 사람들이 있으니, 영윤令尹 자문子文 같은 사람이 이들이다. 어려움을 피하지 않고 자신의 임금을 구한 사람이 있으니, 적인걸·누사덕[4] 같은 사람이 이들이지. 지극한 정성으로 임금을 사랑해 선으로 권하고 도道로 보필한 사람이 있으니, 이윤·주공과 같은 성인이 아니라면 이를 감당할 수가 없을 것이다. 은혜에 감격해 자신을 죽인 사람은 많으면서, 도를 가지고 임금을 섬긴 사람이 적은 것은 어째서일까. 은혜에 감격해 자신을 죽이는 것은 어려워 보이지만 하루아침의 의에서 나오기 때문에 실제로는 쉽고, 도를 가지고 임금을 섬기는 것은 쉬워 보이지만 몸소 그 덕을 가지고 있어 시종 자신의 도를 잃지 않는 자가 아니라면 할 수가 없기 때문에 실제로는 어려운 것이란다."

주)_____

1) 정영(程嬰)·저구(杵臼). 모두 진(晉)나라 대부 조씨(趙氏) 집안의 가신이다.『사기』「조세가」(趙世家)에 보인다.
2) 형가(荊軻)·예양(豫讓). 모두『사기』「자객열전」(刺客列傳)에 나오는 인물이다. 형가는 연(燕)나라 태자 단(丹)을 위해 진시황 암살을 시도했던 인물로 유명하고, 예양은 자신이 섬기던 진(晉)나라 지백(智伯)의 복수를 위해 자객이 되었다가 실패해 자살했다.
3) 기신(紀信). 유방(劉邦)과 항우(項羽)의 싸움에서 항우가 형양(滎陽)을 포위해 유방이 위험에 처했을 때 유방으로 변장해 대신 잡혀서 유방이 달아날 수 있도록 해준 인물이다. 항우는 기신을 태워 죽였다.『사기』「한고조본기」(漢高祖本紀)에 보인다.
4) 적인걸(狄仁傑)·누사덕(婁師德). 두 사람 모두 당나라 측천무후 때 유명한 재상과 장수다. 적인걸은 적양공(狄梁公)으로도 불리며 중종(中宗)이 복위하는 데 공을 세웠다. 누사덕은 30여 년간 장수와 재상을 역임하면서 공명을 세운 사람으로 학처준(郝處俊)과 친했는데 당시 장자(長子)를 칭할 때 누학(厱郝)이라고 했다.『구당서』(舊唐書)에 입전(立傳)된 인물로 적인걸과 누사덕 모두 공포정치하에서 간언을 하였다.

| 40장 | 충과 효 가운데 무엇이 중합니까

동자가 물었다. "충과 효 가운데 무엇이 중합니까?"

대답하였다. "경중이 없지. 임금과 부모는 실체가 똑같아 부모의 은혜와 군신 사이의 의로움은 서로 떨어질 수 없는 것이다. 부모에 효도하는 사람은 임금에게 반드시 충성하고, 임금에게 충성하는 사람은 반드시 부모에게 효도하지. 부모에게 불효하면서 임금에게 충성할 수 있는 사람 없고, 또 임금에게 불충하면서 부모에게 효도할 수 있는 사람은 없단다. 때문에 공자께서, '효를 가지고 임금을 섬기면 충이다'[1]라고 말씀하셨고, 또 '충신을 구하려면 효자 집안에서 찾아야 한다'[2]고 말씀하셨지.

세상에서는 다들 충과 효는 둘 다 온전히 할 수 없다고 말하지만, 이런 말을 하는 사람들은 한 가지는 부지런히 하면서 한 가지는 천천히 하려는 속셈이 있는 것이야. 불효자가 아니라면 반드시 불충한 신하일 것이다. 불효자는 사람이 아니야. 불충한 신하도 사람이 아니다. 삼가고 삼가거라. 구양수가 말하기를, '임금 곁에 있으면 임금을 위하고 부모 곁에 있으면 부모를 위하라'[3]고 했으니 이 말이 제대로 된 말이다."

주)_____

1) 『효경』제11장에 보이는 말이다. 『효경』의 원문은 다음과 같다. "공자께서 말씀하시 길, '군자가 어버이를 섬기는 것이 효다. 그러므로 충을 임금에게 옮길 수 있다.'"(子曰, 君子之事親孝, 故忠可移於君)
2) 원출전은 『효경위』(孝經緯)에 보인다. 『효경위』의 원문은 '求忠臣, 必於孝子之門'이다. 『후한서』「위표전」(衛彪傳)에 보인다.
3) 구양수(歐陽脩)가 찬한 『오대사』(五代史) 「후당명종 가인전론」(後唐明宗 家人傳論)에 보이는 말이다. "아비 없이도 까마귀는 생겨나니 임금 없는 까마귀도 생겨난다고 한다. 그리고 세상에서 말하기를 '충과 효를 다하는 사람은 두 가지를 모두 온전히 행할 수 없다'고 한다. 어찌 그렇겠는가. 자기 아버지가 군대를 거느리고 자기 임금을 공격한다면 자식된 자는 아버지를 따라야 하는가, 임금을 따라야 하는가. 나는 말한다. 몸은 자신이 있는 곳을 따르고 뜻은 의로움을 따라야 옳다. 몸이 임금이 있는 곳에 있으면 임금을 따르고 아버지가 있는 곳에 있으면 아버지를 따르라."

## |41장| 사제지간의 도리를 여쭙니다

"사제지간[1]의 도리를 여쭙니다."

　대답하였다. "옛날에는 도를 숭상했기 때문에 스승을 높였지만, 후세에는 도를 숭상할 줄 모르기 때문에 스승이 가볍게 되고 말았지. 스승이란 도가 있는 곳을 말하니 스승을 숭상함은 바로 도를 숭상하는 것이다. 때문에 스승에게는 군신의 의로움과 부자의 친밀함이 있지. 스승이면서도 제자가 자신보다 뛰어남을 기뻐하는 사람이 참 스승이고, 자기보다 뛰어남을 꺼리는 이는 나쁜 스승이야. 제자도 스승을 아버지와 마찬가지로 보고 자신의 학문이 스승을 뛰어넘더라도 종신토록 공경하며 변치 않는 것을 올바른 도로 삼아야 하지. 조금이라도 청출어람[2]이라는 칭찬을 받으면 '스승 방에 들어와 창을 잡고 찌르려는'[3] 뜻을 품는 자는 참으로 소인이다."

주)_____

1) 원문은 '師資'. 사자는 연원이 오래된 말이다. 『노자』의 "착한 사람은 착하지 않은 사람의 스승이고, 착하지 않은 사람은 착한 사람의 바탕이다"(善人者, 不善人之師也, 不善人者, 善人之資也)라는 말에 근거를 두고 있으며 스승, 교사라는 뜻이 있다. 또 남북조 시대 송나라의 유의경(劉義慶)이 편찬한 『세설신어』(世說新語)에, "옛날 제 선조이신 공자께선 선생님의 선조이신 노자(백양)와 존귀한 사제관계이셨습니다. 이는 저와 선생님도 누대에 걸쳐 두 집안이 잘 지내야 한다는 말입니다"(昔先君仲尼, 與君先人伯陽, 有師資之尊. 是僕與君奕世爲通好也)라는 말에 출처를 두고 스승과 제자라는 뜻으로도 쓴다. 『세설신어』의 고사는 공자의 후손으로 훗날 문인으로 이름을 날리는 공융(孔融)이 열 살 때 당시 이름 높았던 이응(李膺)을 찾아가 한 말이다. 백양(伯陽)은 노자의 자다.

2) 청출어람(靑出於藍). 『순자』「권학」(勸學)에, "배움은 그만둘 수 없으니 쪽빛은 푸른빛에서 나왔지만 푸른빛보다 더 푸르고 얼음은 물에서 만들어졌지만 물보다 더 차다"(學不可以已. 靑出之於藍而靑於藍, 氷水爲之而寒於水)라는 말에서 취한 표현이다. 제자가 스승보다 뛰어남을 나타내는 말로 쓰인다.

3) 『후한서』「정현전」(鄭玄傳)에 보이는 말이다. 하휴(何休)가 춘추삼전(春秋三傳) 가운데 춘추공양학(春秋公羊學)만을 좋아해서 공양학을 높이는 『공양묵수』(公羊墨守)를 짓고 『좌씨전』을 폄하해 『좌씨고황』(左氏膏肓)을, 『곡량전』을 폄하해 『곡량폐질』(穀梁廢疾)을 지었다. 그러자 정현이 하휴가 묵수하는 『공양전』의 뜻을 다 밝히고, 고황(난치병)이라 했던 『좌씨전』에 침을 놓아 뜻을 통하게 하고, 폐질(죽을 병)이라 했던 『곡량전』을 일으켜 세워 의미를 천명해 학문에 두루 능통하였다. 하휴가 한탄하면서, "강성(康成; 정현의 자)이 내 방에 들어와 내 창을 가지고 나를 쳤구나"(入吾室, 操吾戈, 以伐吾乎)라고 하였다. 정현이 하휴가 정통한 학문을 가지고 하휴를 능가했음을 말한 것인데 상대방의 학술보다 뛰어날 때 쓰는 말이다.

## | 42장 | 스승을 구하는 방도를 여쭙니다

"스승을 구하는 방도를 여쭙니다."

대답하였다. "병을 치료하려면 반드시 훌륭한 의사를 구해야지 어리석은 의사에게 맡겨선 안 되지. 한 번 치료를 잘못하면 훌륭한 의사가 수백 명 있더라도 그 후유증을 잘 고칠 수 없는 것이야. 도를 배우고자 하는 사람은 천하에 첫째가는 사람을 선택해 스승으로 삼아야 하고 중도에 그만둔 사람을 스승으로 삼아서는 안 되지. 학문의 성패와 득실은 속된 스승이나 촌구석의 학자가 알 수 있는 게 아니야. 애초에 잘못된 것을 배우면 종신토록 큰 해가 되지. 습관은 천성과 같은지라 차츰차츰 물든 것은 갈고 담금질하기가 어려워. 뒤에 아주 뛰어난 군자를 만나 스스로 자신의 잘못을 알더라도 끝내 자신의 옛 버릇을 고칠 수가 없지. 하물며 자신의 고루함에 안주해 후회할 줄 모르는 자들이 열에 여덟아홉이니 삼가지 않아서야 되겠느냐. 집안에서 자식을 위해 스승을 맞이할 때 대부분 예우하길 싫어하고 엄중한 사람을 꺼려, 꼭 대하기 쉽고 가까이 하기 쉬운 사람을 먼저 골라 초대하니 큰 실수라 할 수 있다."

| 43장 | 스승의 도리를 여쭙니다

"스승의 도리를 여쭙니다."

　대답하였다. "스승의 책임은 아주 무겁지. 스승의 도리는 힘껏 인재를 키우고 기르는 데 있으니 스승 한 몸에는 임금과 부모의 도리가 다 갖춰져 있는 것이야. 삼가지 않아서야 되겠느냐. 임금이 되어 백성을 기를 줄 모르면 어질지 않고, 아버지가 되어 자식을 가르칠 줄 모르면 자애롭지 않지. 스승이면서 인재를 키우고 기를 줄 모르면 어질지 않고 자애롭지 않은 짓을 다하는 것이니 그 죄가 또한 크지 않겠느냐. 한 선배 유학자는 학생을 도덕으로 이끌지 않고 오로지 시문詩文으로만 꾀는 것을 술집과 도박장으로 유혹해 들이는 것에 견주었는데[1] 당연한 말이다."

주)_____

1) 청나라 때의 유학자 주량공(周亮工)을 가리키며, 인용한 말은 수필집 『인수옥서영』(因樹屋書影)에 보인다. "설강(薛岡)이 '자제를 꾀어 술집, 도박집에 들어가는 것은 그 죄가 작다. 자제를 꾀어 시문의 나쁜 길로 들어가는 것은 극형으로 다스려야 마땅하다'라고 했는데, 그 말이 모두 의미가 있다."

| 44장 | 붕우의 뜻을 여쭙니다

"붕우의 뜻을 여쭙니다."

　　대답하였다. "붕우 간에는 인을 보충하고 선을 권면하는 도가 있고,[1] 재물을 같이 쓰고 죽음도 허락한다는 의가 있지.[2] 옛사람 가운데에는 혹은 서로 신하가 된 사람도 있고, 혹은 남편 잃은 여자와 아비 잃은 딸을 돌봐 준 사람도 있지. 오륜 가운데 하나이면서 스승과 나란히 칭해지니[3] 그 도가 아주 위대하지. 하지만 교우관계를 맺는 처음에 선한지 아닌지를 살피지 않으면 안 될 것이야. 사람 가운데 누군들 자신이 선하고 악이 없기를 바라지 않겠는가마는, 허나 군자와 함께 있으면 선해지려 하지 않아도 저절로 선하게 되고, 소인과 함께 있으면 악하게 되지 않으려 해도 저절로 악해지는지라, 관계 맺는 것이 더욱 중하니 삼가지 않을 수 없다.

　　두자미杜子美의 「가난한 때의 사귐」[4]이라는 시에,

　　그대는 보지 못했는가, 관중과 포숙이 가난하던 때의 사귐을
　　이런 도리를 요즘 사람들은 흙처럼 버리네

君子見管鮑貧時交,此道今人棄如土.

라고 하였고,

맹교[5]의 「교우를 생각하며」審交라는 시에,

군자는 향기로운 계수나무의 본성 같아
봄에는 향기 짙고 가을에 또 번성하네
소인은 무궁화 꽃과 같은 마음이라
아침에 있던 것이 저녁에는 사라지네

君子芳桂性,春濃秋更繁.

小人槿花心,朝在夕不存.

라고 하였지. 옛사람이 이르기를, '군자의 사귐은 담백하기가 물 같고, 소인의 사귐은 달기가 감주 같다'[6]라고 하였으니, 참으로 맛있는 말이지 않느냐."

주)_____

1) '인(仁)을 보충한다'는 말은 『논어』 「안연」(顏淵) 제24장, "증자가 말씀하셨다. '군자는 문으로 벗을 모으고 벗으로 인을 돕는다'(君子, 以文會友, 以友輔仁)에서 온 말이다. '선을 권면한다'는 말은 『맹자』 「이루 하」(離婁下) 제30장, "선을 권면하는 것은 친구 사이의 도다"(責善, 朋友之道也)에 근거를 두고 있다.

2) '재물을 같이 쓴다'는 말은 『논어』 「향당」(鄕黨) 제15장에 대한 주희 주에 근거를 둔 표현이다. 이 장은 공자가 붕우를 사귀는 도를 설명한 곳인데, 본문은 수희가 붕우의 뜻을 설명하면서 "붕우 간에는 재물을 같이 쓰는 의가 있다"(朋友, 有通財之義)라고

한 주석에서 취했다.
'죽음도 허락한다'는 말은 『예기』 「곡례 상」(曲禮上)의 "부모가 살아계실 때에는 죽음으로 친구에게 허락하지 않는다"(父母存, 不許友以死)에 근거를 둔 말이다.

3) 사우(師友)를 말하는데, 양명학의 붕우론을 염두에 둔 표현인 듯하다. 이지(李贄)의 『분서』(焚書) 「황안의 두 스님을 위한 글 세 편」(爲黃安二上人三首) 중 「두번째 참스승」(眞師二首)에, "옛사람들은 붕우가 관계되는 것의 중요성을 알았기 때문에 특별히 '스승 사'(師)라는 글자를 벗[友] 위에 놓아, 벗으로 삼는 사람은 스승으로 삼지 않을 수 없음을 보여 주었습니다. 스승으로 삼을 수 없다면 벗으로도 삼을 수 없는 것입니다. 대략 말한다면 모두 벗이라는 한 글자일 뿐입니다. 그러므로 벗을 말하면 스승은 그 가운데 있습니다"라는 말이 보이는데 참고할 만하다.

4) 「가난한 때의 사귐」(貧交行). '행'(行)은 가행체(歌行體)를 가리키는 시의 한 형식이다. 인용된 부분은 4행의 마지막 두 구절로 전반부는 다음과 같다. "손을 뒤집어 구름을 만들더니 다시 손을 뒤집어 비를 만드네, 어지럽고 경박하기가 어찌 그리 잦은가."(翻手作雲覆手雨, 紛紛輕薄何須數) 두자미(杜子美)는 두보(杜甫)이다. 성당 시기의 시인, 중국 최고의 시인으로 보통 시성(詩聖)이라 불린다.

5) 맹교(孟郊; 751~814). 중당(中唐)의 시인으로 한유와 친했다. 평생을 불우하게 지낸 시인으로 험벽(險僻)한 시를 많이 지었다.

6) 『예기』 「표기」(表記)에 보이는 말이다. 원문과 달리 글자의 출입이 있다. "君子之接如水, 小人之接如醴." 정현은 주(注)에서, "接'을 혹 '交'로 쓰기도 한다"고 하였다. 인용한 말 바로 뒤에 다음 구절이 이어진다. "군자는 담백함으로 완성되고 소인은 단맛으로 무너진다."(君子淡以成, 小人甘以壞)

# 45장 | 붕우유신의 '신'은 무엇을 말합니까

동자가 물었다. "붕우유신의 신은, (그 믿음이) 있으면 있고 없으면 없으며, 많으면 많고 적으면 적어서 조금도 속이지 않는 따위를 말합니까?"

대답하였다. "아니지. 신은 실제[實]이니, 자신의 말을 실제로 행해 어기지 않음을 말하는 것이야. 형제가 되기로 약속하면 종신토록 형제로 대하는 것이지. 일단 붕우의 의를 간직하면 처음처럼 지켜서 시종 불변해야 바로 붕우유신이라 하겠지. 비단 말 한마디의 진실을 말하는 것이 아니란다. 『논어』에, '오래된 약속도 평생의 말로 생각해 잊지 않아야 한다'[1]고 한 말이 이것이다. 만약 큰 변고가 생기면 그때 어찌할 수 없게 된 뒤에야 관계를 끊어야 하지.

군자도 피할 수 없는 것이 있지. 누가 작은 허물을 탓하면 작은 화를 드러내 하루아침에 사라질 분노로 평생의 사귐을 버리는 일이야. 설사 일리가 있더라도 충후한 도리는 아니므로 군자는 이런 행동을 하지 않지. 붕우 사이는 자신을 겸손히 해 서로 낮추며 선은 북돋아 주고 악은 숨겨 주어, 작은 허물을 용서하고 작은 화를 다스려 시종 사귐을 온전히 해야 옳다."

주)﹎﹎﹎

1) 『논어』 「헌문」(憲問) 제13장에 보이는 말이다. 자로가 완성된 인간[成人]에 대해서 묻자 공자가 대답하였다. 그리고 또 덧붙여 한 말이다(덧붙일 때 보이는 "말하였다" 曰를 두고 발화 주체를 공자로 보지 않고 자로로 보는 의견도 있다. 여기서는 통설에 따라 공자의 말로 보았다). "말씀하셨다. '요즈음 완성된 인간이 어찌 꼭 그렇겠느냐. 이익을 보고 의로움을 생각하며, 위태로움을 보고 목숨을 바치며, 오래된 약속도 평생의 말로 생각해 잊지 않는다면 또한 완성된 인간이라 할 수 있을 것이다.'"(曰, 今之成人者 何必然. 見利思義, 見危授命, 久要不忘平生之言, 亦可以爲成人矣)

『논어고의』에 해당 부분에 대한 다음과 같은 주가 있다. "'久要'는 옛날의 약속이다. '平生之言'은 큰 변고가 아니면 평생 인정해 준다는 말이다." 이토 진사이는 통설과 달리 "말하였다"(曰)의 발화 주체를 자로로 보고 풀이했다.

| 46장 | 선생님께서도 소원이 있으십니까

동자가 물었다. "자로가 공자께 '선생님의 뜻을 듣고 싶습니다'라고 묻자, 공자께서 '노인들은 편안하게 하고, 젊은이들은 감싸 주며, 붕우는 믿음이 있도록 하겠다'고 말씀하셨습니다.[1] 선생님께서도 소원이 있으십니까?"

대답하였다. "사람들 각자 소원이 있는데 내 어찌 소원이 없겠느냐. 내 소원은 붕우 사이에 힘써 서로 밀어주고 양보하며 '자기를 버리고 남을 따라서',[2] 선이 있으면 치켜세워 주고 허물이 있으면 알려 주어 각자 '다 똑같이 인으로 보는'[3] 마음을 다하는 것이다. 횡거는 이정에게 표숙[4]인데 이정은 횡거의 「서명」西銘을 『대학』과 똑같이 존경하며 신뢰했지. 또 자신들의 문인們人에게 전해 주었으니 만세토록 학자들에게 모범이라 할 수 있다."

주)_____
1) 『논어』「공야장」(公冶長) 제25장에 보이는 말이다. 『논어』의 원문과 본문 문장 순서에 차이가 있다. "子路曰, 願聞子之志. 子曰, 老者安之, 朋友信之, 少者懷之." 44~46장까

지 대화 주제가 붕우이므로 화제를 위해 순서를 바꾼 것으로 보인다.
2) 『맹자』「공손추 상」(公孫丑上) 제8장에 있는 말이다. 해당 부분은 다음과 같다. "위대한 순임금은 이보다 더 훌륭함이 있었으니 선을 남과 함께하셔서 자기 잘못을 버리고 남을 따랐으며 남에게서 취해서 선으로 삼으시기를 즐거워하셨다."(大舜有大焉, 善與人同, 舍己從人, 樂取於人以爲善)
3) 원문은 '一視同仁'. 한유(韓愈)가 「원인」(原人)에서 쓴 것을 가져왔다.
4) 횡거(橫渠)는 장재(張載)의 호며, 이정(二程)은 정이(程頤, 호는 伊川)와 정호(程顥, 호는 明道) 형제를 가리킨다.
    표숙(表叔)은 중국의 친족 용어다. 어머니 형제의 자식을 표형제(表兄弟)라고 하며 (우리의 이종사촌형제와 같은 말이다) 구지자(舅之子)·외형제(外兄弟)라고도 한다. 이정의 아버지 정향(程珦)은 그의 어머니가 장씨(張氏)로 횡거의 아버지와 친척관계였다. 정향은 횡거를 표제(表弟)라 하였으므로 이정에게 횡거는 표숙이 된다.

## |47장| 자기 의론과 다르면 교류하지 않습니다

동자가 물었다. "세상 학자들을 보건대 자기 의론<sup>議論</sup>과 합치되지 않는 자를 보면 반드시 학술이 다르다고 말하면서 다시는 교류하지 않습니다. 어떻게 생각하십니까?"

대답하였다. "자기 의론과 같으면 기뻐하고 자기 의견과 다르면 즐거워하지 않는 것이 학자들에게 공통되는 병이지. 학문은 절차탁마를 귀하게 여기니, 자기와 의견이 다른 이를 따라 자기 의견을 고집하지 말고 마음을 평안하게 해, 갈고 닦아 연마하는 것보다 좋은 건 없지. 이른바 '남에게서 얻는 걸 좋아한다'[1]는 말이 이것이야. 자기에게 유익하지 않으면 반드시 저쪽에 유익할 터이니 이를 일러 양쪽에 유익하다고 하지. 자기 의견과 같은 것을 좋아해 매양 자기 것만 익힌다면 종신토록 묵은 건문을 고치지 못하고 새로운 이익을 얻지 못하니 독학<sup>獨學</sup>과 무엇이 다르겠느냐. 자기에게도 유익하지 않고 또 저편에도 유익하지 않으니 이를 양쪽에 손해가 된다고 하는 것이다.

옛날에 명도<sup>明道</sup> 선생이 왕개보<sup>王介甫</sup>[왕안석]에게 전할 말을 오사례<sup>吳師</sup>

禮에게 하면서, '학설이 생기면 왕복하길 바랍니다. 이는 천하 공공의 이치이니 너나가 없습니다. 명확하게 설명한다면 개보에게 유익하거나 아니면 반드시 제게 유익할 것입니다'[2]라고 하였고, 유자후柳子厚[유종원]도 말하길, '그대가 터득하지 못하면 제가 터득하겠지요'[3]라고 하였다. 옛사람들이 베푸는 마음이 이와 같았으므로 큰일을 이룰 수 있었지. 지금 학자들은 그렇지 않아. 자기 것을 지키려는 마음은 아주 굳세고 선을 따르려는 마음은 아주 얕지. 학문이 남보다 조금만 뛰어나면 스승의 도를 자처하면서 다시는 남에게 물으려 하지 않아. 그 결과야 자기를 잃는 데까지 저절로 이를 수밖에. 그릇이 작고 식견이 좁아 선을 좋아할 줄 모르기 때문이지. 경계하지 않아서야 되겠느냐."

주)

1) 『동자문』 중권 46장 주2)의 인용문 참조.
2) 『이정유서』(二程遺書) 권1에 보인다. "백순(伯淳; 곧 정호)이 오사례(吳師禮)와 가까운 사이라 그와 개보(介甫)의 학문 가운데 착오가 있는 곳을 얘기하였다. 오사례에게 말하였다. '나를 위해 개보에게 다 전해 주게나. 나도 감히 스스로 옳다고 할 수 없으니 학설이 있으면 왕복하길 바란다네. 이는 천하 공공의 이치이니 피아(彼我)의 거리가 없지. 명확하게 설명한다면 개보에게 유익하거나 아니면 반드시 내게 유익할 게야.'"
3) 유종원의 「사도를 논해 위중립에게 보낸 답장」(答韋中立論師道書)에 보이는 말이다.

| 48장 | 세상의 학자들은 서로를 비방하고 있습니다

동자가 물었다. "세상의 학자들은 각자 자기 스승의 문하만을 사사롭게 감싸면서 서로 비방하고 있습니다. 어떻게 생각하십니까?"

대답하였다. "스승의 가르침을 높이는 것은 옳지만 스승의 문하만을 사사롭게 감싸는 것은 옳지 않아. 송나라 때 초기에는 정자와 소동파의 당이 있었고[1] 만년에는 주희파와 육구연파[2]가 있었는데 모두 그 문하생들에게서 나온 것으로 여러 선생들의 뜻은 아니었지. 송나라 때에는 도학이 매우 번성했는데도 이따위 나쁜 풍속이 여전했으니 딱한 일이야. 학문이란 천하 공공의 배움[公學]인데 어떻게 자기 스승의 문하만 사사롭게 감싸는 것을 용납하겠느냐. 도를 알지 못하는 것임을 다 알 수 있지. 내가 젊었을 때 조선의 이퇴계가 편집한 주자의 서찰[3]을 읽은 적이 있었는데 양자직楊子直의 이름 아래 주석하기를, '주문의 반도'[4]라고 썼더구나. 내 적이 업신여기면서,[5] '식견이 어찌 이리 비루하단 말인가. 가는 사람은 쫓아가지 않고 오는 사람은 거절하지 않는 것[6]이 옛 법도인데 어떻게 반도라고 이름을 붙였는가. 이황은 주문만을 사사롭게 감싸는구나'라고 생각했었지."

주)_____

1) 정자(程子)와 소동파(蘇東坡)의 당(黨). 정자의 낙당(洛黨)과 소동파의 촉당(蜀黨)을 말한다. 각자의 출신지를 중심으로 말한 것이다. 이정(二程)은 낙양 출신으로 도학가로서 수양을 중시하고 문학을 경시했다. 소동파와 그의 동생 소철(蘇轍)은 주로 문학가로 활동하면서 낙당의 의견에 반대했다.
2) 주희(朱熹)와 육구연(陸九淵)의 파(派). 두 사람 모두 도학을 했지만 강조점이 달랐다. 주희는 학문이 도를 깨우치는 데 중요하다고 본 반면 육구연은 도의 근거를 마음에서 찾으려 했다.
3) 퇴계 이황(退溪李滉)이 편집한『주자서절요』(朱子書節要) 20권을 말한다.
4) 주문(朱門)의 반도(叛徒). 정조 때 간행된 현재 통행본『주자서절요』권2의 해당 부분에는 이 기록이 없다. 다른 판본을 말하는 것 같으나 어떤 것인지는 알 수 없다.
5) 원문은 '薄之'. 이 말은『사기』「손자·오기열전」(孫子吳起列傳)에, "어머니가 돌아가셨는데도 오기는 끝내 돌아가지 않았습니다. 증자가 그를 멸시했습니다"(其母死, 起終不歸, 曾子薄之)라고 쓴 용례가 보인다.
6) 출전은『맹자』「진심 하」(盡心下) 제30장에 보이는 말이다. 바로 다음 49장에서 이 문제가 거론된다.

| 49장 | 자기 스승의 문하만을 사사롭게 감쌉니다

동자가 물었다. "사람들이 각자 자기 스승의 문하만을 사사롭게 감쌉니다. 그러니 저 혼자서만 사사롭게 감싸지 않을 수 없습니다. 어떻게 생각하십니까?"

    대답하였다. "말이 너무 과하구나. 남들이 각자 선하지 못한 일을 한다고 나도 그 선하지 못한 일을 따라 하겠다는 거냐. 칠십 제자 같은 분들이 공자를 섬겼는데 스승의 가르침을 숭상했다는 말은 들었지만 공자만을 사사롭게 감쌌다는 말은 듣지 못했어. 『맹자』에, '가는 사람은 쫓아가지 않고 오는 사람은 거절하지 않습니다. 도를 배우고자 하는 마음으로 오면 받아 주실 뿐입니다'[1]라고 하였다. 도가 더 작아질수록 이 때문에 베푸는 마음도 더 협수해져 좁은 밭두둑 위에 설 수밖에 없으니 함께 요순의 도에 들어갈 수 없는 것이야."

주)_____

1) 『맹자』「진심 하」(盡心下) 제30장에 나오는 말인데 이 30장에는 논란이 되는 곳이 있다. 전문은 다음과 같다. "맹자가 등나라에 가서 상궁[上宮 ; 여관으로 보기도 하고, 따로 지은 궁전離宮으로 보기도 한다]에 묵었다. 창 위에 삼던 신을 두었는데 상궁에서 일하는 사람이 신을 찾다가 찾지 못하였다. 어떤 사람이 물었다. '이런 일이 있습니까? 선생님을 따라온 사람이 감춘 것입니다.' 맹자께서 말씀하셨다. '그대는 이걸 가지고 내 종자가 신을 훔치려고 여기 왔다고 생각하는 건가.' '전혀 아닙니다. **선생님께서는 과목을 만들어**[제자를 받아들이는 것을 말한다] 가는 사람은 쫓아가지 않고 오는 사람은 거절하지 않습니다. 도를 배우고자 하는 마음으로 오면 받아줄 뿐입니다.'"(孟子之滕, 館於上宮. 有業屨於牖上, 館人求之弗得. 或問之曰, 若是乎, 從者之廋也. 曰, 子以是, 爲竊屨來與? 曰, 殆非也. **夫子之設科也**, 往者不追, 來者不拒. 苟以是心至, 斯受之而已矣)

강조한 부분의 '夫子'를 두고 해석이 엇갈린다. '夫予'(夫는 어조사, 予는 '나'라는 뜻)로 읽어 발화 주체를 맹자로 보는 의견이 있고, '夫子'로 보아 '선생님께서는'이라고 해석해 관인(館人)이 계속 말하는 것으로 보기도 한다. 주희는 '夫子'로 읽어 관인의 말로 보았다. 이토 진사이는 문제가 되는 부분을 생략하고 인용했지만 주자와 같이 풀었다. 『맹자고의』의 다음 주를 참조할 수 있다. "夫子는 옛날 '夫予'로 썼다. 조기(趙岐)의 주도 '予'로 해서 풀었다. 주희는 '夫子'로 고쳐 썼다. 지금 문장의 흐름을 상세히 살펴보면 주자가 옳다. 그러므로 여기서는 주자를 따른다. 어떤 사람이 자신의 잘못을 스스로 깨우치고 사죄한 것이다. 또 이에 따라 과목을 만들어 학생들을 기다려, 떠나는 사람은 돌아오라고 쫓아가지 않고 오는 사람은 거절하지 않아, 도를 향한 마음으로 온다면 받아줄 뿐이라고 말한 것이다."

## |50장| 자신을 지키는 법도를 여쭙니다

"자신을 지키는 법도를 여쭙니다."

　대답하였다. "절약과 검소가 핵심이지. 검소는 모든 선의 근본이요, 사치는 온갖 악의 터전이야. 성패가 자기 한 몸으로 그치질 않아. 자기 집안이 검소하면 복과 경사가 자손에게까지 미치고, 사치하면 흉한 일과 화가 후손에게까지 전해지지. 삼가지 않아서야 되겠느냐."

| 51장 |  검소함을 지키는 방도를 여쭙니다

"검소함을 지키는 방도를 여쭙니다."

대답하였다. "집안의 사치는 대개 규문[1]에서 생기고, 규문의 사치는 장부가 물러서 통제하는 법도를 잃는 데서 생기는 것이다. 장부가 엄격해서 절제할 줄 알면 처와 첩은 자숙해 사치도 생겨나지 않지. 이것이 검소함을 지키는 핵심인 게야.

하지만 규문의 사치는 재물을 없애 버리는 데 지나지 않지만 남자의 사치는 나라를 망하게 하고 집안을 무너뜨리는 데까지 이르지 않으면 그치질 않아. 남자는 기질이 무르고 약해서 소년 기질을 없애지 않으면 단속하는 것을 잊고 제멋대로 탐욕을 부리지. 성실하며 방정한 선비를 가까이 하기를 좋아하지 않고, 뜻을 팽개치고 공부를 그만두고, 놀며 게으름 피우고 방종하면서 못하는 짓이 없지. 마침내는 온갖 악행의 수풀[2]이 되고 마는 것이야."

주)_____
1) 규문(閨門). 여자들이 거처하는 공간으로 처첩(妻妾)을 가리킨다.
2) 원문은 '淵藪'. 『서경』(書經)「주서」(周書) '무성'(武成)에, "지금 상나라의 왕 수(受)는 무도해서 하늘이 내린 물건을 마구 파괴하고 백성들을 해치고 학대하며, 천하에 도망간 죄수들의 주인이 되어 못과 수풀에 모이듯 한다"(今商王受無道, 暴殄天物, 害虐蒸民, 爲天下, 逋逃主, 萃淵藪)에서 가져온 말이다.

| 52장 | 집안을 다스리는 것에 대해 여쭙니다

"집안을 다스리는 것에 대해 여쭙니다."

　　대답하였다. 『중용』에 『시경』의 시를 인용해, '처자 사이가 좋고 화합함이 금슬을 타는 것 같고, 형제 사이가 화합해 화락하고 즐겁구나. 네 집안을 마땅하게 하며, 네 처자를 즐겁게 하는구나'라 하였는데, 공자께서 말씀하시길, '그렇게 되면 부모가 편안하실 것이다'라고 하셨다[1]는 기록이 있다. 지극한 이치는 항상 아주 가까운 가운데 있다는 말이란다. 처자 사이가 좋고 화합하며 형제가 화락함은 아주 가까이서 볼 수 있는 가정의 도덕[2]이지. 하지만 요순의 경우는 그 빛이 사방에 미쳐 하늘과 땅에 모두 이르렀지.[3] 그 실상은 아주 가까운 것을 근본으로 삼아서이니 규문을 다스림이 어찌 지극한 도가 아니겠느냐. 하지만 화목에도 폐단이 있으니, 필시 친하게 지내며 은혜를 베풀 걱정만 하면서 단속하는 뜻이 적은 데서 그렇게 되지. 또 반드시 절제할 곳이 있어야 한다.

　　『주역』 「가인괘」의 '구삼' 효사에, '아내나 아들이 절도 없이 웃어 대면 끝내 집안의 법도가 문란해질 것이다'[4]라고 하였다. 그러므로 규문 안에는 숙연하고 맑은 기상이 있어야 하지. 종일 깔깔대고 웃기만 하고 절제할 줄 모르면 집안을 망치는 데 이르니 삼가지 않아서야 되겠느냐."

주)_____
1) 『중용』 제15장을 말한다. 인용문 앞에 다음 구절이 있다. "군자의 도는 비유하면 먼 곳에 가려면 반드시 가까운 곳에서부터 시작하고, 높은 곳에 오르려면 반드시 낮은 곳에서부터 시작하는 것과 같다."(君子之道, 辟如行遠必自邇, 辟如登高必自卑) 인용한 시는 『시경』「소아」(小雅) '상체'(常棣)에서 가져온 것이다. 원래의 시는 형제간에 화락함을 노래했는데, 『중용』 15장은 가족의 화목을 노래한 시로 읽었다.
2) 원문은 '家道'. 『주역』「가인괘」(家人卦)의 '단사'(彖辭)에, "아버지가 아버지답고 아들이 아들답고 형이 형답고 아우가 아우답고 남편이 남편답고 아내가 아내다워야 가도(家道)가 바르게 되니 가정이 바르게 되어야 천하가 안정될 것이다"라는 말이 보인다.
3) 『동자문』 상권 47장에 언급한 적이 있다. 『시경』 「주송」(周頌) '열문'(烈文)에 보이는 말(시구)이다.
4) 『주역』「가인괘」의 '구삼'(九三) 효사의 전문은 다음과 같다. "집안 어른이 엄격하고 굳은 얼굴로 있다[집안의 화기는 해치지만 그렇다고 아직 법도를 잃지는 않았다는 뜻]. 엄격하게 대했음을 뉘우치면 길하리라. 처자가 절도 없이 웃어 대면 끝내 집안의 법도가 문란해질 것이다."(九三: 家人嗃嗃, 悔厲, 吉, 婦子嘻嘻, 終吝)

## |53장| 세상일에 대응하는 방법을 여쭙니다

"세상일에 대응하는 방법을 여쭙니다."

대답하였다. "겸양만 한 것이 없다. 겸양은 실질적인 덕이지. 무릇 윗사람을 범하고[1] 이기기를 좋아하며 남과 쟁투를 벌이는 것은 모두 겸양을 잊는 데서 생기는 게야. 그러므로 겸양 하나가 서면 모든 덕이 모여드니 단지 세상과 어긋나지 않을 뿐만이 아니란다. 일에 응하고 만물에 접하는 데도 가장 긴요한 방도이지. 사람으로서 예양禮讓하는 마음이 없으면 다른 미덕이 있더라도 모두 볼만하지가 않아. 그러므로 천하에 겸양보다 좋은 게 없고 겸양을 모르는 것보다 나쁜 게 없는 것이란다."

주)

1) 원문 '犯上'은 『논어』 「학이」(學而) 제2장에서 가져온 말이다. "유자가 말하였다. '그 사람됨이 효성스럽고 공경하면서 윗사람을 범하기를 좋아하는 자는 드물다. 윗사람 범하기를 좋아하지 않으면서 난을 일으키기 좋아하는 자는 있지 않다.'"(有子曰, 其爲人也孝悌, 而好犯上者鮮矣, 不好犯上, 而好作亂者未之有也)

| 54장 | 비방이나 칭찬에 마음이 흔들립니다

동자가 물었다. "헐뜯거나 칭찬하는 소리가 들리면 그에 따라 기쁘거나 싫은 마음이 들지 않을 수 없습니다. 어떻게 해야 합니까?"

대답하였다. "헐뜯거나 칭찬하는 소리는 선비들에게 항상 있는 일, 어찌 이를 근심하고 기뻐하겠느냐. 맹자께서는 '선비는 많은 사람들이 더 헐뜯는다'라고 하셨고, 이 말에 대해 조기는 '선비 된 사람은 더욱더 많은 사람들에게 헐뜯기게 된다'고 주석하였다.[1] 보통사람들의 말은 참으로 무게를 둘 것이 없다. 하지만 선비는 반드시 뜻이 있고 의가 있지. 좀더 고상한 사람은 또 식견이 있어 자신의 지조와 견해에 따라 남의 말에 신경 쓰지 않고 바르게 행동해[2] 당시 사람들이 좇는 길을 따르지 않지. 이 때문에 비방을 초래하는 서야. 그의 도가 클수록 헐뜯는 사람이 더욱 많고, 그의 덕이 높을수록 해치는 일이 더 심하지. '근심스런 마음 가득해라, 여러 소인들에게 노여움을 당하는구나.'[3] 이런 일은 공자조차도 그러셨는데 하물며 다른 사람은 어떠했겠느냐.

한문공·정이천·주회옹·왕신건[4]은 당시에 사람들이 배척하고 물리치느라 여력이 없을 지경이었지. 하지만 후대에 와서는 그들의 아름다운 이름과 향기로운 자취가 시대가 멀어질수록 더욱 드러나 일월과 함께 빛을 다툴 정도란다.[5] 천하에 퍼진 공론이 되어 가릴 수 없게 되었지.

오직 훌륭한 임금만이 이를 잘 살필 수 있고, 어리석은 임금은 여러 말에 현혹되지 않을 수 없지. 이 때문에 관우와 장비가 헐뜯었어도 제갈공명에게는 통하지 않았고,[6] 공문중이 무고한 일은 원우 연간에만 통했었지.[7] 맹자께서, '생각지도 못했는데 얻는 명예가 있는가 하면, 헐뜯음을 면하려고 완전을 기하려다 얻는 비난도 있다'[8]라고 하셨다. 이 말을 해설하는 사람은, '수신하는 사람은 이것 때문에 갑자기 근심하거나 기뻐하지 말고, 사람을 보는 이는 이것 때문에 가벼이 발탁하거나 물리쳐서는 안 된다'[9]라고 하였지. 선비가 칭찬을 듣고 기뻐하며 비난을 듣고 싫어하면 반드시 시대를 좇으며 세상에 아부하고, 절개를 바꾸고 지조를 버리는 데까지 이른다. 스스로 경계하지 않으면 안 돼."

주)

1) 『맹자』 「진심 하」(盡心下) 제19장이다. 전문은 다음과 같다. "맥계가 말하였다. '제가 사람들에게 크게 비난을 받습니다.' 맹자께서 말씀하셨다. '상처받을 것 없네. 선비는 많은 사람들이 더 헐뜯지. 『시』에 이르기를, '근심스런 마음 가득해라, 여러 소인들에게 노여움을 당하는구나'라고 하였는데 공자께서도 그런 일을 당하셨고, '그들의 노여움을 없애시지는 못했지만 또한 그 아름다운 명성을 잃지도 않으셨다'고 하셨으니 문왕이 그런 분이셨다." (貊稽曰, 稽大不理於口. 孟子曰, 無傷也. 士憎玆多口. 詩云, 憂心悄悄, 慍于群小. 孔子也. 肆不殄厥慍, 亦不隕厥問. 文王也.)
본문에 인용한 맹자의 말은 '士憎玆多口'로 되어 있어 『맹자』의 원문 '士憎玆多口'와 차이가 있다. 조기(趙岐)는 '憎'을 '增'으로 풀었다. 주희도 조기의 주를 따르고 있는데 이토 진사이 역시 똑같이 풀고 있다. 조기는 후한(後漢) 때 사람으로 『맹자』 주석으로 유명하다.
2) 원문 '特立獨行'이란 말은 『예기』「유행」(儒行)에 보이는 표현으로 덕을 수양한 선비의 바른 몸가짐을 가리킬 때 쓴다.
3) 『맹자』「진심 하」(盡心下) 제19장에도 인용된 이 시구는 『시경』「패풍」(邶風) '백주'(柏舟)에 보이는 말이다. 원래의 시는 위(衛)나라의 어진 사람이 소인들에게 수모와 노여움을 받는 일을 읊은 것이다.
4) 한문공(韓文公)은 당나라의 문인 한유(韓愈)를 가리킨다. 문(文)은 그의 시호(諡號). 정이천(程伊川)은 정이(程頤)를 말하며, 주회옹(朱晦翁)은 주희(朱熹)를 말한다. 왕신건(王新建)은 명나라 때 양명학의 창시자로 알려진 왕수인(王守仁)을 말하며 신건(新建)은 평왕(平王)의 난을 진압한 공이 있어 신건백(新建伯)에 봉해졌기 때문에 그렇게 부른 것이다.
5) 『사기』「굴원전」(屈原傳)에, "그의 결백한 뜻을 미루어 가면, 일월과 빛을 다툰다고 해도 될 것이다"라는 말에 근거를 둔 표현이다.
6) 진수의 『삼국지』에 따르면, 유비와 제갈공명이 친하게 되자 관우와 장비가 기뻐하지 않았다. 유비가 이때 그들의 화를 풀어 주며 내가 제갈공명을 만난 것은 고기가 물을 만난 것과 같다고 하자 그들이 비난을 그쳤다고 한다.
7) 『송사』(宋史)에 따르면, 사마광(司馬光) 등이 정이를 천거해 숭정전설서(崇政殿說書)에 올랐는데 정이의 무리와 소동파의 무리 사이에 논의가 합치하지 않아 서로 공격하였다. 특히 소동파의 무리 가운데 공문중(孔文仲)이 극론을 벌여 정이는 중앙관직에서 물러나게 된다. 원우(元祐)는 송나라 철종(哲宗) 때의 연호.
8) 『맹자』「이루 상」(離婁上) 제21장 전문이다.
9) 『맹자』「이루 상」 제21장에 보이는 이 주석은 주희의 『맹자집주』를 인용한 것이다.

| 55장 | ## 화와 복이 생기는 연유를 여쭙니다

"화禍와 복福이 생기게 되는 연유를 여쭙니다."

대답하였다. "화가 없으면 복이고 흉하지 않으면 길한 것이지. 세상 사람들이 부귀빈천으로 길흉화복을 논하는 것은 잘못이야. 부귀를 누리면서 신변에 우환이 많고 자손이 못난 것은, 빈천하면서 신변이 오래 무사하고 자손이 누구보다 월등히 총명한 것만 못한 것이다. 부귀빈천으로 길흉화복을 논하는 일은 실제는 장바닥에서나 볼 수 있는 의견이니 얼마나 천한 것이냐."

| 56장 | 학문의 요체를 여쭙니다

"학문의 요체를 여쭙니다."

　대답하였다. "학문의 요체는 오직 자신에게 돌이켜 찾는 데[反求] 있을 뿐이다. 『중용』에, '활쏘기는 군자와 비슷한 면이 있다. 활을 쏘아 과녁 정곡에 맞지 않으면 잘못을 자기에게 돌이켜 찾는다'[1]라 하였고, 맹자께서 말씀하시길, '어진 사람은 행동이 활쏘기와 같다. 활 쏘는 사람은 자기 몸을 바르게 한 이후에 활을 쏘아, 쏜 화살이 과녁에 맞지 않으면 자기를 이긴 사람을 원망하지 않고 자신에게 돌이켜 구할 뿐이다'[2]라고 하셨으니 평생토록 사용해도 다 쓸 수 없는 것이 있다고 말하는 게 이것이지. 또 말씀하시길, '남을 사랑했는데도 친해지지 않으면 자신의 인을 돌이켜 보고, 잘 다스리려는데 잘 다스려지지 않으면 자신의 지혜를 돌이켜 보고, 예로 잘 대해 주는데 답례가 없으면 자신의 공경을 돌이켜 보라. 행동을 했는데 뜻대로 되지 않는 것이 있거든 모두 자신에게 돌이켜 찾으라. 자신이 바르면 온 세상이 인정해 줄 것이다'[3]라고 하셨다. 그러므로 학문의 핵심은 오직 자신에게 돌이켜 찾는 데 있을 뿐이라고 한 것이야. 성인이 하늘을 원망하지 않고 사람을 탓하지 않는[4] 경지도 여기서 자연스레 도달한 결과지. 실로 학자의 근본 임무이니 위대한 일인 게야."


주)
1) 『중용』 제14장에 보이는 말이다.
2) 『맹자』 「공손추 상」(公孫丑上)제7장에 보이는 말이다.
3) 『맹자』 「이루 상」(離婁上) 제4장을 인용한 것이다.
4) 『논어』 「헌문」(憲問) 제37장에서 가져온 말로 해당 부분은 다음과 같다. "선생님께서 말씀하셨다. '하늘을 원망하지 않고 사람을 탓하지 않으며, 아래로 인간의 일을 배우면서 위로 천리를 통달하니 나를 알아주는 것은 하늘일 것이다.'"(不怨天, 不尤人, 下學而上達, 知我者, 其天乎) '하학이상달'(下學而上達)에 대한 해석은 주희의 『집주』에 인용한 정이(程頤)의 풀이를 따랐다. '下學而上達'에 대한 이토 진사이의 해석은 이와 다르다. 뒤의 58, 59, 60장에서 이 문제를 다룬다.

## |57장| 돌이켜 찾는 것과 충서에 차이가 있습니까

 동자가 물었다. "돌이켜 찾는 것[反求]과 충서[1]에도 차이가 있습니까?"
 대답하였다. "차이가 없지. 충서는 자신을 위하는 마음으로 남을 위하는 것이고, 돌이켜 찾는 것은 남을 탓하는 마음으로 자신을 책하는 것이지. 자신에게 돌이켜 찾을 수 있으면 반드시 남에게 충서를 행할 수 있고, 남에게 충서를 행할 수 있으면 반드시 자신에게 돌이켜 찾을 수 있으니 차이가 있는 게 아니란다. 때문에 공자와 증자는 오로지 '충서'를 말하였고, 맹자는 오로지 '돌이켜 찾기'를 말했지만 실은 같은 것이야."

주)_____
1) 충서(忠恕). 이에 대해서는 『동자문』 싱권 59장에서 논의하였다.

## |58장| 유학자의 심법은 무엇입니까

동자가 물었다. "유학자의 심법[1]은 무엇입니까?"

대답하였다. "공자께서 말씀하시길, '하늘을 원망하지 않고 사람을 탓하지 않으며, 아래로 인간의 일을 배우면서 위로 천리를 통달한다[下學上達]'라고 하셨으니 이것이 유학자의 심법이다. 시대를 잘못 만났어도 이 때문에 하늘을 원망하지 않고, 세상에 용납되지 않아도 이 때문에 남을 탓하지 않으며, 특이한 의견을 세워 명예를 구하지 않고, 고원한 일에 힘써 남에게 인정받으려 하지 않으며, 오직 수신만을 알 뿐이라는 뜻이지.[2] 그렇기 때문에 '나를 알아주는 것은 하늘일 것이다'라고 말씀하셨던 것이야. 이를 일러 유자의 본분이라 하고 학문의 실제 모습[3]이라고 하지. 힘써 노력한다고 잘할 수 있는 것도 아니고 억지로 애쓴다고 도달할 수 있는 것도 아니다. 다만 자신에게 돌이켜 찾는 것이 그 핵심이지. 공자께서 말씀하시길, '거친 밥을 먹고 물을 마시며 팔을 굽혀 베개로 삼아도 즐거움이 또한 그 가운데 있다'[4]라고 하셨지. 오직 원망하지 않고 탓하지 않는 사람만이 할 수 있는 것이니 지극한 경지야."

주)_____
1) 심법(心法). 원래는 불교용어로 경전 이외의 것을 전수하는 방법을 말한다. 주희의 「중용장구 서」에 '孔門, 傳受心法'이라는 말이 유명하다. 유가에서도 마찬가지로 중요한 전수방법을 뜻하며 마음속으로 깨우치도록 하는 뜻이 강조된다.
2) 이 말은 '下學上達'에 대한 이토 진사이의 풀이다. 『논어고의』에는, "하학은 가까운 사람의 일을 익히는 것이요, 상달은 심오한 도덕에 이르는 것이다"라고 하였다.
3) 실제 모습(實際). 장재의 『정몽』(正蒙)에, "불교에서 말하는 실제는 바로 도를 아는 자들이 말하는 이른바 참[誠]이며 하늘의 덕[天德]이다"라고 하였다.
4) 『논어』「술이」(述而) 제15장에서 가져왔다. 인용문 뒤에 다음 구절이 있다. "의롭지 못하고서 부유하고 귀함은 나에게 뜬구름과 같다."(不義而富且貴, 於我如浮雲)

| 59장 | 하학상달의 뜻을 여쭙니다

"하학상달下學上達의 뜻을 여쭙니다."

대답하였다. "하학下學은 겸사로 가장 기초적인 배움과 같은 말이야. 인륜·일상생활의 도를 가리켜 말하지. 정자程子가 이른바 '아래로 인간의 일을 배운다'라고 한 것이 이 뜻이야. 초월의 경지를 구하는 것[1]과는 자연히 정반대지. 상달上達의 '상'이라는 글자는 당연히 상성으로 읽어야[2] 해. 상달은 차츰차츰 스스로 나아간다는 뜻이지, 고원한 이치를 가리켜 말하는 게 아니야. 이른바 '군자는 위로 나아가고 소인은 아래로 나아간다'[3]는 말이 이 뜻이지. 하학은 평지를 걷는 것과 같지. 쉬지 않고 계속 가면 멀리 만 리까지 도달할 수 있지. 그 일은 아주 기초적이지만 그 결과는 헤아릴 수 없는 것이야. 초월의 경지를 구하는 것은 평지를 떠나 공중 위로 뛰어오르려는 것과 같아 떨어져 다치지 않은 사람이 없어. 이것이 이단은 인륜을 없애고, 일상생활을 제쳐 두고, 예의를 버리기에 영원토록 실행하는 도가 될 수 없는 이유란다."

주)_____

1) 원문은 '向上一路'. 『벽암록』(碧巖錄)에, "오묘함을 철저히 깨달은 경지는 수많은 성인도 전할 수 없다. 학자들이 수고롭게 자신의 몸을 쓰는 일은 원숭이가 그림자를 붙잡으려 하는 일과 같다"(向上一路, 千聖不傳, 學者勞形, 如猿捉影)라는 말이 보인다. 불교의 선종에서 주로 쓰는 말로 고원하고 초월적인 경지를 가리키기도 한다.
2) 상(上)은 상성(上聲)으로 읽으면 동사가 되며 거성(去聲)으로 읽으면 명사가 된다.
3) 『논어』「헌문」(憲問) 제24장 전문이다. 『논어고의』에, "'상'이라는 것은 도덕과 인의를 가리켜 말하며, '하'는 세속의 비천한 일을 가리켜 말한다. 이 구절은 '군자는 의에 밝고 소인은 이익에 밝다'는 말과 같은 뜻이다"라고 하였다. 『논어』 원문에는 '下學而上達'이라고만 되어 있는데 이토 진사이가 '君子'와 '小人'을 주어로 각각 집어넣고 풀이한 것이다.

| 60장 | 상달 공부를 여쭙니다

"상달 공부를 여쭙니다."

대답하였다. "공부는 정밀해야 하고 의론은 올바르게 해야 한다. 지극히 기묘하더라도 한번 정당한 것만 못한 것이야. 배우는 사람은 깨달음의 문이 저절로 열리기를 기다려야 마땅하지, 자신이 인위로 열어서는 안 돼. 진실한 실행이 쌓여 오래되면[1] 편안하게 이치에 따르게 되고 스르르 얼음 풀리듯 하지.[2] 이를 일러 깨달음의 문이 저절로 열린다고 하는데, 영원히 자기 소유가 되어 종신토록 잃지 않을 것이야.

실질적인 덕이 도달하는 것이요, 지식과 식견을 오로지 섬기는 자들이 깨우쳐 도달하는 바가 아닌 것, 이를 바로 실질적인 지혜라고 하지. 내가 말하는 상달이란 이와 같은 것이다. 깨달음의 문이 열리길 기다리지 못하고 자신이 억지로 빗장을 뽑고 자물쇠를 열어[3] 재촉하며 기다리기도 하는데, 이를 일러 자신이 인위로 연다고 하는 게야. 선가에서 말하는 단번에 깨달음[頓悟]이 바로 이와 같지. 총명이 뛰어나고 지기志氣가 월등한 사람은 끝내는 꼭 실성하거나 미친 사람이 되어 버리지. 학문을 삼가지 않을 수 없음이 이와 같은 것이다.

나도 본래 한나라, 송나라 학자들의 옛 견해와 다른 것이 있었지만, 의심이 쌓이고 쌓여 지극한 지경에 이르자 모두 융화되어 풀리고 깨달아 열리면서 자연히 터득하게 됐지. 하나라도 이런 생각도 하다가 저런 생각도 하면서 억지로 힘써 탐색해서 얻은 것은 없어. 자신으로부터 열어 가는 것을 피하도록 하거라."

주)_____
1) 출전은 『순자』「권학」(勸學)에 보인다. "진실한 실행이 쌓이고 오래되면 학문에 들어갈 수 있다."(眞積力久則入)
2) 이 말은 두예(杜預)의 「춘추좌씨전 서」(春秋左氏傳序)에서 가져왔다. "강물이 스미고 기름에 매끄럽게 되듯 스르르 얼음 풀리고 편안하게 이치에 따르게 된 뒤에야 터득하게 될 것이다."(若江海之浸, 膏澤之潤, 渙然氷釋, 怡然順理, 然後爲得也)
3) 출전이 있는 말이다. 송나라 태상승(太常丞) 장격(臧格)이 주렴계에게 시호를 내려줄 것을 청하는 글에서, "선생께서는 빗장을 뽑고 자물쇠를 열어 우리 도의 정전(正傳; 올바른 전통)을 얻으시고 마음에 부끄러움이 없다고 스스로 말씀하셨습니다"라고 하였다. 장격이 쓴 말 그대로가 아니라 표현만 빌려 왔다.

| 61장 |  상달했을 때는 어떻게 됩니까

동자가 물었다. "상달했을 때는 과연 어떻게 됩니까?"

대답하였다. "『중용』에, '지금 부귀한 처지에 있으면 부귀 속에서 도를 행하고, 지금 빈천한 처지에 있으면 빈천 속에서 도를 행하고, 지금 오랑캐 사는 곳에 있으면 오랑캐 속에서 도를 행하고, 환난에 처해 있으면 환난 속에서 도를 행한다. 군자는 어디에 가든 스스로 뜻을 이룬다'[1]라고 하였는데, 이것이 상달의 결과요, 증험이란다.

대개 배우는 이가 도에 나갈 때 처음에는 학문과 일상생활이 어긋나고 엇갈려 서로 스며들지 않지. 진실한 실행이 쌓이고 오래되어 스스로 깨달음을 얻는 데까지 이르면 지난번에 볼 때는 먼 것들이 지금은 비로소 가까워지고, 지난번에 볼 때는 어렵던 것들이 지금은 비로소 쉬워지면서, 차츰차츰 앞으로 다가와 학문이 아니면 즐겁지 않고 학문이 아니면 말을 하지 않게 되지. 더욱 원숙하면 거의 옷감이나 곡식처럼 잠시도 떠날 수 없지. 자식이나 하인같이 비천한 사람이나 쌀, 소금, 땔감 같은 자잘한 물건처럼 보통 이목耳目에 접하고 일상생활에 쓰이는 것들조차 모두 도 아닌 것이 없지. 세속 밖에 도 없고, 도 밖에 세속이 없게 되어 속된 기운이 한 점도 달라붙을 수 없지. 이것이 상달 공부의 모습이다."


주)\_\_\_\_\_
1) 『중용』 제14장에 보이는 말이다.

## |62장| 갑작스런 깨달음은 있습니까

동자가 물었다. "선가에는 '돈오'라는 말이 있고 유학자에겐 '하루아침에 확 깨닫는다'[1]는 말이 있습니다. 성인의 학문에도 이런 것이 있습니까?"

대답하였다. "없다. 성인의 학문은 실질적인 말로 실질적인 이치를 밝힌 것이라, 눈으로 보고 귀로 들으며, 마음으로 깨닫고 몸에 지니는 것이다. 그렇기 때문에 실천을 말할 수는 있지만 돈오를 기약할 수는 없지. 참선하는 사람들은 빈말로 빈 이치를 설명하는 것이라, 귀에는 들리는 게 없고 눈에는 보이는 게 없지. 그렇기 때문에 깨달음이란 말을 쓸 수밖에 없는 것이고. 무릇 실질적인 덕이 있은 뒤에야 실질적인 식견이 있는 것이야. 그것은 환한 태양 아래 물건을 보면 뚜렷하고 분명해 벌써 의심할 것이 없고 헷갈리는 것도 없는 것과 같지. 인심에 뿌리 내렸으며 풍속에 머물고, 천지를 남김없이 포괄하고 고금을 빠짐 없이 두루 망라한단다. 어진 이는 인을 편안히 여기고 지혜로운 자는 인을 이롭게 여기지.[2] 짐은 무겁고 갈 길은 멀어 죽은 뒤에야 멈추는[3] 것인데, 어떻게 돈오를 기약할 수 있겠느냐.

송나라 유학자들은 소리도 없고 냄새도 없는[4] 오묘함을 다함이 없는 [無極] 진리로 보고 본심本心의 실체로 보아, 격물치지[5]하여 이 오묘함을 이해하길 구했지. 그래서 또한 하루아침에 확 깨닫는다는 말이 있게 된 게야. 그것은 사물이 없는 곳에서 사물을 구하는 것과 같아, 눈에 보이는 게 있는 듯하지만 실제는 사물이 없으니, 헛되이 보는 게 아니고 무엇이겠느냐.

우리는 물이 담백한 줄 알고 소금이 짠 줄 알지. 하지만 소금과 물을 직접 맛보지 않고 짜고 담백한 맛을 알려 하면 이미 알 수가 없는 것이다. 하물며 소금과 물 이외의 것에서 짜고 담백한 맛을 찾는다면, 짠 맛 담백한 맛이라 하는 것들이란 바로 헛된 식견이며 진짜 짠맛과 담백한 맛이 아니라는 사실을 우리는 알지. 도란 인의예지에 이르면 다 된 것이고, 가르침은 효제충신에 이르면 다 마치는 것이다. 헌데 그 위에 다시 도를 깨닫기를 구하니, 소금과 물 이외의 것에서 짜고 담백한 맛을 찾는 일과 무엇이 다르겠느냐. 당연히 돈오니 확 깨닫는다느니 하는 말이 있을 수밖에."

주)_____
1) 원문 '一旦豁然'은 주희의 「대학장구 서」(大學章句序)에 보이는 말이다. 보통 '관통'(貫通)이란 말이 뒤에 붙는다.
2) 『논어』 「이인」(里仁) 제2장에 보이는 말을 가져왔다.
3) 『논어』 「태백」(泰伯) 제7장에 보이는 증자(曾子)의 말을 가져온 것이나.
4) 이 말은 본래 『시경』 「문왕」(文王)에 있는 말이나 『중용』 제33장에 인용된 어구를 쓴 것이다. "하늘의 일은 소리도 없고 냄새도 없다."(上天之載, 無聲無臭)
5) 격물치지(格物致知). 『대학』에 보이는 말이다. 송대 주자학의 핵심 명제이기도 하다. 간략하게 풀이하자면, 우주의 이치는 모든 사물에 두루 다 통하므로, 개개 사물[物]에 이르러[格] 그 이치를 하나하나 궁리해 터득하면 터득한 이치가 쌓여 지극한 앎[知]에 도달한다[致]는 말이다.

| 63장 | 소이연의 리에는 미치지 못하는 것 같습니다

동자가 물었다. "제가 다음과 같은 말을 들었습니다. 주자께서, '리理에는 소이연所以然과 소당연所當然의 차이가 있다. 소이연은 소당연의 근본이며, 소당연은 소이연이 드러난 것이다. 그런 까닭에 음양은 형이하의 기器이며 태극은 형이상의 도道라고 하는 것이다'[1]라고 말씀하셨습니다. 지금 선생님 말씀은 모두 소당연에 해당하는 일입니다. 소이연의 근본에는 미치지 못해 용用[현상]은 있지만 체體[본질]가 없어 얕은 견해를 넘지 못하는 것 같습니다."

대답하였다. "이른바 소이연의 리라 하는 것은 사람이 사람되는 소이所以와 만물이 만물 되는 소이, 그리고 음양이 왕래하며 없어지고 자라나는 소이의 리를 말하는 것이 아니냐. 음양 자체는 본래 도가 아니요, 한번은 음이 되고 한번은 양이 되어 왕래를 그치지 않는 것이 바로 도지. 음양이 왕래해 하늘의 도[天道]가 이루어지고, 강유剛柔가 서로 통해 땅의 도[地道]가 이루어지며, 인의가 서로 필요해 인간의 도[人道]가 이루어지는 것이다.[2] 하늘의 도는 음양에서 다하고, 땅의 도는 강유에서 다하며, 인간의 도는 인의에서 다하지. 때문에 『주역』에 이르기를, '한번은 음이 되고 한 번은 양이 됨을 일러 도라 한다'[3]라고 하였고, 또 이르기를, '위대하구나! 건은 만물의 근원이다. 만물이 이를 바탕으로 삼아 시작되어 마침내 하늘의 법칙을 맡아 다스린다.[4] 지극하구나! 곤은 만물의 근본이다. 만물이 이를 바탕으로 삼아 생겨나 마침내 하늘의 베풂을 따라 성취한다'[5]라고 한 것이지. 옛날의 성인들께서 이렇게 천도를 말씀하신 것은 이런 말씀으로도 지극하기 때문에 다시 이 위에 한 마디 말도 덧붙이지 않으신 게야. 이른바 '태극'[6]이라 하는 말도 이 하나의 원기元氣를 가리켜 말한 것이지. 만약 이 위에 소이연의 이치를 찾는다면 이는 앞에서 말한, 사물이 없는 곳에서 사물을 구하는 것이 아닐 수 없지. 그러므로 후세에 이른바 '무극태극'의 리[7]라 하는 것은 필경 천지에 본래 없는 이치이고 성인도 말씀하지 않으셨으니 없애 버려야 옳다."

주)

1) 동자는 주자의 말을 직접 인용하고 있지만, 대의(大義)가 이와 같은 말은 보이나 똑같은 말은 미상(未詳)이다. 『주문공문집』(朱文公文集) 권48 「답여자약」(答呂子約) 같은 글에서 유사한 발언을 볼 수 있다. '그런 까닭에'라는 말에서부터 음양과 태극을 인용한 부분은 주희의 『태극도설해』(太極圖說解)에 보인다.
2) 천도(天道)·지도(地道)·인도(人道)는 『주역』「설괘전」(說卦傳)에 보이는 말이다. "옛날 성인이 역을 지었으니 본성과 운명의 질서에 순응하고자 해서였다. 이에 하늘의 도를 세워 음과 양이라 하였고 땅의 도를 세워 유와 강이라 하였고 사람의 도리를 세워 인과 의라 하였다."(聖人之作易也, 將以順性命之理, 是以立天之道, 曰陰與陽 立地之道, 曰柔與剛 立人之道, 曰仁與義)
3) 『주역』「계사전 상」(繫辭傳上)에 나오는 말이다.
4) 『주역』「건괘」(乾卦) '단사'(彖辭)에 나오는 말이다.

5) 『주역』 「곤괘」(坤卦) '단사'에 나오는 말이다.
6) 태극(太極). 말의 출전은 『주역』 「계사전 상」이다. "역에는 태극이 있고 태극이 양의 [음양]를 낳는다."(易有太極, 是生兩儀)
7) 무극태극(無極太極)의 리. 주렴계의 『태극도설』의 첫 구절 '無極而太極'을 말하는 것으로 주희는 『태극도설해』를 지어 이기(理氣)철학의 중요한 밑돌을 삼았다.

## 64장 │ 이학·심학·성학 등의 명칭은 옳은 것입니까

동자가 물었다. "옛날에는 이학理學이라는 명칭이 없었습니다. 근세에 들어 혹 성인 문하의 학문을 가리켜 이학이라 하고, 심학心學이라 하고, 성학性學이라고 합니다. 옳은 것입니까?"

대답하였다. "성인의 학문은 우주를 포함하고 도덕을 통섭하지. 요·순·우·탕·문·무·주공이 천하를 다스린 위대한 기준이자 위대한 법이고, 공자와 맹자가 이어받아 기술하고 본받아 기록한 것이야. 본래 갖다 붙일 수 있는 명칭이 없지. 어쩔 수 없어 억지로 이름을 붙이고자 하면 당연히 왕도라고 해야겠지. 혹 그냥 유학이라고 해도 괜찮고. 이학이라 이름 붙이면 기상氣象이 치우치고 메말라서 왕도라는 성대한 명칭에 견주어 볼 때 천양지차 정도가 아니다.

후세의 유학자들이 '심즉성'心卽性이니 '성즉리'性卽理니 하면서 '리'理라는 한 글자로 성학聖學의 전체를 다 덮을 수 있다고 했지. 그런 까닭에 공공연하게 리를 써서 학문에 이름을 붙여 심학, 성학性學 따위의 명칭이 생겨났어. 리 한 글자로 성학의 전체를 다 덮을 수 있다면 공자와 맹자가 당연히 먼저 이름을 붙이셨겠지, 어찌 후세에 생길 명칭을 기다렸겠느냐. 이학이란 명칭은 이런 걸 전혀 모르고 한 짓이야. 이학 따위의 명칭은 모두 후세의 학술을 가지고 붙인 이름이지 성학聖學의 실제를 지칭하는 게 아님을 알 수 있는 것이다."

## |65장| '리'를 가볍게 볼 수는 없습니다

동자가 물었다. "이학이라는 명칭은 참으로 성학聖學의 실상에 걸맞지 않습니다. 하지만 리 같은 글자를 가볍게 볼 수도 없습니다."

대답하였다. "그렇다. 맹자께서, '리와 의가 내 마음을 기쁘게 해주는 것은 고기가 내 입을 즐겁게 해주는 것과 같다'[1]라고 한 말이 그렇지. 맹자의 말뜻은 사물에 조리가 있다는 의미로, 송나라 유학자들의 뜻과는 자못 다르지. 송나라 유학자들은 리 한 글자로 천하의 일을 다 덮을 수 있다고 하지만, 천하에 리 바깥의 사물은 없다 해도 리 한 글자로 천하의 일을 다 결단할 수 없다는 점을 전혀 모르는 것이야. 학자들이 리 한 글자에 의거해 천하의 사리를 결단하니 의론은 들을 만하지. 하지만 실제 일에서 찾아보면 다 들어맞지는 않아.

고금의 시작과 끝은 탐구할 수 없고, 사방의 궁극 경계도 알 수 없지. 가까이로는 자기 몸에서 가져오고 멀리로는 사물에서 가져올 뿐, 무릇 그 형상과 성정이 그렇게 된 근본 이유는 모두 끝까지 따져 파고들 수 없는 것이다. 불자는 삼천세계[2]를 말하고 유학자는 12만 9천 6백 년을 일원[3]이라 하지. 하지만 계속 확대해 가 그 바깥에 도달하면 또한 다 알 수는 없으니, 리가 끝까지 다 헤아릴 수 없음을 알 만한 게야.

또 죄 지은 자에게 형벌을 내리는 것은 이치[理]가 정당하니 무엇을 가여워하겠느냐. 하지만 성인이 세 가지를 사면하고 세 가지 용서를 베풀어[4] 형벌 내릴 때 불쌍히 여겼으니,[5] 어찌 지나치게 고식적인[6] 행동이 아니겠느냐. 선을 좋다 하고 악을 미워하는 것도 이치에 떳떳하지. 하지만 성인은 선을 늘 좋아하고 악은 잠시 미워하니,[7] 또 어찌 애증이 합당함을 잃은 게 아니겠느냐. 그러나 성인이 모두 진실로 그렇지 않았으니, 족히 리 한 글자에 의지해 천하의 일을 결단해서는 안 되는 걸 알 수 있지. 그런 까닭에 모든 일을 오로지 리에 의지해 결단하면 잔인하고 각박한 마음이 많아지고, 관대하고 인후한 마음은 적어지지. 위의 덕이 박절하면 아래에는 반드시 상처를 입어 사람들도 마음으로 복종하지 않는단다. 모름지기 장자長者의 기상을 가져야 하는 것이야. 악은 숨겨 주고 선은 드러내 주며, 남의 좋은 점은 완성해 주고 남의 악은 이루지 못하게 하며, 자신 스스로는 무겁게 책하면서 남은 가볍게 탓하는 것, 이것이 모두 장자의 기상이지. 어진 사람만이 잘할 수 있는 것이지, 자잘한 소인 유학자들이 미칠 수 있는 지경이 아니야.

내가 『통감찬요』[8] 등의 책을 보니 인물 비평이 선을 좋아하고 악을 미워함에 털끝만큼도 가차 없어 엄하다고 할 만하더구나. 하지만 결단이 지나치게 심해서 고금에 온전한 사람이라곤 전혀 없었다. 신불해[9]와 한비韓非의 형명[10]의 기상은 있겠다 할지 몰라도 너그럽게 용서하는 성인의 뜻은 없어. 자기 지키기가 너무 엄격하고 남 꾸짖기가 너무 심해, 폐부에까지 스며들고 골수에까지 젖어들어 마침내는 각박한 무리가 되고 말았지. 오로지 리라는 글자에만 집착한 폐단이 하나같이 이 지경에 이르렀다니 슬픈 일이야.

세도世道[사회 기강]에 보탬이 되지 않고 백성에게 도움이 되지 않는 일을 성인은 하지 않지. 지금 이학을 강론하는 자들은 혹 논의가 세상 밖에까지 이르기도 하고, 또 근세에 천학天學[천문학]을 강론하는 자들은 즐겨 무한한 도리를 얘기하면서 미묘한 점을 끝까지 다 파고들어 말하지만, 모두 세도에 보탬이 되지 않고 백성에게 도움이 되지 않아 성인이 취하지 않은 것이야. 맹자가, '양주·묵적의 도가 사라지지 않으면 공자의 도가 드러나지 않는다'[11]라고 말했는데, 내가 이처럼 끝없이 말하면서 그만두지 않는 이유는 실은 공자의 도가 드러나지 않을까 두려워서지. 변론을 좋아해서가 아니야. 군자들은 이해할 것이다."

주)_____

1) 『맹자』「고자 상」(告子上) 제7장에 보이는 말이다. 『맹자고의』에서 리(理)에 대해, "조리가 있어 문란하지 않은 것을 리라 한다"라고 주석하였다.
2) 삼천세계(三千世界). 삼천대천세계(三千大天世界)라고도 한다. 수미산을 중심으로 한 불교의 세계형상을 말하나 통상 우주로 풀이한다.
3) 일원(一元). 소옹(邵雍, 소강절邵康節)은 수(數)를 철학의 근본으로 삼았는데, 『황극경세서』(皇極經世書)에서 원(元)·회(會)·운(運)·세(世)의 개념을 써서 세계빌딜의 이법(理法)을 설명했다. 세는 시(時)를 상징하는 것으로 1세는 30년이다. 운은 일(日)을 뜻한다. 하루는 12시로 이루어져 있으므로 1운은 12세이며 회는 월(月)을 가리킨다. 한 달은 30일이 모여 이루어지므로 1회는 30운이다. 원은 연(年)에 해당한다. 일 년은 열두 달이므로 1원은 12회이다. 이를 역으로 계산하여 연수(年數)로 따지면 1원=12회=360운=4320세=4320×30년=12만 9,600년을 얻는다. 이것을 경세일원(經世一元)의 수(數)라고 하였다. 소옹은 원·회·운·세를 세계발달의 한 단계로 보았는데 세

로부터 원에 이르면 한 번 변하며 이 변화는 그침이 없이 계속 순환한다고 보았다.
4) 『동자문』 상권 59장 주 4) 참조.
5) 『서경』 「순전」(舜典)에, "삼가고 삼가서 형벌 내릴 때 가여이 여겨라"(欽哉欽哉, 惟刑之恤哉)라는 글이 보인다.
6) 고식(姑息). 『예기』 「단궁」(檀弓)에, "군자는 덕으로 다른 사람을 사랑하고, 소인[細人]은 고식으로 다른 사람을 사랑한다"는 기록이 보인다.
7) 출전은 『춘추공양전』 '소공(昭公) 20년'에 보인다. "군자는 선을 훌륭하게 여기는 것은 길고 악을 미워하는 것은 짧아, 악을 미워함은 자기 몸에서 그치고 선을 훌륭하게 여김은 자손에게까지 미친다."(君子之善善也長, 惡惡也短, 惡惡止其身, 善善及子孫)
8) 『통감찬요』(通鑑纂要). 명나라 이동양(李東陽)의 『역대 통감찬요』(歷代通鑑纂要) 92권을 말한다.
9) 신불해(申不害). 전국시대의 인물로 보통 법가(法家)의 선구자로 언급된다.
10) 형명(刑名). 여기서는 신불해로 대표되는 전국시대 학파를 말한다. 형명지학(刑名之學)이라고도 한다. 명칭에 맞게 실질을 책임지며, 그 결과에 따라 상을 신중히 주고 죄를 명확하게 행하는 것을 말한다.
11) 『맹자』 「등문공 하」(滕文公下) 제9장에 보이는 말이다. 바로 다음에 나오는 "변론을 좋아하지 않는다"는 말도 이 9장에 보이는 표현을 빌려 온 것이다.

## |66장| 리가 전부 다 좋은 것은 아니겠지요

동자가 물었다. "그렇다면 리라는 글자가 전부 다 좋은 것[盡善]은 아니겠지요?"

대답하였다. "말에는 각자 합당하게 쓰이는 곳이 있지. 리라는 글자를 사물에 쓴다면 옳지만 천지에 사용한다면 옳지 않아. 맹자가 이른바 '시작에 조리가 있고 마침에 조리가 있다'[1]라고 한 말과 '리와 의가 내 마음을 기쁘게 한다'는 등의 말은 모두 일이 각자 그 조리를 얻었음을 가지고 말한 것이지. 『주역』에, '만물의 이치를 다 알아내고 모든 생명의 천성을 끝까지 다 밝혀 하늘이 준 명을 아는 데 이른다'窮理盡性, 以至於命[2]라고 하였는데, 궁리窮理는 사물을 가리켜 말한 것이고, 진성盡性은 사람을 가리켜 말한 것이며, 시명至命은 하늘을 가리켜 말한 것이지. 말을 쓴 순서를 자연스럽게 알아볼 수 있지. 만약 리를 만물의 본원으로 본다면 저절로 노장과 불교의 학설로 흘러가, 성인의 뜻과는 실로 천양지차가 돼 버리지. 삼가지 않아서야 되겠느냐."

주)_____

1) 『맹자』「만장 하」(萬章下) 제1장에 보이는 구절이다. 해당 부분은 다음과 같다. "공자를 가리켜 집대성했다고 한다. 집대성이란 금속 소리를 내고서 옥 소리로 거두어들인다는 것이다. 금속 소리를 냄은 시작에 조리가 있다는 것이며 옥 소리로 거두어들임은 마침에 조리가 있다는 것이다. 시작에 조리가 있음은 지혜와 관계되는 일이며 마침에 조리가 있음은 성스러움과 관계되는 일이다."(孔子之謂集大成. 集大成也者, 金聲而玉振之也. 金聲也者, 始條理也, 玉振之也者, 終條理也. 始條理者, 智之事也, 終條理者, 聖之事也)

2) 『주역』「설괘전」(說卦傳)에 보이는 말이다.

| 67장 | 리를 학문의 근본으로 삼으면 안됩니까

동자가 물었다. "리를 학문의 본원으로 삼으면 저절로 이단으로 흘러간다는 말씀은 무슨 뜻입니까?"

대답하였다. "이것은 네가 알 수 있는 게 아니다. 학문은 그 근본으로 삼는 것이 무엇인지를 보아야 한다. 근본으로 삼는 것이 조금만 차이가 나도 옳고 그름이 정반대가 되지. 성인은 천지를 생물[活物]로 보고, 이단은 천지를 죽은 것[死物]으로 보지. 여기서 생긴 한 가지 차이가 천리나 떨어진 오류를 일으키는 게야.[1] 하늘이 생물이 되는 까닭은 천지는 한 가지 근원이 되는 기[一元之氣]를 가지고 있기 때문이야. 일원지기는 사람이 가진 근본 양기[元陽]와 같아서, 먹고 마시고, 말하고, 보고 듣고, 죽을 때까지의 쉼 없는 움직임은 바로 근본 양기를 가졌기 때문이지. 근본 양기가 한번 끊어지면 갑자기 다른 물건이 되어 버려 목석과 다름없어. 천지는 하나의 거대한 생물[一大活物]로서 만물을 낳는 것이지 어떤 물(物)에서 생겨나는 것이 아니며, 영원무궁하니 사람과 물이 살고 죽는 것과는 비교할 수 없지.

무릇 태허[2]가 없다면 그만이지만 태허가 있다면 이 기[一元之氣]가 없을 수 없는 것이다. 이 기란 다른 무엇을 낳는 게 없는 데다 또한 낳지 않는 것도 없이 영원히 독립하며, 두드려 쳐도 깰 수 없는 것인데 어떻게 허무虛無라고 지목할 수가 있겠느냐. 그러므로 '위대하구나! 건은 만물의 근원이다. 만물이 이를 바탕으로 삼아 시작되어 마침내 하늘이 하는 일의 시종을 통관한다. 지극하구나! 곤은 만물의 근본이다. 만물이 이를 바탕으로 삼아 생겨나 마침내 하늘의 베풂을 따라 성취한다'[3]라고 말한 것이지. 성인이 하늘을 말씀하신 것은 이 이상 더 잘 말할 수 없으니 이 위에다 리를 한 층위 더 두고 얘기할 수 없지. 한나라 유학자들이 태극을 근원의 기[元氣]로 보았던 것이 이것이야. 이것은 아주 오랫동안 전해지지 않던 비기요, 위대한 『주역』이 누설한 하늘의 기밀[天機]이란다. 명확하게 말해 주려 하면 뜻풀이로 떨어지고, 말하지 않으려 하면 또한 안타까워지니, 네가 무슨 의미를 가지는지 잘 헤아려 봐야 하는 것이다."

주)

1) 보통 '毫釐之差, 千里之繆'라는 말로 쓰는, 『예기』「경해」(經解)에 근거를 둔 표현이다. "군자는 시작을 신중히 한다. 차이가 털끝만큼이라도 있으면 천리의 잘못이 생긴다."(君子愼始, 差若毫釐, 繆以千里)
2) 태허(太虛). 이 말에는 도가이의 다음과 같은 두주(頭注)가 있다.
"장자(張子; 장재 곧 장횡거)의 『정몽』(正蒙)「태화」(太和)에, '태허에 기가 없을 수 없다. 기는 모여 만물이 되지 않을 수 없고, 만물은 흩어져 태허가 되지 않을 수 없다'라고 하였으며, 또 이르기를 '기는 태허에 가득해 오르내리고 날아다니며 쉬거나 멈춘 적이 없다'고 하였다. 또 이르기를, '기가 태허에서 모이고 흩어지는 것은 얼음이 물에서 얼었다 풀렸다 하는 것과 같다. 태허가 바로 기라는 것을 안다면 무(無)가 없을 것이다'라고 하였으며 또 이르기를, '태허로부터 하늘이라는 이름이 있으며 기의 변화(氣化)로부터 도라는 이름이 있다'라고 하였다. 또 이르기를, '하늘도 제어할 수 없으니 태극보다 큰 것이 없다'라고도 하였다.

생각해 보건대, 태허라는 말은 종전부터 있던 것이지만 개념으로 정의되어 이론이 된 것은 장자에서 시작되었다. 사방상하 드넓게 펼쳐져 끝이 없는 것을 자연스럽게 태허라 한 것인데, 이것을 온갖 변화의 근본으로 삼았다. 『한서』「율력지」(律曆志)에서 말한, '태극의 원기(元氣)가 삼(천·지·인)을 포괄해 하나가 되었다'는 말과 가깝다. '참된 무극[無極之眞]으로 모든 변화의 근본을 삼는다'는 것과도 크게 다르지 않다. 이 책 『동자문』에서 설명하는 것도 장자의 이론에서 나왔는데 아버님께서 생존해 계실 때 누누이 횡거(橫渠)의 뜻이 이치에 아주 가깝다고 말씀하시곤 하셨다.

또 생각해 보건대, 주자(周子; 주돈이)와 주자(朱子) 모두 리 하나를 조화의 근본으로 삼았고, 장자는 기를 근본으로 삼았다. 때문에 누차 태허를 말했던 것이다. 그런데 주자(朱子)와 잠실 진씨(潛室陳氏; 진량陳亮)가 태허를 바로 태극이라고 보면서 주자(周子)의 이론과 뒤섞여 장자의 뜻과 크게 어그러졌다. 장자가 '기는 태허에 가득하다'와 '태허가 바로 기다'라고 한 말을 보면 리를 중심에 두고 한 말이 아닌 게 확실하다."

3) 『주역』에 보이는 말이다. 『주역』「곤괘」(坤卦) '단사'에 나오는 말이다.

| 68장 |  리는 왜 만물의 근본이 될 수 없습니까




동자가 물었다. "리라는 글자는 무엇 때문에 만물을 낳고 낳으며 끊임없이 변화하는[生生化化]¹⁾ 근본이 될 수 없습니까?"

대답하였다. "리란 본디 죽은 글자지. 만물에 존재하기는 하지만 만물을 주재할 수는 없지. 생물生物에 있어서는 생물의 리가 있고, 사물死物에 있어서는 사물의 리가 있으며, 사람에게는 사람의 리가 있고 물物에는 물의 리가 있지. 하지만 일원지기가 그 근본이 되고 리는 기 뒤에 있는 것이야. 그렇기 때문에 리는 만물의 근본이 될 수 없는 게지.

만물은 오행五行[金·木·水·火·土]에 근본을 두며, 오행은 음양에 근본을 둔다. 이를 거듭 미루어 나가 음양의 소이연所以然에 이르게 되면 소이연을 리에 귀착시키지 않을 수 없지. 이미 리에 귀착되고 나면 저절로 허무에 빠질 수밖에 없으니, 이른바 '모든 법은 하나로 귀착된다. 어딘가 한곳으로 귀착된다'²⁾라는 말이 이것이야. 이것이 일반 지식이 반드시 여기에 이르게 되어서 자연히 성인과 서로 어긋나는 까닭이지. 천지는 하나의 거대한 생물[活物]이라 리라는 글자로 다 덮을 수 없음은 성인만이 알 수 있지. 때문에 「건괘」와 「곤괘」의 '단사'에, '위대하구나! 건은 만물의 근원이다. 지극하구나! 곤은 만물의 근본이다'라고 찬양한 것이야. 지극한 말이고 모든 것을 다 담은 말이지. 천지가 생물[活物]임을 참으로 안다면 지금 네 몸이 바로 역易을 만든 복희伏犧라고 인정해 주겠다."[3]

주)

1) 『주역』 「계사전 상」(繫辭傳上) 제1장에, "낳고 또 낳는 것을 역이라 한다"(生生之謂易)라는 말이 보인다.
2) 송나라 도원(道原)의 『경덕전등록』(景德傳燈錄)에 다음과 같은 대목이 보인다. "중이 조주(趙州; 당의 선승 종심從諗)에게 물었다. '모든 법은 하나로 귀착됩니다. 한곳으로 귀착되는 곳은 어디입니까?' 조주가 대답하였다. '내가 청주(淸州)에서 베 한 필을 짰는데 무게가 일곱 근이었네.'"
3) 주희의 시구를 인용해 쓴 말이다. 「원기중에게 답함」(答袁機仲) 가운데 보이는 시로 『동자문』 하권 26장에 인용되어 있다.

| 69장 | **천지는 하나의 거대한 생물이라는 이치**

동자가 물었다. "선생님께서는 '천지는 하나의 거대한 생물이라 리라는 글자로 다 덮을 수 없다'고 말씀하셨습니다. 이것이 선생님의『어맹자의』에서, '삶이 있고 죽음은 없으며, 모임이 있고 흩어짐은 없다. 삶으로 일관하기 때문이다'[1]라고 말씀하신 이치입니까?"

대답하였다. "그렇지. 무릇 천지 사이에는 모두 한 가지 이치가 있을 뿐이다. 움직임이 있고 정지는 없으며, 선이 있고 악은 없지. 정지라는 것은 동작이 멈춘 것이며, 악은 선이 변한 것이지. 선은 삶[生]의 부류이며 악은 죽음의 부류로, 두 가지는 서로 상대가 되어 나란히 생기는 것이 아니야. 모두 삶으로 일관하기 때문이지.

무릇 산 것은 움직이지 않을 수 없고, 죽은 것만이 나중에야 참으로 정지했음을 알 수 있지. 산 것도 낮에는 움직이다가 밤에는 정지하지. 하지만 깊이 잠든 가운데에도 꿈을 꾸지 않을 수 없고, 코로 숨 쉬는 호흡도 밤낮 구별 없이 하며, 손과 발, 머리와 얼굴이 부지중에 저절로 움직이지. 이런 것들은 모두 동작을 보여 주는 것으로,『어맹자의』에서 말한, '죽음은 삶이 끝난 것이며, 흩어짐은 모인 것이 다한 것이다'[2]라는 말이 이것이다. 이를 천지에 징험해 보면 또한 더욱 믿을 수 있단다. 해와 달과 별은 동쪽에서 뜨고 서쪽으로 지며 밤낮으로 돌면서 잠시도 때를 쉬지 않지. 해와 달이 서로 밀어내면서 빛이 생기고, 추위와 더위가 서로 밀어내면서 한 해가 되지. 천지일월 모두 이 기를 타고 움직이지 않는 게 없지. 주마등[3] 같은 것도 그래. 병졸과 수레, 말이 불기운을 따라 왕래하며 달리고 돌면서 그치지 않지. 흐르는 물도 밤낮을 쉬지 않고[4] 초목도 생명[生]이 있어 한겨울에도 꽃이 피지. 이 모든 것이 움직임은 있고 정지는 없는 것이야.

　선이 있고 악은 없다는 말도 마찬가지야. 사람에게 사단四端이 있는 것은 사람 몸에 사지가 있는 것과 같지.[5] 천하 사람 모두가 그러하지. 하지만 단지 생명만 있고 이목구비가 없는 사람이 있기도 한데 이를 온전치 못한 사람이라 하지. 온전하게 사람이 되지 못했기 때문이야.[6] 그렇기에 (마찬가지로) '측은惻隱·수오羞惡·사양辭讓·시비是非의 마음이 없는 사람은 인간이 아니다'[7]라고 말한 것이야. 앞서 말한 '악은 선이 변한 것이지 서로 상대가 되어 나란히 생기는 것이 아니다'라는 것도 그 이치 또한 명확하지 않느냐. 그렇기 때문에 복희의 눈에 사물死物이 없었고,[8] 맹가孟軻[맹자]의 눈에 선하지 않은 사람이 없었지.[9] 도를 아는 사람이 아니라면 누가 이를 알 수 있겠느냐."

주)───
1) 이토 진사이의 『어맹자의』(語孟字義) 상권 「천도」(天道) 제1절에 나오는 말이다. 원문은 '天地之道, 一於生故也'로 '天地之道'가 명시돼 있다. 여기서는 '生'을 삶, 생명, 산

것 등을 포괄하여 썼는데 문맥에 따라 달리 번역했다.
2) 이토 진사이의 『어맹자의』 상권 「천도」 제4절에 나오는 말이다. 원문은 '死卽生之終, 散卽聚之盡'으로 되어 있다.
3) 주마등(走馬燈). 편자 미상의 『세시기』(歲時記)에 다음과 같은 기록이 있다. "정월 대보름에 등을 많이 걸어 놓는데(燈市) 솔잎을 가져와 번화한 사거리 가설 난간에 엮고 그 아래 화려한 등을 단다. 등에는 여러 종류가 있는데 등 가운데 종이로 만든 말과 사람을 매달아 불로 움직이도록 하는 것을 주마등이라고 한다."
4) 『논어』 「자한」(子罕) 제16장의 다음 구절을 따온 것이다. "공자께서 시냇가에서 말씀하셨다. '가는 것이 이와 같구나. 밤낮으로 쉬지 않는구나.'"(子在川上曰, 逝者如斯夫, 不舍晝夜)
5) 『동자문』 상권 42장에서 이 주제를 논했다.
6) 『동자문』 하권 1장에서 이 주제를 반복해 설명한다.
7) 『맹자』 「공손추 상」(公孫丑上)의 사단과 사지의 관계를 말한 장에 대해 『맹자고의』의 주석에서 한 말이다.
8) 역의 원리가 생생(生生)이므로 복희의 눈에는 사물(死物)이 없다고 본 것이다.
9) 맹자는 성선설(性善說)을 주장했으므로 불선자(不善者)가 없다고 한 것이다.

## |70장| '통함은 있으나 막힘은 없다'는 무슨 뜻입니까

동자가 물었다. "선생님께서는 『주역』 「건괘」의 '형'亨이란 글자[1]를 풀이하시면서, '통함은 있으나 막힘은 없다'有通而無塞라고 하셨습니다.[2] 이 또한 '삶이 있고 죽음은 없으며, 움직임이 있고 정지는 없다'는 뜻입니까?"

대답하였다. "그렇지. 천지 사이 만물에는 부족한 리라는 것이 없어. 통함은 있지만 막힘이 없어서이지. 해는 낮에 빛나고 달은 밤에 빛나며, 물은 흘러 그치지 않고 만물은 태어나 다함이 없지. 사람 한 몸에 귀가 있어 만물의 소리를 받아들이고, 눈으로 만물의 색을 분별하며, 코로 만물의 냄새를 맡고, 입으로 만물의 맛을 알고, 음식은 이와 혀로 씹어[3] 목구멍으로 삼키며, 삼초[4]로 소화시키고 방광으로 배설하는 것과 마찬가지야.

사람뿐만 아니라 만물도 그리하던다. 길어 다니고 숨 쉬고 날아다니고 기어 다니는 모든 미물조차 각자 쓰임새가 있고 그 쓰임새는 각자 족하지. 저기에 없으면 여기서 벌충하고 여기에 없으면 저기서 벌충해, 만물 각자 부족을 걱정하지 않아. 조화造化의 뛰어난 솜씨란 얼마나 교묘한 것이냐. 통하고 막히지 않아서란다. 『주역』에 '만물은 기가 통해 형체를 이룬다'品物流形5)라는 말이 이것이야. '류'流란 흘러 통한다[流通]는 뜻이지."


주)_____
1) 『주역』「문언전」(文言傳)에, "건은 원형이정이다"(乾, 元亨利貞)라고 한 것을 염두에 둔 것이다.
2) 이토 진사이의 『주역고의』(周易古義)를 가리킨다.
3) 원문은 '齠嗑'. 설합은 『주역』의 괘 이름이기도 한데 턱의 움직임을 형용한 것으로 이토 진사이는 일부러 『주역』의 괘명(卦名)을 가져와 썼다.
4) 삼초(三焦). 『난경』(難經) 「삼십일난」(三十一難)에, "삼초는 음식물의 통로이며 기가 시작되고 끝나는 곳이다. 상초(上焦)는 위장의 윗 입구에 있어 안으로 받아들이고 밖으로 내지 않는 일을 주관하며, 중초(中焦)는 위장 가운데 있어 위도 아니고 아래도 아니며 물과 음식을 삭이고 익히는 것을 주관하며, 하초(下焦)는 방광 윗부분에 해당하며 청탁(淸濁)을 구별해 밖으로 내고 안으로 들이지 않는 것을 주관한다"라고 하였다.
5) 『주역』「문언전」에, "雲行雨施, 品物流形"이란 글귀가 보인다. "건은 원형이정이다"라는 말에 보이는 '형'을 풀이한 구절로 주희는 해석하고 있다(『주역본의』周易本義). "구름이 가고 비가 내려 만물이 이 기를 받아 변해 형체를 갖춘다"는 정도의 뜻으로 보았다.

## |71장| 심학이란 명칭은 어떠합니까

동자가 물었다. "심학心學이라는 명칭은 해가 없는 듯합니다. 어떻게 생각하시는지 모르겠습니다."

대답하였다. "심학이라는 명칭도 선가에서 유래했지. 선가에서는 스스로 자신의 법dharma을 심종心宗이라 부르지.[1] 성학性學이라는 호칭도 마찬가지야. 이학자理學者 무리들은 경전을 외우기만 하고 글 짓는 데 힘쓰는 사람들이 아니기 때문에 이런 명칭을 새로 만들어 세상에 표방했지. 하지만 실상 성인의 뜻은 아니야. 참선하는 이들은 본래 본연의 덕本然之德을 모르고 억지로 자기 마음에 대해서만 공부하지. 후세 유학자들은 본연의 덕을 따라야 한다는 것을 알기는 했지만 그 공부도 마음 하나에 대해서만 도를 깨닫는 것이라 드디어 심학이라고 이름 붙였지. 사람이 이러한 형체를 갖추면 반드시 이러한 마음을 가지는 줄 전혀 몰랐던 거야. 이는 성인에서 보통사람에 이르기까지 똑같아서, 본디 귀한 것도 아니고 천한 것도 아니지. 그렇기 때문에 성인이 덕은 말하면서 마음은 말하지 않았으니, 그 수많은 말은 모두 사람들이 본연의 덕을 따르도록 하지 않은 게 없지.

맹자가 누누이 마음에 대해 말했지만 또한 모두 인의의 양심을 가리켜 말한 것이니, 이른바 본심이며 항심[2]이라는 말이 이것이야. 성인은 천하의 사람들 관점에서 도를 보고, 불자는 한 몸의 관점에서 도를 보지. 천하의 사람들 관점에서 도를 보기 때문에 천하의 사람들이 똑같이 그렇다고 생각하는 이치를 보는 것이야. 그러므로 덕을 귀하게 여기고 마음을 귀하게 여기지 않지. 불자는 한 몸의 관점에서 도를 보기 때문에 마음은 알지만 덕은 알지 못하지. 그런 까닭에 학문이 저절로 하늘과 땅 차이가 나고 종내 인륜을 떠나는 데까지 이르는 것이란다. 살피지 않아서야 되겠느냐."

주)
1) 송나라 양걸(楊傑)의 「종경록 서」(宗鏡錄序)에, "여러 불교의 진어(眞語)는 마음을 으뜸[宗]으로 삼는다"는 말이 보인다.
2) 본심(本心)이며 항심(恒心). 본심이라는 말은 『맹자』 「고자 상」(告子上) 제10장에 보이며, 항심은 『맹자』 「양혜왕 상」(梁惠王上) 7장에 보인다.

| 72장 | 본연의 덕이란 무엇입니까

동자가 물었다. "본연의 덕이란 무엇입니까?"

대답하였다. "천하의 사람들이 공통으로 행하는 것을 달도達道라 하는데 군신·부자·부부·형제·붕우 사이의 인륜이 이것이야. 천하 사람들이 공통으로 높이는 것을 달덕達德이라 하는데 인의예지가 이것이지. 이는 천하의 사람들이 똑같이 그렇다고 생각하는 것으로 인심에 근본을 두고 풍속에 존재해 영원히 사라지지 않아. 이를 일러 본연의 덕이라 하지.

불교라는 학문은, 이 마음이 아주 묘해서 수시로 드나들며 변화하고 출현해 어찌할 수 없다는 것은 알지. 그래서 오로지 조용히 앉아 마음을 맑게 하고 정신을 거둬들이는 것만 일로 보고 삼계¹⁾를 초탈해 생겨나지도 멸하지도 않기를 구하지. 지혜를 쓰는 것이 지연히 시시로워서 오로지 자기만 있는 줄 알아, 천하 사람들이 영원토록 함께 똑같이 그렇다고 여기는 도가 있는 줄은 모르기 때문이야. 이학자理學者 무리들 또한 심성心性 한 리가 만물의 한 근원임은 알았지. 마침내 인륜과 일용日用, 천하 만세에 두루 통하는 도를 도의 현상[用]이라 하고 이 위로 그런 현상이 생기는 근본원인으로서 본질[體]을 찾아야 한다고 했어.

모두 마음을 안다고는 할 수 있지만 도를 안다고는 할 수 없지. 때문에 그 학문이 편협하고 성급하며 거칠고 얄팍해, 성인의 관대하고 넓으며 성대한 기상을 볼 수 없는 것이다. 성인만이 천하 사람들이 똑같이 그렇다고 하는 도를 가지고 천하 사람들이 똑같이 그렇다고 수긍하는 사람들을 다스려, 자신만으로 수신修身하지 않고, 천하 사람들과 함께 같은 길을 따르지. 이상한 것을 세워 사람들과 어긋나지 않고 고원함을 좋아해 풍속을 거스르지 않지. 그러므로 '내가 이 사람들과 함께 살지 않고 누구와 함께 살겠느냐'라고 말씀하셨지.[2] 이 때문에 대중지정大中至正의 도가 되는 것이야."

---

주)

1) 삼계(三界). 불교 용어로 인간이 윤회하는 세 가지 세계, 욕계(欲界)·색계(色界)·무색계(無色界)를 말한다.
2) 『논어』「미자」(微子)에 나오는 말이다. 『동자문』 중권 13장에서 인용한 적이 있다.

| 73장 | 가르침에 성을 우선으로 해야 합니까

동자가 물었다. "양구산[1]선생께서 '인간의 성性에 한 물건도 더해서는 안 된다. 요순이 만세의 법이 되신 것도 단지 성을 따랐기 때문이다'라고 말씀하셨습니다. 그렇다면 구양영숙歐陽永叔[구양자, 곧 구양수] 선생이 하신 '성인은 사람들을 가르치면서 성을 우선으로 하지 않았다'[2]라는 말씀은 틀리게 됩니다. 어떻게 생각하십니까?"

대답하였다. "구양자歐陽子의 말도 아주 틀렸다고 할 수는 없다. 『논어』에, '본성[性]은 서로 가깝지만, 습관은 서로 멀리 떨어져 있다'[3]라고 했지. 이 말은 성인은 본성에 책임을 두지 않고 오로지 습관에 책임을 두었음을 보여 주는 게야. 또, '가르침에 차별을 두지 않는다'[4]라고 했지. 이 말은 성인은 본성[性]을 귀하게 여기지 않고 오로지 가르침[敎]을 귀하게 여김을 보여 주지. 가르침이 있으면 성의 아름다움과 악함은 논할 게 없지. 지난번에 너를 위해 성·도·교를 구분하여 설명한 적이 있는데[5] 지금 또 거듭 설명해 주마.

도는 존귀하고 상대가 없으니 지극하지. 하지만 사람들이 성인이 되고 현자가 되어 천하 태평을 열 수 있도록 해주지는 못해. 사람들이 성인이 되고 현자가 되어 천하 태평을 열 수 있도록 해주는 것은 가르침[敎]의 효과 덕분이지. 그러므로 도 다음으로 귀한 것이 가르침이지. 그리고 도를 다하고 가르침을 받아들이는 것은 성의 덕이지. 그러므로 성도 귀한 것이야. 하지만 가르침이 효과를 발휘하면 성은 할 일이 없지. 그렇기에 성학性學이 번성하면 교법敎法은 쇠퇴하고, 교법이 쇠퇴하면 천하의 달도達道는 사라지는 것이야. 성인이 아주 싫어하는 일이지. 이 때문에 『논어』라는 책은 오로지 교만 말하고 성은 말하지 않은 것이다. 『맹자』라는 책도 어느 하나 인의 두 글자에서 끌어내지 않은 것이 없으니, 성선을 설명한 것도 자포자기한 자를 위해 말했을 뿐 그저 성을 중심으로 보고 얘기한 것은 아니야. 리를 중심으로 보는 설의 폐단을 간파하기가 이미 그렇게 어려운 데다, 성을 위주로 보는 설이 잘못인 줄 아는 데 이르기까지는 실로 고금에 드문 어려운 일이요, 학자들에게 견고한 빗장이지. 실제의 지혜와 실제의 덕을 충분히 갖춘 사람이 아니라면 할 수 없는 것이야.

도라고 하는 것은 여름에는 갈옷을 입고 겨울에는 가죽옷을 입으며 새벽에 일어나고 밤에는 자는 것이라, 내 설명이 없더라도 훗날 분명 아는 사람이 당연히 있을 것이다. 이것이 내 스스로 믿고 스스로 편안할 수 있는 까닭이지. 하지만 성학이 잘못되었다는 문제에 이르게 되면, 내가 죽은 후 천 년이 지난 먼 훗날 다시 실제로 아는 이가 있을까 알 수 없지. 내가 끝없이 되풀이하면서 그만두지 못하는 이유가 바로 이 때문이다. 아아, '누가 뒤에 오는 사람이 되어, 이 마음과 함께하길 기약할까.'[6]

주)_____

1) 양구산(楊龜山). 구산(龜山) 선생으로 불렸던 양시(楊時)를 말한다. 이정(二程) 문하의 유명한 제자로 정자의 학통을 이었다고 얘기한다.
2) 구양수(歐陽脩)의 글 「이후에게 답하는 두번째 글」(答李詡 第二書)에 보이는 말이다. "저는 세상의 학자들이 성(性)에 대해 많이 말하는 게 걱정됩니다. 때문에 항상 이렇게 말합니다. '성은 학자에게 급한 게 아니기에 성인이 드물게 말씀하신 겁니다.'" 양시는 구양수의 이 말을 비판, 배척했다.
3) 『논어』 「양화」(陽貨)에 나오는 말로 『동자문』 「상권」 제2장에서 언급한 적이 있다.
4) 『논어』 「위령공」(衛靈公)에 나오는 말이다.
5) 이 문제는 『동자문』 상권 13장부터 22장까지 자세하게 논의했다.
6) 유종원(柳宗元)의 오언고시(五言古詩) 「남간에서 짓다」(南澗中題)의 마지막 구절이다.

## |74장| 천지만물과 일체된다 함은 무슨 뜻입니까

동자가 물었다. "정자程子께서, '어진 사람은 천지만물을 일체로 보아 자신이 아님이 없으며 바로 자기 자신이라고 인식하니, 어디든 이르지 않는 곳이 없다'[1]라고 하였습니다. 이 말은 무슨 뜻입니까?"

대답하였다. "이런 이치가 있기는 해. 하지만 그것을 실제 베풀어 쓰기는 어렵다. 널리 백성에게 베풀어 많은 사람을 구제하는 것은 요순도 오히려 부족하다고 여겼지.[2] 가령 천지만물을 자기 자신이라고 인식하더라도 어떻게 어느 곳에든 다 이를 수 있겠느냐. 때문에 입으로 말할 수 있더라도 몸으로 행할 수 없는 것을 군자는 말하지 않는 게야. 묵자墨子는 천하를 겸애兼愛함을 도道로 보았고, 불씨佛氏는 삼계三界의 중생을 자신의 한 아들로 보았지. 모두 입으로 말할 수 있지만 몸으로 행할 수는 없는 것이지. 고상한 논설과 많은 말이 다 도에는 보탬이 되지 않으니, 말하지 않는 게 옳다."

주)_____

1) 『근사록』 제1권에 보이는 말이다.
2) 『논어』 「옹야」(雍也)에, "백성에게까지 널리 베풀어 많은 사람을 구제하면 인이라 할 수 있습니까?"라는 자공의 질문에 공자가 "요순도 이에 있어서는 오히려 부족하다고 여기셨다"는 말을 가져와 쓴 것이다.

| 75장 | 장재의 「서명」에 대해 여쭙니다

"장자張子의 「서명」西銘에 대해 여쭙니다."

대답하였다. "이는 오히려 실제로 쓰일 수 있도록 한 글이지. '백성은 나의 동포'라는 한 구절은 너무 고원한 듯하지만 아래의 '대군大君[임금]은 우리 부모님[天地]의 맏아들' 이하 구절구절과 들어맞지. 아주 거대하기만 하고 구체성이 없는 앞의 정자의 말과는 비교할 수 없다. 장자의 글은 몸에 익히지 않으면 안 된다."

# 76장 | 가장 사랑하는 선유의 말씀은 무엇입니까

동자가 물었다. "선생님께서 가장 사랑하시는 선유<sup>先儒</sup>의 말씀은 무엇입니까?"

대답하였다. "동자<sup>董子</sup>[동중서]의 '어진 사람은 의<sup>誼</sup>를 바로 하고 그 이익을 도모하지 않으며, 도를 밝히고 그 공을 계산하지 않는다'[1]는 말씀, 그리고 장자<sup>張子</sup>의 '자신을 책망하는 자는 마땅히 온 세상 사람들이 다 잘못할 리는 없다는 것을 알아야 한다. 그러므로 남을 탓하지 않는 데 이른 학문이 지극한 학문이다'[2]라는 말씀이지. 이 두 말은 공자와 맹자 이래 명언으로 가장 잘 수용해야 해. 동자의 말은 『맹자』에 넣을 수 있고, 장자의 말은 『논어』에 넣을 수 있지. 진<sup>晉</sup>나라 왕술<sup>王述</sup>이 말하기를, '사람이 요순이 아닌데 어떻게 매사에 선<sup>善</sup>을 다할 수 있겠습니까?'[3]라고 하자 한퇴시<sup>韓退之</sup>[한유]가 이 말을 가져다 썼지.[4] 서<sup>恕</sup>를 행하는 핵심이라 할 수 있는 것이야."

주)

1) 『한서』「동중서전」(董仲舒傳)에 보이는 말이다.
2) 장재(張載)의 『정몽』「중정」(中正)에 보이는 말이다. 『근사록』 제5권에도 수록되었다. 『정몽』 원문에는 '天下國家無'로 되었으나 『근사록』에 실린 글은 '無天下國家'로 되어 있다.
3) 『진서』(晋書)「왕술전」(王述傳)에 다음과 같은 기록이 보인다. "왕술은 자(字)가 회조(懷祖)로 성품이 침착하고 조용했다. 좌객(坐客)들이 훌륭한 변론을 벌이면서 이단이 다투어 일어날 때마다 왕술은 침착하게 그 자리에 있었다. 한번은 왕도(王導)를 본 적이 있었는데 왕도가 말을 했다 하면 모든 좌객이 찬미하지 않은 적이 없었다. 왕술이 정색을 하고 말하기를, '사람이 요순이 아닌데 어떻게 매사에 선을 다한다고 하겠습니까'라고 하자, 왕도가 용모를 바로하고 사죄하였다."
4) 이 말은 『고문진보』(古文眞寶)에 수록된 이백(李白)의 「형주 한자사께 올리는 글」(與韓荊州書)에 보인다. 한유가 쓰지 않았다. 착오가 있는 것 같다.

## | 77장 |  선유의 어떤 말씀이 가장 지극합니까

동자가 물었다. "선유의 어떤 말씀이 가장 지극하다고 생각하십니까?"

대답하였다. "이천 선생이 「복괘」復卦(䷗) '단전'彖傳에 이르기를, '양의 기운이 맨 아래에서 동動하니 바로 천지가 만물을 낳는 마음이다'라고 하였지. 선유들은 모두 정靜을 천지의 마음을 볼 수 있는 것이라 여겼는데, 동動의 단서가 천지의 마음인 줄은 몰랐던 것 같다. 도를 아는 자가 아니라면 누가 알 수 있겠는가'[1]라고 하였고, 또 『경설』經說에 이르기를, '동정動靜에는 단서가 없고 음양에는 시작이 없다. 도를 아는 자가 아니라면 누가 알 수 있겠는가'[2]라고 하였다. 이 두 말은 한가지 뜻으로 묶을 수 있는데 실상 '단전'과 '상전'象傳 이래 명언이지. 도리로 보아도 당연히 고금의 지극한 도리가 되고, 의론으로 보아도 당연히 고금의 지극한 의론이 되니, 더할 나위 없는 말이야. 하지만 뒤에 주석을 논하는 사람들은 모두 그 뜻을 잘못 알고 말았지. 이른바 '도를 아는 자가 아니라면 누가 알 수 있겠는가'라는 말은 서가·노자·장자·열자列子의 무리들을 배척해 밀한 것이지, 구구한 제자諸子·제유諸儒에 대해 분변分辨한 것이 아니란다.

또 「분괘」賁卦(☲) '단전'에 이르길, '하나[一]는 홀로 있을 수 없고 둘
[二]이 되면 문채[文]가 있다'³⁾라고 하였지. 대체로 하나는 하나가 아니요,
둘 가운데 저절로 하나가 있다는 말이야. 주자周子[주돈이]가 말한 '오행은
음양 안에 갖추어져 혼연일체이며, 음양은 태극 안에 갖추어져 혼연일체
다'⁴⁾라는 것과는 크게 다르지.⁵⁾ 여기서도 또 말하기를, '도를 아는 자가 아
니라면 누가 알 수 있겠는가'라고 하여 스스로 진중하기가 이와 같았지.
정자를 높이고 믿는 사람이라 해도 실제로는 그 뜻이 있는 곳을 알지 못했
던 거야. 정자는 평생 태극을 말하지 않으면서도 '동정에는 단서가 없고
음양에는 시작이 없음'을 지극한 것으로 보았으니 탁월하다 할 수 있지.

다만 그의 「역전 서」易傳序에, '본질[體]과 현상[用]은 근원이 한가지이
며 드러남[顯]과 은미함[微]은 사이가 없다'는 말과 「간괘」艮卦(☶)에, '외물外
物이 접촉하지 않으면 안의 욕구가 싹트지 않는다'는 등의 말은 의심이 없
을 수 없지. 하지만 아름다운 옥에도 티가 있는 법, 응당 이 때문에 값어치
가 떨어지긴 하나 진짜 옥에 해가 되지는 않지. '티가 옥을 가릴 수 없고 옥
이 티를 가릴 수 없으니'⁶⁾ 정자라 할 수 있는 게야."

주)

1) 출전은 정이의 『역전』(易傳)으로 『근사록』 제1권에도 수록되었다.
2) 출전은 정이의 『경설』(經說) 권1 「역설」(易說)로 『근사록』 제1권에도 수록되었다.
3) 이 문장의 해당 부분을 인용하면 다음과 같다. "『주역』에, 아래에 이괘(離卦, ☲)가 있
고 위에 간괘(艮卦, ☶)가 있는 것이 분괘(賁卦)다. 단전(彖傳)에, '문채가 빛나 알맞은
정도에서 그치니 바로 인문이다'라고 하였다. 『역전』에서 이른다. '바탕은 반드시 문
채가 있는 것이 자연의 이치다. 이치에는 반드시 대대(對待; 상대되면서 동시에 서로 보
완해 주는 관계)가 있으니 이것이 만물을 낳고 낳는 근본이다. 위가 있으면 아래가 있

고, 이것이 있으면 저것이 있으며, 바탕이 있으면 문채가 있다. 하나[一]는 독립할 수 없고 둘[二]이면 문채[文]가 된다. 도를 아는 자가 아니라면 누가 알 수 있겠는가.'"(易離下艮上爲賁. 象曰, 文明以止, 人文也. 易傳曰, 質必有文, 自然之理. 理必有對待, 生生之本也. 有上則有下, 有此則有彼, 有質則有文. 一不獨立, 二則爲文. 非知道者, 孰能識之)

4) 주돈이의 『태극도설』(太極圖說)에 보이는 말이다.
5) 정이와 주돈이의 차이를 설명한 말이다. 정이는 상대적인 본질을 추구하였고, 주돈이는 절대유일의 본질을 추구한 경향을 이 두 가지 상대되는 말에서 감지할 수 있다는 뜻으로 보기도 한다.
6) 『예기』「빙의」(聘義)에 보이는 말이다. 군자가 옥을 귀하게 여기는 이유를 자공이 묻자 공자가 옥의 여러 성질을 군자의 덕성에 비유해 답해 주는 대목에서 가져온 말이다. "티가 옥을 가릴 수 없고 옥이 티를 가릴 수 없으니 군자의 충과 같다"(瑕不揜瑜, 瑜不揜瑕, 忠也)라는 말에 정현(鄭玄)은 다음과 같이 주석을 붙였다. "옥의 성질은 좋고 나쁨을 서로 가려 주지 않으므로 충과 같다고 한 것이다."(玉之性, 善惡不相揜, 似忠者也) 여기서는 정자가 약간의 흠이 있더라도 그가 훌륭한 사람이라는 데 문제가 되지 않으며, 정자가 훌륭한 사람이라도 그의 흠을 가릴 필요는 없으니 그게 바로 정자를 정자로 볼 수 있게 된다라는 의미 정도로 풀 수 있겠다.

동
자
문

下

| 1장 |  맹자의 성선설에 대해 말씀해 주십시오

동자가 물었다. "지난번에 가르쳐 깨우쳐 주시면서 맹자의 성선설은 기질 가운데서 말한 것이지 기질을 떠나 말한 게 아니라고 하셨습니다.[1] 하지만 여러 유학자들의 설명이 분분하고 뒤섞여 믿고 따를 수 없습니다. 분명하게 분변해 다 말씀해 주셔서 귀착점을 밝혀 주시기 바랍니다."

대답하였다. "맹자께서 성性을 설명한 말씀은 고금의 성을 설명한 준칙이야. 여러 유학자들이 분분하게 설명한 까닭은 모두 『맹자』를 잘 읽지 못한 잘못 때문이지. 순자荀子는 오로지 교육[敎]을 위주로 해야 한다고만 알아 '사람은 가르치지 않으면 선해지지 않는다'[2]고 했지. 때문에 성악설[3]을 말한 게야. 이는 가르침을 잘 받아들이는 사람은 성이 선하기 때문이라는 사실을 몰랐던 거지. 양자揚子는 의심과 신뢰의 양단에서 어느 한곳으로 귀착할 수 없었지. 때문에 선악이 섞였다고 파악한 것이다.[4] 한자韓子는 '맹자가 상이 되고 순자와 양자가 각각 중, 하가 된다'고 하면서 여러 설을 조정해 스스로 등급을 만들려 했지. 그래서 '성에는 세 등급이 있다'[5]고 한 게지. 이런 것들[6]은 모두 속된 의견일 뿐이야. 정자程子와 장자張子

두 선생에 이르러서는 또 본연지성本然之性·기질지성氣質之性의 논의를 세워[7] '공자는 기질지성을 말했고 맹자는 본연지성을 말했다'[8]고 했지. 그리고 소씨蘇氏[소식]와 호씨胡氏[호안국·호굉 부자]는 '성에는 본래 선악이라고 말할 수 있는 것이 없으며 맹자가 성을 선하다고 한 것은 찬탄한 말이다'[9]라고 했는데 이것도 선禪에서 유래한 말이지. 이러한 주장은 모두 맹자의 본래 뜻을 모르는 것일 뿐 아니라 실상 『맹자』의 글뜻도 잘 알지 못한 것이야. 괴이타 할 만해, 괴이타 할 만해.

맹자의 뜻은 본래 천하의 성은 모두 선하고 악이 없음을 말한 게 아니다. 기질 가운데서 그 선함을 가리켜 말한 것이지, 기질을 떠나 리理를 논한 게 아니야. 그리고 이른바 선이라는 것은 사단의 마음을 두고 말한 것이지, 마음이 생겨나지 않았을 때[未發之時][10]에 이 리가 있음을 말한 게 아니야. 그러므로 '인성의 선함은 물이 아래로 가는 것과 같다'[11]라고 말한 것이지. 저 물이 아래로 가는 것은 흘러가는 가운데에서 그걸 볼 수 있으니, 즉 인성이 선하다는 것도 이미 마음이 생겨나 움직일 때[發動之時]를 두고 말한 것임을 알 수 있어. 또 말하길, '사람이 이 네 근본[四端]을 가지고 있는 것은 사지를 가지고 있는 것과 같다'[12]고 하였지. 이는 사단의 마음은 인간마다 충분히 갖추어 있어 다른 곳에서 구할 필요가 없음이, 사지가 우리 몸에 있어 서로 떨어질 수 없는 것과 같다는 말이란다. 맹자의 학문은 본디 이발已發·미발未發의 구별이 없고, 사단의 마음을 사지가 우리 몸에 있는 것에 견주었으니, 성선은 바로 사단의 마음을 가지고 말한 것이지 본연지리本然之理가 아님을 알 수 있지.

또 그 아래 문장에 이르기를, '측은해하는 마음이 없으면 사람이 아니요, 부끄러워하고 미워하는 마음이 없으면 사람이 아니요, 사양하는 마음이 없으면 사람이 아니요, 옳고 그름을 판단하는 마음이 없으면 사람이 아니다'[13]라고 하였으니, 맹자의 뜻은 '모든 사람은 반드시 귀와 눈, 사지를 가진 뒤에 온전한 사람이라는 말이요, 사단이 우리 몸에 있음은 사지가 우리 몸에 있는 것과 같다고 말하는 것임'[14]을 알 수 있지. 그러하니 천하의 성은 모두 선하고 악이 없는 게 아니겠느냐. 하지만 천하의 많은 사람들 가운데 간혹 태어나면서 눈이 없는 사람이 있고 혹은 귀가 들리지 않는 사람도 있으며, 혹은 사지가 불구인 사람도 있지. 사단의 마음이 없는 사람도 이와 같은 것이다. 예를 들어 『좌씨전』左氏傳에 실린 사흉[15]이나 자월초,[16] 양설씨[17] 같은 부류가 이런 사람들로, 사람의 형체는 가졌지만 눈이나 귀, 사지가 없는 사람들과 같지. 하지만 사람이면서 눈이나 귀, 사지가 없는 이는 십만 가운데 한두 사람뿐이요 사람이면서 사단의 마음이 없는 이도 십만 가운데 한두 사람뿐이지. 그러므로 천하의 성은 모두 선하고 악이 없다는 말은 마땅히 의미 맥락을 가지고 그 말을 이해해야 한단다.

그 아래에 또 계속해서, '내게 있는 사단을 모두 확충해 나갈 줄 안다면 불이 막 타오르고 샘물이 막 솟아 흐르는 것과 같을 것이다'[18]라고 말하였으니, 이는 천하에 혹시 또 사단이 없는 자가 있다면 참으로 어찌할 수 없거니와 무릇 사단을 가진 사람이 확충할 바를 안다면, 그 기세는 불이 막 타오르고 샘물이 막 솟아 흐르는 것처럼 차츰차츰 펼쳐지고 커져서 막거나 그칠 수 없음을 말한 것이지. '무릇 사람이 됨은'이라고 말하지 않고 '무릇 나에게 사단이 있음은'이라고 말한 것에 주의해 보면, 그 사단이 없는 자는 이른바 '금수의 마음은 인간의 이치로 말할 수 없는 것'이니 놓아두고 논하지 않았음을 알 수 있지. 그 성선을 말한 것은 모두 사단을 가진 사람을 두고 말한 것이야.

맹자의 말은 명백하고 평순해서 다시 의심할 게 없는데도 종래 유학자들은 맹자의 뜻을 잘못 받아들여 천하의 성은 오직 선 한 가지만 있고 악은 하나도 없다고 했지. 하지만 천하의 사람들을 보면 강하고 약하고 선하고 악해, 기질과 성품이 같지 않아. 이에 순자·양자·한자의 설이 일어난 것이지. 이기설理氣說이 생기고부터는 또 '선이 바로 리이며 요순에서 길거리의 사람까지 선하기는 다름이 없는데, 똑같은 사람이 되지 않는 것은 기가 고르지 않아서이다'라고 말하지. 이 설명대로라면 변화시킬 수 없는 가장 어리석은 사람은 없게 되지. 이런 논리 문제 때문에 자포자기한 사람으로 그 자리를 채우면서 '움직일 수 없는 것이 아니라 움직이지 않으려는 것이다'[19]라고 말한 것이야. 모두 맹자의 뜻을 이해하지 못했기 때문이지. 이는 선유들도 다 깨치지 못한 공안[20]이다. 해서 내 그 말이 번다하게 됨을 꺼려하지 않은 것이야. 어찌 천 년 만의 일대 통쾌가 아니겠느냐."

동자가 대답하였다. "예."

주)_____
1) 동자의 이 질문은 상권 제15장을 염두에 둔 것이다.
2) 『순자』(荀子) 「대략」(大略)에, "군자의 자질을 가졌고 좋아하는 것이 훌륭한 스승을 얻는 것인데 그 스승이 가르쳐 주지 않으면 상서롭지 않다"(君子也者而好之其人, 其人也而不教, 不祥)라는 말이 이토 진사이(伊藤仁齊)가 인용한 부분과 비슷한 것으로 추정할 수 있다. 해석은 청나라 왕선겸(王先謙)의 주석에 따른 것인데 이토 진사이의 해석과 약간 다르다. '不祥'의 '祥'을 '善'으로 푸는 것은 똑같은데 왕선겸은 '좋지 않은 일이다' 정도의 서술어로 본 반면 이토 진사이는 성선설과 성악설에서 말하는 선악(善惡)의 대비로 풀이한 것 같다. 여기서는 이토 진사이의 독법을 따라 선악의 선으로 풀이했다.
3) 성악설(性惡說). 『순자』에 「성악」(性惡)편이 있다.

4) 양자 즉 양웅(揚雄)이 『법언』(法言) 「수신」(修身)에서 한 주장을 말한다.

5) 한자 즉 한유(韓愈)가 「원성」(原性)에서 주장한 내용이다.

6) 주희의 제자 진순(陳淳)의 『북계자의』(北溪字義)에도 성(性)의 본질을 둘러싼 논의가 보인다.

7) 정이(程頤)의 말은 『정씨유서』(程氏遺書) 권18에 보인다. "공자께서 성은 서로 가깝고 습관은 서로 멀다라고 말씀하셨다. 성은 하나인데 어떻게 서로 가깝다고 말할 수 있는가. 말한다. 이는 단지 기질의 성을 말한 것이다. 이는 세상에서 말하는 성질이 급하다, 성질이 느리다는 것과 같은 종류의 말이다. 성에 어떻게 빠르고 느림이 있겠는가."(性相近也, 習相遠也. 性一也, 何以言相近. 曰, 此只是言氣質之性, 如俗言性急性緩之類. 性安有緩急)

장재(張載)의 『정몽』(正蒙) 「성명」(誠明)편에, "형체가 생긴 뒤에 기질의 성이 있다. 선으로 이를 돌이키면 천지의 성이 보존된다. 그러므로 기질의 성이라 한다."(形而後有氣質之性, 善反之, 則天地之性存焉. 故氣質之性) 본연지성(本然之性)이라는 말은 본래 주자의 용어다.

8) 이와 유사한 정이의 말은 『정씨유서』 권18에 보인다. "공자는 (인간의) 본성은 서로 가깝다고 했다. 이는 부여받은 성을 말한 것이지 성의 근본을 말한 것이 아니다. 맹자의 말(성은 선하다)이 바로 성의 근본을 말한 것이다."(性相近也, 此言所禀之性, 不是言性之本. 孟子所言 便正言性之本)

9) 소식(蘇軾)의 『소씨역해』(蘇氏易解)와 호안국(胡安國)의 『호자지언』(胡子知言)에 보이는 주장이다.

10) 미발(未發)·이발(已發)이란 말은 『중용』에 보인다.

11) 『맹자』(孟子) 「고자 상」(告子上) 2장에 보이는 말이다.

12) 『맹자』 「공손추 상」(公孫丑上) 6장에 보이는 말이다. 『동자문』 상권 42장 참조.

13) 역시 『맹자』 「공손추 상」 6장에 보이는 말이다. 본문의 원문에는 "아래 문장"(下文)이라고 했는데 이 말은 사지(四肢)를 말한 부분보다 앞에 있다. 『동자문』 중권 69장에서도 이 말에 대해 말하고 있다.

14) 『동자문』 중권 69장에서 이토 진사이 자신이 한 말을 다시 인용한 것이다.

15) 사흉(四凶). 『춘추좌씨전』 '문공(文公) 18년'에 노나라의 대부 계문자(季文子)가 한 말 가운데 보인다. "요임금이 세상을 떠나자 천하가 한결같이 한마음으로 순을 추대해 천자로 삼자, 천자로서 16명의 재상을 천거하고 사흉을 제거했습니다."(堯崩 而天下如一, 同心戴舜, 以爲天子, 以其擧十六相, 去四凶也) 여기서 사흉은 순임금이 유배시킨 네 명의 악인 혼돈(渾敦)·궁기(窮奇)·도올(檮杌)·도철(饕餮)을 말한다.

16) 자월초(子越椒). 『춘추좌씨전』 '선공(宣公) 4년'에 다음과 같은 기사가 있다. "초나라의 사마(司馬) 자량(子良)이 자월초(子越椒)를 낳았다. (자량은 영윤令尹 자문子文의 동생

으로 사마는 그의 벼슬이다.) 자문이 말하였다. '반드시 죽여야 한다. 이 아들은 곰과 호랑이 같은 모습에 승냥이와 이리 같은 목소리를 하고 있다. 죽이지 않으면 반드시 약오씨(若敖氏)를 멸망시킬 것이다. (약오씨는 초나라 무왕武王의 조상이다.) 속담에, '이리 새끼의 길들여지지 않는 사나운 마음'이라고 했다. 이 아들은 바로 이리인데 어찌 기를 수 있겠느냐.' 자량은 안 된다고 했다. 자문이 큰 근심으로 여겼다. 자문이 죽을 때가 되었을 때 그 겨레붙이를 모으고 말하였다. '초(椒)가 정사를 맡고 있으니 바로 속히 떠나도록 하라. 난리에 휩쓸리지 말아야 한다.' 또 울면서 말하였다. '귀신도 만약 먹을 것을 구한다면, 약오씨의 귀신은 굶주리지 않겠느냐.' (자손이 멸망해 제사 지낼 사람이 없다는 뜻이다.)"(楚司馬子良生子越椒.[子良, 令尹子文之弟, 司馬爲其官.] 子文曰, 必殺之. 是子也, 熊虎之狀而豺狼之聲, 不殺, 必滅若敖氏矣.[若敖爲楚武王之祖.] 諺曰, '狼子野心'. 是乃狼也, 其可畜乎. 子良不可. 子文以爲大慼. 及將死, 聚其族人, 椒也知政, 乃速行矣, 無及於難. 且泣曰, 鬼猶求食, 若敖氏之鬼不其餒而.[意謂子孫滅絕, 無人祭祀之.]) 영윤 자문이 세상을 떠나고 훗날 자월초가 영윤이 되어 초왕을 반대하여 군대를 일으킨다. 이에 자월초와 약오씨 일족이 전멸당하여 예언은 적중한다. 괄호 속의 주는 양백준(楊伯峻)의 것이다.

17) 양설씨(羊舌氏). 『춘추좌씨전』 '소공(昭公) 28년'에 보이는 씨족명(氏族名)이다. "여름 6월에 진(晋)나라가 기영(祁盈)과 양식아(楊食我)를 죽였다. (식아는 숙향叔向의 아들 백석伯石이다.—두예杜預의 주注) 식아는 기영과 한 패로 난을 도왔기 때문에 죽인 것이다. 드디어 기씨(祁氏)와 양설씨를 멸망시켰다. (양씨楊氏가 바로 양설씨다.—양백준 주) 백석이 막 태어났을 때 자용(子容)의 어미(숙향의 형수)가 시어머니(숙향의 어미)에게 달려와 아뢰었다. '큰 도련님(숙향)이 아들을 낳은 것 같습니다.' 시어머니가 보러 갔다. 마루에 이르러 그가 우는 소리를 듣고 돌아오며 말하였다. '이는 승냥이와 이리 소리로구나. 이리 새끼의 길들여지지 않는 사나운 마음이야. 이 애가 아니라면 양설씨의 상(喪)을 치르지 않을 텐데.' 기어이 보지 않았다."(夏六月, 晋殺祁盈及楊食我.[食我, 叔向子伯石也.] 食我, 祁盈之黨也, 而助亂, 故殺之, 遂滅祁氏羊舌氏. 伯石始生, 子容之母走謁諸姑, 曰, 長叔似男. 姑視之. 及堂, 聞其聲而還, 曰, 是豺狼之聲也. 狼子野心. 非是, 莫喪羊舌氏也. 遂不視)

18) 역시 『맹자』「공손추 상」6장에 보이는 말이다. 『동자문』 상권 42장 참조.
19) 『정씨유서』 권19에 보이는 정이의 말을 풀어 쓴 것이다.
20) 공안(公案). 재판의 소송사건이라는 뜻과 불교에서 쓰이는 풀기 어려운 철학적 문제(아포리아)라는 두 가지 뜻이 있다. 후자에 가깝다.

| 2장 | 송명 유학자들에 대해 듣고 싶습니다

동자가 물었다. "송나라와 명나라의 여러 유학자들은 일가一家마다의 종지宗旨가 있어 사람들에게 방향을 지시해 주고 인도합니다. 어느 것이 옳고 어느 것이 틀린지 상세히 듣고 싶습니다."

 대답하였다. "내게 독서법이 한 가지 있는데 이제 너를 위해 말해 주마. 천하에는 다 옳은 책도 없고 또한 다 틀린 책도 없다. 대체로 성인보다 한 등급 떨어지면 반드시 일장일단이 없을 수 없어, 대유 선생大儒先生이라도 반드시 작은 흠은 있고 패관소설稗官小說이라도 또한 혹 지극한 말이 있어 취하지 않을 수 없지. 하지만 그 장점은 반드시 담백무미해 흔적을 찾을 수 없지. 그런데 기뻐하고 좋아할 만한 것들은 반드시 단점이 있는 곳이지. 그러므로 단점은 알기 쉽고 장점은 알기 어렵지. 오로지 일가의 학문만을 위주로 한다면 꼭 그 단점을 먼저 얻게 돼 날마다 물들고 달마다 젖어, 마침내는 종신토록 깊은 해를 입어 영영 없앨 수 없게 되는 것이다. 모래를 헤치고 금을 고를 때 왼편으로 일어 내고 오른편으로 걸러 내어 모래먼지를 다 제거해 버려야 진짜 금을 얻듯이 의당 그렇게 해야 하지.

제가諸家의 책을 함께 가져와 사방으로 찾아 널리 구하고 아울러 축적해, 단점을 버리고 장점을 취한다면 옳고 그름이 서로 형체를 드러내어 이것과 저것이 서로 구제해 주지. 이렇게 익히고 찾는 것이 오래된 뒤에야 지극히 정당한 이치가 생겨 저절로 가운데 있게 될 터이니, 단지 평생의 해를 면할 수 있을 뿐 아니라 천하의 책이 모두 내 스승이 될 것이야. 공자 문하에서 박학博學을 귀하게 여긴 것도 이 때문이라 하겠지.

지금 주씨의 학문과 왕씨의 학문을 공부하는 사람들 같은 경우 주자학을 종주로 삼는 사람들은 오로지 회옹晦翁의 책만 읽고, 상산象山이나 양명陽明의 책에 대해서는 눈길도 한번 주지 않지. 양명학을 공부하는 사람들도 마찬가지여서, 주씨에겐 주씨의 장단이 있고 왕씨에겐 왕씨의 장단이 있다는 걸 절대 모르지. 장점을 알고 또 단점을 알아야 사람을 제대로 알 수 있다고 하겠지.『논어』·『맹자』두 책을 숙독해 완전히 맛을 알아 이 책을 잣대와 법칙으로 삼아 시비를 견주고 득실을 파악할 수 있다면 진실로 시비가 그 무게를 균등하게 맞추어 털끝만큼도 잘못되거나 차이가 생기지 않을 것이다. 지금은 일일이 들어 거론할 겨를이 없구나."

| 3장 | 오로지 『논어』·『맹자』만 공부하면 됩니까

동자가 물었다. "선생님께서는 '『논어』·『맹자』를 공부하고 나면 육경六經은 공부하지 않고도 분명히 알 수 있다'라는 정자程子의 말씀을 명언이라 하셨습니다.[1] 무슨 말씀입니까?"

대답하였다. "두 책은 저울이나 척도라 할 수 있지. 어찌 육경을 공부하지 않아도 분명히 알 수 있는 것에 그칠 뿐이겠느냐. 제자백가의 비서秘書나 심오한 기록이라도 그 시비득실이 또렷하고 분명해져 저절로 그 실상을 숨길 수 없을 것이다.

무릇 육경을 배운 사람은 오로지 경전의 명물·도수·훈고·이동[2] 연구를 일삼지. 박사[3]가 장악한 것조차도 마찬가지이니, 잘못되었어. 육경의 학문은 그 대의大義를 터득하는 데 있으니, 대의가 밝혀지고 나면 자잘한 글자의 뜻은 확실히 도에 보탬이 없다면 내버려 두고 논하지 말거라. 배우는 사람이 『논어』·『맹자』 두 책을 숙독하면 마루 위에 앉아 마루 아래 있는 사람의 시비곡직是非曲直을 분별하는 것과 같으니, 천하의 말 가운데 분별하고 분석하지 못할 말이 어떻게 있을 수 있겠느냐."

주)_____
1) 『동자문』 상권 4장에서 언급한 말이다.
2) 명물(名物)·도수(度數)·훈고(訓詁)·이동(異同). 명물은 동식물의 이름, 기물(器物)의 명칭 특징 등을 분별하고 연구하는 학문이며, 도수는 특히 예(禮)에서 악기와 옷 등의 치수 따위들, 숫자와 관련해 탐구하는 것이며, 훈고는 글자의 뜻과 의미를 따지는 것을 말하며, 이동은 각기 다른 텍스트 사이의 글자 차이를 살피는 학문을 이른다.
3) 박사(博士). 여기서 박사는 한나라 때 생긴 태학(太學)의 교수를 말하며, 특히 해당 분야의 전문가를 가리키는 것으로 보인다.

| 4장 | 오경의 이치를 여쭙니다

"오경五經의 이치를 여쭙니다."

대답하였다. "오경은 천지와 만물, 인정과 세상의 변화를 완연히 보여 주는 책이다. 천하의 책이 논설이 아닌 것이 없는데, 육경만은 논설에 속하지 않고 모든 이치를 다 갖췄지. 변화가 끝이 없고 모든 것이 존재해 상황에 맞게 어떤 것이든 취할 수 있다. 이를 잘 따르면 나라를 잘 다스리고 이를 거스르면 어지럽게 되며, 이를 좇게 되면 보존할 수 있고 어긋나게 하면 패망하게 되지. 이 모두 사람들이 생각하고 터득하도록 하니, 『논어』·『맹자』가 각 장과 구절마다 각자 그 의미가 있어 다른 뜻을 겸할 수 없는 것과는 견줄 수 없는 것이야. 때문에 『논어』가 우주 제일의 책이긴 하지만 그래도 『논어』 같은 책은 다시 나타날 수 있어. 하지만 육경은 다른 책이 있을 수 없지. 그 이유는 어째서인고 하니, 세상에 공자가 있다면 자연히 『논어』라는 책이 있을 수밖에 없을 거야. 하지만 육경의 경우 당우唐虞시대 이래 주나라 말엽까지 하나의 세계만 있었던 것이 아니라, 그 사이에 또 아주 잘 다스려진 시대와 아주 혼란스런 때가 있어서 허다한 인정과 세상의 변화가 갖춰져 있으니 다시는 이런 책이 있을 수 없는 게지. 공자라도 이런 책을 지을 수 없으니 이것이 육경이 다시 있을 수 없는 책인 까닭이란다.

하지만 본래 특별히 다른 뜻이 없는데 다른 뜻을 찾는 일은 옳지 않아. 『시』는 민간의 가요이고, 『서』는 선왕先王의 정사政事이며, 『역』은 음양이 생겨 자랐다가 쇠미하는 변화이며, 『춘추』는 노나라 역사를 간략하게 기록한 글이니 다시[1] 무슨 딴 뜻이 있겠느냐. 다만 그 이치가 저절로 심원할 뿐이다. 예로부터 육경에 주를 단 사람들은 모두 자신의 의론을 지어 풀이를 했는데 그게 얕아. 진晉나라 도잠陶潛은 '여름날 북창 아래 높다랗게 누워 스스로 희황犧皇 이전의 고대적 사람이라 여긴다'[2]라고 했는데 그의 견해가 확실히 높지. 하지만 그래도 그는 북창의 시원한 맛을 필요로 했지. 『논어』에, '지금 이 백성들은 삼대의 정직한 도로 행해 왔기 때문이다'[3]라고 하였으니 육경의 이치에 깊이 통달하면 오늘이 바로 당우 삼대 시절이고 이 몸이 바로 당우 삼대 시절의 백성이니 진실로 그 밖의 것은 필요하지 않을 것이다.

내가 일찍이 벽에 붙여 둔 시가 있었다.

| 넓은 하늘 큰 바다에 작은 띠집 | 天空海闊小茅堂 |
| 사계의 순환은 유유히 놀아 봄빛 실어지겠구나 | 四序悠悠春色長 |
| 도연명의 식견 없음을 비웃노라 | 笑殺淵明無卓識 |
| 북창에서 하필 희황을 그리워하다니 | 北窓何必慕犧皇[4] |

조심스레 이 뜻을 술회한 것이다."

주)_____

1) 다시. 본문은 '本'으로 되어 있으나 이토 도가이(伊藤東涯)가 '復'로 교감하였다. 도가이의 교감에 따랐다.
2) 도연명의 「아들 엄 등에게 주는 글」(與子儼等疏)에 보이는 말이다. 해당 부분은 다음과 같다. "내가 항상 말하길, 오뉴월에 북창 아래 누워 시원한 바람이 홀연 불어오면 스스로 희황(犧皇) 시대 이전 사람이다라고 했다. 내가 생각은 얕고 식견은 보잘것없지만 이 말은 보존해 둘 만하다고 생각했다."(常言 五六月中, 北窓下臥, 遇涼風暫至, 自謂是犧皇上人. 意淺識罕, 謂斯言可保) 희황상인(犧皇上人)은 복희씨(伏義氏) 이전 사람으로 먼 고대의 참되고 소박한 사람을 말한다.
3) 『논어』「위령공」(衛靈公) 제24장에 보인다. 앞서 『동자문』 중권 21장에서 언급한 적이 있다. 중권 21장의 주2) 참조.
4) 이토 진사이의 시 「12월 14일에 우연히 짓다」(十二月十四日偶題)이다. 육경을 깊이 이해한 심사를 표현한 시로 읽을 수 있겠다.

| 5장 | 오경 각각의 대의를 여쭙겠습니다

"각 경전의 대의를 여쭙겠습니다."

대답하였다. "한자韓子는 「원도」原道에서 『시』·『서』·『역』·『춘추』를 나열하고 『예기』는 꼽지 않았는데 그 견해가 탁월하다. 당연히 한자를 따라서 『시』·『서』·『역』·『춘추』를 근본 경전으로 삼아야 해. 성인 문하에서 오로지 『시』·『서』를 가르침으로 삼은 것은 대개 이 두 경전의 뜻이 평이하고 인정에 가까워 만세에 전해져도 닳지 않기 때문이야.

『시』는 성정性情을 말하는 것이다. 천하에 사람이 많다 해도, 고금의 삶이 무궁하다 해도 인간의 정을 근원까지 캐 보면 시 삼백 편 밖으로 벗어나는 게 없지. 이를 따르면 잘 다스리고 이를 어기면 어지러워지지. 때문에 선왕은 이를 보존해 손상이 없도록 하고, 아껴서 깎이지 않도록 하였으니 능히 수백 년 종사를 보존해 자손들이 여전히 왕가王家의 빈객이 될 수 있었던 것[1]이다. 시를 모르면 천하국가를 다스릴 수 없으니 신불해申不害·상앙商鞅의 무리가 될 뿐이요, 시를 따르지 않으면 가르침을 세울 수 없으니 불교와 노장老莊의 학문일 뿐이야. 시는 이와 같이 배우지 않을 수 없는 것이다. 또 옛 책에서 시를 인용한 것은 대부분 단장취의하였으니 대체로 옛사람들이 시를 사용하는 일반적인 방법이었지. 이것도 시를 읽는 사람들이 당연히 알아야 하는 것이고.

『서』는 정사政事를 말한다. 모두 옛 성인들이 천하를 평화롭게 잘 다스린 위대한 근본과 법도[大經大法]로, 만세토록 이 이상이 나올 수 없었던 것은 그 도가 모두 인륜과 일상생활에 두루 통하는 기준이어서지. 또한 만세에 전해져도 닳지 않는 것이야. 그러므로 공자께서는 이를 이어 서술하고 본받아 기록하면서, 삼분오전[2]이라도 그 한없이 광대한 내용이 만세의 기준이 될 수 없는 것은 모두 내버리셨지. 때문에 지금 『상서』를 읽는 사람들은 '이전'과 문왕·무왕의 '서고'[3]가 아니더라도 사대[4]의 글은 공자가 정한 것이니 모두 이 뜻에 따라 구해야 할 것이야. 세상에서는 허무·편안과 담백·무위·자화[5]를 지극한 말이라고 생각하지. 때문에 반대로 『상서』를 평범하게 보려는 의도가 있는데 참으로 오해가 심한 거야.

『역』은 음양을 말한다. 옛날에 성인이 괘효를 그려 음양이 생겨 자라고 쇠미하는 변화를 모두 나타냈지. 효가 노효老爻면 변하고[6] 가득 차면 반드시 덜게 되지. 그러므로 가득 차는 것을 피하고 물러나 덜어내는 것[退損]에 처함이 역의 가르침이지. 공자께서, '내가 몇 년 공부를 더해 오십에 역을 배우면 큰 허물이 없을 것이다'[7]라고 하신 말씀이 이것이다. 64괘 384효는 그 뜻이 많기는 하나 공자께서 말씀하신 '큰 허물이 없도록 할 수 있다'는 한마디 말로 모든 것을 다 덮을 수 있지. 『논어』에, '예는 사치스럽기보다는 차라리 검소한 것이다'[8]라고 하였고, 또, '사치하면 공손하지 않고 검소하면 고루하니 불손하기보다는 차라리 고루한 것이 낫다'[9]라고 했지. 또 『효경』에, '절제하고 생각을 삼가 조심스럽게 행하면 가득 차도 넘치지 않을 것이요, 높은 자리에 있어도 위태롭지 않을 것이다'[10]라고 했으니 이 모든 것이 이 뜻이 아닌 게 없지. 무릇 음양이 생겨 자라고 쇠미하는 것은 변화에 일정 방향이 없고 진퇴에 항상성이 없어 하나만 잡고 지키기가 어렵지. 그렇기에 『논어』에, '함께 설 수는 있어도 함께 권도權道를 행할 수는 없다'[11]라고 하였고, 『맹자』에, '가운데를 잡고도 권도가 없으면 한 가지를 고집하는 것과 같다'[12]라고 하였으니 이 또한 모두 『역』의 이치가 아닌 게 없는 게야.

　옛날에는 역학에 두 갈래가 있었지. 「단전」彖傳과 「상전」象傳 두 편은 유가의 역이었고 「문언전」文言傳도 그랬지. 대개 단彖의 뜻만을 오로지 기술하면서 모두 음양이 생겨 자라고 쇠미하는 이치를 논하면서 사람의 일에까지 확대한 것이라 점치는 일은 하나도 언급한 게 없지. 반면에 「계사전」繫辭傳, 「설괘」說卦 등의 편은 오직 점치는 일을 주로 말하지. 구양자歐陽子가 점치는 사람의 책이라고 말한 것[13]이 이것이야. 대개 뜻을 풀이한 것과 점치는 일은 상반되어, 뜻을 말하면 점치는 일은 말하지 않아야 하며 점치는 일을 따르면 뜻을 버리지 않을 수 없지. 그러므로 『논어』・『맹자』 두 책이 점치는 일을 말하지 않은 것은 이 때문이야. 정이程頤의 『역전』易傳이 「계사전」을 따르기는 했지만 실상은 「단전」과 「상전」의 이치와 부합하니 당연히 「단전」과 「상전」을 따라야 할 것이야.

　『춘추』는 명분을 말한다. 『춘추』는 성인이 저술한 역사지. 옛날에는 기록된 책이 세상에 전해진 것이 없어 선과 악, 좋은 일과 나쁜 일이 시간과 함께 모두 사라져 버려 후세에 드러나는 것이 없었지. 그렇기 때문에 난신적자들이 자기 욕심을 제멋대로 부리면서 서리낄 새 없있단다. 해서 공자께서 노나라의 역사를 통해 천하의 선악을 기록해 이로써 난신적자의 마음을 제압한 것이야. 공자가 붓을 잡아 그치지 않고 애공哀公 16년 4월 기축己丑까지, 그러니까 바로 공구孔丘[공자]가 죽기 전에 그쳤지. 좌구명左丘明이 또 공자의 뜻을 이어 더 끌고 나가 애공 23년 추秋 팔월에 그쳤지. 이로부터 후세에 역사를 담당하는 신하들이 각각 한 시대의 역사를 기록해 순열과 습착치, 송자경, 사마공, 주고정 등 여러 대유까지도 각자 저작이 있으니[14] 모두 공자로부터 시작된 것이지. 그러므로 『춘추』는 단지 244년간의 기록일 뿐만이 아니라 실상 2천 년 이후까지를 기록한 것으로 만세토록 끊임이 없을 것이야. 이것이 성인의 뜻이다.

『춘추』를 읽는 사람들은 당연히 오로지 『좌씨전』에 의거해야 하니 의리義理가 명백해 저절로 맹자의 뜻과 부합하지. 『공양전』과 『곡량전』은 심각하고 과밀過密해 거의 수수께끼 풀이 같아서 성인의 뜻이 아니야. 그러므로 공자의 뜻을 잘 파악한 이는 좌씨만 한 사람이 없지. 호씨胡氏[호안국]가 이르기를, '『공양전』과 『곡량전』은 의리를 설명했고, 『좌씨전』은 옛일[故事]을 잘 갖췄다'고 했는데 이는 틀린 말이다. 『좌씨전』의 경문經文은 '애공 16년 4월 기축, 공구 죽다'에서 그치고, 『공양전』과 『곡량전』의 경문은 '애공 14년 서쪽에 수렵을 갔다가 기린을 잡다'에서 그치지. 『공양전』과 『곡량전』의 본문에는 '기린을 잡다' 이하 기록이 누락되었으니 그 뒤에도 아직 2년의 경문 기록이 더 있다는 걸 몰랐던 거야. 이 때문에 '공자가 소매를 올려 울었다'[15]는 등의 말을 덧붙여 놓았지. 『주자어류』에서 설명하길, '『공양전』과 『곡량전』 두 전은 본래 강씨姜氏 성을 가진 한 사람 손에서 나온 것이다'[16]라고 했는데 이는 탁견이라 할 수 있지. 좌씨는 예禮 한 글자를 『춘추』의 저울[權衡]로 보았고, 맹자는 의義를 『춘추』의 핵심[要領]으로 보았어. 하지만 예는 의에서 일어나니 말은 다르지만 이치는 한가지이지. 배우는 사람들이 여기서부터 구한다면 저절로 그 대의를 알 수 있을 게야. 일월日月·명자名字·작위爵位 사이에 포폄褒貶과 여탈予奪 문제가 담겨 있다[17]는 따위는 성인의 뜻이 아니야.

『시』·『서』·『역』·『춘추』 사경의 취지는 대강 이와 같다. 그 이치를 통달하면 야사나 패설에도 모두 지극한 이치가 있으며, 사곡이나 잡극[18]도 오묘한 도와 통하는 줄 알게 되지. 배우는 사람들은 도리를 설명하는 글에만 도리가 있는 줄 알 뿐, 도리를 설명하지 않는 글에도 도리가 있음을 알지 못하니 얼마나 비루한 것이냐. 그 상세한 것은 내가 각 경에 주석한 전이 완성되기를 기다렸다 보면 분명히 알게 될 것이다. 지금은 『어맹자의』를 참고해 보도록 하거라."


주)_____

1) 『서경』의 「미자지명」(微子之命)에, "은왕의 원자는……예물을 잘 간수해 왕가의 빈이 되었다"(殷王元子,……修其禮物,作賓于王家)라는 말이 보인다.
2) 삼분오전(三墳五典). 『서경』 이전 고대 제왕의 글을 말한다. 『동자문』 하권 52장에서 다시 논의된다.
3) 이전(二典)과 서고(誓誥). 이전은 『서경』의 「요전」(堯典)과 「순전」(舜典)을 말하며, 문왕과 무왕의 서고는 문왕과 무왕의 말을 기록한 것으로 「태서」(泰誓)·「목서」(牧誓)·「대고」(大誥)·「강고」(康誥)·「주고」(酒誥)·「소고」(召誥)·「낙고」(洛誥)를 가리킨다.
4) 사대(四代). 하(虞)·우(夏)·상(商)·주(周)의 네 왕조를 말한다.
5) 허무(虛無)·편안과 담백(恬澹)·무위(無爲)·자화(自化). 모두 『도덕경』(道德經)에 근거를 두고 한 말이다. 자화는 자연스레 변화해 자라남을 말한다. "도는 항상 아무것도 하지 않지만 아무것도 하지 않음이 없다. 제후와 왕이 잘 지킨다면 만물은 저절로 변화할 것이다"(道常無爲而無不爲, 侯王若能守, 萬物將自化)라는 구절에 근거를 두었다.
6) 원문은 '老則變'. 노(老)란 노음(老陰)과 노양(老陽)의 효를 말한다. 역의 64괘는 음양(2)이 사상(四象, 4)으로 나뉘고 사상이 팔괘(八卦, 8)로 분화되어 이 기본 팔괘가 결합

해 8×8=64괘(2-4-8-64)가 된다. 이때 사상은 각각 노양, 소음(少陰), 소양(少陽), 노음을 말한다. 이 가운데 노양과 노음은 변한다는 규칙이 있다. 예컨대 점을 칠 때 49개의 서죽(筮竹)을 가지고 효를 정하는데 한 효(爻)당 세 번씩 헤아려 각각의 효를 정한다. 초효(初爻)의 경우, 세 번의 수가 모두 많은 수(9나 8)면 노음, 세 번의 수가 모두 적은 수(5나 4)면 노양, 세 번 중 두 번은 적은 수 한 번은 많은 수이면 소음, 세 번 중 두 번은 많은 수 한 번은 적은 수이면 소양으로 한다. 이 경우 노음, 노양에 해당하면 그 효는 변효(變爻)라 해서 양효는 음효로, 음효는 양효로 바뀐다. 노는 변효라는 뜻으로 쓰인 것이다.

7) 『논어』「술이」(述而) 제16장 전문이다. 이 장은 예전부터 논란이 많은 부분이다. '五十'이라는 글자 때문에 해석이 갈라진다. 주희는, "하늘이 내게 몇 년의 수명을 더 빌려 주어 마침내 주역을 배우게 되면 큰 허물이 없을 것이다"라고 해석하였다. 주희는 원문의 '加'를 '假'로 보았으며 '五十'을 '卒'이 잘못된 글자로 본 것이다. 그리고 공자의 나이를 70세가 넘은 것으로 보고 해석한 것이다. '易'을 亦으로 보고 끊어 읽기를 다르게 하기도 한다. "加我數年, 五十以學, 亦可以無大過矣"로 보고, "내게 몇 년을 더 주어 오십에도 배운다면 또한 큰 허물이 없을 것이다"라고 해석한다. 이토 진사이는 그의 『논어고의』에서 이 부분을 다음과 같이 보았다. "수년은 수년의 공부를 말한다. 오십이란 글자는 미상(未詳)이다. 오십이란 글자는 『사기』「공자세가」(孔子世家)에도 없다. 그러므로 지금 비워 두고 해석하지 않는다."

8) 『논어』「팔일」(八佾) 제4장에 보인다. 『동자문』 중권 27장에서 언급한 적이 있다.

9) 『논어』「술이」(述而) 제35장 전문이다.

10) 『효경』(孝經)「제후장」(諸侯章) 제3에 보이는 말이다.

11) 『논어』「자한」(子罕) 제29장에 보인다. 전문은 다음과 같다. "공자께서 말씀하셨다. '더불어 함께 배울 수는 있어도 함께 도에 나아갈 수는 없으며, 함께 도에 나아갈 수는 있어도 함께 설 수는 없으며, 함께 설 수는 있어도 함께 권도를 행할 수는 없다.'"(子曰, 可與共學, 未可與適道, 可與適道, 未可與立, 可與立, 未可與權)

12) 『맹자』「진심 상」(盡心上) 26장에 보이는 말이다.

13) 구양수(歐陽脩)의 『역 동자문』(易童子問)에 나오는 말이다. "『역』에서 '선생께서 말씀하셨다'라는 것이 무엇을 말하는가. 『역』을 강의하는 선생의 말이다. 「설괘」(說卦), 「잡괘」(雜卦)는 점치는 사람들의 점 책이다."(何謂子曰者, 講師之言也. 說卦雜卦者, 筮人之占書也)

14) 순열(荀悅)과 습착치(習鑿齒), 송자경(宋子京), 사마공(司馬公), 주고정(朱考亭). 순열은 후한(後漢)의 사학자로 전한(前漢) 시대 편년사 『한기』(漢紀)를 저술했다. 지금은 전하지 않는다. 습착치는 동진(東晉) 사람으로 촉(蜀)을 정통으로 한 삼국의 역사서 『한진춘추』(漢晉春秋)를 저술했다. 현재 전하지 않는다. 송자경은 송기(宋祁)를 말

하며 자경(子京)은 그의 자다. 북송의 사학자로 구양수와 함께 『당서』(唐書)를 편찬, 주로 열전(列傳) 부분을 담당했다. 사마공은 사마광(司馬光)을 가리킨다. 송나라의 정치가이자 역사가로, 공(公)은 경칭을 쓴 것이다. 왕안석의 신법(新法)에 반대하다 한직으로 물러나 편년사 『자치통감』(資治通鑑)을 저술했다. 주고정은 주희를 말한다. 여기서는 그가 편찬한 역사서 『자치통감강목』(資治通鑑綱目)을 말한다.

15) 『공양전』(公羊傳)의 "西狩獲麟". 경문(經文)에 붙은 전문(傳文)에 보이는 말이다. 인용문과 약간 출입이 있다. "기린을 잡은 일을 알려 준 사람이 있었는데 그가 말하였다. '노루 모습에 뿔이 있었습니다.' 공자가 말하였다. '누굴 위해 온 것인가, 누굴 위해 온 것인가.' 소매를 올려 얼굴을 닦았는데 눈물이 겉옷에 떨어졌다."(有以告者曰, 有麕而角者. 孔子曰, 孰爲來哉. 孰爲來哉. 反袂拭面, 涕沾袍) 성왕의 상서인 기린이 난세에 나타나 죽은 것을 상심하여 공자가 눈물을 흘린 것이다.

16) 『주자어류』(朱子語類) 권125에 보이는 말이다. 이토 도가이는 다음과 같이 주석하였다. "생각건대, 공양(公羊)과 곡량(穀梁) 두 글자를 반절(反切)로 읽으면 모두 강(姜)이라는 음으로 쓸 수 있다. 강은 제(齊)나라의 성(姓)으로, 『공양전』과 『곡량전』 가운데 제나라 사람들이 쓰는 말이 많기 때문에 이렇게 말할 수 있다. '강씨 한 사람에게서 나왔는데 그 이름을 감춘 것이다.'" 공양과 곡량 두 글자를 반절(反切)로 읽으면 모두 공양과 곡량은 모두 giang으로, 강은 jiang으로 읽혀 발음이 매우 흡사하다.

17) 『공양전』과 『곡량전』의 기술 방식에서, 일월(日月), 즉 날짜 기록을 다르게 썼는가, 혹은 이름을 썼는가 자(字)를 썼는가, 혹은 작위를 본래의 명칭으로 불렀는가에 따라 벼슬과 작위를 주고 박탈했는지 알 수 있다 하는 분석방법으로, 이러한 기술 방식에 포폄의 평가와 가치문제가 포함되었다고 보고 경문을 해석하는 것을 말한다.

18) 야사(野史), 패설(稗說), 사곡(詞曲), 잡극(雜劇). 이들은 대체로 전통시대에 문학으로서 제대로 평가받지 못하던 장르다. 야사는 정사(正史)가 아닌 이야기들, 패설은 항간에 떠도는 이야기를 기록한 산문이며, 사곡은 노래 가사를 주로 말하며, 잡극은 연극으로 금나라와 원나라 때 민간에 유행했다.

| 6장 | 『예기』에 대해 여쭙겠습니다

"『예기』에 대해 여쭙겠습니다."

　　대답하였다. "사이사이에 격언格言은 많지. 하지만 『시』·『서』·『역』·『춘추』와 나란히 놓기엔 부족해. 대체로 공자의 칠십 제자가 세상을 뜨고 나서 대의가 이미 어긋나 버렸고 전국시대 이후로는 제나라와 노나라의 유학자들 가운데 도를 아는 자가 드물었지. 이치를 논하는 문제에 이르게 되면 모두 황제黃帝와 노자의 가르침만을 중심으로 했는데, 송나라의 석량 왕씨가 변증한 것[1]이 이런 종류야. 하지만 여전히 변증에 미진한 것이 있지. 혹 왕씨도 성인의 문하에서 남겨 준 말이라고 하긴 했지만 실은 황제와 노자의 가르침에서 온 것이 간혹 있지. 예를 들어 「악기」樂記에 기록된 말에 따르면, '사람이 나면서 고요한 것은 하늘이 내려준 본성이다. 외물外物에 감응해 움직이는 것은 본성이 그렇게 하려 하기 때문이다'라고 했는데, 이 말은 본래 노씨의 말로 『회남자』에도 있지.[2] 『예기』가 표절하였고 회옹이 이를 가져다 「시전 서」詩傳序의 서두로 삼았는데 깊이 생각하지 않아서 그런 것이다.

『논어』에, '선배들은 예악에 있어 촌사람 같고 지금 사람들은 예악에 있어 군자 같다. 만약 예를 쓴다면 나는 선배를 따르겠다'[3]고 하였으니, 이 말을 가지고 미뤄 보면 『예기』의 전편은 대체로 다 번다한 문장과 번거로운 절차로 되어 있으니 소박했던 주나라의 예는 아닌 듯해. 잘 살펴보고 선택해야 옳을 것이야. 내가 공자의 뜻을 따라 『예기』를 잘 참작해 다듬고 정해서 한 권으로 만들려 하는데, 뜻은 있으나 아직 마무리 짓지는 못하였다."

주)
1) 석량 왕씨(石梁 王氏)가 변증한 것. 원나라 진호(陳澔)의 『예기집설』(禮記集說) 「예운」(禮運)에 다음과 같이 석량 왕씨의 설이 인용되어 있다. "오제(五帝)의 시대를 대동(大同)시대라 하고 우왕·탕왕·문왕·무왕·성왕·주공의 시대를 소강(小康)시대라고 하는데 여기엔 노자의 의견이 들어갔다. 그리고 주에서도 이를 인용해 사실로 하고 있다. 또 예를 충신의 기록이라고 하는데 모두 유자(儒者)의 말이 아니다."(以五帝之世爲大同, 以禹湯文武成王周公之世爲小康, 有老氏意, 而註又引以實之, 且謂禮爲忠信之簿, 皆非儒者語)
2) 『회남자』(淮南子) 「원도훈」(原道訓)에 다음과 같은 기록이 보인다. "사람이 나면서 고요한 것은 하늘이 내려준 본성이다. 감응한 뒤에 움직이는 것은 본성을 해치는 것이다. 외물이 이르러 정신이 응하는 것은 지각의 움직임이다. 지각이 외물과 접하면서 좋아함과 미워함이 생긴다. 좋아함과 미워함이 형태를 완전히 갖춰 지각이 외물에 끌리는데도 자기 자신에게 돌이키지 못하면 천리(天理)가 사라진다."(人生而靜, 天之性也. 感而後動, 性之害也. 物至而神應, 知之動也. 知與物接, 而好憎生焉. 好憎成形, 而知誘於外, 不能反己, 而天理滅矣)
3) 『논어』 「선진」(先進) 제1장 전문으로 『동자문』 중권 27장에서 이미 언급했다. 중권 27장의 주2) 참조.

| 7장 |  혼천의 제도에 대해 여쭙겠습니다

"채씨蔡氏[채침蔡沈]가 『서전』書傳에 수록한 혼천의渾天儀 제도에 대해 여쭙겠습니다."

대답하였다. "모르겠다."

"『춘추』의 '봄 왕 정월'[1]을 분별해 주시길 여쭙니다."

대답하였다. "모르겠다."

동자가 말하였다. "저는 선생님께서 어려서부터 오랫동안 경학經學에 마음을 두셨다고 들었습니다. 지금 이 두 가지에 대해 모르신다고 말씀하신 것은 어째서입니까?"

대답하였다. "배움에는 근본이 있고 말단이 있으며, 반드시 알지 않으면 안 되는 것이 있고 꼭 알지 않아도 되는 것이 있지. 학술과 정치의 요체, 수신, 치인의 방법 같은 것은 근본이니 반드시 알지 않으면 안 되는 것이다. 그 밖에 벼슬에 나아가 남을 다스릴 수 없는 것이며 벼슬에서 물러나 자신을 수양할 수 없는 것들은 알지 못한다 해도 해가 되지 않아. 혼천의 제도는 담당관리가 관장하는 것이고, 봄 왕 정월의 분별도 학술에 보탬이 없지. 때문에 좌씨도 전하지 않은 것이야. 무릇 간지의 고허와 왕상,[2) 율려에서 여덟 간격마다[隔八] 음이 서로 생겨나는[相生] 것[3)] 따위가 모두 그렇다. 이런 것들은 음양과 수학數學을 좋아하는 사람들에게 맡겨 두면 되지, 유학자들이 먼저 힘써야 할 일은 아니다. 지금 세상의 어린 학생들은 배우는 방법은 알지 못하고 구구하게 이런 자질구레한 일에 마음을 두고 있으니 매우 옳지 않아."

주)

1) 『춘추』의 봄 왕 정월(春 王正月). 봄 왕 정월은 사시(四始)라 해서 『춘추』의 기사(紀事)를 시작할 때 쓰는 원년(元年)·춘(春)·왕(王)·정월(正月)을 가리킨다(여기에 공즉위公即位를 넣어 오시五始라 하기도 한다). 원년(元年)은 기(氣)의 시초, 춘(春)은 사시(四時)의 시초, 왕(王)은 수명(受命)의 시초, 정월은 정교(政敎)의 시초, 공즉위는 일국(一國)의 시초로 해석하는 방법을 말하는데 일월의 기록을 두고 철학적 해석을 하는 『공양전』의 해석 방법을 가리킨다.
2) 간지(干支)의 고허(孤虛)와 왕상(旺相). 이 말은 주로 음양가의 해석법을 가리킨다. 간지는 십간(十干)과 십이지(十二支)를, 고허는 육갑고허법(六甲孤虛法)을 말한다. 『사기』 「구책열전」(龜策列傳)에, "일진(日辰)이 완전하지 못하기 때문에 고허가 있다"(日辰不全, 故有孤虛)라는 말이 있다. 집해(集解)에 이르기를, "갑을(甲乙)을 일(日)이라 하고 자축(子丑)을 진(辰)이라 한다"(甲乙謂之日, 子丑謂之辰)라고 하면서 육갑고허법(六甲孤虛法)을 설명하고 있다. 육갑을 헤아릴 때 갑자(甲子)로 세기 시작하면 십이지(十二支)의 11번째·12번째의 술해(戌亥)가 짝이 없는데 이 술해를 고(孤)라 하고 5번째·6번째의 진사(辰巳)를 허(虛)라 한다. 갑술(甲戌)로 헤아리면 9번째·10번째의 신유(申酉)가 짝이 없는데 이 신유(申酉)를 고라 하고 3번째·4번째의 인묘(寅卯)를 허라 한다. 다시 갑신(甲申)으로 헤아리면서 오미(午未)의 고와 자축의 허(虛)가 생겨 육갑(六甲)이 순환한다. 음양가들은 이 고허가 있는 날이나 방위를 흉한 것으로 본다. 왕성은 오행이 왕성히게 활동하고 도와주는 것을 말한다. 『허남자』에는 오행의 상생상극(相生相剋)을 대략 다음과 같이 설명하고 있다. "목(木)이 성하면(王=旺=壯) 수(水)는 시들고(老) 화(火)가 생기며 금(金)은 가두어지고(囚) 토(土)는 죽는다(死). 화

(火)가 성하면 목은 시들고 토가 생기며 수는 가두어지고 금은 죽는다."『논형』(論衡) 「난세」(難歲)에는 왕상설(王相說)을 이렇게 표현하고 있다. "왕(旺)이 사(死)와 충돌하고 상(相)이 수(囚)와 충돌하므로 왕과 상이 충돌하는 방위에 있으면 사와 수의 기운이 있게 된다."(旺之衝死, 相之衝囚, 旺相衝位, 有死囚之氣)

3) 율려(律呂)란 고대의 악률(樂律), 즉 12율의 음정(音程)을 교정하는 기구를 말한다. 일종의 관(管)으로 지름은 똑같이 하고 길이는 다르게 해서 대나무나 금속으로 만들었다. 가장 낮은 음 응종(應鐘)에서 가장 높은 음 황종(黃鐘)까지 12개의 관 가운데 낮은 음에서 시작해 홀수가 되는 관을 율(律)이라 했고 짝수가 되는 음을 려(呂)라고 했다. 이 12음을 각기 십이지(十二支)에 배속해 원형의 도표로 나타낸 것이 율려상생도(律呂相生圖)인데 음의 배치를 보여 준다(아래 그림 참조). 율려상생도에 따르면, 기준음 황종을 기준으로 왼쪽으로 돌아 12음을 배치하고 있는데, 길이가 9촌(寸)인 기준음 황종을 1/3 감하면 (낮은 음) 임종(林鐘)이 되고, 관의 길이가 6촌인 임종에 1/3을 더하면 (높은 음) 태주(太簇)가 되어 음이 서로 생겨나는데(相生) 이때 황종과 임종, 임종과 태주 사이는 모두 여덟 음으로 이루어져 있다(隔八). 예를 들어 황종에서 임종 사이는 황종-대려-태주-협종-고선-중려-유빈-임종의 여덟 음으로 이루어진다. 이런 식으로 음이 만들어지고 항상 여덟 간격을 띤다. 율려는 후에 음률을 가리키는 말로 의미가 확장되었고, 기준이나 표준이라는 뜻도 갖고 있다.

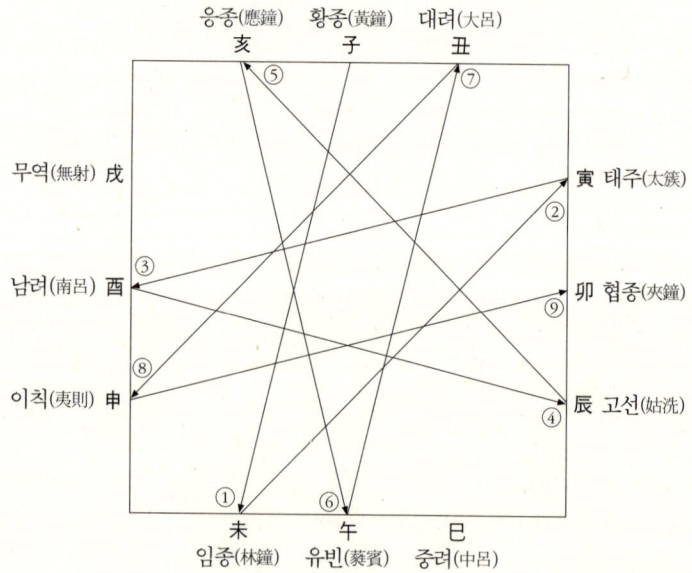

| 8장 | 도에 부합되는 중은 무엇입니까

동자가 물었다. "선유께서, '슬픔과 검소는 모두 중을 잃어[失中] 정도正道에 미치지 못하는 것인데 성인께서 부득이하게 당시의 폐단을 구하시려고 하신 말씀이다'[1])라고 말씀하셨습니다. 선유의 말씀대로라면 『주역』이나 『논어』라 하더라도 도에 부합되지 않는 게 있지 않습니까?"

대답하였다. "이는 중이라는 글자의 뜻을 잘못 이해한 것이다. 중은 중간을 말하지.[2]) 이른바 '양끝을 잡아 그 가운데를 백성에게 쓴다'[3])라는 말이 이것이야. 지금 한 길[丈, 열 자] 되는 막대기를 가지고 그 중간을 찾는다면 너는 반드시 다섯 자 되는 곳을 따져서 그런 뒤에 가운데라고 하겠지. 단 한 치라도 못 미치면 가운데가 아니라고 지적하겠지. 이는 지나치게 집착하는 것이야. 보통 네댓 자에서 예닐곱 자 이내까지는 모두 중산이다. 막대기를 잡을 때 가운데쯤 잡을 만한 곳을 잡으면 편리한데, 다섯 자 되는 곳을 재서 바로 그곳을 잡으려고 하면 반드시 중간을 제대로 잡지 못하는 잘못이 생기지.

성인이 사람들에게 슬픔과 검소를 가르쳐 준 일은 잡을 만한 곳 근처를 사람들에게 일러준 것이지, '중을 잃었다'라고 할 수 없는 것이다. 또 '부득이하게 당시[時]의 폐단을 바로잡은 것이다'라고도 할 수는 없는 게야. '때에 따라 알맞게 하였다'[時中]라고 했다간 또 별개 뜻이 되어 버리고, 이 말에서 '때에 따라'[時]라는 글자를 떼어 버리면 구습대로 따르는 것이 바로 중간이 되고 말지. 역易의 도는 모두 한 걸음 물러나는 법[4]일 뿐이지만, 약함을 강함으로 여기고, 물러남을 나아감으로 여기는 노자와는 확연히 다른 것이다."

주)

1) 슬픔[戚]과 검소[儉].『논어』「팔일」(八佾)에 보이는 다음의 말을 가리킨다. "예(禮)는 사치하기보다는 검소해야 하고 상(喪)은 형식을 잘 따르기보다는 차라리 슬퍼해야 한다."(禮, 與其奢也寧儉, 喪, 與其易也寧戚)『동자문』중권 27장에서 언급한 적이 있다. 이 말에 대해 황간(黃幹)의 다음과 같은 말이『논어집주대전』(論語集註大全)에 보인다. "성인이 풍속의 폐단으로 인해 함부로 하려는 뜻을 감지하고 이 말을 한 것이다. 본래 검소와 슬픔을 숭상할 만하다고 여긴 것이 아니라, 다만 꾸미기만 하는 폐단에 흘러가기보다는 차라리 이와 같이 하는 게 낫겠다 싶었던 것이다. 그 말의 억양이 중정(中正)을 얻음이 이와 같다." 동자의 질문은 황간의 이 말을 염두에 두었다.
2) 이토 진사이의『중용발휘』(中庸發揮)에 중(中)에 대한 상세한 설명이 보인다. "중이란 글자의 뜻은, 종전의 여러 유학자들 대부분이 깊은 고찰을 결여해, 혹은 지나침과 미치지 못함이 없는 것을 중이라 하고, 혹은 한쪽으로 치우치지 않고 한쪽으로 기대지 않는 것을 중이라고 했는데, 모두 합당하지 않다. 중은 양단(兩端; 양끝)을 두고 말한다. 강유(剛柔)·대소(大小)·후박(厚薄)·심천(深淺)을 양단이라 한다. 이 둘 사이의 가운데를 중이라 하는 것이다. 이른바 '양끝을 잡아 그 가운데를 백성에게 쓴다'는 말이 이것이다. 또한 강(剛)하지도 않고 유(柔)하지도 않이 온당(穩當)하고 평정(平正)하다는 뜻도 있다. 그러므로 중은 반드시 권(權; 권도)이 필요한 뒤에 합당할 수 있다. 중을 잡는(執中) 데 권도가 없으면 고정불변하려는 폐단이 있게 된다. 때문에 맹자가 말하길, '중을 잡을 때 권도가 없으면 하나만을 잡는 것과 같다'고 한 것이다. 순임금과 탕임금의 집중(執中)은 권도를 말하지 않았지만 권도가 자연히 그 중 가운

데 있다. 배우는 사람은 반드시 권도를 쓰지 않을 수 없다. 그러므로 중은 반드시 권도를 요체(要諦)로 삼는다.

이른바 지나침과 미치지 못함이 없다는 말은 중의 뜻풀이라 할 수 없지는 않다. 하지만 권도를 써서 합당함을 얻은 뒤라면 지나침과 미치지 못함이 없는 것을 중으로 볼 수 없다. 한쪽으로 치우치지 않고 한쪽으로 기대지 않는 것이란 말은 중이란 글자의 뜻에서 더욱 멀다. 정자가 말하길, '한 건물로 말하자면 중앙이 중이다. 한 집안으로 말하자면 건물이 중이 아니라 대청이 중이다. 한 나라로 말하자면 대청이 중이 아니라 나라 가운데가 중이다. 이런 부류로 미루어 나가면 알 수 있을 것이다'라고 하였다. 정자의 말대로라면 중이란 글자 하나로도 충분할 것이니 다시 권도를 쓸 필요가 없다. 권도를 쓰지 않고도 저절로 된다면 맹자는 당연히 '중을 잡으라'고만 했겠지 꼭 권도를 다시 말하지 않았을 것이다. 다만 시중(時中)을 말하면 또한 권도가 자연히 그 안에 있다. 여기서 시(時)라는 글자를 떼어 버리고 단순히 중을 말하면 안 된다. 학자는 권(權)·시(時)·중용(中庸)·양단(兩端)이라는 글자를 투철하게 인식해야 한다. 평범하게 이해해서는 안 된다."

3) 『중용』 제6장에 보이는 말이다.
4) "한 걸음 물러나는 법"(退一步法). 도가이는 여기에 다음과 같은 두주(頭註)를 붙였다. "『오잡조』(五雜組)에, '노씨(老氏)의 세 가지 보배는 한 걸음 물러나는 법에 지나지 않는다. 『역경』(易經)에 이르기를, 해는 중천에 뜨면 서쪽으로 기울고 달도 차면 이지러진다(月中則昃, 月中則虧)라고 하였다. 성인이 세상에 처하는 것도 한 걸음 물러나는 법이다'라고 하였다."

여기서 노씨의 세 가지 보배는 노자 『도덕경』(道德經) 67장에 나오는 말이다. "나는 세 가지 보배가 있어 잘 간직해 가지고 있다. 첫째는 자애(부드러움)이며 둘째는 검소함이며, 셋째는 감히 천하에 앞서지 않는 것이다."(我有三寶, 持而保之. 一曰慈, 二曰儉, 三曰不敢爲天下先) '해는 중천에 뜨면 서쪽으로 기울고 달도 차면 이지러진다'란 말은 『주역』 「풍괘」(豐卦)에 나오는 말로 도가이는 '月中則虧'라고 했으나 원문은 '月盈則食'으로 약간 차이가 있다.

## 9장 | 오경과 『논어』·『맹자』의 차이가 궁금합니다

"오경과 『논어』·『맹자』의 차이와 깊이를 여쭙겠습니다."

대답하였다. "차이는 논하고 깊이는 논하지 않겠다. 책에 쓴 말이 한 쪽은 어렵고 껄끄러우며, 다른 쪽은 평이하고 순하다는 차이는 있지만 그 이치는 하나지. 사람들은 『역』·『춘추』는 심오해 통달하기 어려우며, 『논어』·『맹자』는 평이해 알기 쉽다고 다들 말하는데 틀린 말이야. 오경은 천지만물이 스스로 존재할 뿐 키우고 양육할 줄 모르는 것과 같고, 『논어』·『맹자』는 성인이 '천지의 도에 보태고 완성하며 보충하고 도와주어 백성을 이끄는'[1] 것과 같지. 예를 제정하고 음악을 만들며 가르침을 세우고 모범을 전하여, 중정中正의 표준을 세우고 인륜의 법도를 정해 만세토록 군신·부자·부부·붕우·형제가 각자 제 자리를 얻어 금수가 되지 않도록 한 일은 모두 성인의 공이야. 천지가 있더라도, 성인을 얻어 천지를 위해 교육하지 않았다면 천지도 천지가 되지 못했을 것이다. 『논어』·『맹자』와 오경의 관계도 성인과 천지의 관계와 같지. 내가 굳이 『논어』를 우주의 첫째가는 책이요, 『맹자』는 『논어』 다음이라 하는 것도 이 때문이지. 이것이

『논어』·『맹자』가 오경과 다른 점이란다."


주)_____
1) 이 말은 『역』「태괘」(泰卦) '대상'(大象)에, "하늘과 땅이 호합하는 것이 태의 괘상이다. 왕은 이 상을 보고 천지의 도에 보태 완성하고, 천지의 마땅함을 보충하여 백성을 인도한다"(象曰, 天地交泰, 后以財成天地之道, 輔相天地之宜, 以左右民)는 말에서 취한 것이다.

| 10장 |  명을 안다는 말에 대해 여쭙겠습니다

"'명을 안다'[知命]는 말에 대해 여쭙겠습니다."

대답하였다. "하늘에는 필연의 이치[必然之理]가 있고 사람에게는 스스로 취하는 도[自取之道]가 있지. 『주역』에 이르기를, '선을 쌓은 집안에는 자손 대대로 넘치고 남는 경사가 있고, 불선을 쌓은 집안에는 자손 대대로 넘치고 남는 재앙이 있다'[1]고 하였으니 이는 하늘에 필연의 이치가 있음을 말한 것이고, 『시』에 이르기를, '길이 천명天命에 합치하는 것이, 스스로 많은 복을 구하는 길이다'[2]라고 하였으니 이는 사람에게는 스스로 취하는 도가 있음을 말한 것이지. 문왕이 유리에서 죽지 않고[3] 공자가 진나라, 채나라 사이에서 해를 입지 않았으니[4] 이는 하늘에 필연의 이치가 있음이 아니겠느냐. 공자가, '하늘이 이 문화[文]를 아직 없애려 하지 않으니 광匡 사람들이 나를 어찌하겠는가'[5]라고 말하였고, '하늘이 나에게 덕을 만들어 주었으니 환퇴桓魋가 나를 어찌하겠느냐'[6]라고 하였으니 이는 사람에게 스스로 취하는 도가 있음이 아니겠느냐. 무릇 사람이 스스로 취한 뒤에 하늘이 명을 내려 주니, 하늘이 명하는 것은 바로 사람이 취하는 것이다. 삼가지 않아서야 되겠느냐."


주)_____
1) 『역』「곤괘」(坤卦) '문언전'(文言傳)에 보이는 말이다.
2) 『시경』「대아」(大雅) '문왕지십·문왕'(文王之什·文王)에 보이는 말이다. 『동자문』 상권 8장에 인용한 적이 있다.
3) 문왕이 은나라 주왕(紂王)의 신하로 서백(西伯)이었을 때 숭후호(崇侯虎)의 참소를 입어 유리(羑里)에 갇히게 된다. 굉요(閎夭) 등이 주왕에게 미녀와 준마를 뇌물로 바쳐 풀려났다. 『사기』「주본기」(周本紀)에 보인다.
4) 공자가 천하를 주유할 때, 채(蔡)나라로 옮긴 지 3년 되는 해였다. 오(吳)나라가 진(陳)나라를 치자 초(楚)나라가 진나라를 구해 주었다. 초나라는 공자가 진나라와 채나라 사이에 있다는 소식을 듣고 사람을 보내 공자를 초빙하려 했다. 이에 진나라와 채나라의 대부들이, 공자가 초나라에 쓰이게 되면 자신들의 권력이 위태롭게 될까 두려워 모의를 벌여 군대를 동원해 공자를 포위한다. 공자와 제자들은 식량이 떨어져 일어나지 못할 정도로 상황이 악화되었는데 이때 자공을 초나라로 보내 초나라가 공자를 구하게 된다. 『사기』「공자세가」에 보인다.
5) 『논어』「자한」(子罕) 제5장에 보이는 말이다.
6) 『논어』「술이」(述而) 제22장 전문이다.

## 11장 | 명을 안다는 말의 깊은 뜻을 듣고 싶습니다

동자가 물었다. "명을 안다는 말에 아직 석연치 않은 것이 있습니다. 그 깊은 뜻을 말씀해 주시기 바랍니다."

대답하였다. "쑥도 삼 가운데 나면 곧게 자라지 않을 수 없지.[1] 천도는 정직하단다. 상하사방에 모두 가득하고 빈틈없이 통해 이 이치가 아닌 게 없지. 불에 가까우면 타고 물에 가까우면 젖는 것과 같다. 어찌 부정不正과 부직不直으로 잠시라도 천지 사이에 몸을 둘 수 있겠느냐. 공자 말씀에, '군자는 천명을 두려워하고 소인은 천명을 알지 못해 두려워하지 않는다'[2]라고 하였지. 두려워한다는 말은 실제로 두렵고 무서워 함부로 할 수 없는 이치가 있다는 말이다. 공자도 나이 오십에 천명을 안[知天命] 이후에야 비로소 이와 같이 말씀하셨지. 털끝만큼도 총명을 지어내지 않고 털끝만큼도 식견을 섞지 않으면서 지성至誠과 정직이 안과 밖, 겉과 속으로 하나가 되어야 한다. 그런 이후에 스스로 천명을 터득했다 할 수 있지. 총명과 식견으로 터득할 수 있는 게 아니야."

주)_____

1) 이 말은 『순자』 「권학」(勸學)에 보인다. "쑥이 삼 가운데 나면 북돋아 주지 않아도 곧게 된다"(蓬生麻中, 不扶而直)
2) 『논어』 「계씨」(季氏) 제8장에 보이는 말이다. 전문은 다음과 같다. "공자께서 말씀하셨다. '군자는 세 가지 두려워하는 것이 있으니, 천명을 두려워하고 대인을 두려워하고 성인의 말씀을 두려워한다. 소인은 천명을 알지 못하여 두려워하지 않는다. 대인을 함부로 대하며 성인의 말씀을 업신여긴다.'"(孔子曰, 君子有三畏, 畏天命, 畏大人, 畏聖人之言. 小人不知天命而不畏也, 狎大人, 侮聖人之言)

## |12장| 공자께서 논란을 꺼리신 이유는 무엇입니까

　동자가 물었다. "공자께서 남용을 두고 평하시길, '나라에 도가 없을 때에는 형벌을 면할 것이다'[1]라고 하셨고, 또 말씀하시길, '어리석으면서 자신의 행동이 옳다고 하길 좋아하고 천한 지위이면서 자기 마음대로 하기를 좋아하며, 지금 세상에 태어나서 옛 도를 회복하려 하면 이와 같은 자는 재앙이 그 몸에 미친다'[2]라고 하셨습니다. 또 공자께서는 환사마의 변란을 만나 미복하시고 송나라를 지나가기도 하셨습니다.[3] 공자께서는 어째서 논란을 그토록 꺼리셨습니까?"[4]

　대답하였다. "나무 하나로 무너지는 큰집을 지탱하는 일을 군자는 하지 않는다. 이런 까닭에 영무자寧武子의 어리석음은 따를 수 없다 하셨고,[5] 거백옥蘧伯玉이 도를 거두어들여 마음속에 둔 행동을 가리켜 군자라 하였지.[6] 이것이 실질적인 지식이며 이것이 실질적인 덕이다. 얕은 식견과 자잘한 견문으로는 엿보고 헤아릴 수 없지. 자하가 '군자는 신임을 얻은 뒤에 간하니 신임을 얻지 못하고 간하면 자기를 헐뜯는다고 여긴다'[7]라고 말하였는데 역시 같은 뜻이지. 한유가 표문을 올려 헌종의 노여움을 사고,⁸⁾ 주희가 한탁주韓侂冑의 간사함을 드러내 밝힌 일⁹⁾은 모두 자신에게 손해가 되고 천하에도 보탬이 없었어. 지혜로운 사람은 억지로 하지 않았고 덕이 있는 사람은 스스로 알아서 하지 않았으니 지극한 행동이었지. 후한 때 당고의 화¹⁰⁾를 당한 여러 사람들은 그 피해가 가장 심했는데, 모두 학문을 주장할 줄만 알았지 군자의 대도大道를 몰랐기 때문에 비롯된 것이었지. 송나라 유학자들이 『중용』의 명철보신¹¹⁾의 뜻을 잘못 풀이해 선한 사람들에게 끼친 해가 아주 크지. 방효유가 영락제 때에,¹²⁾ 이몽양 등이 정덕제 때에 당한 일¹³⁾이 이것이다. 삼가지 않아서야 되겠느냐."

주)

1) 『논어』「공야장」(公冶長) 제1장에 보이는 말이다. 해당 부분을 보이면 다음과 같다. "공자께서 남용(南容)을 두고 평하시길, '나라에 도가 있을 때에는 버려지지 않을 것이며, 나라에 도가 없을 때에는 형벌을 면할 것이다'라고 하시고 형의 딸을 그에게 시집 보내셨다."(子謂南容, 邦有道, 不廢, 邦無道, 免於刑戮. 以其兄之子妻之)
2) 『중용』 제28장에 보이는 말이다.
3) 『맹자』「만장 상」(萬章上) 제8장에 있는 말을 가져왔다. 환사마(桓司馬)는 당시 송나라의 사마였던 환퇴(桓魋)로 공자를 해치려 하였다.
4) 원문은 '畏難'. 질문에 약간의 혼선이 있는 듯하다. '외난'에는 두 가지 뜻이 있다. 하나는 '난리를 두려워하다'이고 또 하나는 '논란을 꺼리다'이다. 동자의 질문에는 세 가지 인용이 보이는데 공자의 두 말은 '논란을 꺼리다'에 해당하는 예이고, 한 가지 행동은 '난리를 두려워하다'에 속한다고 볼 수 있다. 이어진 답과 다음 13장이 재론에서 알 수 있듯, 어려운 처지에서 올바른 말을 간하는 군자의 몸가짐에 대한 질문과 답변으로 두 가지 뜻을 다 포괄해 문답한 것으로 보아야 할 것이다.
5) 『논어』「공야장」제20장에 보이는 말이다. 전문은 다음과 같다. "공자께서 말씀하셨다. '영무자(寧武子)는 나라에 도가 있을 때는 지혜롭고 나라에 도가 없을 때는 어리석었으니 그의 지혜는 따를 수 있지만 그의 어리석음은 따를 수 없다.'"(子曰, 甯武子, 邦有道則知, 邦無道則愚. 其知可及也, 其愚不可及也)

6) 『논어』「위령공」(衛靈公) 제6장에 보이는 말이다. 해당 부분은 다음과 같다. "군자로다, 거백옥이여! 나라에 도가 있으면 벼슬하고 나라에 도가 없으면 도를 거두어들여 마음속에 간직해 두는구나."(君子哉, 蘧伯玉! 邦有道, 則仕, 邦無道, 則可卷而懷之)
7) 『논어』「자장」(子張) 제10장에 보이는 말이다. 전문은 다음과 같다. "자하가 말하였다. '군자는 백성에게 신임을 얻고 난 뒤에 백성을 부린다. 신임을 얻지 않고 부리면 백성은 자신들을 괴롭힌다고 여긴다. 신임을 얻은 뒤에 간하니 신임을 얻지 못하고 간하면 간언을 듣는 사람은 자기를 헐뜯는다고 여긴다.'"(子夏曰, 君子信而後勞其民, 未信則以爲厲己也. 信而後諫, 未信則以爲謗己也)
8) 당나라 때 한유(韓愈)가 헌종(憲宗)에게 「논불골표」(論佛骨表)를 올려 불교를 숭상하는 일을 비판했다가 좌천당한 일을 말한다.
9) 송나라 때 주희가 당시 권력을 잡고 있던 한탁주(韓侂冑)의 전횡을 영종(寧宗)에게 은미하게 간언하고 또 글로 올린 일을 말한다.
10) 당고(黨錮)의 화. 후한 때 환관의 횡포에 반대하는 일군의 청류(淸流) 인사들이 환관들에게 탄압을 받아 처형되거나 향리(鄕里)에 금고(禁錮)되었던 역사적 사건을 말한다.
11) 명철보신(明哲保身). 『중용』 제27장에 인용된 시구를 말한다. 본래 『시경』「대아」(大雅) '증민'(蒸民)의 한 구절을 인용한 것인데 『중용』의 해당 부분은 다음과 같다. "그러므로 윗자리에 있을 때는 교만하지 않고 아랫사람이 되어서는 배반하지 않는다. 나라에 도가 있을 때는 그 말을 충분히 흥기시키며 나라에 도가 없을 때는 그 침묵을 충분히 용납한다. 『시』에 이르기를, '이미 밝고 또 밝아 그 몸을 보전한다'라고 하였으니 이것을 말한 것이다."(是故居上不驕, 爲下不倍. 國有道, 其言足以興, 國無道, 其黙足以容. 詩曰, 旣明且哲, 以保其身. 其此之謂與) '명철보신'은 시구의 핵심어를 추린 것이다.
 『중용장구대전』(中庸章句大全)에 이 구절에 대한 주희의 주석이 있다. "명철은 다만 천하의 사리(事理)를 깨달아 이치를 따라 행해 자연히 재해가 몸에 미치지 않는 것이다. 지금 사람들은 사특한 마음으로 『시』를 읽어 말하기를, '명철은 기미를 보고 알아 편의(便宜)를 선점(先占)하는 것이다'라고 한다. 예컨대 양웅(揚雄)이 말한, '밝고 밝은 것이 환해 사방에 빛나 끝이 없으니 예기치 못한 일을 피해 달아나 천명을 보전한다'는 것은 바로 편의를 차지한다는 말이니, 이 몇 마디 말에 의해 잘못되었던 것이다. 하지만 명철보신 또한 상법(常法)이니 저 '삶을 버리고 의(義)를 취한다' 같은 말은 이 논의와 같지 않다."(明哲, 只是曉天下事理, 順理而行, 自然災害不及其身, 今人 以邪心讀詩, 謂明哲, 是見幾知微, 先占便宜, 如揚雄說, 明哲煌煌, 旁燭無疆, 遂于不虞, 以保天命, 便是占便宜說話, 所以他被這幾句誤. 然明哲保身, 亦只是常法, 若到那舍生取義處, 又不如此論)

이토 진사이는 『중용발휘』에서, "송나라 유학자들이 이 구절을 잘못 해설해 후세에 화를 입힌 것이 적지 않으니 삼가지 않아서야 되겠는가. 양웅이 말한, '밝고 밝은 것이 환해 사방에 빛나 끝이 없으니 예기치 못한 일을 피해 달아나 천명을 보전한다'는 것도 옳지 않다고 할 수는 없다. 이익을 따르고 해를 멀리해 편의를 선점하는 것과 똑같은 것으로 논해서는 안 된다"(宋儒謬說此節, 貽禍後世不細, 可不戒乎. 揚雄所謂, 明哲煌煌, 旁燭無疆, 遜于不虞, 以保天命, 亦不可謂不是, 不可與就利遠害 先占便宜者, 槪而論也)라고 하였다.

12) 방효유(方孝孺). 명초의 대표적인 유학자다. 영락제(永樂帝)가 자신의 조카 건문제(建文帝)를 죽이고 제위에 올라 방효유에게 즉위조서를 쓰라 했는데 방효유는 곡을 하고 욕설을 퍼부으며, "죽으면 죽었지 조서를 쓸 수 없다"라고 했다. 격분한 영락제는 그의 구족(九族)을 멸문시키고 친구와 문생(門生)까지 900여 명을 죽였다.

13) 이몽양(李夢陽). 명나라의 대표적인 문인이다. 여기서는 정덕제(正德帝) 때 환관들이 황제를 망쳐 정사를 돌보지 않게 하자 환관을 탄핵했다가 그의 동료들과 함께 투옥된 일을 가리킨다.

## 13장 | '곧다'는 말을 어떻게 생각하십니까

동자가 물었다. "증자께서 자양에게 말씀하시길, '스스로 돌이켜 보고 곧다면 천만인이 있다 해도 나는 간다'[1]라고 하셨고, 공자께서는 사어史魚를 칭찬하시면서 말씀하시길, '곧구나'[2]라고 하셨는데, 또한 앞의 말씀[12장]과 상반됩니다. 어떻게 생각하십니까?"

대답하였다. "이는 용맹을 행하는 말이다. 용맹이란 의가 발휘되는 것이고 의란 성인이 중요하게 쓰는 것이지. 하지만 의를 좋아하는 사람은 꼭 명命을 범하고 명을 말하는 사람은 의를 다하지 않지. 의와 명이 하나로 합치되어야 군자의 온전한 덕이 되는 것이야. 대용大勇과 대의大義를 가졌으면서도 감추고 간직한 채 형체와 자취를 드러내지 않는 사람이 아니라면 군자의 경지에 함께 들어갈 수 없지. 이것이 학문의 목표이니 구구한 여러 학생들이 알 수 있는 게 아니야. 그러므로 도는 나란히 함께 행하면서 서로 어그러지지 않는 지경에 도달해야 학문의 지극한 결과를 이루는 것이다. 어려운 일이지."

주)_____

1) 『맹자』「공손추 상」(公孫丑上) 제2장에 보이는 말이다. 해당 부분은 다음과 같다. "옛날에 증자(曾子)께서 자양(子襄)에게 말씀하시길, '그대는 용맹을 좋아하느냐. 내 일찍이 선생께 큰 용맹에 대해 들은 적이 있다. 스스로 돌이켜 보아 곧지 않다면 보잘것없는 사람이라도 나는 두렵게 할 수 없지만, 스스로 돌이켜 보아 곧으면 천만인이 있다 해도 나는 간다'라고 하셨다."(昔者曾子謂子襄曰, 子好勇乎, 吾嘗聞大勇於夫子矣, 自反而不縮, 雖褐寬博, 吾不惴焉, 自反而縮, 雖千萬人, 吾往矣)

2) 『논어』「위령공」 제6장에 보이는 말이다. 해당 부분은 다음과 같다. "공자께서 말씀하셨다. '곧구나, 사어여! 나라에 도가 있을 때에도 화살 같고 나라에 도가 없을 때에도 화살 같구나.'"(子曰, 直哉史魚! 邦有道, 如矢, 邦無道, 如矢) 사어(史魚)는 사관(史官) 어씨(魚氏)로, '史'는 관직명이고 '魚'는 성이며 이름은 추(鰌)다.

## |14장| 굴원에 대해 여쭙겠습니다

"굴원에 대해 여쭙겠습니다."

대답하였다. "그는 도를 몰랐지. 「어부사」漁父辭에, '세상 사람들이 모두 혼탁한데 나만 홀로 맑구나, 많은 사람들이 다 취했는데 나만 홀로 깨어 있구나'라고 하였는데, 이것이 굴자屈子[곧 굴원]가 스스로 화를 얻게 된 이유지. 자란子蘭이 참소해 해치거나, 회왕懷王이 총명하지 못해 그럴 수 있었던 것이 아니야. 우임금이, '어리석은 지아비, 지어미라 해도 다 나보다 나으리라'[1]라고 말하였고, 공자 말씀에, '지금 이 백성들은 삼대의 정직한 도로 행해 왔기 때문이다'[2]라고 하였는데 어찌 천하가 모두 혼탁하고 다 취했다 할 수 있겠느냐. 『중용』에 '윗자리에 있을 때는 교만하지 않고 아랫사람이 되어서는 배반하지 않는다. 나라에 도가 있을 때는 그 말을 충분히 흥기시키며 나라에 도가 없을 때는 그 침묵을 충분히 용납한다'[3]라고 하였으니 이는 학문이 성취한 바요, 도덕이 성숙한 것이다. 굴자가 미칠 수 있는 것이 아니지."

주)

1) 『서경』「오자지가」(五子之歌)에 보이는 말이다. 하나라의 임금 태강(太康)은 계(啓)의 아들로 정사를 돌보지 않고 수렵으로 나날을 보냈다. 이에 유궁(有窮)이라는 나라의 군주 예(羿)가 왕위를 빼앗아 버렸다. 태강의 다섯 아우가 이를 유감스럽게 생각해 옛날 자신들의 조부인 우(禹)가 백성을 다스리기 위해 힘쓴 것을 생각하며 노래를 지은 것이 「오자지가」다.
2) 『논어』「위령공」(衛靈公) 제24장에 보이는 말이다. 이에 대해 『동자문』 중권 21장에서 언급한 적이 있다.
3) 『중용』 제27장에 보이는 말이다. 『동자문』 하권 12장의 주 11) 참조.

| 15장 | 사물에 얽매이지 않고 세상과 함께 움직인다

동자가 물었다. "「어부사」에 이르기를, '성인은 사물에 얽매이지 않고 능히 세상과 함께 움직인다'라고 하였습니다. 이 말도 성인의 뜻에 부합하는 것입니까?"

대답하였다. "지혜로운 자의 말에 가깝긴 하지만 의義라는 한 글자가 빠졌다. 하지만 후세의 유학자들은 어찌 그 비슷하게라도 하겠느냐."

## 16장 | 이단의 말에도 취할 만한 것이 있습니까

동자가 물었다. "이단의 말 가운데에도 취할 만한 것이 있습니까?"

대답하였다. "있지. 노자가 이르기를, '천도는 잘 순환한다'[1]라고 하였고, 또 이르기를, '하늘의 그물은 넓고 넓어 성기지만 빠뜨리지 않는다'[2]고 하였지. 지극한 말이라 『시경』·『서경』 가운데 넣을 수 있다."

주)_____

1) 이 말은 『도덕경』에 보이지 않는다. 제30장에 "그 일은 잘 순환한다"(其事好還) 정도가 비슷한 말이다. 내용으로 보면 제40장에 "돌아오는 것이 도의 움직임이다"(反者, 道之動)라는 말이 가까울지 모르겠다.
2) 『도덕경』 제73장에 보이는 말이다.

## 17장 | 노장을 좋아하는 것이 해가 됩니까

동자가 물었다. "노장老莊의 학문은 성인 문하에서 이단이라고 지목합니다. 하지만 좋아해도 큰 해는 없을 것 같습니다."

대답하였다. "노장의 해는 작은 일에 징험해 보면 참으로 알기 어렵고, 큰 일에 징험해 본 뒤에야 그 해가 뚜렷이 드러나는 것이다. 선비나 보통사람들이 노장을 좋아하면 반드시 예법을 미워하고 자신을 단속하는 것을 싫어하지. 때문에 일을 그르치고 집안을 망치는 데 가서야 그치지. 이는 그 해가 작은 것이야. 대인大人이 이를 좋아하면 그 해가 천하와 국가에 미쳐 인심이 날마다 상하고 풍속이 날마다 무너져 난리와 패망이 곧 닥쳐올 것이니 두려워하지 않아서야 되겠느냐."

| 18장 | 삼대 이후에는 성인이 불교에서 나왔습니까

동자가 물었다. "불교를 믿는 한 사람이, '하·은·주 삼대에는 성인이 유학자 가운데서 나왔지만 삼대 이후에는 성인이 불교 가운데서 나왔다'라고 말했습니다.[1] 정말 그렇습니까?"

대답하였다. "아니다. 가까이 있어 평범하고 정상인 것을 보면 반드시 나태해져 불경하고, 멀리 있어 기이하고 색다른 것을 보면 반드시 놀라 고원하다고 하지. 이것은 예로부터 지금까지 늘 보는 병이야. 하물며 사람들이 보고, 성인이라 말하는 것이 각자 다르니 어떻겠느냐. 그 때문에 성인이라 부르는 이유도 그에 따라 다르지. 유자들은 어짊과 지혜가 하나로 합치되고[仁智合一],[2] 지극히 진실해 쉼이 없는[至誠無息] 사람을 성인이라 하지. 불자들은 청정무욕[3]해 명경지수明鏡止水 같은 사람을 성인이라 하지. 이것이 유자와 불자들의 성인됨이 크게 다른 까닭이야. 명경지수 같은 마음은 본래 형체를 갖춘 사람이 미칠 바가 아니지. 설사 명경지수 같은 사람이 있더라도 또한 장탄식에 지나지 않아. 하지만 천하국가를 다스림에 털끝만큼도 보탬이 되지 않는데 어찌 귀하다 할 수 있겠느냐.

달마·혜능·임제·운문[4] 같은 무리들은 저렇게 평소 세상을 피해 은둔하면서 사람과 관계를 끊어 버려, 안으로는 인륜에 매이지 않고 밖으로는 직무에 번거롭지 않지. 때문에 그 고상한 기풍과 늠름한 모습은 우러러 보고 존경할 만하더구나. 하지만 만약 그들을 인륜을 따라 살도록 해 사·농·공·상 사민四民의 일을 하도록 한다면 그 고상한 기풍과 늠름한 모습은 반드시 쓸쓸해지고 사라져 볼만한 것도 없을 것이다. 어쩌면 처자식을 소리쳐 꾸짖고 종을 때려, 아녀자들은 불화하고 가법은 무너지는 지경에 이를지도 모르지. 또 관직을 맡겨 일을 하나라도 받도록 하면 반드시 뒤엎어 버리고 어지럽게 해 모든 일이 망가져, 스스로를 꾸짖으며 일을 팽개치고 떠날 지경에 이를 게야. 훌륭한 관리가 세밀하게 일을 다루는 것보다 훨씬 더 못할 텐데 감히 방현령·두여회·한기·범중엄[5]같이 훌륭한 사람들을 바라겠느냐. 불가에서 말하는 성인을 어찌 존경할 수 있겠느냐. 송나라 300년 동안 선禪이 찬연히 빛나 종고[6] 같은 사람이 없지. 하지만 그가 일을 할 때 단속한 것이 적고, 감정을 드러낼 때 절도에 맞지 않았던 걸 보면 실제는 한기·범중엄같이 훌륭한 사람들의 백 분의 일도 미치지 못하니 그 사람도 알 만하다."

주)

1) 송나라 승려 혜홍 각범(惠洪覺範)의 『냉재야화』(冷齋夜話)에, "주세영(朱世英; 주정걸朱庭傑)이 말하였다. 내가 전에 문공(文公; 왕안석)을 따라 정림(定林)에 며칠 머문 적이 있었는데 들어 보지 못했던 것을 들었다네. 한번은 문공이 말씀하시길, '그대는『유협전』(游俠傳)을 읽어 본 적이 있는가. 이 마음을 움직여 무상보리(無上菩提; 지극한 깨달음)를 배우게 하니 누가 막을 수 있겠는가' 하셨지. 또 말씀하시길, '주나라와 삼대

(三代) 시절에는 성인이 대부분 우리 유학자 가운데서 나왔지만 양한(兩漢) 이후에는 성인이 대부분 불교 가운데서 나왔네. 이는 바꿀 수 없는 의론일세'라고 하셨지"라는 기록이 보인다.
2) 장재의 『정몽』(正蒙) 「성명」(誠明) 제6, "의와 명이 하나로 합치되어 리에 보존돼 있으며, 어짊과 지혜가 하나로 합치되어 성에 보존돼 있다"(義命合一存乎理, 仁智合一存乎聖)에서 온 말이다.
3) 『동자문』 중권 13장 주1) 참조
4) 달마(達磨)·혜능(慧能)·임제(臨濟)·운문(雲門). 달마는 후위(後魏) 때 천축에서 와 선종을 창시한 사람이며, 혜능은 당나라 때 승려로, 선종의 5조인 홍인에게 선법을 물려받아 선종의 6조가 되었다. 흔히 육조혜능(六祖慧能)으로 불리며 조계(曹溪)에 머물렀다. 유종원이 쓴 혜능의 비문이 전해진다. 임제는 선종의 일파인 임제종(臨濟宗)을 창시한 당나라의 임제 의현(義玄)을 말하며, 운문은 선종의 일파인 운문종(雲門宗)을 창시한 후당(後唐)의 문언선사(文偃禪師)를 말한다. 임제종과 운문종은 둘 다 송나라 때 번성했다.
5) 방현령(房玄齡)·두여회(杜如晦)·한기(韓琦)·범중엄(范仲淹). 방현령과 두여회는 당나라 태종(太宗) 때의 명재상이며 한기와 범중엄은 송나라 인종(仁宗) 때의 명재상으로, 모두 명재상의 대명사이다.
6) 종고(宗杲). 송나라 때 승려로 자는 담해(曇海)이며 시호는 보각(普覺)이다. 송 효종(孝宗)에게 '대혜선사'라는 칭호를 받아 대혜종고라는 별칭으로도 불린다. 저서로『임제정종기』(臨濟正宗記) 등이 있으며『대명고승전』(大明高僧傳) 등에 그의 전(傳)이 있다.

| 19장 | 불법은 번창하는데 유학은 그렇지 못합니다

동자가 물었다. "불법은 굉장히 번창하는데 공자의 가르침이 적막한 것은 어째서입니까?"

대답하였다. "일상을 싫어하고 새로움을 좋아하며 정상을 미워하고 기이함을 좋아하는 것은 예나 지금이나 늘 보는 병이지. 공자 말씀에, '나라에 도가 있을 때에는 가난하고 천한 것이 부끄러운 일이며, 나라에 도가 없을 때에는 부자이며 귀한 것이 부끄러운 일이다'[1]라고 하였다. 지금의 불교처럼 유교가 번창한다면 바로 요순 삼대의 전성기 같겠지. 후한 명제明帝와 당나라 태종太宗의 문교文教 숭상 정책을 쓴다 한들 어찌 감히 그것에 만 분의 일이라도 견줄 수 있겠느냐. 하지만 부처의 가르침에는 지극한 것이 있고 지극하지 않은 것이 있어서, 잘 쓰면 불교는 보존되지만 버려두면 사라져 버리지. 어디든 없는 곳이 없고 언제든 그렇지 않은 때가 없는 우리 성인의 도와는 달라. 불교는 본연의 도가 아니기 때문이지. 지금 천하 사람들에게 다 도첩을 나눠 줘 모두 중이 되게 할 수 없고 천하의 집을 다 헐어 모두 절[2]로 만들 수 없다면[3] 이는 그 도가 지극한 것이 있고 지극하지 못한 것이 있기 때문이다. 또 요순 삼대의 전성기에 노장의 학문이 있었다고 듣지 못하였고 후한 명제 이전에는 또한 불법도 없었으니 불교를 두고 잠시도 떠날 수 없는 도[4]라고 말할 수는 없지.

성인의 도는 그렇지 않아. 동이·서융·남만·북적의 오랑캐는 군왕의 교화가 미치지 않고 언어가 통하지 않지만 군신·부자·부부·붕우·형제의 인륜을 가질 수밖에 없고 또 효제충신을 선善으로 삼을 수밖에 없지. 무릇 천하에 출가해 중들의 검은 옷을 입지 않고 군신·부자·부부·붕우·형제의 인륜 사이에 사는 사람은 모두 다 유학자인 것이다. 사민四民의 일을 하면서 불효不孝·부제不悌·불충不忠·불신不信하는 지경에 이르지 않는 사람도 모두 다 유학자인 것이야. 배우거나 배우지 않은 것에 얽매이지 않아. 때문에 자하는, '배우지 않았다 하더라도 나는 반드시 배웠다고 할 것이다'[5]라고 말한 게지. 요·순·공자의 도가 해와 달과 함께 비추며 천지가 다하는 날까지 떨어지지 않으리라[6]는 것을 알 수 있으니, 아아 얼마나 성대한 것이냐. 때문에 불법은 성대한 듯하지만 실은 미약하고, 공자의 도는 미약한 듯하지만 실은 성대하니, 둘은 나란히 함께 견줄 수 없는 것이다."

주)_____
1) 『논어』「태백」(泰伯) 제13장에 보이는 말이다.
2) 절의 원문은 '蘭若'. 『정자통』(正字通)에 다음 기록이 보인다. "중들이 머무는 곳을 난야, 또는 아란야(阿練若)라고도 하는데 비고 조용한 곳(空靜處)이란 뜻이다."
3) 이 글 전반의 물교 비판은 내용뿐 아니라 문장 구사에서, 특히 이 구절에서 한유가 쓴 「원도」의 흔적이 뚜렷하다. 아래 부분에 사(士)·농(農)·공(工)·상(商)을 뜻하는

사민(四民) 운운하는 곳에서도 「원도」의 영향이 감지된다.
4) 『중용』 제1장에 보이는 말로, 『동자문』 상권 9장, 14장, 28장 등에서 이미 언급한 적이 있다.
5) 『논어』 「학이」(學而) 제7장에 보이는 말이다.
6) 주희의 「소학 제사」(小學題辭)에 보이는 말을 가져왔다.

| 20장 | 고명하고 박학한 선비가 선(禪)을 좋아한 까닭

동자가 물었다. "당나라의 재상 배휴裵休와 백낙천白樂天, 송나라의 소동파와 여원명[1] 같은 사람들은 모두 고명하고 박학한 선비입니다. 이들은 무슨 연유로 또한 선禪을 좋아한 것입니까?"

대답하였다. "고명은 얻기 쉽고 박학은 믿을 수 없는 것이다. 오직 중용을 터득하기 어렵지. 때문에 공자는 안자顔子를 칭찬하면서, '회回는 사람됨이 중용을 택하였구나'[2]라고 말씀하셨는데 이것이 안자가 대현大賢 아성亞聖이 된 까닭이지. 고명하면서 도에 맞지 않으면 저절로 이단에 들어갈 수밖에 없고, 박학하면서 올바르지 않으면 또한 이단에 섞일 수밖에 없지. 이는 모두 스스로 빠진 것이니 참으로 괴이할 게 없는 거야. 또 마음속에 근심이 많거나 혹은 세상일과 어긋나 번민하다가 애써 그것을 없애려 하건만 그럴 수 없는데 홀연 선이나 노장의 말을 듣고, 그 광대하게 포용하며 일마다 거리낌 없는 것에 기뻐하며, 자기도 모르게 스스로 그 구덩이에 빠지는 그런 송류의 사람들도 있지. 평정平正하고 통명通明해 마음을 의연하게 두는 사람이라면 진짜 부처가 나타나 그를 위해 설법을 한다 해도 또한 흔들리지 않을 것이거늘. 하물며 도가 있는 선비라면 어떻겠느냐.

이치는 시비를 가릴 때 흑백이 반대되고 동서가 저절로 정해진 것과 같다. 눈이 있는 사람은 다 분별할 수 있고 지혜를 가진 사람은 다 알 수 있지. 심하게 홀린 사람의 경우라면 검은 것을 희다 하고 서쪽을 동쪽으로 인식해 착란을 일으키니 말로 깨우쳐 줄 수 없지. 단지 어리석은 사람만 그러는 것이 아니라 똑똑하고 지식 있는 사람의 경우에는 더욱 심하지. 스스로를 지키는 것이 아주 확고하고 스스로를 믿는 것이 매우 깊어, 성인이 그를 위해 쇠를 뽑아내고 속박을 풀어 주어도 끝내 고개를 돌려 지나온 길을 고치지 못해. 안타까운 일이지. 멀리 헤매지 않은 사람은 혹 집으로 돌아올 수 있지만 천리 바깥으로 헤매는 사람은 종신토록 돌아올 수 없지. 어리석은 사람은 얕게 홀려 멀리 헤매지 않은 사람과 같지만, 똑똑하고 지식 있는 사람은 깊이 홀려 천리 바깥으로 헤매는 사람과 같아. 나는 어리석은 사람을 위해 걱정하는 게 아니라 심히 똑똑하고 지식 있는 사람을 위해 두려워한다."

주)

1) 여원명(呂原明; 여희철呂希哲). 주희의 『이락연원록』(伊洛淵源錄) 권7 「여시강」(呂侍講)에 자세한 행적이 보인다. 그 기록 가운데 그가 유학을 배우고 또 고승에게 불교를 배우고 난 후, "깊이를 참작하고 융통한 뒤에 불교의 도가 우리 성인과 합치됨을 알았다"는 말이 보인다.

2) 『중용』 제8장에 보이는 말이다. 전문은 다음과 같다. "공자께서 말씀하셨다. '안회의 사람됨이 중용을 가려 선 하나를 얻으면 붙들어 두고 잃지 않는다.'"(子曰, 回之爲人也, 擇乎中庸, 得一善, 則拳拳服膺而弗失之矣)

| 21장 | 주자와 육상산의 같고 다름을 여쭙겠습니다

"주자와 육상산의 같은 점과 다른 점을 여쭙겠습니다."

대답하였다. "주자와 육상산으로 주자와 육상산을 분변한다면 두 사람의 옳고 그름은 알 수 없지. 하지만 공자와 맹자로 주자와 육상산을 분변한다면 주자와 육상산의 옳고 그름이 확연히 갈라지지. 성인은 천하고금에 모두 당연하게 여기는 도를 밝히고 천하고금에 모두 당연하게 여기는 덕을 높여,[1] 사람들이 이 도와 덕을 따라 행하도록 했으니 이른바 인의예지가 이것이다. 충신을 바탕으로 해 독경篤敬으로 인의예지를 지키며 서恕로 인의예지를 행하는 것, 이 모두는 인의를 닦는 것이지. 이른바 사람의 도[人道]를 세웠다 하였으니 바로 인과 의를 말한다.

주희와 육상산 두 사람의 학문은 번나함과 간결힘, 믿숨에 니기는 것과 서서히 나아가는 것[漸進]의 차이는 있더라도[2] 성인의 학문에서 보자면 도와 차이나는 점은 한가지지. 그것은 무엇이냐. 성인은 단지 심心만 말한 적이 없고 또 단지 리理만 말한 적도 없지. '성인이 이른바 심이란 모두 인의의 양심을 가리켜 말한 것이지, 허령지각[3]하는 심이 아니야. 성인이 이른바 리란 모두 일에 조리가 있음을 말한 것⁴⁾이지 무성무취⁵⁾한 리가 아니란다. 후세에 칭하는 것과는 아주 다르지.

회옹의 학문은 넓지만 그 요체는 사람이 학문을 하는 이유는 심과 리에 있을 뿐이라고 할 수 있지. 상산은 '이 마음[心]의 신령스러움과 이 이치[理]의 밝음'⁶⁾을 말했지. 두 사람 모두 천하고금에 모두 당연하게 여기는 도덕에 따르기를 구하지 않고 자기의 마음과 사물의 리에서만 구했음을 알 수 있지. 이것이 공자·맹자와 어긋나지 않을 수 없는 까닭이야. 사람이 학문을 함에 조금이라도 소홀히 하면 미치지 못하고[不及], 지나치게 세밀하면 넘어가[過] 버리지. 두 분의 학문은 모두 리를 설명하는 데 지나친 세밀함이 문제이니 이는 배우는 사람들이 깊이 경계해야 할 것이다."

주)

1) 『동자문』 중권 13장은 이 문제를 전반적으로 논의한 곳이다.
2) 주희는 번잡하고 점진적으로 나아감을, 육구연은 간단하고 단번에 깨닫기를 특징으로 함을 말한다.
3) 허령지각(虛靈知覺). 이 말은 주희의 「중용장구 서」(中庸章句序)에 보이는 표현이다. 주희는 이 말을 마음은 텅 비었으면서도 신령한 작용을 해 사물을 인식하고 지각한다는 정도의 의미로 썼다.
4) 『동자문』 중권 66장에서 이 문제를 논의했다.
5) 무성무취(無聲無臭). 『중용』에 보이는 말을 가져왔다.
6) 육상산의 「잡설」(雜說)에 보이는 말이다.

| 22장 | **주자와 육상산에 대한 양명의 견해를 여쭙니다**

동자가 물었다. "왕양명이 서성지徐成之에게 답한 두 통의 편지[1]에서 스스로 이런 말을 했습니다. '천하가 모두 주자가 옳고 육상산은 틀렸다고 합니다. 의론이 정해진 지 이미 오래되어 하루아침에 뒤집기 어렵습니다. 우선 둘 다 옳다는 말로 조정해서 사람들이 스스로 생각해 알 수 있도록 하려 합니다.' 이 말씀에 대해 어떻게 생각하십니까?"

대답하였다. "무릇 용기는 결단에서 생기고 결단은 총명에서 생기며 총명은 지혜에서 생기니 지혜는 학문으로 커지는 것이다. 지혜가 밝아지면 시시비비를 조금도 가차 없이 한 칼에 둘로 나누지. 때문에 맹자께서 '내 어찌 변론하기를 좋아하겠느냐. 어찌할 수 없어서이다'[2]라고 말씀하신 것이다. 양명의 사람됨은 누구보다 총명해 고금에 보더라도 주자와 육상산조차 양명보다 훨씬 못하지. 하지만 양명의 학문은 공소空疎하고 연마한 공부가 매우 적은 데다 그 학문조차 본래 선禪에서 터득한 것이라 공자와 맹자의 종지와는 실로 커다란 차이[3]가 있지. 그러므로 그 편지글은 모호하고 혼란스러워[4] 주자와 육상산 두 분의 핵심을 찌르지 못했고 대부분

주자 문하를 보호하는 것처럼 보이지. 다만 편지 가운데 이른바 '주자를 배반하는 데는 신중하고 공자에게 반기를 드는 일을 싫어하지 않는다'[5]는 몇 구절은 참으로 지금 학자들의 진짜 병을 바로 맞혀 꿰뚫었구나."

주)

1) 왕양명(王陽明)의 「서성지에게 답하는 글」(答徐成之書) 두 통은 51세 때인 임오년(1522)에 보낸 편지를 말한다. 첫번째 편지에 동자의 인용 글이 보이는데 약간 차이가 있다. "주자가 옳고 육상산이 틀렸다는 말로 천하의 의론이 정해진 지 오래되었습니다. 오래되면 변하기 어렵습니다. 그렇지만 형의 논쟁이 아니었다면 여암도 어떻게 갑작스레 그 말을 실행할 수 있었겠습니까? 그러므로 저는 두 분 형들께서는 오늘 논쟁에서 꼭 이기려고 해서는 안 된다고 생각합니다."(是朱非陸, 天下之論定久矣, 久則難變, 雖微吾兄之爭, 輿庵亦豈能遽行其說, 故僕以爲二兄今日之論, 正不必求勝)
2) 『맹자』「등문공 하」(滕文公下) 제9장에 보이는 말이다. 『동자문』「중권」 65장에서 인용한 적이 있다.
3) 원문은 '數塵'. 진(塵)은 시간을 나타내는 단위다. 유교에서는 세(世), 불교에서는 겁(劫), 도교에서는 진(塵)이라고 한다. 일진(一塵)을 500년으로 보기도 한다.
4) 원문은 '衡決'. 횡렬(橫裂)과 같은 말로, 앞뒤가 어긋나고 들어맞지 않는 것, 혼란스럽고 분잡(紛雜)함을 말한다. 한나라 가의(賈誼)의 「치안책」(治安策)에 그 용례가 보인다. "본말이 어긋나고 수미가 달라."(本末舛逆, 首尾衡決)
5) 이 구절은 「서성지에게 답하는 글」에 나오는 말이 아니라 『전습록』(傳習錄) 중권 「나정암 소재에게 답하는 글」(答羅整庵少宰書)에 보인다. 나정암은 나흠순(羅欽順)을 말하며 정암은 그의 호다. 명나라 때 저명한 주자학자로, 양명이 주희가 새로 편장을 나눈 『대학』을 쓰지 않고 고본(古本)을 회복한 것을 비판하였다. 양명의 이 편지는 그러한 나정암에게 자신의 격물(格物) 해석을 담고 있다. 원문과 약간 차이가 있다. 양명의 말은, 학문은 마음에서 얻는 것을 귀하게 여기므로 마음에서 구해 그르면 공자에게서 나온 말이라도 옳게 여기지 않겠다, 마음에서 구해 옳다면 그 말이 평범한 사람에게서 나왔더라도 그르다 여기지 않겠다, 하물며 공자의 말임에랴, 옛날 판본은 문장이 명백해 통할 수 있고 쉽고 간단한데 무슨 근거로 편집하였는가, 하며 주자의 『대학』 편집을 비판한 뒤에 나온 말이다. "이것이 어찌 주자를 배반하는 데는 신중하고, 공자에게 반기를 드는 데는 경솔한 것이 아니겠습니까?"(無乃重於背朱, 而輕於叛孔已乎)가 본래 문장이다.

| 23장 | 옛사람들은 어디에서 도를 구했습니까

동자가 물었다. "주자와 육상산의 학문은 모두 천하고금에 모두 당연하게 여기는 도가 아니라는 말씀은 잘 알았습니다. 그렇다면 옛사람들은 자기 마음과 사물의 리에서 도를 구하지 않았습니까?"

대답하였다. "옛사람들이 어찌 자기 마음에서 구하지 않았겠으며 또한 어찌 사물의 이치를 설명하고 밝히지 않았겠느냐. 다만 송나라 유학자와 멀리 차이가 나 스스로 달라진 것이다. 인에 살면서 의를 따르며 충신忠信으로 인의를 지키고 경서敬恕로 이를 실천한다, 이것이 옛사람들이 자기 마음에서 구한 것이야. 후세 학문이 성인의 책을 강의하지 않는 것은 아니나 스스로 학문을 하는 방법에서는 별도로 일종의 명목을 세워 학문의 종지로 삼았지. 예컨대 '욕심을 없애고 고요함을 수로 한다',[1] 성을 유시한다,[2] 양지에 이른다[3] 등의 학설이 이것이지.

사물의 이치를 강구하는 문제는 옛사람도 그만두지 않았지. 다만 옛사람들은 수기치인修己治人을 학문으로 삼았기 때문에 사물의 이치를 강구하는 일은 자연히 여가의 일이 되어 여기에만 힘을 쏟지 않은 게야. 후세에는 격물궁리格物窮理를 최초 입문 공부로 삼아 천문·지리·음악·역법·군사·법률·농업·의학·점복에서부터 풀 한 포기, 나무 한 그루 같은 작은 것까지 갈고 닦고 연구해 그 리를 찾지 않는 게 없지. 말하기를, '책 한 권을 읽지 않으면 한 권의 리를 빠뜨리게 되며, 한 가지 일을 끝까지 궁리하지 않으면 일 하나의 리를 빠뜨리는 것이다'[4]라고 했지. 천하의 책은 그 양을 이루 다 헤아릴 수 없고 천하의 일은 그 번다함을 감당할 수 없는데 그 리를 하나하나 다 깨우치려 한다면 날이 부족해 수기치인 공부조차 치지도외置之度外 할 수밖에 없지. 근세의 대유들도 대부분 이 때문에 허다한 세월을 썩히고 있으니 안타까울 뿐이다."


주)──
1) "욕심을 없애고 고요함을 주로 한다"(無欲主靜). 『태극도설』(太極圖說)에 보이는 말로 주돈이의 설(說)이다.
2) "경을 유지한다"(持敬). 거경궁리(居敬窮理)라고도 하며 정주학의 요체다.
3) "양지에 이른다"(致良知). 왕양명의 학설을 말한다.
4) 『주자어류』 권117에 보이는 말이다.

| 24장 | 방심 찾기와 무슨 차이가 있습니까

동자가 물었다. "요즘 학문은 방심放心 찾기를 요체로 합니다. 때문에 정자께서는, '성현의 수많은 말씀은 단지 사람들이 놓아 버린 마음을 묶어 다시 몸에 들어오도록 하려는 것일 뿐이다'[1]라고 말씀하셨습니다. 지금 말씀하신 것과 무슨 차이가 있습니까?"

대답하였다. "후세에 말하는 방심 찾기는 바로 불교에서 말하는 정심定心이지 맹자의 뜻이 아니야. 맹자가 말하는 방심은 인의의 양심을 놓아 버려 잃었음을 말하는 게지. 대개 사랑하고 가여워함은 인간의 본심이지. 날마다 불인한 일을 하고도 반성하지 않는 것이 바로 방심이야. 이를 찾는다는 말은 스스로 그 잘못을 깨달아 인애仁愛를 마음에 보존하려 한다는 것이지, 정신을 수습하고 생각을 버려 마음만을 지킨다는 뜻이 아니다. 때문에 '인은 사람의 마음이요, 의는 사람의 길이거늘 그 길을 버려두고 가지 않으며 그 마음을 놓아두고 구할 줄 모른다'[2]고 했고, 또 '사람에게 있는 것이 어찌 인의의 마음이 아니겠는가. 양심을 놓아두는 것은 또한 도끼와 자귀로 나무를 찍는 일과 같다'[3]라고 말했지. 무릇 마음이란 생물[活物]

이고 배움이란 살아 있는 법[活法]이어서, 활법으로 활물을 다스림은 초목을 기르는 것과 같아야 하는 것이다. 힘써 물을 대 주고 북돋아 주어, 꺾거나 휘어 그 생기를 깎아 먹거나 막아 끊어서는 안 되는 것이지. 때문에 '제대로 기르면 자라지 않을 물건이 없으며, 제대로 자라지 않는다면 사그라들지 않을 물건이 없다'⁴⁾라고 말했지.

근래 이른바 방심 찾기는 '욕심을 없애고 고요함을 주로 한다'[無欲主靜]는 말에서 나온 것으로 모두 마음을 꺾거나 휘어 버리는 종류일 뿐이야. 『서경』에 이르기를, '하루 이틀에 온갖 일이 있다'⁵⁾라고 했고, 『논어』에 이르기를, '군자에게는 아홉 가지 생각이 있다'⁶⁾라고 하였지. 천자의 지위에 있으면 천자의 직분이 있고, 재상과 백관의 일이 있으면 재상과 백관의 책임이 있으니 좌우에 응대하느라 편안하게 지낼 겨를이 없지[不遑啓處]⁷⁾ 구구하게 죽음을 정해 놓고 이 마음을 묶고 매두는 것을 일로 여기면 이는 모두 마음의 활동을 없애 버리는 것이야. 어떻게 마음이 온갖 변화에 대응하는 주인이 될 수 있겠느냐. 불가의 말은 맹자의 뜻과 불과 얼음처럼 상극이란다."

주)
1) 이 말의 출전은 『근사록』 권4이다.
2) 『맹자』 「고자 상」(告子上) 제11장에 보이는 말로 『동자문』 상권 56장에 인용한 적이 있다.
3) 『맹자』 「고자 상」 제8장 소위 '우산장'(牛山章)에 나오는 말이다.
4) 『맹자』 「공손추 상」(公孫丑上) 제2장 소위 '호연지기장'(浩然之氣章)에 나오는 말이다.
5) 『서경』 「고요모」(皐陶謨)에 보이는 말이다.
6) 『논어』 「계씨」(季氏) 제10장에 보이는 말이다. 아홉 가지 생각[九思]이란 볼 때에는

밝음을 생각하고(視思明), 들을 때에는 귀가 밝을 것을 생각하고(聽思聰), 얼굴빛은 온화하게 할 것을 생각하고(色思溫), 용모는 공손하기를 생각하고(貌思恭), 말은 충성스럽게 할 것을 생각하고(言思忠), 일은 경건함을 생각하고(事思敬), 의심스러운 것은 물을 것을 생각하고(疑思問), 분함에는 어려움을 생각하고(忿思難), 얻을 것을 보면 의로움을 생각한다(見得思義) 등 아홉 가지를 말한다.
7) 원문 '不遑啓處'란 문자는 『시경』 「소아」(小雅) '채미'(采薇)에서 가져왔다.

| 25장 | 활법으로 활물을 다스린다는 말은 무엇입니까

동자가 물었다. "활법으로 활물을 다스린다는 말은 무슨 말씀이십니까?"
대답하였다. "학문은 모름지기 '살아 있는 도리'[活道理]를 보아야지 '죽은 도리'[死道理]를 지켜서는 안 된다. 마른 풀, 썩은 뿌리, 쇠, 돌, 도자기, 기와 등을 죽은 물건이라 하는데 고정되어 증감이 없기 때문이지. 사람은 그렇지 않아서 전진하지 않으면 물러나고, 물러나지 않으면 꼭 전진해 한 순간도 쉬지 않으니 죽은 물건과 같지 않지. 그러므로 군자는 허물 없는 것을 귀하게 여기지 않고 잘못 고치기를 귀하게 여기지. 송나라 경원慶元 연간1195~1200 노성한 제유諸儒들의 학문은 꼼꼼하게 헤아려 보고 마디마디 따져 보아 붙잡고 지키는 데 힘써, 털끝만큼도 다른 사람의 지적을 용납하지 않았지. 때문에 그 성질이 급하고 엄해, 관대하고 너그러우며 온화한 기상을 볼 수 없다. 이를 두고 '죽은 도리'를 보았지, '살아 있는 도리'를 보지 못했다고 한 것이야. 남헌南軒[장식]과 동래東萊[여조겸] 두 사람만은 관대하고 여유로워 즐거울 수 있었지. 이들의 기질이 그렇기도 했을 텐데 학문에서도 많이 다투질 않았지. 군자는 종일토록 부지런하면서 저녁에는

두려워하듯 해야 하고,¹⁾ 조심하고 두려워하면서 깊은 연못에 임한 듯 얇은 얼음을 밟는 듯해야 하는 것이야.²⁾ 하지만 그 마음은 느긋하게 여유가 있어야 하지. 그러므로 성인의 말씀은 드넓게 보이지만 실제로는 뜻이 와 닿으니 바로 '살아 있는 도리'를 보기 때문이야.

『대학』에 이르기를, '전후의 순서를 알면 도에 가깝다[近]'³⁾라고 하였고, 『논어』에 이르기를, '믿음이 의에 가까우면 그 약속한 말을 실천할 수 있고, 공손함이 예에 가까우면 치욕을 멀리 할 수 있다'⁴⁾고 하였지. 만약 후세의 유학자들이 이런 말을 했다면, 틀림없이 '전후의 순서를 알면 도에 합치된다[合]'고 할 것이고, 틀림없이 '믿음은 의에 합치되고 공손함은 예에 합치된다'고 하면서 '가깝다'는 말을 쓰지 않았을 것이야. 그렇다면 성현이 모두 '가깝다'고 말한 것은 어째서일까. 『중용』에 이르기를, '충서는 도와 거리가 멀지 않다'⁵⁾고 하였으니 또한 가까움을 말한 것이지. 도는 광대한데 어디를 잡아 지킨단 말이냐. 그렇기 때문에 오직 충신을 주로 해야지⁶⁾ 억지로 하지 말아야 하는 것이다. 충신을 주로 하면 도에 들어맞지 않더라도 도에서 멀어지지는 않지. 억지로 하면 밖으로는 비슷해 보여도 실상 안에서는 틀리게 되지. 성인의 도는 여유가 있고 드넓어 급히 서두를 수 없고 억지로 할 수도 없는 것이다. 안자는 아성인데도 '석 달 동안 인을 어기지 않았다'⁷⁾고 말할 정도였고 증자는 행동을 독실히 했는데도 또한 병이 위독해지자 비로소 자리를 바꾸었지.⁸⁾ 천지의 변화도 이와 같은 것이다. 24절기, 72절후⁹⁾는 진행하기도 하고 물러나기도 해 추위와 더위, 따뜻함과 시원함을 칼로 자르듯 그 수와 똑같이 할 수 없으니 역시 살아 있는 물건이기 때문이지.

『논어』에 이르기를, '예는 사치스럽기보다는 차라리 검소해야 한다'¹⁰⁾고 하였고, 또 이르기를, '사치하면 불손하고 검소하면 고루해진다. 불손하기보다는 차라리 고루한 것이 낫다'¹¹⁾라고 하였지. '차라리'[寧]라는 말은 거의 그렇다는 뜻이니 또한 '가깝다'는 말이다. 성인이 어찌 하나하나 중中을 터득하기를 바라지 않겠는가마는 꼭 그렇게 할 수 없었기 때문에 '차라리'라고 말씀하셨지. 사람들에게 한 걸음 물러나게 함으로써 실질로는 앞으로 나아가도록 한 것이야. 주석가들은 성인의 미묘한 뜻이 있는 곳을 알지 못해 앞장에서는 이 말을 풀이하면서, '예는 중을 터득하기를 귀하게 여긴다. 사치하면 지나치고 검소하면 미치지 못한다. 두 가지 모두 예에 합치되지 않는다'¹²⁾라고 하였고, 또 뒷장을 풀이하면서, '사치와 검소 모두 중을 잃었으므로 부득이해서 당시의 병폐를 바로잡은 것이다'¹³⁾라고 하였지. 과연 그 말대로라면 성인의 이 말씀은 모두 중도에서 그만둔 것이라 가르침이 되지도 못했을 것이다.

　　명도明道 선생이, '도가 넓으니 어디에서 착수해야 하는가. 성誠을 세워야 비로소 머물 곳이 생긴다'라고 말하였고, 또 말하길, '마음을 참되게 하는 데로 나아가야 그 문장이 도에 맞지 않더라도 도에서 멀지 않다'¹⁴⁾라고 하였지. 이천伊川 선생은, '사람의 도는 충신에 있을 뿐이다'¹⁵⁾라고 말하였고. 모두 확고한 말들이건만 사람들은 그 깊은 의미를 모르지."


주)＿＿＿＿
1) 『주역』 「건괘」(乾卦) 구삼(九三) 효사(爻辭)에 보이는 말이다.
2) 『시경』 「소아」(小雅) '소민'(小旻)에 나오는 구절을 쓴 것이다.
3) 『대학』 제1장에 보이는 말이다.
4) 『논어』 「학이」(學而) 제13장에 있는 유자(有子; 유약)의 말이다.
5) 『중용』 제13장에 보이는 말이다. 해당 부분은 다음과 같다. "충서(忠恕)는 도(道)와

거리가 멀지 않으니 자기 몸에 베풀어 보아 원하지 않는 것을 또한 남에게 베풀지 않는 것이다."(忠恕違道不遠, 施諸己而不願, 亦勿施於人)
6) 원문 '主忠信'이란 말은 『논어』「학이」 제8장 공자의 말이다.
7) 『논어』「옹야」(雍也) 제5장에 보이는 공자의 말이다. 이 장 전문은 "子曰, 回也, 其心三 月不違仁, 其餘則日月至焉而已矣"이다. 다양한 해석이 있는데 주희는 이렇게 풀었다. "회는 그 마음이 석 달 동안 인을 어기지 않았다. 나머지 사람들은 하루나 한 달에 한 번 인에 이를 뿐이다." 주희는 3개월을 오랜 기간으로 보고 여기에 주목했지만, 이토 진사이는 다르게 본다. "3개월은 오래됨을 말한다. 그 나머지는 문학과 정사(政事) 따위를 말한다. 그 나머지는 볼 것도 없다는 뜻이다. '日月至'는 일월이 저절로 이르는 것을 말한다. 이는 안자의 마음이 저절로 인에 합칠 수 있음을 아름답게 여긴 것이다. 인을 행함은 천하에 어려운 일이다. 안자의 마음만은 능히 인에 합해 3개월이란 오랜 시간에도 저절로 어긋나지 않는다. 그 외에 문학과 정사 따위는 그것에 힘을 쓰지 않는다 해도 해와 달이 뜨듯 저절로 된다는 말이다. 어찌 어질지 않은 것이 겠는가."
8) 자리를 바꾸다. 원문은 '易簀'. 죽음을 가리키는 말이다. 증자(曾子)가 임종할 때 계손(季孫)에게 받은 대자리(簀)에 누워 있었는데 자신은 대부(大夫)가 아니기 때문에 이를 깔 수 없다 하면서 다른 자리로 바꾸게 한 다음 운명했다는 고사에서 유래하였다. 끝까지 직분을 잃지 않는다는 의미로도 쓰인다. 『예기』「단궁」(檀弓)에 보인다.
9) 24절기(節氣) 72절후(節侯). 24절기는 입춘·우수·경칩·청명 등 사계절에 여섯씩 배당된 절기를 말하며, 72절후는 24절기에 각각 세 가지씩 배당된 자연 현상을 말한다. 예컨대 입춘에는, ①동풍이 불어 얼음을 녹이고(東風解凍), ②겨울잠 자던 벌레가 일어나기 시작하며(蟄蟲始振), ③물고기가 얼음 위로 올라오는(魚上氷) 따위를 말한다. 『소문』(素問)에, "5일(五日)을 후(候)라 하고 3후(三候)를 기(氣)라 하며 6기(六氣)를 시(時)라 하며 4시(四時)를 세(歲)라 한다"는 기록이 있다. 1년을 대략 300일로 해서 3개월씩 4계절로 나누고 각 계절마다 6절기를 배정하고(15일마다 1절기가 돌아온다), 5일마다 절후, 즉 계절의 징후가 나타난다고 본 것이다.
10) 『논어』「팔일」(八佾) 제4장에 보인다. 『동자문』 중권 27장에 인용한 적이 있다.
11) 『논어』「술이」(述而) 35장에 보이는 말이다. 『동사문』 하권 5장에 인용한 적이 있다.
12) 『논어』「팔일」 제4장, "예는 사치스럽기보다는 차라리 검소해야 하고, 상은 형식을 잘 갖추기보다는 차라리 슬퍼해야 한다"(禮, 與其奢也, 寧儉 喪, 與其易也, 寧戚)에 대한 주희의 주를 말한다. 「팔일」이 「술이」보다 편차가 앞서기에 앞장이라 한 것이다.
13) 『논어』「술이」 제35장에 대한 조씨(晁氏; 조열晁說)의 풀이를 말한다.
14) 명도 선생 즉 정호의 이 두 말은 『근사록』 권2에 보인다.
15) 『논어』「학이」 제8장의 공자의 말 "主忠信"에 대한 주석에 정자의 말로 인용되었다.

## |26장| 유와 무에 대해 알고 싶습니다

　동자가 물었다. "노자께서 말씀하시길, '유有는 무無에서 생긴다'[1]라고 하셨는데, 송나라 유학자들은 무 가운데 유를 포함한다고 말합니다. 차이가 무엇입니까?"
　대답하였다. "두 말은 확실히 분별해야 하지. 하지만 말이 유무에 미치면 다툴 문제도 많질 않지. 노자는 허무를 근본으로 삼기에 예의禮儀 삼백, 위의威儀 삼천은 모두 성인이 의도를 가지고 만들었다고 했지. 때문에 예를 거짓이라 하고, 사람을 교정하는 도구로 여긴 게야. 송나라 유학자들은 지극한 무 가운데 삼백 삼천의 이치가 자연스레 담겼는데 성인이 단지 절차와 문채를 만들어 사람을 가르친 것뿐이라고 하지. 이것이 두 의견이 분별되는 곳이다. 하지만 성인이 예를 만든 것은, 시대를 살피고 인사人事를 헤아리며 혹 세상의 쓰임새를 따르기도 하면서 그 절차와 문채를 만들었으니, 어찌 꼭 지극한 무 가운데 있는 이치를 살펴 예를 만든 것이겠느냐. 필경 말들을 그렇게 꾸며 댄 것이다.
　회옹이 원추에게 답한 시[2]에,

만약 무 가운데 유를 포함한 상을 안다면

그대가 복희씨를 직접 보았다고 인정하리라

若識無中含有象, 許君親見包羲來.

라고 하였는데 바로 겨자씨에 수미산이 들어 있다는 불가의 말이지.[3] 『역』에 이르기를, '위대하구나, 건은 만물의 근원이다. 만물이 이를 바탕으로 삼아 시작되어 마침내 천덕天德의 시종을 통관한다. 지극하구나, 곤은 만물의 근본이다. 만물이 이를 바탕으로 삼아 생겨나 마침내 하늘의 베풂을 따라 성취한다'[4]라고 하였다. 이는 천도의 지극과 만물의 본원은 사람이 가진 '근본 양기'[元陽]와 같다는 말이지. 이른바 태극이란 것도 바로 이 한 가지 원기元氣를 가리켜 말한 것이니 '없는 사물'[無物]이라고 해서는 안 될 것이야. 또 이 위에 이른바 무를 별도로 구해서도 안 되지. 여러 사람들이 구구하게 유무 두 글자를 분변하는 일은 모두 위대한 역易의 심오한 뜻을 몰라서지. 무릇 유가 무에서 생긴다는 논의는 본래 속된 견해에서 나온 것으로 세상의 글 모르는 사람도 조금만 지혜로우면 모두 유는 무에서 생긴다고 말할 수 있지. 노자는 그 오묘한 곳에 도달했을 뿐이야."

주)

1) 『도덕경』 제40장에 나오는 말이다. "천하만물은 유(有)에서 생기고 유는 무(無)에서 생긴다."(天下之物, 生於有, 有生於無)
2) 회옹(晦翁)이 원추(袁樞)에게 답한 시의 출전은 『주문공문집』(朱文公文集) 권38의 「원기중에게 답하다」(答袁機仲)이다. "말을 다하지 못했지만 우연히 소시(小詩)를 넣어 보잘것없는 심회를 부칩니다"라고 하면서 이 시를 붙였다. 이 작품은 역(易)의 이치

| 26장 | 유와 무에 대해 알고 싶습니다   381

를 설명한 일종의 철리시(哲理詩)로 보인다. 권9에는 「원기중에게 답하며 계몽을 논하다」(答袁機仲論啓蒙)란 제목으로 같은 시가 있다. 원추는 자가 기중(機仲)으로 건안인(建安人)이다. 영종(寧宗) 때 우문전수찬(右文殿修撰) 등을 역임했으며 저서로 『역전해의』(易傳解義) 등이 있다. 시 전문은 다음과 같다.
"홀연 깊은 밤 뇌성이 울리니, 수많은 문이 차례로 열리네. 만약 무 가운데 유를 포함한 상을 안다면, 그대가 복희씨를 직접 보았다고 인정하리라."(忽然半夜一聲雷, 萬戶千門次第開, 若識無中含有象, 許君親見包羲來)
3) 불교의 경전 『유마힐경』(維摩詰經)에 보이는 말이다.
4) 『주역』「건괘」(乾卦)와 「곤괘」(坤卦)의 '단사'(彖辭)에 나오는 말로 『동자문』 중권 63장에 인용한 적이 있다.

## 27장 | 노씨의 허무와 석씨의 적멸에 차이가 있습니까

동자가 물었다. "노씨<sup>老氏</sup>의 허무<sup>虛無</sup>가 석씨<sup>釋氏</sup>의 적멸<sup>寂滅</sup>과도 다른 점이 있습니까?"

대답하였다. "깊이에 차이가 있는 듯하지만 그 귀착지는 하나야. 노씨는 천지만물을 모두 허무라 했지. 석씨는 천지만물을 다 적멸이라 했는데, 『후한서』에, '그 도[불교]는 허무를 으뜸으로 삼는다'[1]고 한 말이 이것이다. 그 밖에 여러 가지 기특<sup>奇特</sup>과 신통<sup>神通</sup>을 설명한 것은 모두 방편적인 해설일 뿐이야. 노씨의 경우에는 오히려 이런 게 없지. 불가는 자비와 중생구제를 위주로 한단다. 선<sup>禪</sup>의 경우에는 한결같이 버리고 가며, 이치 설명이 아주 고원해 반드시 여기[적멸]에 도달하지 않을 수 없었지. 자비와 중생구제를 위주로 함은 인<sup>仁</sup>과 흡사하지만 의<sup>義</sup>를 모르기는 마찬가지야. '의는 천하의 큰 길'[2]이라 하루도 떠날 수 없음을 전혀 모르지. 노씨도 마찬가지야."

주)_____

1) 출전은 『후한서』(後漢書)가 아니라 진(晉)나라 원굉(袁宏)이 쓴 『후한기』(後漢紀) 권10이다.

2) 『맹자』 「이루 상」(離婁上) 제10장에 보이는 말이다. 원래는 바른 길[正路]인데 진사이가 큰길[大路]로 썼다. 『동자문』 상권 42장 주1) 참조.

| 28장 | 유가와 불가를 구분하는 까닭은 무엇입니까

"유가와 불가를 구분하는 까닭을 여쭙겠습니다."

대답하였다. "성인은 천하와 함께 선善을 하려 하지, 천하를 떠나 홀로 자기 몸만 선하게 하려 하질 않는다.[1] 그러므로 '내가 이 사람들과 함께하지 않으면 누구와 함께하겠느냐'[2]라고 말씀하였지. 석씨는 그렇지 않았지. 그의 말에, '천상천하에 오직 나만이 존귀하다'라고 하였지. 이것이 벌써 성인과 다른 점이다.

대개 석씨는 천하를 떠나 홀로 자기 몸만을 착하게 하려 하기 때문에 애초에 공부하는 곳이 천하에 통하고 만세에 전해지며 잠시도 떠날 수 없는 데 있질 않지. 오로지 자신의 일신에서 의견을 내지. 생사의 생각이 중하고 애정의 뿌리를 끊기 힘들며, 마음은 원숭이 같고[3] 의향[意]은 말 같아 단속을 받지 않은 채 멋대로 드나들어 참인 듯 환상인 듯 온갖 변화를 일으키며 충돌하는 통에 어찌할 수 없다 하지. 마침내는 은거해 살면서 세상 인연을 낳고 면벽좌선하면서, 마음을 깨끗이 하는 것으로 획고하게 일을 삼지. 오랫동안 수행해 공부가 완성된 뒤에는 홀연 천지만물은 모두 환상,

망각이며 산천성곽은 다 헛된 형상이고, 오직 이 마음 하나만 밝고 뚜렷해 영원토록 다함이 없음을 홀연 깨닫고서는 스스로 삼계를 초탈했다고 하지. 마침내는 인사를 버려 두고 돌보지 않으며 천하를 멸시하고 돌아보지 않으면서, 얼굴을 꼿꼿이 하고 의기양양한 기색으로 멋대로 도를 얘기한다. 저 혼자 밝고 뚜렷해 영원토록 다함이 없다는 것이야말로 헛된 견해이며 실제 이치가 아니라는 것을 절대 몰라.

저들은 천지를 먼지처럼 작게 보지만 천지가 언제 먼지처럼 작은 적이 있었더냐. 인간 세상을 꿈과 환상이라 하지만 인간 세상이 언제 꿈과 환상인 적이 있었더냐. 하늘은 하늘이고 땅은 땅이며, 옛날은 옛날이고 지금은 지금이며, 낮은 낮이고 밤은 밤이며, 삶은 삶이고 죽음은 죽음이며, 꿈은 꿈이고 환상은 환상이며, 있는 것은 원래 있고 없는 것은 원래 없어, 명명백백해 다시 의심할 것이 없다. 오랜 옛날부터 이와 같았고, 오랜 훗날에도 이와 같을 것이다. 성인은 있는 것은 있는 자리로 돌려놓고 없는 것은 없는 자리로 돌려놓으면서 또한 털끝만큼의 지혜도 그 사이에 끼어들지 않도록 하였지. 본래 놀랄 게 없으니 찬양할 것도 없어. 내가 보건대, 두 사람의 가르침은 모두 생각으로 지어낸 것이지 천지자연의 정도는 아니야.

무릇 사람이 수양해야 할 것은 인륜뿐이고 사람이 힘써야 할 것은 인간의 일[人事]뿐이다. 천하에서 인이 아니면 가까이하지 않고 의가 아니면 실천하지 않는 것이야. 그러므로 인륜을 벗어나서는 도가 없고 인의를 벗어나서는 가르침이 없지. 만세의 긴 세월과 사해의 넓은 세상에서 하루도 떠날 수 없단다. 그러므로 인에 살고 의를 따르면,[4] 좌선하지 않고 면벽하지 않더라도 몸은 저절로 닦이고 집은 저절로 정돈되며 나라는 저절로 다스러지고 천하는 저절로 평화로워져⁵⁾ 어디를 가도 가능하지 않은 것이 없지. 인에 살지 않고 의를 따르지 않으면 설사 그 마음이 맑은 거울 같고 잔잔한 물 같아 털끝만큼도 사사로운 인욕이 없더라도 아무런 보탬이 없다. 이것이 성인의 도가 제가백가보다 탁월해 우주에 홀로 존귀한 까닭이란다."

주)_____
1) 원문 '獨善其身'이란 말은 『맹자』 「진심 상」(盡心上) 제9장에 보이는 말이다.
2) 『논어』 「미자」(微子) 제6장에 나오는 말이다. 『동자문』 중권 13장에서 인용한 적이 있다.
3) 송나라 초의 선승(禪僧) 영명연수(永明延壽)의 『종경록』(宗鏡錄)에 이런 기록이 보인다. "비유하자면 중생의 심성은 원숭이와 같다. 원숭이는 하나를 버리고 하나를 갖는다. 중생의 성질도 이와 같다." 또 "지금 중생의 마음은 원숭이가 높은 나무에서 위아래로 움직이며 멈추지 않는 것과 같다"라고 하였다.
4) 『맹자』 「진심 상」 제33장에 보이는 말이다. 『동자문』 상권 56장에 이 말을 인용한 적이 있다.
5) 『대학』 제1장의 '수신제가치국평천하'(修身齊家治國平天下)를 가져와 쓴 것이다.

| 29장 | 유가의 도통은 선림의 정통과 같지 않습니다

동자가 물었다. "선가에는 종파도宗派圖가 있고 유가에는 도통도道統圖가 있습니다. 하지만 유가의 도통은 조사祖師에서 조사로 서로 전해 주고받는 선림禪林의 정통과는 같지 않습니다."

대답하였다. "도통도는 근세에 못난 유학자가 종파도를 모방해 지은 것[1]이지 성인의 의도가 아니란다. 선가의 전수는 천하의 도를 사사롭게 자기 것으로 해서 일가의 물건으로 만든 것이야. 무릇 사람에게 도는 하늘에 걸린 일월과 같아 눈 있는 사람은 다 볼 수 있는데 어떻게 자기 물건으로 삼아 사사로이 주고받을 수 있겠느냐. 『중용』에, '문왕과 무왕의 정사는 방책에 펼쳐져 있으니 적합한 사람이 있으면 그 정사가 거행될 것이고 제대로 된 사람이 없으면 그 정사가 사라질 것이다'[2]라고 하였고, 또 이르기를, '군자의 도는 쓰임이 넓고 은미하다. 어리석은 부부도 참여해 알 수 있으며 못난 부부도 능히 행할 수 있다'[3]라고 하였지. 자공子貢이 말하기를, '문왕과 무왕의 도가 아직 땅에 떨어지지 않아 사람에게 남아 있으니, 어진 사람은 그 큰 것을 기억하고 어질지 못한 자는 그 작은 것을 기억해 문왕·무왕의 도를 갖지 않은 사람이 없다'[4]라고 하였다. 무릇 널리 행해지는 도는 언제나 그렇지 않은 적이 없고 어디서나 있지 않은 데가 없어, 은미하거나 드러나거나 하는 일은 있어도 끊어졌다가 이어졌다 하는 법은 없는 게야. 부탁해 맡긴다고 말할 수는 있으나 부탁해 맡길 수 있는 물건이란 없으니 조사에서 조사로 서로 전해 준다고 하는 말은 틀린 것이다.

한자韓子[한유]가 말하길, '요임금은 이것[道]을 순임금에게 전했고, 순임금은 이것을 우임금에게 전했으며, 우임금은 이것을 탕임금에게 전했고, 탕임금은 이것을 문왕·무왕·주공에게 전했으며, 문왕·무왕·주공은 이것을 공자에게 전했고, 공자는 이것을 맹가孟軻에게 전했다. 맹가가 죽자 그것을 전할 사람을 얻지 못했다'[5]라고 하였는데, 도는 넓고 넓어 하늘이 다하는 날까지 땅에 떨어지지 않는 것이야. 그러니 한자가 '맹가가 죽자 그것을 전할 사람을 얻지 못했다'고 한 말은 잘못된 거지. 한자는 『맹자』 마지막 편에 시간순으로 요·순·우·탕·문왕·무왕·주공·공자의 일을 서술한 것[6]을 보고 이 말을 했지만, 확실히 안목이 있다고 말한다면 틀린 것이다."

주)____

1) 도통도(道統圖). 남송시대에 주희와 동시대 사람인 이원강(李元綱)의 '성문사업도」(聖門事業圖)에서 시작된 것으로 알려졌다.
2) 『중용』 제20장에 보이는 말이다.
3) 『중용』 제12장에 보이는 말이다. 해당 부분은 다음과 같다. "군자의 도는 쓰임이 넓고, 은미하다 어리석은 부부도 참여해 알 수 있으나 그 지극한 경지에 이르러서는 성인이라도 또한 알지 못하는 바가 있으며, 못난 부부도 능히 행할 수 있으나 그 지극함에 이르러서는 성인이라도 또한 능하지 못한 바가 있다."(君子之道, 費而隱. 夫婦之

愚, 可以與知焉, 及其至也, 雖聖人, 亦有所不知焉. 夫婦之不肖, 可以能行焉, 及其至也, 雖聖人, 亦有所不能焉)

4) 『논어』 「자장」(子張) 제22장에 보이는 말이다.
5) 한유의 「원도」(原道)에 나오는 말이다.
6) 『맹자』의 마지막 장 「진심 하」(盡心下) 제38장의 소위 도통론(道統論)을 말한다.

| 30장 | 이단의 가르침을 구분할 수 있습니까

동자가 물었다. "예나 지금이나 이단의 가르침이 얼마나 많은지 모르겠습니다. 어느 것이 깊고 어느 것이 얕습니까? 어떤 것이 크고 어떤 것이 작습니까? 그 가운데 조금이라도 바른 일에 가까운 게 있습니까?"

대답하였다. "예로부터 책을 써 가르침을 세운 사람들이 어지럽게 많아 그 수를 감당할 수 없을 정도지. 하지만 크게 세 부분에 지나지 않아. 높지도 낮지도 않고 평범하고 일상적이며 바뀌지 않는 것이 큰 부분이니, 바로 중용의 지극한 효험이며 성인의 종지지. 이보다 한 등급 높으면 허무가 되니 노불老佛의 학문이 이것이다. 이보다 한 등급 낮으면 공리功利가 되니 신불해·한비자·상앙의 무리가 이것이야. 노불 다음부터는 시대가 다르고 지역에 차이가 있어 교차해 출현하고 번갈아 일어나지만 이는 두 가지 이단[1]에 지나지 않지. 가령 백세百世 후에 이단이 출현해 옛 격식을 따르지 않고 새 학설을 창안하더라도 이 두 가지 이단에서 벗어날 수 없지. 기타 중간에 그만둔 자질구레한 무리는 말할 것도 없고. 조맹성·임소은[2] 등은 바로 요즘의 작은 이단이지. 하지만 삼교[유교·불교·도교]를 빌려 이름 붙인 데 지나지 않아. 때문에 그 학문은 큰 소란거리도 되지 못했으니 또한 가소로울 뿐이다."


주)
1) 두 가지 이단(異端). 중용보다 높은 허무와 중용보다 낮은 공리를 가리킨다. 다음 문장의 이단도 마찬가지 뜻이다.
2) 조맹정(趙孟靜)·임조은(林兆恩). 둘 다 명나라 사람이다. 조맹정은 조정길(趙貞吉)을 말한다. 맹정은 그의 자. 예부상서(禮部尙書)까지 역임했다. 오대산(五台山)에 들어가 참선하기도 했다. 저서로 『이통』(二通)이 있는데 내편(內篇)은 「경세통」(經世通), 외편(外篇)은 「출세통」(出世通)으로 유불(儒佛)을 조화시키려 했다. 임조은은 자가 무훈(懋勳)으로 저서로 『임씨전서』(林氏全書)가 있으며 유불도 삼교를 회통한 사람으로 알려졌다. 이 두 사람은 명나라 말엽의 삼교회통 경향을 보여 주는 인물로 거론된 것이다.

## |31장| 후세에 인재가 드문 까닭은 무엇입니까

동자가 물었다. "어째서 옛날에는 인재가 많았는데 후세에는 드뭅니까?"

대답하였다. "한 길로 가면 목적지에 도달하지만 갈림길이 많으면 헤매지. 후세에 인재가 되지 못하는 것은 갈림길이 많기 때문이야. 무릇 배움이란 덕을 완성하고 재목이 되도록 하는 것이야. 배우는 사람은 안으로 명예와 이익을 쫓지 말고 밖으로는 다른 일에 흔들리지 않아야 해. 생활할 때도 배움을 생각하고 잘 때에도 배움을 생각해, 서 있으면 그것이 앞에 나타나고 수레에 타면 멍에에 그것이 기대어 있음을 볼 수 있을[1] 정도여서 쌓이고 또 쌓여 노년이 닥쳐오는 것도 몰라야 하는 것이지.[2] 마음에 두고 생각하는 바가 오직 배움 하나에만 몰두한다면 어찌 덕을 완성하고 재목이 되지 못하겠느냐. 순임금도 사람이고 나도 사람이니,[3] 요순의 업적이며 공자·맹자의 학술인들 또한 어찌 멀겠느냐.

옛날에 한간[4]이 말을 잘 그렸는데 보는 말마다 자신의 스승이 아닌 게 없었지. 그런 뒤에 오묘한 경지에 나아가 고금에 으뜸이 된 것이다. 옛사람들은 학문과 기예에서 모두 그렇게 했지. 후세의 학자들은 그렇질 않

아. 자기가 기대하는 것이며 부모와 붕우가 바라는 것이 명예와 이익 두 가지에 불과하지. 쓸모 있는 일은 익히지 않고 쓸모 있는 책은 읽지 않으면서, 무익한 장구章句나 외우고 무익한 헛글을 고수하며 무익한 옛일이나 기억하지. 모두 한 시절 유행이나 따르고 명예를 구하면서 사방 곁길과 갈림길에 빠져드니 마음을 쓰면서도 전념하지 않아 대학문과 대사업은 제쳐 두지. 세상에 수십 권 저술이 통행된다 한들 아이들 장난일 뿐이지. 머지않아 다 사라지고 말 터인데 무슨 보탬이 되겠나. 그들이 구하는 명리名利도 다 아이와 여자들이나 우러러보고 감탄하는 것일 뿐이니 어디 인재가 되겠느냐. 조금이나마 지혜와 사려가 있는 사람이라면 취하고 버릴 것을 몰라서야 되겠느냐."

주)

1) 『논어』 「위령공」(衛靈公) 제5장에 보이는 말을 가져와 쓴 것이다. "자장이 어떤 일이 행해지는 것에 대해 묻자 공자께서 대답하셨다. '말이 충신(忠信)하고 행실이 독경(篤敬)하면 오랑캐의 나라라고 하더라도 행할 수 있거니와 말이 충신하지 않고 행실이 독경하지 못하면 마을과 동네에서라도 행할 수 있겠느냐. 일어서면 그것[충신과 독경]이 앞에 펼쳐진 것을 볼 수 있고 수레에 있으면 그것이 멍에에 가로로 써 있는 것을 볼 수 있어야 한다. 이와 같은 뒤에야 행해질 수 있는 것이다.' 자장이 이 말을 띠에 썼다."(子張問行. 子曰, 言忠信, 行篤敬, 雖蠻貊之邦, 行矣. 言不忠信, 行不篤敬, 雖州里, 行乎哉. 立則見其參於前也, 在輿則見其倚於衡也, 夫然後行. 子張書諸紳) 본문에 쓰인 '그것'이 가리키는 말은 '안으로는 잘못된 명예와 이익이 없고 밖으로는 어지러운 다른 일이 없음', 즉 배움의 자세와 습관을 가리킨다.

2) 『논어』 「술이」(述而) 제18장에 보이는 말을 가져와 쓴 것이다. "섭공이 자로에게 공자에 대해서 물었는데 자로가 대답하지 않았다. 공자께서 말씀하셨다. '너는 어찌해서 이렇게 말하지 않았느냐. 그의 사람됨은 분발하면 먹는 것도 잊고 터득하면 즐거워하며 근심을 잊어 노년이 닥쳐오는 줄도 모르는 사람이라고.'"(葉公問孔子於子路, 子

路不對. 子曰, 女奚不曰, 其爲人也, 發憤忘食, 樂以忘憂, 不知老之將至云爾)

3) 『맹자』「이루 하」(離婁下) 제28장에 나오는 말을 가져와 쓴 것이다. 해당 부분은 다음과 같다. "군자는 종신토록 가지는 근심은 있으나 하루아침에 생기는 걱정은 없다. 근심에는 이런 것이 있다. 순임금도 사람이고 나도 사람이다. 순임금은 천하의 모범이 되어 후세에 전해지는데 나는 여전히 시골 사람을 면치 못했구나. 이것이 근심할 만한 일이다."(君子有終身之憂, 無一朝之患也. 乃若所憂則有之, 舜人也, 我亦人也. 舜爲法於天下, 可傳於後世, 我由未免爲鄕人也, 是則可憂也)

4) 한간(韓幹). 당나라 때의 유명한 화가. 두보(杜甫)가 말 그림을 소재로 「단청인」(丹靑引)이라는 명작을 썼는데, 그 시 안에 언급된 인물이다.

| 32장 | 박문·박학의 가르침과 다른 듯합니다

동자가 물었다. "공자 문하에는 박문[1]·박학의 가르침이 있습니다. 지금 말씀하신 것과 크게 다른 듯합니다. 어째서입니까?"

  대답하였다. "역시 다른 점은 없다. 공자께서 '사賜야, 너는 내가 많이 배우고 아는 사람이라고 생각하느냐' 말씀하였더니, 대답하길 '그렇습니다. 아닙니까?' 공자 말씀이, '아니다. 나는 하나로 다른 것을 꿰었다[一以貫之]' 하셨지.[2] 하나[一]는 많이 배우는 것[多學]과 상대가 되고, 꿰는[貫] 것은 아는[識] 것과 상대가 되지. 하나는 둘이 아님을 말하는 것이야. 도를 위주로 하고 딴짓은 하지 않는 것을 하나라 하고, 뜻을 한곳에만 집중하고 분산시키지 않는 것을 하나라 하지. 이른바 박문·박학이란 한가지로 다 꿰는 것을 말하지. 많이 배우는 것과는 상반되니 천양지차일 뿐만이 아니다."

주)
1) 박문(博文)은 『논어』「자한」 제10장에 보인다. 『동자문』 상권 26장의 주 1) 참조.
2) 『논어』「위령공」(衛靈公) 제2장 전문이다.

## |33장| 어째서 박학과 다학이 상반됩니까

동자가 물었다. "보통은 말하기를 박학과 다학은 같다고들 합니다만 지금 상반된다고 말씀하셨습니다. 어째서입니까?"

대답하였다. "한 가지에서 만 가지로 나아가는 것을 박학이라 하고 만 가지에다 만 가지를 더하는 것을 다학이라 하는 것이다. 박학은 뿌리 있는 나무와 같아서 뿌리에서 줄기로, 가지로, 잎으로, 꽃과 열매로 뻗어 가지. 번성하고 빽빽하게 자라 헤아릴 수 없을 정도로 무성하지만 한 기운[一氣]이 흘러 닿지 않는 곳이 없으니 자랄수록 멈출 수 없지.

다학은 오색 비단으로 만든 꽃과 같은 것이지. 나뭇가지와 이파리, 꽃과 열매가 하나하나 잘 배치되어 찬란하고 화려해서 볼만하고 사랑스럽지만 건조하고 메말라 키워 기를 수 없고 유한해 늘릴 수 없다. 이 둘은 삶과 죽음이 상반되는 것과 같아 한가지로 똑같다고 할 수 없지. 초학자들이 살피지 못하고 세상의 잡다한 지식을 박학이라 하는 건 잘못된 게야."

| 34장 | 독서에는 무엇이 긴요합니까

동자가 물었다. "독서에는 무엇이 긴요합니까?"

대답하였다. "식견이 긴요하지. 독서에 식견이 없으면 읽지 않은 것과 같다. 식견을 터득하려면 귀착점을 찾아야지 섭렵하기만 해서는 안 돼. 밖에 있는 사람이 집에 돌아갈 방도를 찾는 것처럼 해야지 헤매는 아이가 길 가는 듯이 해서는 안 되는 것이야. 밖에 있는 사람이 집에 돌아갈 때는 우회로로 가지 않고 다른 일도 살피지 않으며 한 걸음 한 걸음 서두르고 가는 길을 재촉하지. 배낭에 담을 식량과 길 가는 중에 소홀히 할 수 없는 물건은 가지고 가지만 조금도 쓸모 없는 다른 물건은 챙기지 않지.

독서도 돌아갈 계획을 짜는 것과 같아야 한다. 먼저 쓸모 있는지 쓸모 없는지 분별해 학술과 정치, 수기치인에 관계되는 절실하고 긴요한 것은 취하고, 평범해 절실하지 않고 실용에 무익한 것은 빼 버려야 옳다. 옛사람 책에는 혹 의론은 들을 만한데 실용에 쓸 수 없는 것이 있고, 혹 옛날에는 합당했는데 지금은 합당하지 않은 것이 있으며, 혹은 저기에는 알맞지만 여기에는 알맞지 않은 것이 있지. 하나하나 몸에 익히고 살펴야 허투루 지나쳐서는 안 된다. 이렇게 공부를 하면 책 한 권 읽었을 때 이 한 권이 바로 자신에게 소용되고 책 열 권 읽었을 때 이 열 권이 바로 자신에게 소용되어 수백 수천 권에 이르기까지 다 그렇게 되지.

　헤매는 아이가 길을 갈 때는 동서 방향을 모르고 남북을 구분 못해 아무 데나 발길에 맡겨 가도 가도 끝이 없지. 우두커니 서거나 누워 쉬다가 끝내 자기 집이 어디 있는 줄도 몰라. 지금 독서는 쓸모 있는지 쓸모 없는지 분별도 못하고 많이 읽기를 탐하고 화려하기를 다투려 해서, 이상한 책·기이한 글·비밀스런 기록·심오한 글까지 찾아내 빠뜨리지 않지. 몇 행 아래를 한꺼번에 읽고 두툼한 책이 연이어 쌓여 있지만 이룬 것을 보면 끝내 식견 없는 사람이 되고 말아. 수십 권 저작이 있다 한들 후대에 전해질 훌륭한 의론이라 인정할 수 없지. 하물며 성인의 경전에 보탬이 되고 나라를 빛내는 데는 오래 방해가 되니 어떻게 독서라 할 수 있겠느냐. 지금 독서가 헤매는 아이의 길 가기와 무엇이 다르냔 말이다, 참……."

| 35장 | 천문·지리 등 여러 학문을 이해해야 합니까

동자가 물었다. "송나라 유학자들은 천문·지리·음악·역曆법·병법·형법·오운육기[1]·『소문』[2] 등의 책은 모두 이해해야 한다고 말했습니다. 이 말은 무슨 뜻입니까?"

대답하였다. "무릇 학술·정치의 요체에 관계되는 것은 모두 배우고 연구해야 하지. 그 밖의 것은 알아도 좋고 몰라도 무방하다. 예·악·군사·형벌은 천하를 다스리는 도구이니 익히지 않으면 안 될 것이야. 하지만 그 이치가 무엇인지 먼저 익히고 연구해야 하지. 그 상세한 도수度數와 조목에 대해서는 상황에 따라 강구해도 돼. 음악과 역법은 음악 담당관리와 천문 담당관리가 맡은 직분이니 이것을 유학자의 일로 삼는다면 잘못이야. 그렇기 때문에 '제기를 다루는 일에는 담당관리가 있다'[3]고 말한 것이다. 대개 옛날에는 재주가 있으면 이런 일을 하고 재주가 없거나 또 좋아하지 않으면 억지로 하지 않았지. 의약 일도 마찬가지야."

주)_____

1) 오운육기(五運六氣). 오운은 오행(금·목·수·화·토)의 운행을 가리키며, 육기는 이 세상에 존재하는 여섯 가지 기(氣)로 문헌에 따라 가리키는 바가 다르다. 『소문』(素問)에는 궐음(厥陰)·소음(少陰)·태음(太陰)·소양(少陽)·양명(陽明)·태양(太陽)이라 하였고, 『춘추좌전』에는 음(陰)·양(陽)·풍(風)·우(雨)·회(晦)·명(明)이라 하였다. 보통 오운육기는 오행과 육기가 서로 흐르면서 인간의 질병과 관계되는 양상을 말한다.
2) 『소문』(素問). 『황제내경소문』(黃帝內經素問)을 가리킨다. 24권. 황제의 질문과 당시의 명의 기백(岐伯)의 대답으로 이뤄진 의학서다.
3) 『논어』 「태백」(泰伯) 제4장의 증자의 말을 가져온 것이다.

## |36장| 역사서를 읽을 필요가 있습니까

동자가 물었다. "저는 여지껏 살면서 오로지 경經 공부에 힘써 『사기』· 『한서』· 『자치통감』에는 한번도 눈길을 준 적이 없습니다. 어떤 사람은 꼭 역사서를 읽어야 한다 말하고, 어떤 사람은 이미 경에 밝은데 꼭 역사서를 읽을 필요가 있느냐 말합니다. 어떻게 생각하십니까?"

대답하였다. "역사는 평화와 혼란, 성공과 실패의 숲이니 읽지 않을 수 없다. 『시경』· 『서경』· 『춘추』는 모두 옛 성인들의 역사지. 때문에 경사經史라 부르는 게야. 역사서를 읽지 않으면 대략 도리에 통할 수 있더라도 그 지혜가 국한되고 짧으며 얕고 고루해 오히려 사고가 뻗어 가는 데 흠이 되지. 비유하자면 먼 촌구석에서 나고 자라 큰 도시나 도읍에 나가 어진 사대부와 두루 사귀며 아름다운 풍속과 훌륭한 인물을 보지 못한 사람이, 촌 습관을 종신토록 버리지 못해 그 지혜도 얕고 막혀 어떻게 행동할지 모르는 것과 같은 것이야.

그러므로 『논어』· 『맹자』· 『시경』· 『서경』을 통하고 난 뒤에는 꼭 역사를 읽어야 한다. 그렇다고 많이 읽기를 탐하지는 말고 잘 외우려 애쓰지

도 말거라. 다만 고금의 대치란大治亂·대기회大機會·대성패大成敗와 현인·군자의 바른 말과 아름다운 행동에 대해서는 똑바로 기억하고 알아야 할 것이야."

| 37장 | 역사서 읽는 법을 여쭙겠습니다

"역사서 읽는 법을 여쭙겠습니다."

대답하였다. "경은 도를 실었고[經載道], 역사는 도를 가지고 판단한 것이지. 그러므로 도를 아는 사람이 아니면 역사를 다 활용할 수 없지. 무릇 역사서를 읽을 때는 속수 선생涑水先生[사마광]의 『자치통감』과 주자의 『통감강목』[1)]을 요체로 삼는다. 본말이 일관성 있으며 차례가 잘 연결돼 고금의 치란과 성패를 정연하게 다 볼 수 있지. 사가史家의 기준이라 할 수 있다. 한 시대의 치란과 득실, 전고典故와 인물을 보려면 정사正史를 보아야 한다. 정사에는 온갖 조목을 거론했지만 통일성이 잘못된 것이 있고, 통일성은 바르게 갖춰졌지만 사람의 의향을 만족시키지 못하는 것도 있으며, 통일성과 조목이 모두 흐트러져 계통이 없는 것도 있지. 이것이 역사서를 보는 요체인 게야.

일본의 학자들은 대체로 역사서를 자질구레한 이야기[小說] 종류로 간주하지. 아주 가소로운 일이야. 고금의 사신史臣 가운데 탁월한 식견을 갖춘 사람이 드물어 그들이 지은 논찬은 수준이 얕고 잡스러워 볼만한 것이 없어. 그러니 여러 유학자들의 논평을 참고해 판단해야 하지. 다만 그 가운데 논의가 각박해 도리어 실상을 잃은 것이 있으니 분별하지 않을 수 없다. 역사서를 읽을 때는 경으로 판단해야지, 역사를 좇아 공부하지 말 거라. 회옹은 노천 부자老泉父子[소순·소식·소철]의 학문을 비판했는데 그들이 모두 『사기』·『전국책』을 따라 공부했기 때문이다. 또 [회옹은] 동래東萊와 같이 순정하고 박학한 학문조차 그 사학史學 전체를 비판했지. 모두 정문頂門에 일침一鍼을 놓은 것이야."


주)_____

1) 『통감강목』(通鑑綱目). 편년체(編年體)로 씌어진 사마광의 『자치통감』(自治通鑑)을, 의리의 관점에서 강목체(綱目體)로 엮은 주희의 역사서다.

| 38장 | 훌륭한 역사서란 어떤 것입니까

동자가 물었다. "고금의 역사 기록에도 훌륭한 것, 졸렬한 것이 있습니까?"

대답하였다. "예전부터 사마천·반고를 훌륭한 역사가라고 칭했지. 문장이라면 훌륭한 역사가라 하겠지만 의론과 체제는 그렇지가 않아. 다른 사람에 대한 전傳을 쓰는 것은 그 사람의 도덕과 업적, 절개와 지조 있는 행동이 만세의 사표가 되기에 충분해서 후세에 전해질 수 있기 때문이다. 그렇지 않다면 전을 지어서는 안 돼. 간계와 속임수를 쓴 소진蘇秦·장의張儀는 예전에 없는 죄인인데 사마천이 그들의 전을 지었으니 어찌 된 일이냐. 사마상여司馬相如 같은 사람도 전을 써 주기에는 부족하지. 「화식」·「일자」·「귀책」[1] 등의 전도 모두 마찬가지야. 이들을 통해 당시 풍속과 인물을 보여 주고 싶었다면 「본기」本紀·「세가」世家 사이에 흩어 놓고 볼 수 있게 해야지 따로 전을 세워서는 안 돼. 진나라의 손은,[2] 송나라의 이전[3] 등도 도적일 뿐인데 별도로 전을 세운 것은 어찌된 일인지. 사마천이 시작했는데[4] 후세의 사신史臣 가운데 탁월한 식견을 가진 사람이 없었어. 때문에 그 전례를 고칠 수 없었으니 청사靑史를 더럽혔다고 할 수 있지. 반고의 「오행지」五行志도 마찬가지야. 기록하지 않을 수 없는 것은 「본기」 뒤에 덧붙였어야지 따로 '지'志를 만든 것은 옳지 않아. 선유들은 범엽范曄이 『후한서』에 방사方士와 광대 열전을 쓴 것을 심하게 비판했는데 매우 옳은 일이야. 오직 구양공歐陽公[구양수]의 『오대사』五代史만은 체제와 의론이 실로 고금의 으뜸이라 읽지 않을 수 없다.

　무릇 국가의 치란, 성패, 풍속, 정치의 요체와 관련된 것은 백대의 감계鑑戒가 될 만한 뒤에 기록을 남길 수 있는 것이다. 소설이나 패관류에 넣을 수 있는 자잘한 사적은 기록하지 않는 것이 옳아. 이것이 역사를 기록하는 법도이다."

주)_____

1) 「화식」(貨殖)·「일자」(日者)·「귀책」(龜策). 모두 사마천의 『사기』에 보인다. 「화식열전」(貨殖列傳)은 경제적으로 성공한 사람들의 전기를 말하며, 「일자열전」(日者列傳)은 점성술사의 전기를, 「귀책열전」(龜策列傳)은 점치는 사람의 전기를 말한다.
2) 손은(孫恩). 『진서』(晋書)에 보이는 인물이다. 집안 대대로 오두미도(五斗米道)를 신봉했다. 회계를 근거지로 정동장군(征東將軍)이라 칭하고 반란을 일으켰다.
3) 이전(李全). 『송사』(宋史)에 보인다. 농민의 자식으로 무술에 뛰어나 장군의 자리까지 올랐다.
4) 원문은 '作俑'. 『맹자』「양혜왕 상」(梁惠王上)에서 가져온 말이다. "공자께서 말씀하시길, '처음 인형을 만든 사람은 후손이 없을 것이다. 그가 사람 모습을 본따 썼기 때문이다'라고 하셨다."(仲尼曰始作俑者, 其無後乎. 爲其象人而用之也) 비슷한 말이 『예기』「단궁 하」(檀弓下)에도 보인다. 용(俑)은 나무로 만든 인형으로 무덤의 부장품으로 쓰였다. 작용(作俑)이란 말은 나중에 의미가 확장돼 창시한다는 뜻을 가지게 되었으나 비판의 뜻이 함축되었다.

| 39장 | 시 짓기를 좋아해도 해가 되지 않겠습니까

동자가 물었다. "배우는 사람이 시 짓기를 좋아해도 도에 해가 되지 않겠습니까?"

대답하였다. "시는 성정을 읊고 노래하는 것이니 시를 지으면 참으로 좋지만 짓지 않아도 무방하다. 옛사람들이 육예六藝로 사람을 가르친 것은 매우 깊은 뜻이 있지. 사람이 기예가 없으면 필시 쓸 만한 사람이 되지 못하니 그런 사람은 알 만하지. 의서醫書에 이르기를, '다섯 과일로 보충한다'[1]라고 했지만 이것도 많이 먹으면 반드시 해가 되는 것이다. 시는 기예 가운데 우아한 유희이긴 하지만 너무 좋아하면 반드시 해가 생긴다. 저 산림의 은사隱士들이야 세상을 떠나 하는 일이 없는 무리이니 애오라지 심회를 노래하고 정情을 펼쳐 자신의 울울鬱鬱하고 무료한 심사를 드러내도 확실히 괜찮지. 허나 공경公卿·장상將相·학사學士·대부大夫로 직무가 있는 사람이 시에 탐닉하면 뜻이 거칠어져 일이 무너지고 말 테니 경계해야 하니라."

주)_____

1) 『황제내경소문』 「장기법시론」(臟氣法時論)에, "오곡으로 양식을 삼고 다섯 과일로 보충한다"(五穀爲養, 五果爲助)라는 말이 보인다. 오곡은 『동자문』 상권 3장에서 언급했듯 문헌에 따라 다르지만 대개 멥쌀·팥·보리·콩·기장을 말하며 오과는 복숭아·오얏(자두)·살구·밤·대추를 가리킨다.

| 40장 | 문장을 짓는 것은 해가 되지 않겠습니까

동자가 물었다. "문[1] 쓰기는 어떻습니까?"

대답하였다. "시는 『시경』 삼백 편에서 생겼고 문은 『상서』에 근본을 두었지. 시는 뜻을 언어로 표현한 것[言志]이고 문은 도를 밝히는 것[明道]이라 그 쓰임새가 같지 않아. 시 쓰기는 참으로 괜찮지만 짓지 않아도 해가 없지. 문의 경우는 반드시 짓지 않으면 안 되는 것이다. 언어가 아니면 뜻을 서술할 수 없고 문文이 아니면 도를 전할 수 없으니까. 배웠으면서도 문이 없으면 입은 있으면서 말을 할 수 없는 것과 같지.

하지만 문을 법도에 맞게 쓰는 일도 어려워. 사마천·동중서·유향劉向·반고를 모범으로 삼아야 하지. 한유·유종원·구양수·증공曾鞏·이소二蘇[소순·소식]의 문장은 모두 법도가 있는 바라 숙독하지 않으면 안 되지. 방정학·왕준암·귀진천[2] 등은 모두 근세의 대가들로 문장이 모범이 되면서 법도가 있으니 꼭 읽어야 한다.

문장은 조·주·논·설[3]이 요체가 되고 기·서·지·전[4]이 그 다음이지. 척독尺牘 종류는 문이라 할 수 없고 부·소[5]와 일체 희작戲作은 무익한 문자이니 모두 지어서는 안 되는 것이다. 도에 크게 해가 된단다. 섭수심[6]이 말하기를, '문장 쓰기가 세상 교화와 관계 없다면 아무리 잘 썼어도 무익하다'라고 하였다. 이 말은 문장 쓰는 법도이며 또한 글을 보는 척도란다."

주)_____
1) 문(文). 시의 상대 개념. 운율이 있는 글을 총칭해서 시라 한다면 여기서 문은 산문을 가리킨다.
2) 방정학(方正學)·왕준암(王遵巖)·귀진천(歸震川). 방정학은 명나라 초기의 유학자이자 문장가로 알려진 방효유(方孝孺)이다. 자는 희직(希直), 희고(希古)이며 별호는 손지(遜志)이다. 『손지재집』(遜志齋集) 24권이 있는데 촉왕(蜀王)이 그의 저술을 읽고 그의 독서당에 정학(正學)이라는 이름을 내려주었기에 정학 선생이라고도 부른다. 왕준암은 명나라의 왕신중(王愼中)을 말하며 자는 도사(道思), 준암은 그의 호다. 귀진천도 명나라의 문장가 귀유광(歸有光)을 말하며 자는 희보(熙甫), 진천은 그의 호다.
3) 조(詔)·주(奏)·논(論)·설(說). 모두 한문 문체(장르)이다. 조는 왕의 명령을 말하며 고한다는 뜻이다. 주는 신하가 임금에게 간하거나 논의를 붙이는 글을 말한다. 흔히 주소(奏疏)라 칭한다. 논은 논리를 갖춘 글을 말한다. 여러 사실을 총괄해 한 가지 이치를 정밀하게 탐구하는 성격의 글이다. 설은 풀이하고 서술한다는 말로 경전의 뜻을 풀이해 자기 뜻을 붙인 글을 말한다. 논과 큰 차이가 없다.
4) 기(記)·서(序)·지(志)·전(傳). 한문 문체는 산문[文]의 경우 크게 서사류(敍事類)와 논변류(論辨類)로 나눌 수 있는데, 기·서·지·전은 서사류의 하위 갈래다. 기는 사실을 기록한 글을 말한다. 서는 차례차례 실마리를 두고 사리(事理)를 서술한 글을 말한다. 문집에서 서를 볼 수 있다. 지는 기록한다는 포괄적인 뜻을 가져 지(誌)와 통용된다. 주로 서사문자와 관련되며 특히 역사서에서는「예문지」(藝文志)처럼 단일주제에 대한 기록을 뜻한다. 전은 전기를 가리킨다. 유명한 인물을 기록한 글이다.
5) 부(賦)·소(騷). 모두 운문으로 쓴 시의 한 갈래인데, 부는 보통 성정(性情)을 읊으면서 의론을 붙이기도 한다. 소동파의「적벽부」(赤壁賦)가 유명하다. 운이 있긴 하나 산문의 성격을 많이 띠었다. 소는 중국 남방의 민요의 리듬으로 쓴 굴원의『초사』(楚辭)에서 유래했다. 굴원 사후 그의 문체를 추종해 쓴 글을 모두 소라 하였다.
6) 섭수심(葉水心). 섭적(葉適)을 말한다. 사는 정칙(正則)으로 남송 영가(永嘉) 연간에 활동했다. 호를 따서 수심 선생이라 불렸는데 이학파(理學派) 주희와 대립했던 소위 사공파(事功派)에 속했던 인물이다.

## |41장| 정도를 얻은 시문집에는 어떤 것이 있습니까

동자가 물었다. "시문을 편집한 책이 매우 많습니다. 어떤 책이 정도正道를 얻었습니까?"

대답하였다. "『시경』삼백 편 이후 한나라, 위나라 즈음까지만 『시경』이 남긴 영향이 그나마 보존돼 있었을 뿐 그후에는 오직 두소릉杜少陵[두보]의 작품만이 거의 『시경』에 가깝지. 대개 옛사람들의 시는 모두 탄식하고 영탄한 뒤에 나온 것이라 하나도 사실이 아닌 게 없었지. 소위 '성정에 근본을 둔다'[本於性情]¹⁾는 말이 이것이다. 후세 사람들이 일없이 억지로 지은 것과 같지 않아. 그것은 무엇을 느끼고 사물에 마음을 맡긴 것도 없이 그저 경치에 빠져²⁾ 사물을 모사했을 뿐이야. 그리기 어려운 광경을 눈앞에 있는 듯 잘 묘사했지만 필경 헛된 작품일 뿐이지. 바람과 구름, 달과 이슬, 산천초목은 본래 천지에 저절로 있는 사물이라 시인이 모사할 필요가 없어.

두보만이 평생 우국애민하고 충분감격³⁾하면서 한결같이 이런 감정을 모두 시에 붙여 세상에서 '시로 쓴 역사'[詩史]라고 불렀지. 그러므로 두

시(詩)의 오묘함은 잘 썼느냐 못 썼느냐 사이에 있는 게 아니라, 진정(眞情)이 가득 차 흘러넘쳐 그만둘 수 없다는 점에 있는 것이다. 사물을 비흥[4]에 부치려고 의도하지 않았는데도 무엇이든 사물을 비흥에 부치지 않은 데가 없지. 후세에 와서 혹 그의 시가 질박하고 거친[質野] 쪽에 가깝다고 비판받기도 하고[5] 혹 그의 시에 촌스럽고 볼품없는[村陋] 구절이 있다고 헐뜯기기도 했지.[6] 명나라 정선부(鄭善夫)에 와서도 포폄 시비가 조금도 가차 없었지.[7] 이 모두[8] 시인의 잣대로 적발할 줄이나 안 것이지. 그런 면이 오히려 시의 묘처(妙處)인 줄은 몰랐던 게야. 이백(李白)은 시에서는 신의 경지이지만 그 뜻은 알기 쉽지. 두시의 경우는 주석가가 무려 수십 인이나 되니 이는 이백이 미치지 못하는 바이지. 사람들이 두시에서 느끼는 바가 각자 다르기 때문인 게야.

    문의 경우에는 소통(蕭統)의 『문선(文選)』이 근본이 되지만 식견이 올바르지 않고 가려 뽑은 글이 순정하지 않아. 지나치게 아름답고 쓸데없는, 실용에 무익한 글이 많이 실려 배우는 사람에게 해가 아주 심하지. 다만 동래 여조겸의 『황송문감(皇宋文鑑)』과 서산(西山) 진덕수(眞德秀)의 『문장정종(文章正宗)』은 정도를 얻었지. 하지만 『문장정종』에는 한퇴지의 「화기(畫記)」 등이 실려 있기까지 해 아직 순선하다 할 수는 없어. 오눌(吳訥)의 『문체명변(文體明辯)』과 신몽(愼蒙)의 『황명문칙(皇明文則)』은 좀 괜찮아."

주)

1) 본어성정(本於性情). 송나라 엄우(嚴羽)의 『창랑시화(滄浪詩話)』에, "시는 성정을 읊고 노래하는 것"(詩, 吟詠性情)이란 말이 보인다. 앞의 39장에도 언급된 표현이다.

2) 원문은 '流連'. 『맹자』 「양혜왕 하」(梁惠王下)에 보이는 유련황망(流連荒亡)에서 가져온 표현이다.
3) 충분감격(忠憤感激). '충분'은 충성에서 일어나는 분노를 말하며 '감격'은 감동하여 분발함을 말한다.
4) 비흥(比興). 전통적으로 시에는 육의(六義)가 있다고 하는데, 비(比)·부(賦)·흥(興)·풍(風)·아(雅)·송(頌)을 말한다. 비·부·흥은 시의 수사(修辭) 내지는 작시법을 말하는 것으로, '비'는 사물을 보고 비유 혹은 연상해 쓰거나 해석하는 것을 말하며 '부'는 대상을 직서(直敍)함을 말한다. '흥'은 대상을 보고 또는 대상에 의해 촉발되는 흥취를 표현하는 말로 설명하는데 심리 메커니즘이기도 하면서 은유로 보기도 한다. 풍·아·송은 시체(詩體)를 말하는데, '풍'은 민요를, '아'는 조정에서 쓰는 아악(雅樂)으로 고상하고 우아한 시를, '송'은 제사 지낼 때 쓰는 시를 말하며 조상을 송축한다는 뜻이 있다.
5) 원문은 '近質野'. 송나라 사람 여본중(呂本中)의 『여씨동몽훈』(呂氏童蒙訓)에 다음 기록이 보인다. "옛사람의 글을 배울 때는 모름지기 그 단점을 알아야 한다. 예컨대 두보의 시에는 자못 질박하고 거친 쪽에 가깝다고 할 수 있는[近質野] 곳이 있다. 그의 시 「대리사의 봉오랑(五郞; 봉씨 집안의 다섯번째 항렬) 주부(主簿)가 혼사가 제대로 되지 않아 바로 통주로 내려갔다」(送大理封主簿五郎親事不合却赴通州)가 그러하다."
6) 원문은 '村陋'. 송나라 위경지(魏慶之)의 『시인옥설』(詩人玉屑)에 보이는 말이다. "촌스럽고 볼품없는 구절"(村陋句)이란 제목 아래, "소동파가 말하였다. 두보의 시에 「근심을 풀다」(解憂; 5언 12구의 시)가 있다. 두보의 시에는 감히 대적할 자가 없지만 이 시의 8구부터는 참으로 촌스럽고 볼품없다[眞村陋]. 이 부분은 옥에 티인데 세상 사람들은 부화뇌동하느라 다시는 비판하지 않는다. 잘못된 일이다. 하지만 그래도 시의 아름다움을 덮을 수는 없다."
7) 명나라 초횡(焦竑)의 『초씨필승』(焦氏筆乘)에, "우리 집에 정선부가 비평을 가한 두보 시집이 있다. 그가 잘못을 지적하는데 여력을 남기지 않았으니 참으로 두보의 지기(知己)라 하겠다. 나머지 사람들의 비판이 많기는 하지만 그저 구경거리를 본 것에 지나지 않는다"라는 기록을 염두에 둔 표현으로 보인다.
8) 원문은 '後世'인데 도가이가 '皆'로 교정했다. 바로 앞 문장에 '後世'라는 말이 나와 중복되는 말이므로 교감한 것 같다. 도가이를 따랐다.

| 42장 | 어째서 성학에 뜻을 둔 사람이 적습니까

동자가 물었다. "지금 배우는 사람들 중에는 어째서 성인이 되는 공부[聖學]에 뜻을 둔 사람은 적고 잡학雜學을 좋아하는 사람은 많습니까?"

대답하였다. "호걸이 적고 범재凡才가 많은 것은 예나 지금이나 마찬가지다. 내가 매를 키우는 사람에게 들은 이야기가 있다. 매 중에 날랜 놈은 꼭 가장 큰 학을 먼저 공격하고 변변찮은 놈은 꼭 작은 학을 보고 공격한다지. 매 가운데 가장 신령스럽고 날랜 놈을 해동청海東靑이라 하는데 건추 지역[1)]에서만 나기 때문에 일본에서는 구할 수 없다더구나. 한유와 구양수의 고문을 좋아하는 사람도 얼마 되지 않는데 이락의 학문[2)]에 뜻을 둔 사람은 더욱 적지. 하물며 공자와 맹자의 바른 학문에 뜻을 둔 사람은 천 명, 만 명 가운데 한 사람 정도지. 한유와 구양수의 고문을 좋아하는 사람은 좀 작은 학을 공격하는 부류이겠고 이락의 학문에 뜻을 둔 사람은 매 중에 뛰어난 놈이며, 공자와 맹자의 정학正學에 뜻을 둔 사람은 건추의 해동청이지. 잡학과 사장詞章, 기억하고 외우길 좋아하는 무리는 또한 삭은 새매가 참새와 메추라기를 공격하는 종류이니 귀할 것도 없다. 너는 스스로 힘쓸 곳을 몰라서야 되겠느냐."


주)____
1) 건추(建酋) 지역. 중국 동북부 지역으로 현재 동북삼성(東北三省)으로 알려진 곳을 말한다.
2) 이락(伊洛). 원래 이수(伊水)와 낙수(洛水)를 가리키는데 송학(宋學)의 주요 연원이 되는 이정(二程) 형제의 출신지를 따 부르는 것이다. 정주학(程朱學)을 가리킨다.

| 43장 | 천하의 선 가운데 무엇이 으뜸입니까

동자가 물었다. "천하의 선善 가운데 무엇이 으뜸입니까?"

대답하였다. "학문을 좋아하는 것[好學]이 으뜸이고 영민함이 그 다음이며 재능 있는 것[材幹]이 또 그 다음이지. 대체로 호학의 이점은 깊어지면 헤아릴 수 없을 정도이고 높아지면 누구도 미칠 수 없다는 것이다. 천하의 재능과 영민을 다한다 해도 모두 미칠 수 없지. 그러므로 호학이 천하에서 가장 훌륭한 것이야.

공자 문하의 여러 제자 가운데 총명하기로는 안자 같은 사람이 없지. 하지만 공자께서는 그가 총명하다 하지 않으시고 다만 '호학하다'[1]고 하셨어. 『중용』에 이르기를, '순임금은 묻기를 좋아하고 일상적인 말을 살피기 좋아하셨다'[2]라고 하였고, 맹자는 순임금을 칭송하면서, '밭 갈고 농사 짓고 도자기 만들고 고기 잡는 일에서 황제가 되기까지 남에게서 배우지 않은 것이 없었다'[3]라고 하였고, 또 말하길, '한 가지 좋은 말을 듣고 한 가지 좋은 행동을 보았을 때에는 마치 강물이 쏟아져 나가듯 딱 드여 좋은 말과 좋은 행동을 막을 수 없었다'[4]라고 하였지. 자사子思와 맹자 모두 순임금을 성인이라 부르지 않고, 한쪽에서는 '묻기를 좋아한다'고 하고 한쪽에서는 '남에게서 배우지 않은 것이 없었다'라고 하였으니 호학이 천하에서 가장 훌륭한 것임을 알 수 있지. 사람들은 모두 총명이 귀한 줄은 알면서도 실상 호학의 효험이 총명보다 수만 배가 되는 줄은 모르지. 총명이 남 같지 않다고 걱정하기보다는 호학의 뜻을 스스로 돈독히 하는 게 낫단다."


주)
1) 『논어』「옹야」(雍也) 제2장에 보이는 말이다. "애공이 물었다. '제자 가운데 누가 배우기를 좋아합니까?' 공자께서 대답하셨다. '안회라는 사람이 배우기를 좋아하여 노여움을 다른 이에게 옮기지 아니하였고, 잘못을 두 번 다시 저지르지 않았습니다만 불행히도 명이 짧아 죽고 말았습니다. 지금은 그런 사람이 없으니 배우기를 좋아한다는 사람을 아직 듣지 못했습니다."(哀公問, 弟子孰爲好學. 孔子對曰, 有顔回者好學, 不遷怒不貳過, 不幸短命死矣. 今也則亡, 未聞好學者也)
2) 『중용』 제6장에서 가져온 말이다. "공자께서 말씀하셨다. '순임금은 아마 위대한 지혜를 가진 분이셨을 것이다. 순임금은 묻기를 좋아하고 일상적인 말을 살피기 좋아하시면서도 악을 숨겨 주고 선을 드러내 주시며 두 끝을 잡아 그 중간을 백성에게 쓰시니 이 때문에 순임금이 되신 것이다.'"(子曰, 舜其大知也與! 舜好問而好察邇言, 隱惡而揚善, 執其兩端, 用其中於民, 其斯以爲舜乎)
3) 『맹자』「공손추 상」(公孫丑上) 제8장에 보이는 말이다.
4) 『맹자』「진심 상」(盡心上)에 보이는 말이다.

| 44장 | 노불의 언어로 풀이된 성인의 글은 어떻습니까

동자가 물었다. "선유들께서는 불교와 노장의 언어로 성인의 글을 많이 풀이했습니다. 어떤 이는 잘못이라 하고 어떤 이는 무방하다 하며 어떤 이는 성인의 말씀이 이르지 못한 곳을 잘 보충해 준다고 말합니다. 의견이 분분해서 판정할 수 없는데 누구 말이 옳은지 모르겠습니다."

　대답하였다. "불교와 노장의 언어로 성인의 글을 풀이하는 것이 좋다고 하는 사람은 그 학문이 본래 선禪과 노장의 이치에서 왔기 때문이지. 때문에 잘한다고 하는 것이야. 무방하다고 말하는 이는 무덤덤해서 애증이 없는 사람의 말이니 취할 것도 없지. 잘못이라고 말하는 이는 그럴듯하지. 하지만 그냥 불교와 노장의 말이 미워 비난할 뿐이다. 나는 다만 불교·노장과 우리 유학은 향기로운 풀과 냄새나는 풀, 얼음과 불처럼 함께될 수 없다는 것을 제대로 알지 못하면서 비판하는 게 걱정스러울 뿐이다. 학맥은 각자 조응하는 것이 있고 언어는 각자 유래하는 것이 있어, 저것을 말하면 이것을 말할 수 없고 이것을 밀하면 저깃은 밀힐 수가 없지. 부귀한 사람이 춥다거나 구걸하는 말을 하지 않는 것과 같지. 하물며 사악함과 올바람은 길이 다르고 물과 불은 기운[氣]이 달라 털끝만큼도 허용할 수 없지. 비판하는 사람조차 제대로 알고 제대로 비판하는 사람은 아주 드물지.

대개 글 읽는 사람이 근본적으로 참된 식견이 없으면 옳은 것도 취하고 그른 것도 취해 멍하니 정한 기준이 없게 되니, 모두 무방하다고 말하는 부류라 할 수 있지. 비유해 보겠다. 어떤 사람이 아버지를 때린다고 하자. 또 다른 한 사람이 와서 옆에서 아버지를 구해 준다면 아들 된 이는 아버지를 구해 준 사람에게 감사해야 하겠냐, 아니면 아버지를 때린 자에게 감사해야 하겠냐. 선과 노장의 이치로 공자와 맹자의 글을 설명하는 것은 아버지를 때리는 것이다. 그것이 공자와 맹자의 가르침은 아니라고 분별하는 일은 아버지를 구하는 일이고. 지금 공자와 맹자의 가르침은 아니라고 분별하는 일을 통렬하게 비판하면서 선과 노장의 이치 쓰는 일을 오히려 감싸고 보호하는 자는 아버지를 구한 사람에게 감사하지 않고 도리어 아버지를 때린 자와 같은 편이 되는 것이지. 아들 된 자라면 다른 사람이 구할 필요도 없이 당연히 죽을 힘을 다해 아버지를 때리는 자와 싸워야 옳지. 어떻게 자기 아버지를 때리는 자에게 감사할 수 있겠느냐. 이를 두고 시비도 모르는 것들이라고 해야겠지. 그리도 생각이 없는 것이다."

## | 45장 | 선생님을 믿지 않고 비판하는 사람들이 있습니다

동자가 물었다. "선생님께서는 항상 공자와 맹자의 가르침을 다시 천하에 밝히려고 글을 쓰고[1] 책을 지으시면서 천신만고를 무릅쓰고 감히 실천하셨습니다. 그래서 지금은 선생님을 믿는 사람이 생겼고 믿지 않는 사람들도 생겼습니다. 혹은 심하게 비판하며 지적하는 사람이 있기도 합니다. 어째서 다 믿도록 할 수 없습니까?"

대답하였다. "배우는 사람은 아랫사람에게 묻는 것을 부끄러워하지 않으며 자신의 사사로움을 버리고 남의 좋은 의견 따르는 것에 뜻을 두어야 한다. 이와 같은 뜻을 가지면 천하에 어찌 이런 선善이 있겠느냐. 나는 그저 공자와 맹자의 가르침을 다시 천하에 밝히고 싶을 뿐 누가 믿고 안 믿고는 생각지도 않는데, 하물며 그 말을 꼭 실천하길 바라겠느냐. 공자와 맹자의 올바른 가르침을 천명해 나를 깨우쳐 주는 사람이 있다면 이는 내가 정말 듣고 싶어 하는 바이니, 나는 말채찍 잡는 사람이 되어서라도 그를 따를 것이다.[2] 어찌 나를 비판하는 사람을 낮하겠느냐. 공사노, '나는 나 행이로구나. 잘못이 있으면 사람들이 반드시 아는구나'[3]라고 말씀하셨지.

무릇 사람들이 나를 믿지 않고 나에게 승복하지 않는 것은 모두 내 진실이 미덥지 않아서이니 마땅히 스스로 수양하고 반성해야겠지. 어떤 사람이 지극히 당연한 말로 알려 주었는데 내가 내 의견만 고집하고 그 말을 거부한다면 스스로 좋은 길을 끊는 것이며, 스스로 자기 몸을 해치는 것이지. 내가 어리석긴 하나 이런 심한 지경까지는 가지 않았다. 나는 문하의 어린아이 말이라도 배울 만하면 모두 따르지.『논어』·『맹자』를 풀이한 글이 모두 그러하다. 문인們人들과 함께 두루 생각하고 여럿이 의논해 결정하고 난 뒤에 썼지. 이치에 합당하지 않은 부분은 물리쳤지. 이는 너도 아는 바일 것이야. 사사로운 마음으로 공격하거나 사사로운 의견으로 힐난하는 일은 내 듣지 않으려 한다. 후세에 도를 아는 사람이 나오면 반드시 내 말에 부절符節이 합치되듯 할 거라고 내 스스로 믿는다. 너도 잘 이해하거라."

주)

1) 원문은 '建言'인데 도가이가 '立言'으로 교정했다. 도가이를 따랐다. '建言'이란 말이 없는 것은 아니나 이때 '言'은 옛말(고어古語·고언古諺)이란 뜻으로 쓰였고, '建'은 동사 용례로는 '건의하다'란 말로 쓰여 본문에서 하는 말과는 차이가 있는 것 같다. 전통 사회에서는 오랜 시간이 흘러도 사라지지 않는 세 가지 일(삼불후三不朽)로, 입덕(立德)·입공(立功)·입언(立言)을 통상 써 왔다.『춘추좌전』에 근원을 둔 오래된 말이다.
2) 이 말은『논어』「술이」(述而) 제11장에서 가져온 것이다. "공자께서 말씀하셨다. '부를 구할 수 있다면 말채찍 잡는 사람이라도 나 또한 되겠지만 얻을 수 없는 것이라면 내가 좋아하는 것을 따르겠다.'"(子曰, 富而可求也, 雖執鞭之士, 吾亦爲之. 如不可求, 從吾所好)
3)『논어』「술이」제30장에서 가져온 것이다. "진나라 사패가 물었다. '소공이 예를 알았습니까?' 공자께서 말씀하셨다. '예를 아셨습니다.' 공자가 물러가자 [사패가] 무마

기[무마가 성, 기는 자. 공자의 제자]에게 읍하고서 앞으로 나오도록 하고는 말하였다. '내 들으니 군자는 편당(偏黨)하지 않는다 하였는데 군자도 편당을 하는가. 임금[소공]은 오나라에서 장가들었으니 동성[同姓; 노나라와 오나라는 모두 희씨姬氏다]이 된다. 그리하고선 그 사실을 숨기려고 오맹자(吳孟子)라고 불렀으니 임금이 예를 안다면 누가 예를 모르겠는가.' 무마기가 이것을 아뢰자, 공자께서 말씀하셨다. '나는 다행이로구나. 잘못이 있으면 사람들이 반드시 아는구나.'"(陳司敗問, 昭公知禮乎. 孔子曰, 知禮. 孔子退, 揖巫馬期而進之, 曰, 吾聞君子不黨, 君子亦黨乎. 君取於吳爲同姓, 謂之吳孟子. 君而知禮, 孰不知禮. 巫馬期以告. 子曰, 丘也幸, 苟有過, 人必知之)

| 46장 | 선과 노장의 언어를 분별해 주십시오

동자가 물었다. "저희들은 평소 책을 많이 읽지 않아 경전 풀이 가운데 선과 노장의 언어를 많이 사용했다 해도 식별할 수 없습니다. 하나하나 잡아내 알려주시기 바랍니다."

대답하였다. "『근사록』·『사서집주』 등에 선과 노장의 언어를 사용한 것은 다 거론할 겨를이 없을 정도지. 이 중 그 심한 것을 끄집어내 말해주겠다. 정[1]·망[2]·공[3]·무욕[4]·무정[5]·무극[6]·무장영[7]·충막무진[8]·명경지수·확연대공[9]·시거용현[10]이라는 말은 모두 노장의 책에서 중요한 용어지. 환성[11]·상성성법[12]·허령불매[13]·체용일원·현미무간[14] 등의 말은 모두 선과 관련된 책에서 나왔고, 정좌 공부[15]·「소식삼」[16]도 오로지 노장과 불교의 가르침을 사용한 것이지. 『논어』·『맹자』에는 본래 이런 말이 없고 이런 이치도 없다. 성인은 잠꼬대할 때조차 스스로 이런 따위의 말은 하지 않아. 그 근본이 다르기 때문이야."

주)_____

1) 정(靜). 『노자』에서 흔히 볼 수 있는 말이다.
2) 망(忘). 『장자』에서 흔히 찾아볼 수 있는 글자다. '좌망'(坐忘) 등의 표현을 말한다.
3) 공(公). 『노자』 상권 제16장에 보인다. "포용하면 공평하게 되고 공평하면 천하의 왕이 될 수 있으며 천하의 왕이 되면 하늘에 들어맞고 하늘에 들어맞으면 도에 들어맞는다. 도에 들어맞으면 영원할 수 있다. 죽을 때까지 위태롭지 않다."(容乃公, 公乃王, 王乃天, 天乃道, 道乃久, 歿身不殆)『장자』「칙양」(則陽)에도, "천지는 형태가 있는 것 중에 큰 것이며 음양은 기 중에 큰 것이며 도라는 것은 공평한 것이다"(天地者, 形之大者也, 陰陽者, 氣之大者也, 道者爲之公)라고 해 그 용례가 보인다. 『근사록』 권1 「도체류」(道體類)에, "인은 천하의 공평한 것으로 선의 근본이다"(仁者天下之公, 善之本也)라는 말이 보인다. 정이(程頤)의 『역전』(易傳) 가운데 「복괘」(復卦)의 육이효(六二爻)를 풀이하면서 쓴 말이다.
4) 무욕(無欲). 『노자』에서 흔히 볼 수 있다. "욕망을 없애 고요히 한다"(無欲以靜) 따위를 말한다.
5) 무정(無情). 『장자』에서 볼 수 있는 말이다. 「덕충부」(德充符)에 "내가 무정이라 하는 것은 사람들이 좋아하고 미워하는 것으로 속에 상처를 주지 않아야 한다는 뜻이다"(吾所謂無情者, 言人之不以好惡內傷其身)라는 말이 보인다.
6) 무극(無極). 『노자』에 보인다. "천하의 법이 되면 상덕에 어긋나지 않고 가없는 곳으로 돌아간다."(爲天下式, 常德不忒, 復歸於無極) 무(無)를 우주의 본질로 보고 표현한 말로 해석하기도 한다.
7) 무장영(無將迎). 『장자』 「응제왕편」(應帝王篇)에 보이는 말이다. "지극한 사람은 마음 쓰기가 거울과 같아 사물을 맞이하지도 않고 보내지도 않는다."(至人之用心, 若鏡不將不迎) '將'은 '보낸다'(送)로 푼다.
8) 충막무진(冲漠無眹). 『노자』에 "도는 비어 있어 쓰이지 않는 곳이 없으나 채워지지 않는 것처럼 보인다"(道沖而用之, 或不盈)라는 말이 보이고, 『장자』 「응제왕편」(應帝王篇)에, "너는 담백함에 마음을 맡기고 고요히 천지의 기운에 본성을 합치시켜라"(汝遊心於淡, 合氣於漠)라는 말과 "다해도 끝이 없는 자연을 본받아 만물에 맡겨 흔적이 없다"(體盡無窮, 而遊無眹)는 표현이 보인다. 가득차고 고요하며 흔적이 없다 정도의 뜻으로 볼 수 있다.
9) 확연대공(廓然大公). 출전 미상. 공(公)을 강조하고 사심이 하나도 없는 경지를 표현한 말로 보인다. 『회암선생주문공문집』(晦庵先生朱文公文集) 권33 「유자징에게 답하다 3」(答劉子澄: 16통 가운데 세번째 편지)에 "배우는 사람이 진정 마음속이 탁 트여 대단히 공정하고자 한다면 분명하게 사방에 통달하여 바로 격물치지·궁리에 힘을 얻는 곳이 있어야 합니다"(學者正欲胸中廓然大公, 明白四達, 方於致知窮理有得力處)라는 글귀

가 보이기는 한다.
10) 시거용현(尸居龍見). 『장자』「재유편」(在宥篇)에 보이는 말이다. "시체처럼 고요히 앉아 있으나 용처럼 문채가 드러나 위의를 본받을 만하고, 깊은 연못처럼 아무 말 없이 있으나 천둥소리가 사람을 움직이듯 감동시킨다."(尸居而龍見 淵黙而雷聲)
11) 환성(喚醒). 출전은 『벽암록』(碧巖錄). 잠든 사람을 불러 깨운다는 뜻이다.
12) 상성성법(常惺惺法). 불가의 서적 『무문관』(無門關)에 용례가 보인다. 깨어 있음을 형용한 말이다.
13) 허령불매(虛靈不昧). 『벽암록』에 근거를 둔 말이다. 주희가 『대학장구』에서 '明德'에 주석을 붙이면서 쓴 말로 유명하다.
14) 체용일원(體用一源)·현미무간(顯微無間). 이토 진사이는 『어맹자의』 리조(理條)에 "체용이란 설명방식은 근세에 생긴 것으로 성인의 책에는 없다. 당나라 청량(淸涼)의 『화엄경소』(華嚴經疏)에 이 말을 썼다"고 하였다. 앞의 말은 본질[體]과 현상[用; 작용]은 근원이 같으며 겉으로 뚜렷이 드러나는 것으로, 뒤의 말은 보이지 않는 것은 서로 틈이 없다 정도의 뜻으로 볼 수 있다.
15) 정좌공부(靜坐功夫). 불교의 좌선(坐禪)에서 나온 말이다.
16) 「조식잠」(調息箴). 주희가 지은 글로 숨쉬기를 삼가며 수양의 하나로 보았다. 호흡은 통상 노장 계열의 수양 가운데 하나로 언급된다.

| 47장 | 명경지수란 말을 미워하는 까닭은 무엇입니까

동자가 물었다. "선생님께서 명경지수 등의 말을 매우 미워하시는 까닭은 무엇입니까? 자세히 깨우쳐 주시기 바랍니다."

대답하였다. "이런 말은 성인의 가르침과 얼음과 숯불처럼 차이가 날 뿐 아니라 실제로도 삶과 죽음 같은 차이가 있지. 쉽게 알 수 있고 쉽게 깨우칠 수 있는 것으로 하고 난 다음 자세히 그 이치를 설명해 보겠네. 무릇 성현이 비유를 쓸 때는 본디 정밀하고 엄격한 것이다. 도道며, 성性이며, 심心은 모두 생물이지 죽은 것[死物]이 아니야. 때문에 생물生物로 비유할 수 있어도 사물死物로 비유할 수는 없지. 사물로 비유하면 끌어온 비유가 합당하지 않을 뿐 아니라 필시 나쁜 것을 바르다 하고 서쪽을 동쪽으로 알아 사람을 헷갈리지 않게 하는 일이 드물 것이야. 어째서 그러할까. 흐르는 물[流水]은 근원이 있어 흘러가니 생물[活物]이지. 정지한 물[止水]은 근원이 없어 정체되었으니 죽은 것[死物]이야. 때문에 맹자께서 물로 비유할 때는 항상 흐르는 물로 말을 하고, 한 번이라도 정지한 물로 비유한 적이 없지. 일찍이 말씀하시기를, '인간 본성의 선善은 물이 아래로 흐르는 것과 같다.

사람에게 불선不善이 있지 않으며 물은 아래로 흐르지 않는 것이 없다'[1]라고 하셨고, 또 말씀하시기를, '불이 막 타오르고 샘물이 막 솟아 흐르는 것과 같다'[2]고 하셨지. 또 말씀하시길, '흐르는 물은 패인 곳을 채우지 않고서는 흘러가지 않는다'[3]라고 하셨으니 그 의미 또한 명백하지 않느냐.

거울이란 물건도 마찬가지야. 잘나건 못나건 크건 작건 사물을 받아 남김없이 보여 주니 영묘하다고 할 수 있지. 모습을 잘 비출 수 있다 해도 사물을 빛으로 밝힐 수는 없으니 거울은 그냥 비어 있기 때문에 사물의 모습을 잘 받아줄 뿐이란다. 해나 달처럼 빛을 내지 못하고 등불이나 초처럼 멀리 비추지도 못하니 살아 있는 물건[生物]이 아니어서 그래. 해서 순임금이 12개 장식[4]을 만들면서 해와 달과 불의 형상은 가져왔지만 거울을 쓰지 않은 것이야. 거울은 미추를 구분 못하고 호악을 분별 못해 무작정 비추기만 하고 가리는 것이 없기 때문이 아니겠느냐. 불교와 노장은 공허를 숭상하고 성인은 실제 이치[實理]를 숭상한다. 그러므로 불교와 노장의 책이 거울로 비유를 삼은 건 거론할 수 없을 정도지만, 그 방대한 육경과 『논어』·『맹자』에서 거울을 한 번도 언급하지 않은 것은 삶과 죽음만큼 차이가 있기 때문이지.

도라는 것은 군신·부자·부부·형제·붕우관계요, 이 다섯 가지를 잘 유지하는 방법도 은恩·의義 두 가지에 달려 있지. 맹자 말씀에, '부자간에는 선을 억지로 권하지 않으니 억지로 권하면 사이가 멀어진다. 사이가 멀어지면 이보다 더 큰 불상사가 없다'[5]라고 하였고, 공자 말씀에, '형제간에는 평화롭고 즐거워야 한다'[6]라고 하였고, 또 말씀하시길, '군자는 부모를 효도로 섬긴다. 때문에 충성을 임금에게 옮길 수 있다'[7]라고 하였지. 이는 모두 이 마음을 기르고 은·의를 온전히 하는 방법 아닌 게 없다. 불교와 노장의 가르침 같은 것은 오로지 청정무욕만을 일로 여기지. 수행이 원숙해지고 공부가 완성되면 본심이 환해져서 깨끗한 거울처럼 비고 정지한 물처럼 맑아, 티끌 하나 묻지 않고 흠집 하나 없으니 어렵다고 할 수 있지. 하지만 은·의의 마음은 잘리고 끊어져 땅을 쓸어 버린 듯 사라지지. 마치 바람이 깃발 지나듯,[8] 인형[9] 치우듯 부모를 버리고 처자식과 관계를 끊어 무덤덤해져 사랑할 곳이 없지. 하물며 군신관계는 어떻겠느냐. 형제 관계는 어떻고. 이 지경에 이르면 성인의 도와 실로 천지 차이지. 모두 명경지수라는 말이 초래한 것이다. 깊이 미워하는 게 당연하지 않느냐."

주)
1) 『맹자』「고자 상」(告子上) 제2장에 보이는 말이다.
2) 『맹자』「공손추 상」(公孫丑上) 제6장에 보이는 말이다. 『동자문』 상권 제42장에 이 말을 인용한 적이 있다.
3) 『맹자』「진심 상」(盡心上)에 보이는 말이다.
4) 12개 장식(十二章). 『서경』「익직」(益稷)에 보인다. 옷에 수 놓을 열두 가지 무늬를 말한다. 일(日)·월(月)·성신(星辰)·산(山)·용(龍)·화충(華蟲)·종이(宗彝; 종묘제사 때 쓰는 기구에 새긴 무늬)·조(藻; 수초水草)·화(花)·분미(粉米)·보(黼; 도끼 모양)·불(黻; 글자 두 개를 마주보고 배치한 모양) 등이다 (오른쪽 그림 참조).
5) 『맹자』「이루 상」(離婁上)에 보이는 말이다.
6) 『논어』「자로」(子路) 제28장에 보이는 말이다. "자로가 물었다. '어떻게 해야 선비라고 말할 수 있습니까?' 공자

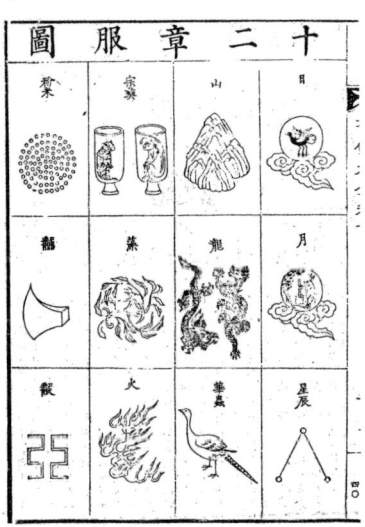

께서 말씀하셨다. '자상하게 권면하며 평화롭고 즐거워하면 선비라고 말할 수 있다. 붕우 간에는 자상하게 권면하며 형제간에는 평화롭고 즐거워야 한다.'"(子路問曰, 何如斯可謂之士矣. 子曰, 切切偲偲, 怡怡如也, 可謂士矣. 朋友切切偲偲, 兄弟怡怡)

7) 『효경』(孝經) 「광양명장」(廣揚名章) 제14에 보이는 말이다. 전문은 다음과 같다. "공자께서 말씀하셨다. '군자는 부모를 섬김에 효도를 한다. 때문에 충성을 임금에게 옮길 수 있으며, 형을 섬김에 공손하다. 때문에 순종을 어른에게 옮길 수 있으며 집안에 있을 때 잘 다스린다. 때문에 다스림을 관직에 옮길 수 있는 것이다. 이렇기 때문에 행실이 안에서 완성되고 이름이 후세에까지 확립된다.'"(子曰, 君子之事親孝, 故忠可以於君, 事兄悌, 故順可移於長, 居家理, 故治可移於官. 是以行成於內而名立於後世矣)

8) 바람이 깃발 지나듯 아무것도 아닌 것. 원문은 '綴旒'. 여러 뜻이 있는데, 이 말의 최초 용례는 『시경』 「상송」(商頌) '장발'(長發)에 보인다. 이때 뜻은 '모범, 표상'이다. 여기서는 '바람에 따라 이리저리 휘날리는 깃발'이라는 원뜻을 취해 의역했다.

9) 원문은 '土梗'. 토는 흙으로 빚은 인형(토우土偶)을 말하고 경은 나무로 만든 인형을 말한다. 천하고 쓸모없는 것을 비유할 때 흔히 쓴다.

| 48장 | 선생님 학문의 가법에 대해 여쭙겠습니다

"선생님 학문의 가법[1]에 대해 여쭙겠습니다."

대답하였다. "내게 가법은 없다. 『논어』·『맹자』의 정문正文[본문]을 이해한 것이 내 가법일 뿐이지. 요즈음 쓴 『일찰』[2] 가운데 한 대목이 학문하는 법을 논한 것인데 학문하는 핵심을 잘 깨쳤다. 너를 위해 말해 주마.

'유학자의 학문은 애매한 것을 가장 꺼린다. 도를 논하고 경전을 풀이할 때 모름지기 명백하고 정확해야 한다. 마치 환한 대낮에 사거리에서 일하듯 해야 하며 털끝만큼이라도 사람을 속이면 전혀 옳지 않다. 절대 견강부회해서는 안 된다. 아무거나 빌려와도 안 되며 천착해서도 안 된다. 격을 낮추어 영합해서도 안 된다. 단점을 감싸고 돌면서 덮으려는 일은 더욱 삼가야 한다. 또 꾸미고 치장해서 사람들을 기쁘게 하는 일은 경계해야 한다. 종전의 여러 유학자들은 걸핏하면 이런 병폐를 저질러 왔다. 도를 논하고 경전을 풀이하는 데 해가 될 뿐 아니라 반드시 사람의 마음공부를 크게 무너뜨리니 알아 두지 않으면 안 된다. 또 말한다. 큰 바늘을 써서 은쟁반에 담듯 깨끗하고 말끔하게 온몸이 투명해야 한다. 악취 나는 물건을 덮어 그릇 가운데 담으면 다른 물건도 모두 그 기운에 닿아 오염돼 다 냄새 나고 썩어 쓸 수 없게 된다. 학문이 부진하고 도덕과 의리[3] 수양이 안 되는 것은 모두 다 여기서 비롯된다. 이것이 유학자 공부의 제일 요결이다. 배우는 사람은 이 말을 마음을 편안히 하고 사명을 세우는[安心立命] 뿌리로 삼아 항상 체득해야 한다. 잊어서는 안 된다.'[4] 『중용』에 이르기를, '선에 밝지 못하면 몸을 성실하게 할 수 없다'[5]라고 하였고, 또 이르기를, '명明으로 말미암아 성실해짐을 교敎라 한다'[6]고 하였으니 내가 말한 이 한 대목은 바로 『중용』에서 말한 '명'明이란 글자의 뜻이지."

주)

1) 가법(家法). 한나라 초에 유가(儒家)가 경학(經學)을 전수(傳授)할 때는 모두 입으로 전해 주었다. 후대로 몇 번 전해진 뒤로 경전의 구두와 의미가 갈라져 그 갈래가 각자 일가(一家)를 이루게 된다. 스승이 전수한 것은 제자가 한 글자도 고칠 수가 없어 그 법도가 매우 엄했는데, 이를 일러 가법이라 했다. 당나라 때에 이르면 가법은 이미 소멸된다.

2) 『일찰』(日札). 찰(札)은 찰기(札記)란 말로, 형식에 구애받지 않고 쓴 짤막한 글을 말한다. 여기서는 『진사이 일찰』(仁齋日札)을 가리킨다. 이하 인용하는 글은 『진사이 일찰』의 제1조 전문이다.

3) 원문은 덕의(德義). 도덕과 신의라는 뜻도 있고 "선을 좋은 것으로 여기는 것을 덕이라 하고 악을 미워하는 것을 의라 한다"(善善爲德, 惡惡爲義)라는 뜻도 있다.

4) 『동자문』에 인용된 글과 『일본윤리휘편』(日本倫理彙編)에 들어 있는 『진사이 일찰』 사이에는 글자 출입이 있다. 『일본윤리휘편』에 들어 있는 텍스트가 더 정돈되었다. 의미에는 큰 차이가 없으므로 일일이 거론하지 않았다.

5) 『중용』 제20장에서 가져온 말이다. 해당 부분은 다음과 같다. "몸을 성실하게 하는 것에는 방법이 있으니 선을 밝게 알지 못하면 몸을 성실하게 할 수 없을 것이다."(誠身有道, 不明乎善, 不誠乎身矣)

6) 『중용』 제21장에서 가져온 말이다. "성(誠)으로 말미암아 밝아짐을 성(性)이라 이르고, 명(明)으로 말미암아 성실해짐을 교(敎)라 이르니 성실하면 밝아지고 밝아지면 성실해진다."(自誠明謂之性, 自明誠謂之敎, 誠則明矣, 明則誠矣)

| 49장 | 공자에 대한 맹자의 평가를 어찌 보십니까

동자가 물었다. "맹자께서 말씀하시길, '공자께서는 요순보다 훨씬 더 현명하시다'[1]라고 하셨고 정자께서 말씀하시길, '성인다움을 말하자면 차이가 없지만 일을 이룬 것으로 보자면 차이가 있다. 공자께서 요순보다 현명하다는 말은 이룬 업적을 가지고 말한 것이다'라고 하셨습니다. 이 말은 자못 견강부회한 듯합니다. 어떻게 생각하십니까?"

대답하였다. "성인도 사람일 뿐인데 어떻게 사람이 다 같을 수 있겠느냐. 천지변화라 해도 풍년이 들기도 하고 흉년이 들기도 해서 해마다 같지 않고 매년 차이가 있지. 천 년이란 긴 세월이 흘러도 한 해도 같을 수 없는 게야. 헌데 어찌 유독 성인에게는 똑같을 것이라 의심하는 게냐.

정자는 오로지 리理라는 글자를 가지고 판정을 내려서 그 실정을 알지 못했기 때문이다. 내 생각엔 맹자 이후로 도를 아는 사람은 정자 같은 사람이 없지만, 여전히 고원함을 좋아하는 뜻이 있었기 때문에 공자와 맹자의 가르침과 어긋나는 점이 다소 있지. 맹자는 단지 '요순보다 더 현명하시다'라고 말씀하셨지, '요순보다 더 현명한 까닭은 무엇인가'라고 말씀하지 않으셨다. 그렇다면 꼭 이룬 업적을 가지고 말한 것이라고 단정할 필요는 없는 게야. 왕양명은 요순을 금 만 냥[2]에 비유했고, 공자를 금 구천 냥에 비유했는데[3] 이는 더욱 잘못된 거야. 도를 아는 사람들에게 큰 웃음거리를 주었을 뿐이지. 그러니까 맹자의 본뜻을 제대로 안 이후에 공자가 공자인 까닭을 알 수 있고, 공자가 공자인 까닭을 안 이후에 공자가 요순보다 더 현명한 이유를 제대로 알 수 있지."

주)
1) 『맹자』「공손추 상」(公孫丑上) 제2장 소위 '호연지기장'(浩然之氣章)에 보이는 말이다. 『동자문』 상권 5장에 인용한 적이 있다.
2) 냥. 중량 단위로 원문은 '일'(鎰). 전통적으로 쓰는 단위인데 24냥(兩)을 말한다. 일은 요즘 무게로 환산하면 900g 정도가 된다. 의역했다.
3) 왕양명의 비유는 『전습록』(傳習錄) 권상 「설간의 기록」(薛侃錄) 99조에 보인다. 해당 부분은 다음과 같다. "사람은 천리의 순수한 데 이르러야 비로소 성인이며, 금은 성분이 완벽한 데 이르러야 비로소 순금이 된다. 그러나 성인의 재질과 능력도 크고 작은 차이가 있으니 금이 성분에 따라 가볍고 무거운 것과 같다. 요순은 일만 일(鎰)의 무게와 같고 문왕과 공자는 구천 일과 같고 우·탕·무왕은 칠천 내지 팔천 일과 같고, 백이·이윤은 사천 내지 오천 일과 같다."(人到純乎天理方是聖, 金到足色方是精. 然聖人之才力, 亦有大小不同, 猶金之分兩有輕重, 堯舜猶萬鎰, 孔子猶九千鎰, 禹湯武王猶七八千鎰, 伯夷伊尹猶四五千鎰)

## |50장| 공자가 요순보다 현명한 까닭은 무엇입니까

동자가 물었다. "그렇다면 공자께서 요순보다 더 현명한 까닭은 과연 어디에 있습니까?"

대답하였다. "이는 지금까지도 아직 해결되지 않은 큰 문제다. 학자와 도의 관계에서 도를 아는지 모르는지, 터득했는지 아닌지 모두 여기서 결정되지. 한마디 말로 다 할 수 있는 게 아니야. 고원하고 광대하며 알기 어렵고 행하기 어려운 말은 사악한 말이며 난폭한 행동이고, 인륜으로 매일 평소 행하는 도가 실로 지극한 것임을 학자가 진정 알고 난 뒤에야 요순보다 더 현명한 실제 이유를 저절로 알게 되지.

지금은 우선 사실을 가지고 밝혀 보겠다. 근원이 깊을수록 더 멀리 흘러가고, 뿌리가 클수록 나무는 더욱 무성한 법. 그러므로 가르침이 멀리까지 미치는 것을 보면 도의 근본이 큰 줄 알고, 교화가 멀리까지 파급되는 것을 보면 덕이 아주 넓은 줄 알지. 요순은 천자였으니 그 명성과 교화가 멀리 미치고 넘치는 은택이 오래도록 전해지는 것이 당연해. 하지만 치적은 구주九州에 불과하고 자손이 이어받은 봉지封地도 후세에까지 미치지 못했다. 중니仲尼[공자]는 필부였고 떠도는 사람이었지만 도덕이 멀리까지 미쳐 한량限量할 수 없지. 지역으로는, 추로鄒魯 지방에서부터 국내는 말할 것도 없고 멀리 오랑캐 나라에까지 문자가 있는 모든 나라가 공자의 가르침을 존숭하지 않는 곳이 없지. 예禮로 보자면, 몸에 천자의 복장을 입고 천자의 예악을 쓰며 봄 가을 춘분 추분에 천자가 친히 벽옹[1]에 거둥擧動하고, 위로는 태학에서 아래로는 주현州縣의 학교, 오랑캐가 사는 먼 지역[2]까지 각자 석존례釋奠禮를 잘 준비해 삼가 올린다. 시간으로 보자면, 공자 때부터 지금까지 지난 2천여 년이 한결같지. 그 자손도 봉작을 이어 지금까지 끊어지지 않았으니 아아 얼마나 성대한 것이냐.

인륜이 있으면 천하가 제대로 유지되고 인륜이 없으면 천하는 유지될 수 없는 것이다. 무릇 천하의 군신·부자·부부·형제·붕우가 직접 공자의 책을 읽지는 않았더라도 공자의 가르침을 따르지. 사람들이 인의를 좋다 하고 충효를 숭상하면서 군신·부자·부부·형제·붕우의 윤리를 잃지 않는 것은 누구의 힘이겠느냐. 공자의 도가 피부에 젖고 뼛속까지 스며 모르는 가운데 저절로 행하지 않았다면 어떻게 그럴 수 있겠느냐.

예전에 공자께서 관중이 어질다고 칭찬하시면서, '백성들이 지금까지 그의 은혜를 받고 있으니 관중이 아니었다면 나는 머리를 풀어 헤치고 옷깃을 왼편으로 하는 오랑캐가 되었을 것이다'[3]라고 말씀하셨지. 공자의 성대한 덕을 관중과 비교해 보면 어찌 천만의 차이뿐이겠느냐. '천지의 도를 완성해 주고 도와 주어 백성들을 태평으로 이끌었다'[4]고 말하는 것에서도 그치지 않으니 중니는 바로 천지天地일 것이다. 그러므로 『중용』에서 공자를 칭찬하며 이르기를, '명성이 중국에서 넘쳐 오랑캐에게까지 뻗어, 배와 수레가 이르는 곳과 인력으로 통할 수 있는 곳, 하늘이 덮은 곳과 땅이 싣고 있는 곳, 해와 달이 비추는 곳, 서리와 이슬이 내리는 곳에 혈기를 가지고 있는 모든 것들이 존경하고 친애하지 않음이 없다. 그러므로 하늘과 짝이 된다고 하는 것이다'5)라고 한 것이지. 공자가 요순보다 더 현명한 실제 이유를 대략 알 수 있지. 그러므로 공자는 최상의, 지극한, 우주 제일의 성인이시며『논어』는 최상의, 지극한, 우주 제일의 책이지. 이른바 '사람이 있은 이래 공자보다 훌륭한 사람은 있지 않았다'6)는 말을 도를 아는 사람이 아니라면 누가 알 수 있겠느냐. 어렵지, 어려운 것이다!"

주)_____

1) 벽옹(辟雍). 전통시대 천자국(天子國)의 최고 교육기관을 말한다.
2) 원문은 '夷服'. 복(服)은 오복(五服)제도를 말한다. 왕이 거주하는 지역[王畿]을 중심으로 사방 5백 리 단위지역을 복(服)이라 해서 왕기를 중심으로 전복(甸服)·후복(侯服)·수복(綏服)·요복(要服)·황복(荒復) 순으로 동심원처럼 퍼지며 멀어진다. 모두 사방 2천 5백 리를 포괄한다. 전복은 왕기에서 가까운 지역[甸]으로 왕을 위해 복종하고 땅을 다스리는 지역이라는 뜻을 취했다. 후복은 척후(斥候)를 보며 복종하는 지역이라는 뜻을 취했으며, 수복은 정복하고 평정하여(綏服) 정교(政教)를 펴는 지역이란 뜻을 취했으며, 요복은 통제하고 금령을 내려[要束] 문교(文教)를 펼쳐야 하는 지역이란 뜻이며, 특히 요복 5백 리를 둘로 나눠 안쪽 2백 리를 채(蔡)라고 했으며 바깥쪽 3백 리를 이(夷)라 했다. 이복이란 말은 여기서 온 것이다. 왕기에서 가장 멀리 떨어진 황복은 정교(政教)가 간략해져 버린[荒] 지역

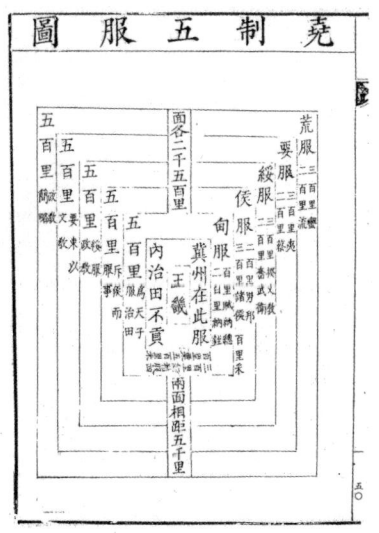

이란 뜻으로 안쪽 2백 리까지를 유(流 ; 유배 간다고 했을 때 '유'라는 말이 여기서 나왔다. 아주 멀리 간다는 뜻을 취한 것이다)라고 했으며 나머지 3백 리를 만(蠻)이라 불렀다.
3) 『논어』 「헌문」(憲問) 제18장에 보인다. 『동자문』 상권 47장에 자세하다. 이 47장에서 관중에 대한 평가 문제를 놓고 문답하였다.
4) 『역경』 「태괘」(泰卦) '대상'(大象)의 말로 『동자문』 중권 18장에 언급한 적이 있다.
5) 『중용』 제31장 4절의 전문이다. 『중용』 제31장에서 칭찬하는 대상은 '천하지성'(天下至聖)이라고 하였는데 이토 진사이는 이를 공자로 본 것이다.
6) 『맹자』 「공손추 상」(公孫丑上)의 '호연지기장'(浩然之氣章)에 보이는 자공의 언사다.

## |51장| 공자께서는 어찌 조술하기만 하셨습니까

동자가 물었다. "공자께서 이미 요순보다 현명하시다면 어찌해서 스스로 창작하지 않으시고 본받아 기술[祖述]하기만 하셨습니까?"[1]

대답하였다. "이는 네가 알 수 있는 게 아니야. '조술'祖述이란 것은 자신이 조술한 것이며, '문왕·무왕을 본받아 밝혔다'[憲章文武]는 것도 자신이 헌장憲章했다는 말이다. 맹자께서 사람에게 가르칠 때도 또 요순의 도를 '드러내 밝혔지'[表章] 요순 이전의 일은 하나도 언급한 적이 없다. 바로 공자께서 조술한 뜻이지.

자신이 마루 아래 많은 사람 가운데 섞여 있으면 마루 아래 사람들의 곡직曲直을 분별할 수 없지. 자신이 마루 위에 있어야 마루 아래 사람들의 곡직을 분별할 수 있는 것이다. 공자께서 요순을 조술한 것은 자신에게 실상 요순에게 못 미치는 것이 있어서 그런 것이 아니야. 천하 위로 우뚝 솟은 현명함이 있어야 천하가 못 보는 것을 밝힐 수 있으며, 천하가 못 보는 것을 밝힐 수 있어야 천하의 지극한 것을 알 수 있지. 도라는 것은 중용에 도달해야 지극해지는데 일상생활의 인륜을 벗어나지 않으며, 온 세상이 만세토록 잠시도 떠날 수 없는 것이다. 공자께서 천하 위로 우뚝 솟은 현명함으로 천하가 못 본 것을 밝히고 고금을 통찰해 여러 성인을 두루 선택하셨는데, 그 가운데 중용의 지극함에 도달해 만세의 표준이 될 수 있었던 이는 오직 요순뿐이었지. 이것이 그들을 조술한 이유다. 가령 요순이 아닌데도 중용의 지극함에 도달해 만세의 사표가 되는 사람이 있었다면 공자께서는 또한 반드시 그를 조술하셨을 게야. 하필 요순만으로 그쳤겠느냐.

이른바 '문왕·무왕을 본받아 밝혔다'는 말도 마찬가지야. 헌장이란 뚜렷이 드러나도록 밝혔다는 말이니 또한 조술했다는 말이지. 그런 뜻이 아니라면 조술하지 않은 것이며 그런 뜻이 아니라면 또한 헌장하지 않은 것이야. 자신이 마루 위에 있으면서 마루 아래 있는 사람 가운데 정직한 사람을 가리켜 보여 주는 것과 같지. 때문에 '그 조술이란 것은 자신이 조술한 것이며, 문왕·무왕을 헌장했다는 것도 자신이 헌장한 것이다'라고 말한 것이다. 공자께서는 복희·신농·황제[2]를 취하지 않고 또 소호·전욱·고신[3]을 나열하지 않으면서 유독 요순을 조술하셨으니 이는 공자의 독자적인 것으로, 요순이라도 미치지 못하는 바이지. 그러므로 요순을 조술하신 것은 공자가 요순보다 더 현명한 이유이다. 공자 말씀에, '기술[述]하기만 하고 창작하지 않는다'라고 하셨고 또 말씀하시길, '옛것을 믿고 좋아한다'고 하셨지. 공자께서는 대성大聖이면서 끝내 자신에서부터 옛것을 창작하지 않으셨으니 이것이 공자의 본마음이요 학문의 지극한 법칙이야. 그러므로 『논어』의 「태백」·「요왈」 두 편은 여러 성인을 두루 거론했으되 모두 요순에서 시작해 문무에서 끝나지. 허행許行이 신농의 말을 실천하자 맹자 또한 요순이 천하를 걱정한 것으로 그들 의견이 지나친 곳을 잘라 내고 모자란 곳을 보충했지.[4] 그러므로 『중용』에서 공자의 덕을 찬양하면서, '요순을 조술하시고 문무를 헌장하셨다'라고 한 말도 그 뜻을 알 수 있지. 그런데 송나라의 여러 대유大儒는 혹은 천황天皇·지황地皇·인황人皇을 삼황三皇이라 하고 포희庖犧·신농·황제·요·순을 오제五帝라 하기도 하며, 혹은 별도로 복희·신농·황제·요·순을 나열하기도 했는데 모두 공자께서 요순을 조술하신 뜻을 몰랐기 때문이지."

주)_____

1) 이 물음은 『논어』「술이」(述而) 제1장에 보이는 공자의 말, "공자께서 말씀하셨다. '기술하기만 하고 창작하지 않으며 옛것을 믿고 좋아함을 남몰래 우리 노팽에게 견준다.'"(述而不作, 信而好古, 竊比於我老彭)에서 '술이부작'述而不作의 뜻을 물은 것이다. '조술'(祖述)과 '헌장'(憲章)이란 말은 『중용』 제30장, "중니는 요순을 본으로 여겨 기술하시고 문왕·무왕을 본받아 지키시며 위로는 천시를 따르시고 아래로는 풍토를 좇으셨다"(仲尼, 祖述堯舜, 憲章文武, 上律天時, 下襲水土)에 보인다.
2) 황제(黃帝). 중국 전설상의 제왕으로 『사기』「오제본기」(五帝本紀)에 최초의 기록이 보인다.
3) 소호(少昊)·전욱(顓頊)·고신(高辛). 소호는 황제(黃帝)의 아들로 황제를 이어 제위에 올랐다. 전설의 오제 가운데 한 사람으로 보기도 한다. 전욱은 황제의 손자로 소호를 이어 제위에 올랐다. 오제 가운데 한 사람으로 보기도 한다. 고신은 황제의 증손으로 요(堯)의 아버지이기도 하다. 전욱을 이어 제위에 올랐다. 오제 가운데 한 사람으로 보기도 한다.
4) 중농주의자 허행의 제자가 된 진상(陳相)은 유학을 공부하다 농가(農家)로 돌아섰는데, 맹자와 논쟁을 벌였다. 『맹자』「등문공 상」제4장에 보인다. 백성과 같이 일하며 정치를 해야 한다는 것이 농가의 핵심 주장인데 맹자는 힘쓰는 사람(勞力者)과 마음을 쓰는 사람(勞心者)으로 나누어 논지를 펴면서 농가의 주장을 격파한다. 이때 마음을 쓴 사람으로 요순우탕(堯舜禹湯)을 거론하고 이들을 칭찬한 공자를 언급했다. 맹자는 공자가 요순의 전통을 이었다고 보았다. 이토 진사이는 『논어』「태백」·「요왈」두 편처럼 성인을 조술한 증거로 진상과 논쟁 벌인 이 장을 거론한 것이다.

| 52장 | 공자는 왜 상고의 성신들을 택하지 않았습니까

동자가 물었다. "복희·신농·황제·소호·전욱·고신은 모두 상고 시대의 성신聖神입니다. 공자께서는 어찌하여 그들을 택하지 않으셨습니까?"

대답하였다. "공자께서 택하지 않은 뜻을 분명하게 말씀하지 않아서 지금 자세히 말할 수는 없다. 맹자 말씀에, '요순의 도는 효제일 뿐이다'[1] 라고 하였고, 또 말씀하시길, '규구는 도형과 원의 지극한 것이요, 성인은 인간의 지극한 존재다. 임금이 되어 임금의 도리를 다하고자 하고 신하가 되어 신하의 도리를 다하고자 한다면 이 두 가지는 모두 요순을 본받을 뿐이다'[2]라고 하였지. 또 말씀하시길, '순임금은 뭇 사물을 잘 알고 인륜을 잘 살피어 인의를 따라서 행하셨지 인의를 행하신 게 아니다'[3]라고 하였다. 이런 말로 보자면 삼황·삼제의 도가 어찌 인륜의 상도常道에 마땅하지 않은 것이 있어 그 도를 내치셨겠느냐.

한나라 공안국孔安國의 「상서 서」尙書序에, '복희·신농·황제의 글을 삼분三墳이라 하는데 대도大道를 말하였다. 소호·전욱·고신·당唐[요임금]·우虞[순임금]의 글은 오전五典이라 하는데 상도常道를 말하였다'라고 했지.

공자는 삼분오전을 따져 보고 당우에서 끊어 그 아래 주나라에서 그쳤던 거지. '대도를 말하였다'라는 말을 보면 삼황의 도는 오로지 광대하고 무위자화[4]하는 것을 숭상해, 실제로는 인륜의 상도에 마땅하지 않은 것이 있었음을 알 수 있지.

아, 천하에 어찌 상도보다 큰 것이 있겠느냐. 상도 밖으로 벗어나 따로 대도가 있다면, 그 대도란 너무 광대해 인륜의 상도에 적합하지 않아 요순의 도와 차이가 있는 것이 아니겠느냐. 광대하고 무위자화하는 도는 바로 방외[5]의 선비나 높은 도를 깨우친 사람들이 꼭 구실로 삼고 자신의 설을 기탁하는 곳이며 사악한 말과 난폭한 행동이 비롯되는 곳이지. 그래서 선생님께서 택하지 않으신 것이니 그 뜻을 알 수 있을 게야."

주)_____
1) 『맹자』「고자 하」(告子下) 제2장에 보이는 말이다. 『동자문』 상권 5장에서 이 말을 한 적이 있다.
2) 『맹자』「이루 상」(離婁上) 제2장에서 가져온 말이다.
3) 『맹자』「이루 하」 제19장에서 가져온 말이다. 이토 진사이는 『맹자고의』에서 이 말을 다음과 같이 풀이했다. "순임금은 뭇 사물을 잘 알고 다스렸으므로 뭇 사물이 흥성하고 인륜을 잘 살펴 백성들이 개명된다. 행하는 것이 인의가 아닌 것이 없으나 인의를 아름다운 것으로 여겨 이를 행한 것이 아니다."(言舜能明庶物, 而庶物惟熙, 察人倫, 而百姓昭明, 其所行自莫非仁義, 非以仁義爲美而行之也)
4) 무위자화(無爲自化). 청정허무(淸靜虛無)로 사인에 순응해 아무것도 하지 않아도 저절로 잘 다스려지는 것을 말한다. 『노자』에, "내가 아무것도 하지 않으니 백성들이 저절로 교화가 된다"(我無爲而民自化)라는 말이 보인다.
5) 방외(方外). 세속의 예법에 구애받지 않는 것을 말한다. 유의경(劉義慶)의 『세설신어』(世說新語) 「임탄」(任誕)에, "완적(阮籍)은 방외인으로 예법을 숭상하지 않는다. 우리는 속세의 사람이므로 예의를 따르며 산다"(阮方外之人, 故不崇禮法, 我輩俗中人, 故以儀軌自居)라는 기록이 보인다.

| 53장 | 부처와 노자의 명성도 오랑캐에까지 미칩니다

동자가 물었다. "『중용』의 '명성이 중국을 넘어 오랑캐에게까지 미친다'는 말을 공자의 훌륭한 덕의 증거로 삼으셨습니다. 하지만 부처와 노자의 명성도 마찬가지입니다. 공자뿐 아니라 부처의 명성을 들자면 더욱 빛날 지경입니다. 우리 일본에는 본래 노자를 섬기는 건물은 없습니다만 중국에는 도관道觀과 사찰이 서로 담장을 나란히 하니 그 성대함을 알 만합니다."

대답하였다. "괴상함을 좋아하고 일상을 좋아하지 않으며 기이한 것을 기뻐하고 올바른 것을 기뻐하지 않음은 예나 지금이나 천하에 늘 있는 근심이지. 사람들마다 다 그래. 도사道士[도교 수행자]들은 대부분 선禪 이야기를 빌려오고 또 사람들을 위해 초제[1]를 열고 기도를 하니 그 비루함은 알 만하지. 불자들은 장엄에 힘쓰고 과장을 좋아하며 오로지 전등[2]을 요체로 삼아 어리석은 백성들을 홀리고 어질고 지혜로운 사람들을 유혹해 사방으로 옭아매 하지 않는 짓이 없지. 자신들의 법이 혹 단절되고 가르침이 혹 이르지 못할 곳이 있을까 두려워서일 게야. 이것이 그들의 명성이 성대한 까닭이지. 공자 같은 경우는 그렇지 않아. 자공이 말하기를, '선생님께서는 온화하고 어질며 공손하고 검소하며 양보하셔서[溫良恭儉讓] 얻으신 것이다'³⁾라고 하였으니, 이 다섯 가지는 자신을 겸손히 하고 남에게 자신을 낮추며 외부의 것을 바라지 않았던 일을 말하니 불교와 노자의 무리들이 장엄에 힘쓰고 과장을 좋아하는 것과는 크게 다르지.

공자의 가르침은 천지자연의 도리라 인심에 뿌리를 두고 풍속과 통하며 어느 때건 항상 그러하고 어딜 가도 그렇지 않은 곳이 없지. 그러므로 장엄에 힘쓰지 않고 과장을 좋아하지 않는데도 그 명성이 빛나 오랑캐에게까지 미치는 게야. 이것이 공자가 위대한 까닭이다. 공자의 도와 덕의 위대함은 진정 요순보다 훌륭해, 백성이 생긴 이래 더 훌륭한 사람은 없다는 말뜻을 제대로 안다면 네가 우주를 꿰뚫어 보았다고 인정해 주겠다."

동자가 말하였다.

"참으로 위대합니다, 말씀이. 이제까지 들을 수 없었던 말씀을 비로소 들을 수 있었으니 얼마나 다행인지 모르겠습니다."

동자가 옷깃을 여미고 물러갔다.

---

주)

1) 초제(醮祭). 단(壇)을 마련하고 기도하는 것을 말한다. 제전(祭奠)이라고도 한다.
2) 전등(傳燈). 불가에서 불법을 전하는 것을 말한다. 불법이 밝은 등과 같이 어두움을 몰아낸다는 의미를 취한 것이다.
3) 『논어』「학이」(學而) 제10장, "자금이 자공에게 물었다. '선생님께서 이 나라에 이르셔서 반드시 정사를 들으실 텐데, [선생님께서] 구하시는 것입니까 아니면 [그쪽에서] 참여토록 하는 것입니까?' 자공이 말하였다. '선생님께서는 온화하고 어질며 공손하고 검소하며 양보하셔서 얻으신 것이다. 선생님께서 구하시는 것은 사람들이 구하는 것과는 다르다'"(子禽問於子貢曰, 夫子至於是邦也, 必聞其政, 求之與? 抑與之與? 子貢曰, 夫子溫良恭儉讓以得之. 夫子之求之也, 其諸異乎人之求之與)에서 가져온 말이다.

# 간기 刊記

돌아가신 스승님 고학古學 선생께서는 스승의 전수를 거치지 않고 추로鄒 魯의 경지에 깊이 들어가셨다. 평생 깨치신 바가 잘 갖춰져 책이 되었는데 경전의 뜻을 모은 것으로는 『어맹고의』語孟古義[『논어고의』와 『맹자고의』]와 『어 맹자의』語孟字義 두 책이 상세하다. 평소에 강의하시면서 밝히신 인륜과 일 상의 공부에 대해서라면 이 책 『동자문』에 모두 갖춰져 있다.

내가 지난번에 『어맹자의』 두 권을 간행한 뒤 사람들 사이에 널리 전 해졌다. 이 책은 미처 인쇄해 유통시키지 못했는데 손으로 베끼면서 잘못 된 곳이 생겨 배우는 사람들이 유감으로 여기었다. 해서 선생님의 학문을 이은 장남에게 교감을 청해 마침내 인쇄해 세상에 간행하게 되었다. 세 권 으로 모두 189조목이다.

이 책을 읽는 사람은 선생님 댁에 들어가[카堂][1) 선생님의 가르침을 직접 듣는 것과 같을 것이다. 손때 묻은[2) 책이 보존돼 있으니 그 신명神明 을 잇는 일은 읽는 이에게 달려 있다. 그 사람이 이미 사라졌다고 그의 책 을 소홀히 하지 말라.

호에이 4년 중양절重陽節

문인門人 분신 하야시 게이한[3)이

머리를 조아리고 엎드려 삼가 쓰다

주)_____

1) 원문의 '승당'(升堂)이란 말은 『논어』 「선진」(先進) 제14장에서 가져왔다. "공자께서 말씀하셨다. '유[자로]는 슬을 어찌 내 문에서 연주하는가.' 문인(門人)들이 자로를 존경하지 않자 공자께서 말씀하셨다. '유는 대청에는 올랐고 아직 방에는 들어오지 못한 것이다.'"(子曰, 由之瑟, 奚爲於丘之門. 門人不敬子路. 子曰, 由也升堂矣, 未入於室也) 소위 승당입실(升堂入室)의 고사성어로 쓰이는 이 말은 점점 깊이 있는 경지로 발전해 나감을 뜻하지만 여기서는 직접 가르침을 받는 기회를 얻게 된다는 의미로 쓰였다.
2) 원문은 '手澤所存'. 이 말은 『예기』 「옥조」(玉藻)에 보인다. "아버지가 세상을 뜨면 아버지가 보시던 책을 읽을 수 없다. 손때가 남아 있는 것이기 때문이다."(父沒而不能讀父之書, 手澤所存焉爾)
3) 하야시 게이한(林景范). 이토 진사이의 제자로 분신(文進)은 그의 자다.

# 원문

### 刊 童子問 序

道之在天下也, 無處不到, 無時不然. 不爲聖人而存, 不爲小人而亡. 亘古今而不變, 放四海而有準. 行乎日用彝倫之間, 而非無聲無臭之理. 其目有四, 曰仁義禮智. 故曰, "天下有道, 丘不與易也." 而循其本, 則凡爲人者, 莫不各有斯四端之心, 猶其有四體也. 惻隱之心 仁之端也, 羞惡之心 義之端也, 恭敬之心 禮之端也, 是非之心 智之端也. 此人性之所以爲善而異於萬物也. 苟有以充之焉, 則皆可以成仁義禮智之德矣. 然唯其所生而莫之有養, 則小而不大, 微而不著. 或牿亡之甚, 則幷其所固有者而失之矣. 聖人有憂之, 立之敎法, 將以使人因其固有者, 擴而充之. 自其所不忍, 而達之於其所忍, 自其所不爲, 而達之於其所爲, 漸漸循循, 遷善遠非, 以得成其德也. 曰推曰及, 卽皆其事, 而忠信敬恕, 亦皆所以維持之也. 譬諸水之至也, 疏之濬之, 導而不已, 則濫觴之微, 可以爲稽天之巨浸, 木之漸也, 培之壅之, 養而不害, 則蘖栽之稺, 可以成合抱之偉材. 不唯道爲然. 驗之人事, 伎巧藝術, 亦皆莫不以因其所本者, 而漸次積累, 自粗至精, 自生至熟也. 故曰, "孝弟其爲仁之本與." 又曰, "苟得其養, 無物不長." 所以孔孟之示人, 千言萬語, 其說雖多, 而稽其要歸, 莫非此事. 降及後世, 敎導之法, 不復遵古義, 以爲仁義禮智, 全具乎性, 但爲氣物物蔽, 而靈明不露. 務欲豁其蔀, 掀其瞖, 以復其初, 如鑑之剔垢而復瑩, 如水之澄濁而還湛. 於是乎仁義之德, 不復待修爲, 而擴充之方, 遂轉爲滅欲之訓矣. 殊不知聖人之敎, 有充養之方, 而無復初之說. 人之所以至聖人者, 豈徒復其性而止哉. 故謂仁義禮智之道, 基於性之善則可矣, 而謂全於性之初則不可也. 昔吾先君子, 夙耽宋學, 硏味性理. 旣而直泝鄒魯之旨, 沈潛多年, 會其眞詮. 時有問者, 常用法應之, 錄爲童子問三卷. 向者不幸遭大故, 百事忽忽. 今玆服闋, 因爲校討, 分章析句, 登諸梨棗, 以償負薪之志云. 寶永四年丁亥夏五月壬子朔子長胤謹識.

### 童子問卷之上
洛陽 伊藤維楨 著

予往年過爲諸友所推, 自開門戶, 以待學者. 從此四方之士, 從遊日衆, 問道不已. 予雖時叩兩端以竭, 然學者多狃於舊聞, 牽於意見, 卒無以得孔孟之正宗. 不高則不樂,不奇則不悅, 厭常而喜新, 舍邇而取遠. 予深憫焉, 乃綴輯鄙言, 以爲答問之資, 且以明鄒魯之正傳, 亦不得已之心也. 宋歐陽子, 及輔漢卿氏, 有易詩童子問. 予亦命之以童子問, 要明非所以告于大方也. 元祿六年癸酉冬十月既望洛陽伊藤維楨原佐謹識. 凡五十九章.

1장 有一童行, 問曰, "伏聞, 先生闡明孔孟之正指, 以敎導學者. 然入門日淺, 賦性亦魯, 加之先入之言爲主, 而不免於孔孟之直指, 反驚且怪. 冀賜開示." 予應之曰, "孔孟之直指, 見於論孟二書者, 炳如丹靑, 包含天下之理而無缺, 會萃百家之典而不遺. 出於此, 則旁徑也. 他岐也. 子欲識予之意, 則觀論孟二書足矣. 今雖爲子傾困倒廩, 以盡告之, 亦莫能出於二書之外者矣. 子能熟讀翫味, 有得焉, 則雖與予生相暌違, 阻地隔世, 猶相聚一堂, 終日論議, 心心相照, 若合符節, 自莫相違. 勉旃勿怠. 惟恐子徒以爲聖門平正親切之書, 而不知深意所在." 第一章

2장 童子曰, "固如尊喩. 若二書, 則予平生所熟讀. 於集註大全, 及諸家註解, 亦嘗探討, 二書固日用之要典, 至親切也. 然竊思外此別有簡徑直截自詣至道者, 非耶." 曰, "非也. 學欲其正, 功欲其熟, 不可好奇特, 不可求捷徑. 水到船浮, 華謝子結. 遵正路而未到者有矣. 未有由邪蹊而能到者也. 自苗而秀而實, 自有其時, 任其自悟, 勿自我求悟. 讀論孟者, 若初學固不能去註脚而能曉本文. 苟集註章句, 旣通之後, 悉棄去註脚, 特就正文, 熟讀詳味, 優游佩服, 則其於孔孟之本旨, 猶大寐之頓寤, 自瞭然於心目之間矣. 今子所以不免致疑者, 皆爲註脚之所累耳. 天下之理, 到語孟二書而盡矣. 無可復加焉. 勿疑." 第二章

3장 "請益." 曰, "子識夫五穀乎. 論天下之至味, 則至五穀而極矣. 雖八珍美膳, 醍醐上味, 不若五穀之可常食而不厭, 況非此. 則莫以存軀命矣. 若夫美味雖姑可於口, 然嗜之不止, 則必害於人. 前輩所謂嗜異味者, 必有異疾, 是也. 若論語之於道, 乃食中之嘉穀也. 施之四海而有準, 傳之萬世而無弊. 所患在人之不知焉耳." 第三章

4장 問, "吾於宋明諸儒及禪莊諸書, 議論高遠難邊通者, 固疑其爲至言妙道. 若論語, 則甚平淡, 殊覺無意味. 如何?" 曰, "艱澁奇僻難邊通者, 反可通, 惟論語不可知也. 至言若泛然, 邪說易動人. 若泛然, 故不可得而知也. 易動人, 故不覺自陷于其窠曰. 非溫厚和平從容正大者, 必不能通于論語之妙, 非氣質偏勝耽奇騖高者之所得知也. 今子欲外語孟, 而徑詣至道, 此乃陷于邪僻之漸, 其後不復可救. 愼勿踏近世學者之故轍. 昔漢置五經博士, 而不知置論語博士, 宜矣. 若論語, 其語平淡, 而意味深長. 故雖漢人, 亦不知其理到道到, 廣大周偏, 高出于六經之上. 程子曰, '論語孟子旣治, 則六經可不治而明矣.' 此論實古今之名言也. 大抵詞直理明易知易記者, 必正理也. 詞艱理遠, 難知難記者, 必邪說也. 子以此求之, 於天下之書, 百不失一." 第四章

5장 問, "從來皆以論語, 徒爲平易近情, 意味親切, 而未知其廣大甚深, 如此難知也.

冀申垂審喩." 曰, "論語之書, 聖人以大中至正之心, 說大中至正之道. 故唯大中至正之人, 能知之. 子必以難知難行高遠不可及者, 爲至道, 而不知易知易行平正親切者, 卻是萬世不易天下極至之理. 蓋難知難行高遠不可及之說, 乃異端邪說. 而易知易行平正親切者, 便是堯舜之道, 而孔子立敎之本原, 論語之宗旨也. 昔在孔子旁觀古今, 歷選群聖, 特祖述堯舜, 憲章文武. 盡黜夫難知難行磅礴廣大不可窺測之說, 而立其易知易行萬世不易之道, 以爲生民之極. 傳之門人, 詔之後世. 故論語一書, 實爲最上至極宇宙第一書. 而孔子之聖, 所以爲生民以來未嘗有而賢於堯舜遠者, 以此也. 而孟子之書, 又亞論語, 而發明孔子之旨者也. 其言曰, '堯舜之道, 孝弟而已矣.' 又斥其難知難行高遠不可及之說, 以爲邪說, 爲暴行, 痛拒絶之, 而專唱仁義之旨. 蓋論語之義疏也. 故學者實知得斯理, 而後當讀論孟二書. 不然, 則雖手解句釋, 精若蠶絲, 密若牛毛, 實侮論孟者也. 豈可謂尊信之乎. 從前學者, 皆以論語, 徒爲孔門一時問答之語, 而不知其高出于六經之上矣. 道之所以不明不行于天下後世者, 職此之由. 學者不可不審諸." 第五章

6장 問, "論語平易而易知, 六經深奧而難讀. 今說論語之理, 高出于六經之上, 不審如何." 曰, "程子不云乎. 論孟旣明, 則六經不治而明矣. 蓋六經之道, 平正通達, 萬世人倫之道備矣. 然通論孟, 而後六經之學有益. 不然, 則六經徒爲虛器, 而不爲今日之用. 猶三代之彛器, 可實之几上, 而不可施之日用也. 後世儒者之解易春秋, 其說奇古艱深, 不近於人倫日用者, 蓋以此也. 詩書二經亦然. 獨程子易傳, 所以夐出諸儒之上, 而爲三代以來好書者, 以其自論孟之理來也. 是論語所以高出於六經之上也." 第六章

7장 問, "先生旣以孟子爲論語之義疏. 然則學者專讀論語, 而至於孟子, 則雖不必讀, 無害歟." 曰, "不然, 註者所以求通夫經也. 學者不熟讀孟子, 必不能達於論語之義, 蓋論語之津筏也. 論語專說修仁義禮智之方, 而未嘗發明其義. 孟子時, 聖遠道湮, 大義旣乖. 故孟子爲學者諄諄然剖別其義, 闡明其理, 丁寧詳悉, 無復餘蘊. 故通七篇之義, 而後論語之理, 始可明矣. 孟子曰, '惻隱之心 仁之端也, 羞惡之心 義之端也, 辭讓之心 禮之端也, 是非之心 智之端也.' 又曰, '人皆有所不忍, 達之於其所忍, 仁也. 人皆有所不爲, 達之於其所爲, 義也.' 是仁義禮智四字之解也. 學者當據此體認熟讀. 而後推之於論語, 則其義始較然矣. 設欲太高了, 而特據論語字面解之, 則不惟不得其義, 必至於大錯道. 從前註解不愜仁義禮智之義者, 正以此也. 所以孟子之書, 非徒有功于論語, 實有功于萬世學者也. 其得與論語竝稱者, 良有以夫." 第七章

8장 問, "易知易行, 萬世不易之理, 實爲至極, 旣得聞命矣. 然心中猶未能釋然. 願以易曉之語, 申垂諭." 曰, "人外無道, 道外無人. 以人行人之道, 何難知難行之有. 夫雖以人之靈, 然不能若羽者之翔, 鱗者之潛者, 其性異也. 於服堯之服, 行堯之行, 誦堯之言, 則無復甚難者, 其道同也. 故孟子曰, '夫道一而已矣.' 若夫欲外人倫而求道者, 猶捕風捉影, 必不可得也. 故知道者, 必求之於邇. 其以道爲高爲遠爲不可企及者, 皆非道之本然, 自惑之所致也. 故孔子曰, '中庸之爲德也, 其至矣乎, 民鮮久矣.' 至矣.

子必想外耳目之所見聞, 而更有至貴至高光明閃爍可驚可樂之理, 非矣. 天地之間, 唯一實理而已矣, 更無奇特. 自有生民以來, 有君臣, 有父子, 有夫婦, 有昆弟, 有朋友, 相親相愛, 相從相聚, 善者以爲善, 惡者以爲惡, 是者以爲是, 非者以爲非. 萬古之前如此, 萬古之後亦如此. 子能孝弟忠信, 修身勤業, 夙夜匪懈, 則自合於天道, 宜於人倫, 不至失所以爲人也. 詩曰, '永言配命, 自求多福.' 或有人以至貴至高光明閃爍可驚可樂之理, 說與汝者, 若非野狐山鬼魅汝, 必是邪說之魁也, 謹勿聽." 第八章

**9장** 問, "何謂人外無道." 曰, "人者何. 君臣也, 父子也, 夫婦也, 昆弟也, 朋友也. 夫道者一而已. 在君臣謂之義, 父子謂之親, 夫婦謂之別, 昆弟謂之敍, 朋友謂之信. 皆由人而顯, 無人則無以見道. 故曰, '人外無道.'" "何謂道外無人." 曰, "道者何. 仁也, 義也, 禮也, 智也. 人囿于其中, 而不得須臾離焉. 離焉則非人也. 故曰, '道外無人.' 凡說天地之外, 古今之遠, 而無資于人倫, 無益于天下國家之治焉者, 皆邪說之魁也. 設令宇宙之外, 復有宇宙, 苟有人生於其間, 必當有君臣父子夫婦之倫, 而循仁義禮智之道. 故曰, '由人而顯, 無人則無以見道.' 謹聽此說. 勿爲異說所惑焉." 第九章

**10장** 又問, "後世學問, 日趨高遠, 而與論語之旨相背馳者, 何故而然乎." 曰, "居高者視卑, 故其言不得不卑, 居卑者視高, 故其言不得不高. 自然之符也. 是故道德盛則議論卑, 道德衰則議論高. 猶權衡之量物, 隨其輕重, 互相低昂. 道德一分衰, 則議論一分高, 道德二分衰, 則議論二分高. 道德愈衰, 則議論愈高. 及乎議論愈高也, 道德蔑如矣. 佛老之廢人倫, 宋儒之失中行, 是已. 人皆知悅議論之高, 而不知其實道德下衰故也. 孔門之學, 直由道德而行, 不爲無益之論. 猶白日中天, 不待秉燭. 故只言孝弟忠信, 足矣. 孔子曰, '主忠信.' 曾子曰, '吾日三省吾身.' 是也. 學者當識得此意. 而後讀論語. 後世諸儒, 敢爲高論, 至與論語相背馳者, 皆道德下衰故也." 第十章

**11장** 問, "旣聞, 聖人之道, 易知易行. 何人之能之者, 鮮耶. 豈亦有所甚難者與." 曰, "有, 依乎中庸爲難, 中庸本非難事. 依乎中庸之難, 亦在乎立誠之難也. 古之人, 豈亦得人人皆善, 事事皆中邪. 但民朴俗淳, 誠實敦龐, 無邪回之行, 無名利之求. 故所行自莫非中庸也. 故曰, '中庸之爲德也, 至矣乎. 民鮮久矣.' 至後世, 則風氣日漓, 人心不古. 愚者固不足論, 其少有智者, 必以利名爲先, 厭常而好新, 捨邇而求遠. 是中庸之所以難也. 故曰, '天下國家可均也, 爵祿可辭也, 白刃可蹈也, 中庸不可能也.' 是論語之極致也." 第十一章

**12장** 童子曰, "獲蒙敎誨, 始識論語一書, 實爲宇宙第一書, 至幸至惠. 然孟子道性善, 而論語偏以學問爲主, 於性善之說, 則未嘗有所發明, 豈非一大欠事耶." 曰, "從前諸儒, 多於此欠按欸, 不容於不辨. 夫性道敎三者, 實學問之綱領. 凡聖人千言萬語, 雖不堪其多, 然莫不總括於此. 請極言之. 論語專言敎, 而道在其中矣. 孟子專言道, 而敎在其中矣. 其所謂性善云者, 本爲自暴自棄者發之, 亦敎也. 論語專以敎爲主, 故性之美惡, 在所不論. 故曰, '性相近也, 習相遠也.' 又曰, '有敎無類.' 言自堯舜至于途人,

其間相去, 奚翅千萬, 然論其性, 則亦不甚相遠. 但其所以相懸絶如此者, 皆由習而
然. 苟學以明之, 養以充之, 則皆可以變惡而爲善. 故性之善惡, 置而不論. 此論語之
所以專言敎而不道性也. 孟子雖道性善, 不徒論其理, 必曰擴充, 必曰存養, 所謂擴充
存養云者, 卽非敎而何. 此孟子之所以雖道性善而實莫非敎也. 吾故曰, 論孟二書, 猶
一幅布有表裏而無精粗也." 第十二章

13장 問, "性道敎之分, 其詳可得而聞乎." 曰, "道至矣大矣, 固不待論. 然不能使人爲
聖爲賢, 所謂非道弘人, 是也. 其所以使人爲聖爲賢, 開來學而致太平者, 皆敎之功也.
所謂人能弘道, 是也. 故道爲上, 敎次之. 然而使人之性, 頑然無智, 如離犬然, 則雖有
百聖賢, 不能使其敎而之善, 惟其善, 故其曉道受敎, 不啻若地道之敏樹. 故性亦不可
不貴. 此性道敎之別也. 漢宋儒先, 多於此顚倒錯說, 甚害於道, 子其審諸." 第十三章

14장 問, "中庸以性道敎爲序, 今以道爲上, 敎次之, 而以性爲盡道受敎之地. 其措詞
次第, 若有不同者. 何哉." 曰, "本與中庸之理無異, 但註家錯說耳. 中庸言, '聖人之道,
本循人性之自然, 而不相離.' 非若諸子百家之自私用智, 而遠人倫日用, 以爲道也.
故曰, '率性之謂道.' 又曰, '可離非道也.' 夫性者, 天之賦予於我, 而人人所固有, 若不
論循性與否, 則無以見道之邪正. 故中庸先擧性而爲言耳. 非以性爲貴於道也. 道者
何. 在父子謂之親, 君臣謂之義, 夫婦謂之別, 昆弟謂之序, 朋友謂之信. 天下古今之
所同然也. 諸子百家, 各以其道爲道, 而不論循性與否. 所以爲異端也, 苟循人之性,
而不可得而離, 則爲道, 否則非道. 故聖人之道, 非離性而獨立, 亦非謂自性出也. 晦
菴謂, '人物各循其性之自然, 則日用之間, 莫不各有當行之路.' 是倒說也. 蓋性者, 以
有於己而言, 道者以達於天下而言. 易曰, '立人之道, 曰仁與義.' 是也. 故有人則有
性, 無人則無性. 道者不待有人與無人, 本來自有之物, 滿于天地, 徹于人倫, 無時不
然, 無處不在, 豈容謂待人物各循其性之自然, 而後有之耶. 若晦菴所說, 則是性本而
道末, 性先而道後, 豈非倒說乎." 第十四章

15장 問, "論語專言敎, 而道在其中, 旣獲聞命矣. 孟子專言道, 而敎在其中, 不審如
何." 曰, "道者何. 仁義是也. 孟子之書, 以仁義爲其首腦. 七篇之中, 無一字不自此二
字紬繹出來者. 其倡性善之說者, 亦非徒發明其理, 欲使人知其性之善而擴允之也.
故曰, '盡其心者, 知其性也.' 又曰, '苟不充之, 不足以事父母.' 又曰, '苟得其養, 無物
不長, 苟失其養, 無物不消.' 此皆言性之善, 不可恃焉, 而擴充之功, 不可懈也. 故曰,
孟子專言道, 而敎在其中矣. 人雖號稱好學, 然其持志力學, 勇往直前, 不自暴自棄
者, 千百之一二焉耳. 故性善之說, 雖明仁義爲己之固有, 而其實爲自暴自棄者發之
也." 第十五章

16장 問, "然則敎貴於性歟." 曰, "奚其然. 雖有善敎, 然而使人之性不善, 若犬馬之與
我不同類, 則與道扞格不相入. 惟其善. 故見善則悅, 見不善則嫉, 見君子則貴之, 見
小人則賤之. 雖盜賊之至不仁, 亦莫不然. 是敎之所以由而入也. 雖蠻貊無敎之邦, 叔

季絶學之世, 人不皆化爲鬼爲魅者, 性之善故也. 性之善, 豈可不貴耶."第十六章

17장 問, "然則性貴於敎歟." 曰, "不然. 人皆有性, 性皆善. 然學以充之, 則爲君子矣, 不能充之, 則衆人而已耳. 性之不可恃也如此. 故云, '苟不充之, 不足以事父母.' 孔子亦曰, '性相近也, 習相遠也.' 蓋君子小人之分, 不由性而由敎. 故夫子不責性, 而專責習, 其意可見矣. 又曰, '人能弘道, 非道弘人.' 亦此意也. 吾夫子以生民以來未嘗有之至聖. 旁觀古今, 洞視天人, 辧爲生民建大敎法, 曰, 學而已矣. 故曰, '學而時習之, 不亦說乎.' 又曰, '吾嘗終日不食, 終夜不寢以思, 無益, 不如學也.' 蓋言天下之至益, 莫如學問, 而夫懸空臆想者, 實無所獲, 勉旃." 第十七章

18장 問, "性與敎, 果無優劣耶." 曰, "性善而無爲, 敎有爲而難入. 能受難入之敎者, 性之善也, 充性之善者, 敎之功也. 兩者猶車之兩輪, 相須而不可相無. 然性本相近, 而敎之功爲大矣. 南山之竹, 不揉自植, 性之善也, 括而羽之, 鏃而礪之, 則其入之深者, 敎之功也. 若不羽不鏃, 則一片竹條耳, 何所成用. 其百發百中, 善射隼於高墉之上者, 皆羽而鏃之之功也. 此論語之所以專以敎爲主, 而孟子發擴充之說也." 第十八章

19장 問, "於性道敎之分, 旣得聞其詳矣. 願詳見諭敎之條目." 曰, "子以四敎, 文行忠信. 此孔門學問之定法, 而初學入道之規矩, 萬世學者不得違焉. 文者詩書六藝, 是已. 行者孝悌禮讓, 是已. 盡己之謂忠, 與人有實之謂信. 學文則其智不偏, 力行則其學不虛, 忠則道足以行, 信則德有以立. 不學文則其智必偏, 佛老之學, 是也. 不力行則其學自虛, 俗儒之學, 是也. 不忠信則人道不立, 市井之小人, 是也. 此四者雖有次序, 而非有階級, 蓋學者終身之業也. 苟以此爲法, 則安宅可居, 大路可由, 而爲學之道備矣." 第十九章

20장 問, "先生曰, '不學文則其智必偏.' 然佛氏說不立文字, 近世王氏之學, 亦以讀書講義理爲非, 彼皆非耶." 曰, "規矩, 方圓之至也. 至當, 道之極也. 雖能知天下之所難知, 能行天下之所難行, 然纔失至當, 則全體皆非. 妙智易得, 卓行易爲. 唯得至當爲難. 其悟彌高, 其偏彌甚. 故君子讀書窮理, 多蓄前言往行者, 非徒欲窮盡天下之道理, 蓋欲得天下之至當而止也. 苟從事於學問, 則高者俯, 卑者企, 軒者低, 輊者昂, 皆得其平而後止. 豈騖空虛, 任意好, 而恣其獨智者之所能及哉. 故孔子曰, '好仁不好學, 其蔽也愚, 好知不好學, 其蔽也蕩, 好信不好學, 其蔽也賊, 好直不好學, 其蔽也絞, 好勇不好學, 其蔽也亂, 好剛不好學, 其蔽也狂.' 夫仁之德大矣, 智之道深矣. 然不學以照之, 則猶有其蔽. 故天下莫大於學問之功, 亦莫貴於學問之道也." 第二十章

21장 童子曰, "甚哉. 學問之大乎. 願聞其詳." 曰, "宋明儒先, 皆以盡性爲極則, 而不知學問之功益大矣. 殊不知己之性有限, 而天下之道無窮, 以有限之性, 而欲盡無窮之道, 則非學問之功, 不可得也. 此孔門所以專貴敎也. 中庸曰, '唯天下至誠, 爲能盡其性, 能盡其性, 則能盡人之性, 能盡人之性, 則能盡物之性, 能盡物之性, 則可以贊天

地之化育, 可以贊天地之化育, 則可以與天地參矣.' 所謂能盡其性者, 就吾性之分內而言, 至於其盡人物之性, 而贊天地之化育, 則雖亦盡我性之推, 豈徒盡我性而已哉. 夫人之與我, 異體殊氣, 其疾痛疴癢, 皆不相關, 況人之與物, 異類殊形, 何相干涉. 謂財成輔相天地之道, 使萬物各遂其性, 則可矣, 謂之盡我性, 而可乎哉. 然則唯盡我性, 而非由學問之功, 不可得也, 明矣. 譬諸以薪炊飯. 一把薪可以炊一升米, 而不能以炊一斗米. 十把薪可以炊一斗米, 而不能以炊一石米. 至於一石米, 則非用一車薪, 則不可得炊也. 一把薪能炊一升米, 十把薪能炊一斗米, 一車薪能炊一石米, 盡其性分者也. 一把薪不能炊一斗米, 十把薪不能炊一石米, 以非性分之所及也. 苟向風吹火, 添薪助之, 則一片火寸, 可以燬宮, 一點野火. 可以燎原, 其勢爀爀烈烈, 遷延回轉, 不可撲滅, 是豈一把薪之力乎哉. 人若立志不回, 力學不倦, 則可以爲聖, 可以爲賢, 而可以盡人物之性, 而贊天地之化育, 敎之可貴也如此. 孟子所謂擴充者, 卽謂此也. 故曰, '原泉混混, 不舍晝夜, 盈科而進, 放于四海.' 凡天下之水, 東注則入于東海, 西注則入于西海, 今其曰放于四海者, 何哉. 又言其擴充之積, 流行無窮也. 又論浩然之氣曰, '以直養而無害, 則塞于天地之間.' 吾氣亦有限之物, 其曰塞于天地之間者, 亦謂其養成之極, 無處而不到. 皆擴充之謂也. 舊解以爲滿本然之量, 非也. 以一升之水, 入一升之器, 以一斗之水, 入一斗之器, 謂之滿本然之量. 孟子所謂擴充云者, 謂推擴充大之勢, 不可遏止, 非滿本然之量之謂也. 舊解徒以理斷之, 而不知孟子之本旨故也." 第二十一章

22장 問, "學問果在性之內, 在性之外." 曰, "內外一致. 內以資外, 外以養內, 不可相無. 譬猶人之一體, 心思知慮, 內也, 視聽動作, 外也. 惠貴心思知慮, 而盡廢視聽動作, 可乎. 且若生養之具, 自飮食藥餌, 以至於宮室衣服, 平生合用凡百器具, 皆靡不資之於外. 豈獨至學問而疑之乎. 樹非土則不生, 魚非水則不活. 然由樹與魚而見之, 則土與水皆外也. 然不得須臾離也. 人之學問生養之具, 何物不資之於外. 設若以其外而棄之, 猶樹之離土, 魚之去水, 不得一日生焉, 其不可也必矣. 人之於五倫, 雖父子之親, 兄弟之睦, 旣異其體, 況君臣夫婦朋友, 皆以義合. 豈謂之外而可乎哉. 凡內外二字, 古人之所稱, 與後世之所謂, 其義迥別, 所謂內者親之之辭, 外者疏之之辭. 若大學曰, '外本內末,' 莊周曰, '內聖外王.' 是也. 非以性爲內, 而以非性者爲外而棄之也. 告子之外義, 亦謂以義爲外而行之, 非棄而不用之謂. 聖賢初無內外之辨, 其立內外之分, 後儒之陋說也." 第二十二章

23장 問, "吾聞, 富貴爵祿, 皆外物也. 爲其所誘而可乎." 曰, "富貴爵祿, 皆人事之所不可無者. 只當辨禮義, 豈可徒以爲外物而厭之也哉. 子猶泥于舊見, 不嚴洗滌此意, 後來必至於厭人事. 樂枯寂, 遠日用, 而廢人倫, 甚不可也. 今夫飮食衣服, 非外物乎. 然不服飮食, 不御衣服, 枵腹裸體而居, 不五日十日, 而必隕軀命. 且藥物如人參黃芪之類, 多産于外國, 若以其外物, 而不用之, 死亡立至, 外物之不可惡也如此. 儒者或以錙銖軒冕塵芥富貴爲高, 世間亦以超然遐擧蔑視人事爲至, 皆不知道之甚也. 若夫不辨禮義, 而徒有惡外物之心, 必爲異端. 外物二字, 本出莊子, 非儒者之所合用也."

第二十三章

24장 問, "先生之談道, 固善矣. 然得非甚過卑乎." 曰, "卑則自實, 高則必虛. 故學問無厭卑近. 忽卑近者, 非識道者也. 道其如大地乎. 天下莫卑於地. 然人之所踏, 莫非地. 無離地而能立, 況載華嶽而不重, 振河海而不洩, 萬物載焉, 則豈容以其居卑而賤之乎. 惟天亦然. 人惟知蒼蒼之天, 而不知目前皆是天. 天包地外, 地在天內, 地以上, 皆天也. 左右前後, 亦皆天也. 人囿於兩間而居, 豈可謂遠乎. 故知凡事皆當求諸邇, 而不可求于遠. 求于遠, 則不中矣. 學者必自恥其道之卑近, 敢爲高論奇行以高世, 或至窮異以爲神, 援天以爲高. 諸子百家異端之徒特甚, 皆不知實德故也. 苟不羞道卑近二字, 則道可進, 學可明, 而不至於違道之遠也." 第二十四章

25장 問, "承忽卑近者, 非識道者, 意思如何." 曰, "孟子曰, '道在邇而求諸遠, 事在易而求諸難, 人人親其親, 長其長, 而天下平.' 又曰, '君子之言也, 不下帶而道存, 君子之守, 修其身而天下平.' 中庸曰, 君子之道, 辟如行遠必自邇, 辟如登高必自卑. 言卑近之中, 自有高遠之理也. 而所謂高遠者, 非世之所謂高遠也. 事之卑近, 不過親其親, 長其長, 妻子好合, 兄弟旣翕之間, 而莫高遠於天下平矣. 故愈卑近, 則愈光明, 猶泰山之高, 遠見千里之外, 本起於一撮土之積也. 故曰, 博厚則高明. 顔子得一善, 則拳拳服膺而弗失之. 蓋一善甚微矣. 然積而又積, 積累不止, 則足以成大德. 但衆人之心, 以爲一善之微, 不足以成大德, 每忽焉而不務. 惟顔子至聰明, 故拳拳於此而不失. 此顔子所以能至於亞聖之地也. 猶世之起家累巨萬者, 其初爭錐刀之利, 直以一錢當性命, 至於其所息之多, 則雖以天下之巧, 莫能布算. 卑近之不可忽如此, 知者鮮矣哉." 第二十五章

26장 問, "顔子喟然歎曰, '仰之彌高, 鑽之彌堅, 瞻之在前, 忽焉在後.' 以此觀之, 則夫子之道, 亦甚高妙, 不可謂卑近." 曰, "此說者之繆見, 非魯論之本旨. 顔子之歎, 非歎其高堅前後也, 及受夫子之鑪錘, 悟前日之非, 喜而歎之也. 蓋顔子至聰明, 其始見道甚高, 徒見其恍惚變幻不可爲象, 而未見其實處. 故曰, 彌高彌堅, 在前在後. 是可觀其無所摸擬而欛柄未入手. 曁聞博文約禮之敎, 而始知夫子之善誘人. 學初就平實, 得至欲罷不能之地. 故喜而歎之. 故首發高堅前後之言, 而次言夫子循循然善誘人, 終言欲從之末由也已. 其次第自可見矣, 蓋博文約禮, 卽下學之事, 亦非卑近而何. 故知實德, 而後能知卑近之可尙, 知卑近之可尙, 而後自識論語之妙, 難矣哉, 難矣哉." 第二十六章

27장 問, "禪莊宋儒之談道, 以遠者大者爲極. 今說道在於近, 而不在遠. 願明其是非之所以然." 曰, "語人而難知者, 非善敎. 導人而難從者, 非善道. 聖人之道, 在於君臣父子夫婦昆弟朋友之間, 而德不出於仁義忠信之外. 通于古今而無所變, 準乎四海而無所違, 根於人心, 徵于風俗, 天子不能廢焉, 聖人不能改焉. 夫婦之愚不肖, 皆可能知, 皆可能行. 故謂之天下之達道德. 若禪莊之理, 宋儒理性之學, 其理隱微而難

知, 其道高妙而難行, 遠於人事, 戾於風俗. 推之於人倫日用, 皆無所用, 豈得謂之天下之達道德乎. 大抵騖于高遠, 而無益于人倫, 無資于日用, 無補于天下國家之治者, 便孟子所謂邪說暴行, 是已. 其是非從而可知矣." 第二十七章

28장 問, "先生說, 易知易行者是, 而難知難行者非. 安知難知難行者之眞是, 而易知易行者之非是. 乞申論究." 曰, "中庸曰, '道也者, 不可須臾離也, 可離非道也.' 道之眞是眞非, 實判於此. 不可須臾離者, 堯舜孔子之道, 是已. 若佛老之道, 有之而無益于天下, 無之而無損于天下, 皆可得而離焉, 豈足謂之道邪. 老莊之說, 盛于戰國秦漢之際, 浮屠之法, 後漢永平八年, 始來于漢土, 唐虞三代之時, 皆無之. 然天下泰平, 黎民壽考, 治皆及數百年. 時不以無二氏而害其治也. 秦皇漢武, 唐玄宗, 宋徽宗, 最信道敎, 然政治日壞, 國俗日隳. 佛法盛于晉宋齊梁陳隋, 延及唐宋. 六朝之間, 亂亡相尋, 時不以有二氏而救其亂也. 唐宋雖頗小康, 本非關佛法, 亦不足爲太平, 則豈非有之而無益于天下, 無之而無損于天下乎. 若堯舜孔子之道, 一日離之, 則天下君臣父子夫婦昆弟朋友, 皆失其所, 豈非不可須臾離之道乎. 其眞是眞非, 亦判然矣. 中庸曰, '君子之道, 本諸身, 徵諸庶民, 考諸三王而不謬, 建諸天地而不悖, 質諸鬼神而無疑, 百世以俟聖人而不惑.' 言聖人之道, 求之於己, 察之於人, 考之於往古, 推之於來世, 徵之於天地鬼神, 皆無所不合. 至於山川草木禽獸蟲魚蚑行喙息之微, 無微而不合, 無推而不通, 天下之達道故也. 若夫隱微之說, 高妙之理, 視之而無所見, 聽之而無所聞, 求之於人倫風俗, 皆悖焉, 可見天地間本來無此理. 其實是實非, 斷而可知也." 第二十八章

29장 問, "先生屢屢明道之易知易行, 然今業儒者, 皆苦其難入者. 何哉." 曰, "人之於學問, 視之以爲一種至貴至高, 出於流俗, 遠於人情, 甚高難行之事, 此其所以苦難入也. 夫聖人之設敎也. 因人以立敎, 而不立敎以驅人. 無所造作, 無所添飾, 出於人心之所同然, 而非有所強也. 若夫孝弟忠信之人, 天下皆以爲善, 皆以爲美, 而無敢譏者. 此卽是學, 外此更無所謂學問者也, 村甿野夫商販奴隷之賤, 或有孝友廉直, 出於天性, 士人之所不及者, 或不由學問, 而信義遜讓, 澹泊自治, 慷慨赴義者, 亦往往有之. 此反是學問之基本. 所謂學問者, 充此而已矣. 但其生質之美, 雖日可觀, 然微而未著, 小而未充, 故聖人立敎設學, 以敎人讀書學文, 以著其微者, 充其小者爾. 然出於天下之所同然, 而一毫無所增加于其間. 故中庸曰, '修道之謂敎.' 蓋生質之美雖善, 然非擴而充之, 則不足以成德. 故曰, '十室之邑, 必有忠信如丘者焉, 不如丘之好學.' 道雖聖人, 固有所不知不能. 然其本則夫婦之愚不肖, 所與知能行, 而無難知難行者也. 學者眞能識得此理, 而後可以爲學也. 可知向所謂至貴至高, 出於流俗, 遠於人情, 甚高難行者之非道也." 第二十九章

30장 問, "子夏曰, '雖曰未學, 吾必謂之學矣.' 吳氏曰, '詞氣之間, 抑揚太過, 其流之弊, 將或至於廢學.' 先生所說, 亦與子夏同其弊. 豈非矯枉過直者耶." 曰, "子何輕子夏之甚耶. 夫子夏孔門之高第, 親炙聖人久矣. 固當深得夫子之意. 而編論語者, 亦非

眞知孔門之學脈者,則不能.今其載之於首篇第七章,則豈徒然乎哉.蓋有深意在.且以諸弟子之語,與夫子之言同載,則其尊之,蓋亦亞夫子矣.今輕議之,則與侮聖人之言同罪,可不懼乎.自宋人理性之學起,諸儒自居太高.雖孔門弟子,子夏子張有若樊遲之徒,皆有蔑視之意,從晦翁取吳說,入之集註,其論愈堅,其說愈定,卒爲後來學者之深害,矧文學易過,而德行難及,古今學者之通病,今又不勸勉難及之德行,而反欲增益易過之文學.詎異乎以火添火,以泥和泥.詩曰,勿敎猱升木,如塗塗附." 第三十章

31장 問, "伊川先生云, '聖人未嘗言易以驕人, 亦未嘗言難以阻人之進.' 此語如何." 曰, "聖人之言語, 皆循其自然, 而未嘗粧點, 亦未嘗作弄. 若曰, 未嘗言易, 亦未嘗言難, 則是聖人以言語簸弄道也. 語曰, 誰能出不由戶, 何莫由斯道也. 又曰, 仁遠乎哉, 我欲仁, 斯仁至矣. 又曰, 未之思也, 夫何遠之有. 孟子曰, '道在邇而求諸遠, 事在易而求諸難.' 皆言其近而易也, 學者苦其難入者, 皆由不知道之實處也." 第三十一章

32장 問, "先生說論語之道理, 於道不遠人之旨, 委曲詳悉, 無復餘蘊. 此外亦有何所說." 曰, "子觀夫醫人之療病乎, 前醫誤治, 變爲壞證者, 必先用平劑, 而後審其病因而施藥, 今予之所以告子者, 皆拯壞證之權劑, 而非治病之的方, 直考諸古人之正方, 可也." 第三十二章

33장 童子曰, "敢問古人之正方." 曰, "吾向云, 子欲知予之意, 讀論孟二書, 足矣. 非徒治病之的方, 保養調理之術, 亦悉備矣. 今非止知得者少, 記取者, 亦鮮矣. 子苟熟讀誦味, 當忻然有會于心, 則猶無物之地, 忽然有物, 昨日所旣讀, 今日又如始讀, 言言新矣, 句句新矣, 與初所見者, 其意味深淺, 复然自別, 勉哉." 第三十三章

34장 問, "平生雖熟讀論孟, 然未得其要領, 願詳見敎." 曰, "可矣. 聖門學問第一字是仁, 義以爲配, 禮以爲輔, 忠信以爲之地, 仁之與義也, 猶陰之與陽也. 故曰, '義以爲配, 言相離不得也, 禮者防邪之所在.' 故曰, '禮以爲輔, 言非禮則無以存仁也, 盡己之謂忠, 以實之謂信, 乃學問之基本.' 故曰, 忠信以爲之地, 猶造屋之有基址也. 是其總要也, 皆所以成夫仁之德也." 第三十四章

35장 問, "先生旣以仁爲聖門第一字, 而又以忠信爲行仁之地, 何哉" 曰, "有子曰, '孝弟也者, 其爲仁之本與.' 孔子曰, '主忠信.' 夫孝弟者順德, 忠信者實心. 人若不忠信, 則名雖爲孝, 實非孝, 名雖爲忠, 實非忠, 雖禮儀三百, 威儀三千, 節文度數, 粲然可觀, 皆虛文末節, 要不足觀焉, 如觀剪勝華樹, 雖足悅目, 本非眞, 奚足以爲貴. 故曰, 不誠無物, 忠信爲行仁之地, 不亦宜乎." 第三十五章

36장 問, "宋儒以敬爲主, 今以忠信爲主, 何哉." 曰, "學問全在誠實. 故曰, 主忠信, 主字與賓字對, 言學者不可不專以忠信爲主也. 苟主忠信, 則其言動制行, 雖平淡無味,

然內實有可取焉. 專持敬者, 特事矜持, 外面齊整. 故見之, 則儼然儒者矣. 然察於其
內, 則誠意或不給, 守己甚堅, 責人甚深, 種種病痛故在, 其弊有不可勝言者焉. 故不
如主忠信之功夫爲切實也." 第三十六章

37장 問, "主忠信, 則不要用敬乎." 曰, "否. 夫子曰, '言忠信, 行篤敬.' 又曰, '居處恭, 執
事敬, 與人忠.' 敬者亦聖學用功之一事. 具有成訓, 那可廢乎. 蓋聖人之敎人, 其工夫
條目, 固非一端. 衆功兼擧, 而後得能成其德. 猶醫之療疾, 藥有君臣佐使, 方有七方
十劑, 衆藥兼ьа, 而後可以差病也. 故或曰, 知仁勇. 或曰, 忠信篤敬. 或曰, 恭寬信敏
惠. 或曰, 主忠信徙義, 因事說敎, 對人示方, 豈可徒守一事, 而得成德乎哉. 然其於忠
信, 猶藥中之有甘草, 不可得而闕焉. 雖有許多功夫, 然不可不以此爲之主焉耳. 宋儒
所謂持敬云者, 與古人就事致敬者, 其意旣異, 而亦不要以忠信爲主, 而却徒欲以一
敬字, 該學問之始終, 猶欲以單方治百病, 其不誤人者, 未之有也." 第三十七章

38장 問, "忠信固爲美德, 然好信不好學, 其蔽也賊, 則又未必無蔽." 曰, "然. 有子曰,
信近於義, 言可復也. 孟子曰, 大人者, 言不必信, 行不必果, 唯義所在, 蓋徒好信而不
合於義, 必害于道, 然十分通徹, 必忠必信, 而後可以爲此言, 若內不盡忠信, 有少疎
漏, 則先倂義而失之, 何學問之有, 蓋接物之間, 不欺不詐, 十分眞實, 堅執不回, 忠信
之謂也, 千變萬化, 臨機制宜, 取捨不失, 義之功也, 忠信者萬事之根本, 義者學問之
大用, 故學者當以忠信爲基, 而義以制之也. 故曰, 主忠信徙義, 崇德也. 夫子亦嘗曰,
十室之邑, 必有忠信如丘者焉, 不如丘之好學也, 言忠信固爲美德, 然不學以成之, 則
不足爲善, 此亦學者之所當殫慮也." 第三十八章

39장 問, "仁爲聖門第一字者, 其旨如何." 曰, "仁之爲德大矣, 然一言以蔽之, 曰, 愛而
已矣. 在君臣謂之義, 父子謂之親, 夫婦謂之別, 兄弟謂之敍, 朋友謂之信, 皆自愛而
出, 蓋愛出於實心. 故此五者, 自愛而出, 則爲實, 不自愛而出, 則僞而已. 故君子莫大
於慈愛之德, 莫戚於殘忍刻薄之心, 孔門以仁爲德之長, 蓋爲此也. 此仁之所以爲聖
門第一字也. 苟非知德者, 不能識之, 亦不能信之, 必視以爲泛然無緊要, 而不知珍重
信受, 每從別路去, 或高談性命, 或耽樂虛靜, 或以仁爲理爲性爲知覺, 而不知施之於
日用. 故夫子罕言仁者, 蓋以驟告不知德者, 則不惟不知其理, 必有弊也. 不可不慮焉,
子惟務主忠信, 熟讀論孟, 以求實德爲心, 久之自當理會, 謹勿蹈故轍." 第三十九章

40장 問, "仁之所以難識者, 何也." 曰, "得仁固難, 於識仁之理, 則何難之有, 但以學者
失其方, 自難識焉耳. 蓋古人之學, 專以德行爲本, 後人之學, 先以窮理爲主, 是仁之
所以難識也. 夫仁主愛, 而德莫大於愛人, 若先以窮理爲主, 則唯理是求, 翫心高遠,
殫力精微, 遂以愛爲仁之用, 爲柔弱, 爲淺近, 爲日用之常行, 而有輕賤之之意, 以爲
向上一路, 不在於此, 持論太高, 求道甚遠. 且見夫子雖高第弟子, 仲由冉有公西華,
及當時賢士大夫, 令尹子文陳文子之流, 皆不許以仁, 而求之不得, 別生意見, 以仁爲
天理之公, 爲當理而無私心之類, 議論紛紛, 不堪其多, 而去仁彌遠矣. 吾故曰, 佛老

之所以與吾儒異者, 多在於義, 而後儒之所以與聖人殊者, 專在於仁, 此仁之所以難識也." 第四十章

41장 問, "竊聞學問以知爲先, 而今謂窮理之說, 於求仁頗有妨, 豈無悖於理乎." 曰, "讀書窮理, 自是孔門之常法, 不可謂不是, 但最初入門之初, 先欲讀盡天下之書, 窮盡天下之理, 非聖人之學也. 何者, 苟以窮理爲先, 則雖不以德行爲後, 然德行自不得不在後也. 是所以於學問有害也. 宋儒之說曰, 天下無性外之物. 又曰, 性卽理也. 然不能以一理斷天下之事, 蓋物有好惡, 事有緩急, 紛紛藉藉, 出入隱顯, 不可盡以理決之. 故曰, 君子於其所不知, 蓋闕如也. 苟以德行爲本, 則智至道明, 而事之是非得失, 了了分明, 不待思索, 自能中其肯綮, 若不如此, 而欲專以理斷之, 則其說愈長, 而去實愈遠矣. 若程朱論天道, 專以理斷之, 可謂殺却天道也. 其於仁亦然. 故其理甚微, 而去仁愈遠. 曰, 觀雞雛, 此可觀仁. 又曰, 切脈最可體仁. 或曰, 將聖賢言仁處類聚觀之, 是也. 夫仁者實德也. 非可以理得之. 孔子曰, 仁者愛人. 孟子曰, 人皆有所不忍. 達之於其所忍, 仁也. 孔孟之說, 豈不甚近且易知乎. 苟以理求仁, 愈遠而愈難知也." 第四十一章

42장 問, "孔孟所謂仁者, 其旨果如何." 曰, "仁者, 人道之大本, 衆善之總要, 人道之有仁義, 猶天道之有陰陽也. 故曰, 仁, 人之安宅也. 義, 人之正路也. 兩者不相離, 而以仁爲要. 故孔門諸子, 以仁爲家常茶飯, 而無敢疑其義者. 故論語一書, 皆言修仁之方, 而無言仁之義者, 諸子之所問, 夫子之所答, 皆是也. 若欲明其義者, 當自孟子入. 孟子曰, 惻隱之心, 仁之端也. 人之有是四端也. 猶其有四體也. 知皆擴而充之矣. 若火之始然, 泉之始達, 苟能充之, 足以保四海. 又曰, 人皆有所不忍, 達之於其所忍, 仁也, 子能熟讀此二章, 當自理會其理, 於孔孟所謂仁者, 明白分曉, 無復可疑, 吾故曰, 孟子之書, 論語之義疏也. 按古注疏曰, 端本也, 始也, 四端之心, 生來具足, 猶其有四體, 擴充云者, 卽達之之謂也. 便擴充惻隱之心, 而無所不至, 正是仁, 所謂足保四海者, 卽言擴充四端之心, 以成仁義禮智之德, 蓋以非仁義禮智之德, 則不足以保四海也." 第四十二章

43장 問, "仁之成德, 亦可得而聞之乎." 曰, "可矣. 慈愛之心, 渾淪通徹, 從內及外, 無所不至, 無所不達, 而無一毫殘忍刻薄之心, 正謂之仁, 存於此, 而不行於彼, 非仁也, 施於一人, 而不及於十人, 非仁也, 存乎瞬息, 通乎夢寐, 心不離愛, 愛全於心, 打成一片, 正是仁, 故德莫大於愛人, 莫不善於忮物, 孔門以仁爲學問宗旨, 蓋爲此也." 第四十三章

44장 問, "德莫大於愛人, 故孔門以仁爲學問之宗旨, 願終其說." 曰, "仁之爲德, 豈可以言盡口悉乎. 王天下, 則及千天下, 君一國, 則及于一國, 主一家, 則及于一家, 爲父, 則及于其子, 爲夫, 則及于其妻, 爲兄, 則及于其弟, 爲弟, 則及于其兄, 以此治身, 則身修矣. 以此處事, 則事成矣. 我能愛人, 人亦愛我, 相親相愛, 如父母之親, 如兄弟

之睦, 無行而不得, 無事而不成, 如舜之一年成聚, 二年成邑, 三年成都, 成湯東面而征, 西夷怨, 南面而征, 北狄怨, 是仁之效也. 不仁者反之, 殘忍忮害, 衆叛親離, 不至死亡則不止. 故仁者, 道德之大本, 學問之極致, 天下之善, 莫過於此." 童子曰, "諾." 第四十四章

45장 問, "仁畢竟止於愛歟." 曰, "畢竟止於愛, 愛實德也. 非愛則無以見其德也. 苟有一毫殘忍刻薄忮害之心, 則不得爲仁. 故學至於仁, 便爲實德, 種種善行, 皆其推也. 仁之德, 其餘波溥哉." 第四十五章

46장 問, "孔孟論仁, 似有不與愛字相干涉者, 如何." 曰, "一愛之所到, 衆善自生. 故曰, '惻隱之心, 仁之端也.' 猶原泉之混混, 雖爲洄爲洑, 爲淵爲湍, 奇態萬千, 不可名狀, 皆一水之流派也. 蓋仁者以愛爲心, 故其心自平. 其心自平, 故寬裕容物. 寬裕容物, 故從容不迫. 從容不迫, 故樂而不憂. 樂而不憂, 故泰然自安. 泰然自安, 則無施不可, 無行不得. 此仁道脈絡相因之序. 不可以一德名之. 不仁者反之. 觀夫子答諸弟子. 問孝, 便以孝之道答之, 問智, 便以智之方答之. 至於論仁及答問仁, 特擧仁者模樣而告之. 所謂仁者己欲立而立人, 及仁者先難而後獲, 是已. 蓋以仁之成德, 不可以一德盡之也. 孟子以惻隱之心爲仁之端, 而又曰, 人皆有所不忍, 達之於其所忍, 仁也. 又曰, 充無欲害人之心, 而仁不可勝用也. 此孟子論仁之本旨也. 而仁者如射等語, 雖如不與愛字干涉者, 然推究立言之本旨, 則皆莫不以愛爲本焉. 苟以孔孟之語參考倂照, 則可知矣. 向謂不可以論語字面解之者, 正爲此也." 第四十六章

47장 問, "管仲霸者之臣也. 故孟子譏其不知王道, 而夫子許其爲仁者. 何也." 曰, "仁之成德, 其利澤恩惠, 足遠被于天下後世而極矣. 堯典曰, '光被四表, 格于上下.' 堯之仁也. 詩曰, '於戲前王不忘.' 文武之仁也. 若管仲之志之才, 甚大矣. 其志不在於區區修政事善齊國之間, 將以振頹綱, 拯生民, 而貽利澤於後世. 其才亦稱之. 故夫子曰, '管仲相桓公, 霸諸侯, 一匡天下, 民到于今受其賜, 微管仲, 吾其被髮左衽矣.' 又曰, '桓公九合諸侯, 不以兵車, 管仲之力也, 如其仁, 如其仁.' 集註謂未爲仁人, 而有仁之功. 其意蓋不以此爲仁, 而徒爲有仁之功. 然子路曰, '未仁乎.' 子貢曰, '管仲非仁者與.' 夫子一答以如其仁, 如其仁, 一答以民到于今受其賜, 是直以仁許之也. 子當以意理會." 第四十七章

48장 問, "夫子何不以仁許子路冉有公西華." 曰, "慈愛惻怛之心, 頃刻不離, 無一毫殘忍刻薄之心, 正是仁. 三子雖高第弟子, 然難保其始終不變. 此夫子所以不許仁也." 第四十八章

49장 問, "管仲何以不得爲王佐之才." 曰, "有志, 有才, 有學, 而後可以行王道. 無其志, 則不能以天下爲己任, 無其才, 則不能幹旋大事, 無其學, 則雖有其志, 有其才, 然在區區功利之間, 而不能濟大道. 此管仲之所以止爲管仲也. 若使管仲知湯武之道,

便是伊呂之儔. 予嘗序魯齋先生心法曰, '有實學, 而後有實德, 有實德, 則實材隨焉.' 是也. 管仲雖有材, 而不足爲實材者, 爲其無學也." 第四十九章

50장 問, "令尹子文陳文子, 何以不許仁." 曰, "二子若有管仲之志與才, 亦當稱其仁. 子文不爲身謀, 告人以忠, 文子能潔其身而去, 皆足可觀焉. 然無利澤及物之功, 此其所以止於忠與淸也." 第五十章

51장 問, "朱子以謂子文文子之不得爲仁, 是不能當理而無私心, 如何." 曰, "不然. 藉令二子行事, 當理而無私心, 亦只是忠與淸耳. 若管仲, 雖未見其事全當理, 而心果無私. 然夫子稱其仁者, 蓋以民受其賜也. 以當理而無私心解仁, 是所謂不得其說, 從而爲之辭者, 而去仁之義, 益遠矣. 若如其說, 則不唯不得爲仁, 而亦且不得爲忠淸矣." 第五十一章

52장 問, "聖人之仁與管仲之仁, 是同是不同." 曰, "同. 堯舜之仁, 猶大海之水, 汪汪洋洋, 不可涯涘也. 管仲之仁, 猶數尺井泉, 雖不足觀, 然遇旱歲, 則亦可以資灌漑之利. 雖有大小之差, 豈謂之非水, 而可乎. 至於子文文子, 則猶瓶罌之水, 雖極力負擔, 不過數斗之多. 其用有限, 不足謂之水也." 第五十二章

53장 "問孔子之仁." 曰, "夫子稱管仲之仁曰, '民到于今受其賜, 微管仲, 吾其被髮左衽矣.' 若夫子之仁, 實與天地準, 度越管仲, 奚翅億萬. 由夫子到于今, 殆二千有餘歲, 四海九州, 人皆善善而惡惡, 君臣父子夫婦昆弟朋友之交, 各得敍其倫, 而不爲左衽之俗者, 悉夫子之賜也. 人皆在於夫子之敎之中, 而不知夫子之敎之大. 猶人囿于天地之內, 而不知天地之爲大也. 微夫子, 藉令人不皆化爲鬼爲蜮, 而三綱淪, 九法斁, 天下不得其爲天下. 於戲, 大矣哉. 宋人見於一古利梁上書天不生孔子萬古如長夜十大字, 終爲千古之名言. 宜矣." 第五十三章

54장 問, "有雖不至成仁之德, 亦可謂之仁者乎." 曰, "雖一事之微, 其愛出於實心, 而利澤及于人, 則亦可謂之仁也. 非徒可謂之仁之功而已." 第五十四章

55장 問, "韓子原道曰, '博愛之謂仁.' 宋儒深非之, 如何." 曰, "宋儒以仁爲性, 愛爲情. 故譏韓子謂知情而不知性. 夫博愛之未足爲仁者, 正在於生熟大小之間, 而非性情之別. 若充之而至於熟且大焉, 則亦仁焉而已. 韓子徒知愛物之爲仁, 而不知聖學之全體. 萬善之總括, 皆在於仁. 然勝於宋儒以仁爲性之徒爲虛器, 而不能施之於行事, 遠矣." 第五十五章

56장 問, "以仁爲性, 徒爲虛器, 其意如何." 曰, "仁者, 大卜之美德, 豈可以性情分之哉. 若以宋儒之說論之, 則性爲未發, 情爲已發, 性猶水之在地中, 情猶發源之泉. 疏導澄治之功, 渾可施之於流出之後, 而於其在地中之時, 則無可奈之何. 以仁義禮智

爲性, 則猶水之在地中, 不可施疏導澄治之功也. 故後世學問, 不復要存養仁義, 而別立一般宗旨. 曰, '無欲主靜.' 曰, '明鏡止水.' 專欲除其蔽仁義之物, 以復其初. 然則仁義之德, 徒爲虛器, 而不如直曰滅欲之爲愈也. 孟子曰, '仁, 人心也, 義, 人路也. 舍其路而弗由, 放其心而不知求, 學問之道無他, 求其放心而已矣.' 集註曰, '能求放心, 則不違於仁, 而義自在其中矣.' 其意以爲仁之在心, 猶月之映水, 波定則影明, 波搖則影亂. 如此, 則其功夫專在收斂此心, 而居仁由義之功廢矣. 猶月之隱見, 繫水而不繫月也. 孟子所謂放心者, 則不然, 蓋言放失仁義之良心, 而非言此心之昏昧放逸者也. 孟子又曰, '充無欲害人之心, 而仁不可勝用也, 充無穿窬之心, 而義不可勝用也.' 與宋儒知專收斂此心, 而不以居仁由義爲先務, 實天淵矣. 若專以收斂此心爲務焉, 則淸明寂靜, 雖或可觀, 然愛根斷喪, 適足以牲仁義之良心, 是豈孔孟之旨乎哉. 故以仁爲性, 則論孟二書, 總說仁之用, 而一無及體者, 與退之之知情而不知性之病, 奚以異. 弗思甚也." 第五十六章

**57장** 問, "南軒張子, 類聚論語中言仁諸章爲一編, 名曰洙泗言仁錄, 當耶?" 曰, "不然. 魯論二十篇, 從頭室尾, 無一言之非仁. 南軒唯知言仁處之爲仁, 而不知不言仁處亦總是仁. 大傳固言. '仁者見之, 謂之仁, 智者見之, 謂之智. 百姓日用而不知, 故君子之道鮮矣.' 然仁者德之長, 學至於仁, 則衆德合溱. 故子夏曰, '博學而篤志, 切問而近思, 仁在其中矣.' 夫博學篤志, 切問近思, 皆學問之事, 子夏何以言仁在其中也. 蓋仁者, 聖門學問之宗旨, 而外仁無所謂學問者也. 諸老先生, 皆依理解之, 去仁之義, 益遠矣." 第五十七章

**58장** 問, "孟子曰, '强恕而行, 求仁莫近焉.' 何謂?" 曰, "所謂求云者, 求其所無之謂, 不可作至字看. 仁不可勉而爲, 恕可强而能之. 仁者非有德者不能, 恕者力行者能之. 爲其所强而能之恕, 則自得不可勉而爲之仁, 爲一件之恕, 則得一件之仁, 爲二件之恕, 則得二件之仁. 顧在其所勉强如何耳. 故曰, '求仁莫近焉, 仁自是仁, 恕自是恕, 不可以恕作至仁之功夫. 又不可爲有生熟大小之辨." 第五十八章

**59장** 問, "道者, 仁義而已矣. 曾子何以謂夫子之道忠恕而已矣乎." 曰, "仁義固道之全體, 自不待論. 夫子之道云者, 謂夫子之所獨, 猶口夫子之家法也. 子貢問, '有一言而可以終身行之者乎.' 而夫子不曰仁, 不曰義, 而特曰, '其恕乎.' 與曾子之所謂, 自同其意. 蓋示學者以其所易能之道也. 卽向所謂爲所强而能之恕, 則自得不可勉而爲之仁之謂也. 忠者, 盡己之謂, 其義易解, 唯恕字義不分曉. 字書曰, '以己體人曰恕.' 體字甚好. 深體察人之心, 則自有寬宥之意生, 不至過爲刻薄. 故恕又有寬宥之義. 凡接人之間, 深體察之, 而有寬宥之意, 則親疎遠近, 貴賤大小, 各得其所, 而仁行義達, 道莫不存矣. 曾子以忠恕爲夫子之道, 是也. 若良吏之斷獄, 其罪固當矣. 然深體察其心, 則猶有多少可憐可宥之情. 況人之於過, 其罪固有可恕者乎. 故古人有三赦三宥之法, 暗合强恕之道. 或至可恕可尤之事. 亦然, 恕之不可不强如此." 第五十九章 童子問卷之上畢.

童子問卷之中
洛陽 伊藤維楨 著
凡七十七章.

1장 問, "承喩. 論語爲宇宙第一書, 而仁爲孔門第一字. 然若大學以敬爲要, 中庸以誠爲主, 及詩之思無邪, 書之中, 易之時, 一書各有一書綱領. 如何." 曰, "人道之有仁義, 猶天道之有陰陽也. 外仁義而豈復有道邪. 而仁之包義, 猶陽之統陰. 故孔門以仁爲宗, 而以義爲輔. 敬者敬此也, 誠者誠此也, 詩之思無邪, 書之中, 易之時, 皆然. 道本無多端. 故曰, '吾道一以貫之.'" 第一章

2장 問, "吾聞, 中也者, 堯舜以來相傳心法, 以此聖聖相承. 今專主張仁義者, 何哉." 曰, "仁義卽中也. 兼愛爲我, 失之過, 非仁義, 煦煦孑孑, 失之不及, 亦非仁義. 所謂仁義者, 乃言其無過不及者耳. 故周子曰, '仁義中正而已矣.' 其專以中爲傳授心法, 而不以仁義爲孔孟之宗旨者, 蓋不深考耳. 中之理虛, 而仁義之德實." 第二章

3장 問, "然則仁義重於中歟." 曰, "然. 學問莫貴於仁義, 而存仁義莫要於禮. 故論語言禮而不言中. 顏淵問仁, 子曰, '克己復禮, 爲仁.' 又曰, '君子博學於文, 約之以禮, 亦可以弗畔矣夫.' 又曰, '恭而無禮則勞, 愼而無禮則葸, 勇而無禮則亂, 直而無禮則絞.' 是皆孔門敎人切要之言, 萬世學問之規矩準繩. 所謂至當歸一, 精義無二者也. 蓋唐虞之時, 敎法未詳, 其所行莫非仁義, 而未有仁義之目. 故曰, 允執其中. 及至孔孟, 專以仁義爲敎, 而以禮爲要. 中猶無星之秤, 禮猶秤之量物, 中有泛然難據之患, 而禮有秩然可執之則. 禮雖本由仁義而生, 又有能存仁義之功. 所以夫子常以禮敎人, 而不言中也." 第三章

4장 問, "程子以中庸爲孔門傳授心法, 如何." 曰, "中庸之名, 肇見於論語, 謂無過不及而平常可行之道耳. 與單言中, 其義自別, 中庸之書, 卽論語之衍義也. 專爲孔門心法者, 非也. 曾子曰, '夫子之道, 忠恕而已矣.' 顏淵問仁, 子曰, '克己復禮爲仁.' 子貢曰, '仁且智, 夫子旣聖.' 斯之謂孔門傳授心法, 皆莫非仁義之旨, 未聞以中爲傳授心法也." 第四章

5장 問, "中庸章句序曰, '堯舜以來, 聖聖相承, 若成湯文武之爲君, 皐陶伊傅周召之爲臣, 皆以中而接道統之傳.' 如何." 曰, "考之典謨訓誥, 群聖人之言, 及于中者無幾. 論語, 堯曰, '咨, 汝舜, 天之曆數在爾躬, 允執其中, 四海困窮, 天祿永終.' 舜亦以命禹. 據此, 則堯之命舜, 舜之命禹, 舉此二十二字爲言. 而非以允執其中一句命之, 可知矣. 曆數者, 所以紀歲時氣節之序, 言代天工而平治天下, 則舜卽天道也. 故曰, '在爾躬.' 此語反是要言甚重. 且孟子歷敍舜禹成湯文武周公之事, 唯於湯特曰執中. 而不繫之於數聖人. 雖三代聖人, 夫子特祖述堯舜, 而孟子於舜首曰, '由仁義行, 非行仁義也. 則仁義之旨, 不待孔子而旣明矣. 然則非以中爲堯舜以來相傳之心法, 益明矣." 第五章

6장 問, "仁義爲孔孟學問之宗旨者, 何哉." 曰, "孟子之書, 述論語之旨者也, 而仁義二字, 是開卷第一義. 七篇之書, 言言句句, 莫非說仁義之功也. 其言性善者, 明仁義之實有於己也, 言浩然之氣者, 論仁義之功用也. 千言萬語, 雖至多端, 莫不總括於仁義二字. 自親親充之, 而至朋友鄕黨所識疎薄之人, 慈愛之心, 周遍浹洽, 無所不底, 而無一毫殘忍忮害之念者, 謂之仁. 自一取舍間充之, 而辨別分明, 苟非其義, 則祿之以天下而不顧者, 謂之義. 他卓行偉績, 雖有可取, 然少於仁有闕焉, 則皆不足爲德, 於義有欠, 亦不足稱之. 智者, 知斯二者而不去, 是也. 禮者, 節文斯二者, 是也. 皆仁義之推也. 仁義之所以爲孔孟學問之宗旨者, 以此也." 第六章

7장 問, "孟子何專主仁義, 而於智或有惡之乎." 曰, "凡過高過深, 好大喜難, 索隱行怪, 邪說暴行, 不可與入堯舜之道者, 皆過用智故也. 莊子三十三篇, 大藏五千函, 其他諸子百家, 擧皆爲一智字之所誤, 豈非可畏之甚耶. 孔子曰, '知之爲知之, 不知爲不知, 是知也.' 又曰, '君子於其所不知, 蓋闕如也.' 孟子亦曰, '堯舜之智, 不徧物, 急先務也.' 此所謂禹之行水也, 行其所無事也. 孟子嘗論伯夷伊尹柳下惠之所以與孔子不同曰, '智, 譬則巧也, 聖, 譬則力也. 由射於百步之外也, 其至, 爾力也, 其中, 非爾力也.' 又曰, '如智者亦行其所無事, 則智亦大矣.' 孟子亦豈廢智乎. 其所惡於智者, 爲其鑿也. 孔子亦曰, '好知不好學, 其蔽也蕩.' 然則君子之用智, 其所取捨, 可知矣." 第七章

8장 問, "孟子以仁義爲宗旨, 而又屢談王道者, 何哉." 曰, "王道卽仁義, 非仁義之外復有王道也. 孟子曰, '以德行仁者王.' 又曰, '仁者無敵.' 又曰, '先王有不忍人之心, 斯有不忍人之政矣. 以不忍人之心, 行不忍人之政, 治天下, 可運之掌上.' 是也. 王道雖固不出仁義兩者, 然約而論之, 則一仁字盡之矣. 荀子所謂粹而王, 駁而霸, 及諸儒有盡天理之極而無一毫人欲之私等論, 皆議論可聞, 而非實知王道者也. 不善讀孟子故也." 第八章

9장 問, "先儒論王道, 必曰, '盡天理之極, 而無一毫人欲之私.' 此語甚善, 無可以加焉. 何故不與王道相稱." 曰, "聖人之治天下也, 以天下大同之道, 治天下大同之人, 建大中之道, 而不爲過高之行. 故中庸曰, '君子以人治人, 改而止.' 蓋盡天理之極, 非人人之所能, 無一毫人欲之私, 亦非具形骸有人情者之所能爲. 聖人不以此自治, 亦不以此强人. 由仁義行, 非行仁義也. 孟子曰, '先王有不忍人之心, 斯有不忍人之政.' 又曰, '文王視民如傷.' 聖賢之論王道如此, 未聞以盡天理之極而無一毫人欲之私爲王道也. 蓋無一毫人欲之私, 卽所以盡天理之極, 而盡天理之極, 便所以無一毫人欲之私也, 少林曹溪之徒, 可以當之, 而若吾聖人, 則不以此爲道. 故不可以此論王道也. 宋儒之意, 必謂達磨慧能所以不免爲異端者, 以其棄人倫也. 若使彼不棄人倫, 則於盡天理之極而無一毫人欲之私, 殆無餘功也. 吁, 使達磨慧能能不棄人倫, 亦惟是達磨慧能耳. 與聖人之心, 固天地懸隔, 然則盡天理之極而無一毫人欲之私之所以不與王道相稱者, 可從而知矣." 第九章

10장 問, "然則王道不戒欲歟." 曰, "否. 書曰, '以義制事, 以禮制心.' 孟子曰, '君子以仁存心, 以禮存心.' 苟有禮義以裁之, 則情卽是道, 欲卽是義, 何惡之有. 苟無禮義以裁之, 而特欲斷愛滅欲, 則是矯枉過直, 藹然至情, 一齊絶滅, 將亡形骸塞耳目而後止. 此非人人之所能爲, 而非通天下之道. 故聖人不爲也. 大凡無補於天下國家之治, 無裨於人倫日用之道者, 皆謂之邪說暴行, 若佛老之學, 後世禪儒高遠隱微之說, 是已." 第十章

11장 問, "王道之學固大矣. 而非今日儒者之先務." 曰, "否. 儒者之於王道, 猶孫吳之於兵, 盧扁之於醫, 蓋專門之業也. 學問以王道爲本. 故中庸曰, '仲尼祖述堯舜, 憲章文武.' 蓋孔子之學, 卽堯舜文武之道, 孟子之說, 卽孔子之學, 皆堯舜文武治天下之道. 外此而豈有所謂學問者邪. 蓋非以王道爲主而行之, 修己治人, 萬般功夫, 皆由王道而出. 故孔子曰, '君子修己以安百姓.' 又曰, '一日克己復禮, 天下歸仁.' 凡存心養性, 忠信篤敬, 條目雖多, 皆莫不以王道爲本, 而乃以仁爲要. 其獨善其身, 豈聖人之本心也哉. 後世儒者, 雖說王道, 其實專以心法爲務, 故不能不流入于異端. 子以此意觀論孟, 頭頭相合, 句句鬪湊, 聖人微意之所在, 註脚之所不能悉, 了了分明, 自無遺漏." 第十一章

12장 問, "承聖門之學, 以王道爲本. 然於受用功夫, 頗似不切緊. 如何." 曰, "莫問切緊與不切緊, 惟看合道與否如何. 其功夫不切緊者, 固不足云. 然凡稱切緊者, 必至矯枉過直, 能免此兩者, 乃學問難中之難也. 然其不切緊者, 其病却淺, 至矯枉過直, 則沈痾痼疾, 無藥可醫, 可不懼乎. 孟子曰, '養心莫善於寡欲.' 此中庸之極也. 濂溪曰, '養心不止於寡欲, 寡之又寡, 以至於無, 則誠立明通.' 較之孟子之言, 則似却切緊, 然不免有矯枉過直之病. 蓋古人以禮義二者爲萬事之規矩繩尺, 如家常茶飯然. 以此飮食, 以此被服, 出入起居, 不可須臾離也. 書曰, '以義制事, 以禮制心.' 孔子曰, '義以爲質.' 孟子曰, '以禮存心.' 是也. 夫苟以禮義制之, 則曰情曰欲, 卽是爲道, 本非可惡之物. 若不以禮義制之, 而徒欲功夫切緊, 則必不至滅情無欲則不止. 是近世理學諸家所以不能不自流入于禪莊也. 子以王道爲不切緊, 亦俗見焉耳." 第十二章

13장 問, "聖門之學, 以王道爲本. 其意如何." 曰, "子能識聖人之學, 與佛老之學, 所由而分如何, 則自知之矣. 聖人從天下上見道, 佛老就一身上求道. 就一身上求道, 故不顧天下之從否, 專要淸淨無欲, 以成就一己之安, 卒至於棄人倫, 廢禮樂, 此所以爲異端也. 聖人從天下上見道, 故就天下之所同然而見道. 不欲離乎天下, 而獨善其身, 故其學爲經世, 其道爲達道, 其敎爲仁義忠信. 其言曰, '吾非斯人之徒與, 而誰與, 天下有道, 丘不與易也.' 其修己立德, 將以安天下之人, 故不以天下之所不能而强人, 亦不以天下之所不從而爲敎. 所以爲王道也. 故讀聖人之書, 必有字眼, 天下二字, 是聖人書中字眼, 凡讀孔孟之書, 遇有天下二字處, 必須著眼看, 勿草草." 第十三章

14장 問, "近時諸儒經濟之書, 亦足以發明王道歟." 曰, "知其要者, 言必約, 其言多者,

必不知要. 所謂要言不煩, 是也. 若馬氏通考, 丘氏衍義補, 馮氏類編, 章氏圖書編, 其書皆數百卷, 此其適所以不識王道也. 大學治國平天下章, 中庸哀公問政章, 其言皆不過數百字, 而王道之旨, 包括無遺, 得其要也. 孟子一部, 其論王道, 橫說堅說, 千變萬化, 皆從一仁字紬繹來, 可謂約而盡矣. 非實知堯舜孔子之道者, 豈能然乎. 苟讀孟子而不識王道, 所謂雖多亦奚以爲者也." 第十四章

15장 問, "孟子之論王道, 何篇最詳而明." 曰, "篇篇詳矣, 章章精矣. 初學以梁惠王篇爲勸時君而發, 故見之以爲尋常說話, 以告子盡心二篇爲精蘊處, 不然. 惠王一篇, 反是孟子一生事業備矣, 不可不熟翫焉. 予故謂此篇必是孟子之自著. 自公孫丑篇以下, 至離婁上篇, 無一句非說王道, 爾後初及種種議論. 蓋七篇各是一部書, 苟得一篇. 熟讀翫味, 有得焉, 則何憂其不識王道也. 昔黃石公授張良一卷書曰, '讀此可以爲王者師.' 余亦以爲熟讀孟子梁惠王一篇, 可以爲帝者之師也." 第十五章

16장 問, "齊宣王曰, '寡人好貨.' 孟子對曰, '王如好貨與百姓同之, 於王何有.' 又曰, '寡人好色.' 則曰, '王如好色與百姓同之, 於王何有.' 先儒以爲巽與之言, 又以爲救時之論. 然乎." 曰, "不然. 此卽王道也. 孟子固以, '樂民之樂者, 民亦樂其樂, 憂民之憂者, 民亦憂其憂. 樂以天下, 憂以天下, 然而不王者未之有也.' 觀夫自古以來人君好色好貨者, 不顧人之怨, 不察人之怒, 奪民之婦女, 掠民之貨寶, 專悅己之耳目, 而不能與民同好惡. 禍門以開, 怨府以成. 而王者之心則不然. 民之所欲, 與之聚之, 所惡勿施, 己欲立而立人, 己欲達而達人. 己好色, 則推斯心以及民, 己好貨, 則推斯心以及民, 其心何等公平, 何等寬仁. 實天地之心. 故先王置媒氏以合民之男女, 內無怨女, 外無曠夫. 又深嫉聚斂之臣, 掊克在位則有讓. 故與民同好惡, 則好色好貨, 皆爲王道. 亦奚疑." 第十六章

17장 問, "宋孝宗召朱熹, 或有要之於路, 以正心誠意爲上所厭聞, 戒以勿言者, 晦翁曰, '吾平生學問, 只在正心誠意, 豈可回互而欺吾君乎.' 如何." 曰, "愚謂其說固善. 然在學者則可, 非所以告于人君也. 如學者, 固不可不以此自修, 在人君, 則當以與民同好惡爲本, 其徒知正心誠意, 而不能與民同好惡, 於治道何益. 苟側身勵行, 起居動息, 以與民同好惡爲志, 則民志奮起, 士氣雄壯, 雖南宋之脆弱, 可以撻北虜之勁兵. 觀孟子所說齊梁諸君者, 可見矣. 且如庸暗之王, 豈能受誠意正心之說, 而得從事之哉. 正所謂欲其入而閉之門也. 明太祖以迂闊目之, 不可謂過論." 第十七章

18장 問, "如何是王者之德." 曰, "王天下則爲天下之天道, 君一國則爲一國之天道, 爲一家之主則爲一家之天道. 夫天無私覆, 地無私載, 日月無私照. 雖窮谷深潤牆陰屋下之地, 太陽之氣, 靡所不至, 一鱗介一萌芽之微, 莫不稟其氣以生. 故古昔王者, 法天道以爲德. 所謂裁成輔相天地之道, 以左右民, 是也. 故其位曰天位, 其職曰天職. 書曰, '天工人其代之.' 明百官有司, 亦當以王者之心爲心也. 伊尹曰, '天下之民, 匹夫匹婦, 有不與被堯舜之澤者, 若己推而內之溝中.' 此伊尹之以天職爲己之任也.

民至賤也, 王至貴也. 然以民之父母爲王者之美稱, 何哉. 夫子之於父母, 後其身而先其父母, 捨其身以保其父母, 死生患難, 惟其父母之愛護. 王者樂天下之樂, 憂天下之憂, 以民爲其赤子. 故民亦親戴其上, 猶其父母, 響應影從, 唯其所欲, 而天下無可敵之憾, 四方無可禦之寇, 東面而征, 西夷怨, 南面而征, 北狄怨. 書曰, '徯吾后, 后來其蘇.' 以民之父母爲王者之美稱, 不亦宜乎." 第十八章

19장 問, "後世恐難行王道." 曰, "子爲不井田, 不封建, 則不可行王道乎. 將爲悉除後世之法, 以復三代之舊乎." 曰, "然. 非邪." 曰, "非也. 王道豈在法度上乎. 所謂王道者, 以不忍人之心, 行不忍人之政而已, 何難之有. 若使聖人生于今世, 亦必因今之俗, 用今之法, 而君子豹變, 小人革面, 天下自治矣. 孟子當戰國之擾擾, 勸齊梁之庸主, 豈以不可行之時, 勸不可行之道乎. 苟有其人, 則雖戰國, 猶可行之, 況不爲戰國之時乎. 雖齊宣梁惠, 猶可能行之, 況不爲齊宣梁惠之君乎. 唐太宗之初卽位也, 嘗與群臣語及敎化. 上曰, '今承大亂之後, 恐斯民未易化也.' 魏徵對曰, '不然. 久安之民驕逸. 驕逸則難敎. 經亂之民愁苦. 愁苦則易化. 譬猶饑者易爲食, 渴者易爲飮也.' 上深然之. 封德彛非之曰, '魏徵書生, 未識時務. 若信其虛論, 必敗國家.' 徵曰, '五帝三王, 不易民而化. 行帝道而帝, 行王道而王. 顧所行如何耳.' 上卒從徵言. 貞觀元年, 關中饑, 米斗直絹一疋. 二年, 天下蝗, 三年, 大水. 上勤而撫之, 是歲天下大稔, 米斗不過三四錢, 終歲斷死刑二十九人. 外戶不閉, 行旅不齎糧. 帝謂群臣曰, '此徵勸我行仁義, 旣效矣.' 此近代之明效也. 王道豈可行于古, 而不可行于今耶. 徵之學, 未爲知孟子. 然其言猶有明效如此, 況不爲徵者乎." 第十九章

20장 問, "濂溪先生曰, '不復古禮, 不變今樂, 而欲至治者遠矣.' 然乎." 曰, "濂溪之言, 固也. 然可用之於王道旣成之後, 而不可施之於行王道之初. 蓋王者之於天下也, 專在與民同憂樂, 而不以辨樂之今古爲先務. 苟與民同憂樂, 則人心和平, 風俗醇厚, 而禮樂可興. 於是作樂以宣八風之氣, 以平天下之情. 蓋聖人但去泰甚, 而其餘皆從時因俗, 以爲治耳, 不有意變之也. 若(不與民同憂樂而)欲徒變今之樂, 則禮樂未必遽興, 而天下騷然矣. 聖人豈爲之邪." 第二十章

21장 問, "晦翁云, '三代以前, 盡出天理, 三代以後, 總是人欲.' 此語如何." 曰, "此非仁人之言也. 仁者嫉俗之心少. 故知今之不遠于古. 不仁者憤世之心勝. 故知今之不可復古. 設心不同, 趣向頓異. 後世之不能無君子, 猶古之不能無小人也, 豈可獨以三代以後盡爲人欲乎. 孔子曰, '斯民也, 三代之所以直道而行也.' 豈惟民哉, 貴賤皆然. 班固贊漢文帝曰, '卽位二十三年, 宮室苑囿, 無所增益, 有不便, 輒弛以利民. 嘗欲作露臺, 召匠計之, 直百金, 上曰, 百金, 中人十家之産也. 吾奉先帝宮室, 嘗恐羞之, 何以臺爲. 身衣弋綈, 所幸愼夫人, 衣不曳地, 帷帳無文繡, 以示敦朴, 爲天下先.' 班史紀其仁政善行者, 不可勝數焉. 豈可不謂之王者乎. 凡人之行, 其大者不詭乎道, 則其瑣瑣者, 置而勿論, 可矣. 傳曰, '孔子見人一是, 忘其百非.' 儒者以其好黃老之言, 而不論列之, 奚服善之淺, 而責備之深邪. 亦異乎夫子之心矣. 吾雖未必左袒河汾永康, 竊

服其忠厚云." 第二十一章

22장 問, "班固盛稱文帝之儉. 古之王者亦尙儉乎." 曰, "王道以儉爲本. 蓄奢則不給, 儉則有贏. 可以我之有餘, 而拯人之不足. 己苟不足, 則安能補人之不足. 傳稱, '堯土階三尺, 茅茨不剪, 采椽不斲, 雖監門之食不飽.' 雖未必如其言, 然由此可以見堯之儉德. 孔子曰, '禹吾無間然矣. 非飮食而致孝乎鬼神, 惡衣服而致美乎黻冕. 卑宮室而盡力乎溝洫. 古先聖王, 皆躬自務儉者, 蓋植養民之本也. 故王道以儉爲本. 觀文帝紀, 書賜今年田租之半者二, 書除田之租稅者一, 豈非帝躬務節儉, 不輕用天下之財之驗乎. 於斯時天下富庶, 黎民乂安, 延長漢家四百年之國祚. 皆文帝務節儉之效也." 第二十二章

23장 問, "文帝惜百金之費, 不敢作露臺. 而文王則爲臺爲沼者. 何哉." 曰, "先王築城造門, 創臺樹苑囿之類, 一以爲國, 一以爲民, 其爲國者, 亦爲民而已, 非徒爲遊觀敢興作也. 魯人爲長府, 閔子騫曰, '仍舊貫, 如之何, 何必改作.' 春秋一土木之興必書者, 重民力也. 夫廣堂大廈, 起於倉廩之積. 倉廩之積, 出於民之耒耜. 耒耜之微, 積而爲斗升之粟, 斗升之粟, 積而充于倉廩, 倉廩之積, 溢爲廣堂大廈. 人皆知廣堂大廈之成, 起於倉廩, 而不知本出於耒耜之微也. 聶夷中詩曰, '鋤禾日當午, 汗滴禾下土, 誰識盤中餐, 粒粒皆辛苦.' 其非爲國爲民而漫興作者, 不知所以固邦本也. 若夫文王之爲臺沼者, 與民同樂之至, '庶民子來, 不日成之.' 不可槪而論之也." 第二十三章

24장 問, "聖賢所以深戒聚斂者, 何哉." 曰, "所以取民之怨者, 莫甚於聚斂. 夫小人之事君也, 聚斂掊克, 唯知爲君, 而不知爲民. 殊不知爲民者便所以爲君之實也. 未有爲民而不爲君者也. 又未有不爲民而能爲君者也. 故少爲民則少有效, 大爲民則大有效. 昔馮驩爲孟嘗君焚薛債券. 後期年孟嘗君免相, 就國于薛, 未至百里, 民扶老携幼以迎. 夫焚券, 細事也, 然其得民心, 尙如此, 矧大於此者乎. 苟上好聚斂, 則民必怨, 怨而不已則怒, 怒則離, 離則叛. 雖有鹿臺之財, 鉅橋之金, 豈能得爲己之有乎. 夫儉則有餘, 有餘則足以施人. 奢則不足, 不足則不能不聚斂. 此聖人之所以尙儉而戒聚斂也." 第二十四章

25장 問, "國家承平日久, 人皆安肆, 互以奢侈相尙. 及其久也, 習以成風, 人不知其爲奢靡. 今遽欲以節儉治之, 則恐人之難遽從. 如何." 曰, "君子之德風也, 小人之德, 草也, 草尙之風, 必偃. 民不從其所令, 而從其所好. 顧在上之所好如何耳. 孔子曰, '上好禮, 則民莫敢不敬, 上好義, 則民莫敢不服, 上好信, 則民莫敢不用情.' 皆在謹上之所好耳. 上自好華靡, 而欲下之節儉, 雖嚴刑峻法以繩之, 而不可得也. 苟上自好儉, 則不令而行. 滕文公欲行古禮, 父兄百官皆不欲, 其卒也, 至於四方風動, 有路不拾遺之效. 故欲令其下, 則須要謹其所好. 上實好節儉, 則何憂下之不從." 第二十五章

26장 問, "唐太宗言及禮樂, 房杜有愧色者, 何哉." 曰, "是知王道之難, 而不知王道之

易也. 孟子曰, '明君制民之産, 必使仰足以事父母, 俯足以畜妻子, 樂歲終身飽, 凶年免於死亡. 然後驅而之善. 故民之從之也輕.' 蓋禮生於節儉, 樂成於有餘. 先王之世, 家給財阜, 民安俗醇, 自晨至夕, 自春至冬, 民心和洽. 猶正月之吉, 被服具儀, 擧觶上壽, 各祝萬歲, 一家熙熙, 頓忘窮歲之勞. 禮樂安得不興乎. 故孟子論王道, 必以制民之産爲先. 房杜不是之求, 而漫生望洋之心, 故有媿色. 不知孟子故也." 第二十六章

27장 問, "樂成於有餘, 旣得聞命矣. 禮生於節儉, 如何." 曰, "人情樂則勤, 厭則荒. 節儉之餘, 必家富力給. 故以文爲樂, 此禮之所以興也. 禮奢文勝, 則財殫力勞. 故厭心生焉. 是禮之所以廢也. 故論語曰, '禮與其奢也, 寧儉.' 又曰, '先進於禮樂, 野人也, 後進於禮樂, 君子也. 如用之, 則吾從先進.' 唐宋之定禮, 必以彌文爲事, 故唐開元禮, 宋開寶政和等禮, 皆爲虛器, 不爲時用. 蓋知禮之末, 而不知禮之本故也. 樂雖成於有餘, 然由節儉而致有餘, 則雖樂亦皆本於節儉. 故欲行王道, 則不得不儉." 第二十七章

28장 "問王霸之辨." 曰, "王者以子養民, 霸者以民治民. 其設心不同, 故民之應上. 亦從而異, 以子養民, 故民亦視君如其父母, 保護愛戴, 效死而弗去也. 以民治民, 故民惟知供役奉法, 而不知親其上, 有難則去. 此王霸之辨也." 第二十八章

29장 問, "何謂以子養民." 曰, "先王視民猶其赤子, 惟恐民之不得其所. 故制民之産, 仰足以事父母, 俯足以畜妻子. 又設爲庠序學校, 申之以孝悌之義. 斯之謂以子養民也." "何謂以民治民." 曰, "以威臨之, 以法繩之, 徒知驅逐使令之, 而無哀恤惻憫之心, 斯之謂以民治民也. 孟子曰, '善政, 民畏之, 善敎, 民愛之.' 又曰, '以善服人者, 未有能服民者也. 以善養民, 然後能服天下. 天下不心服而王者, 未之有也.' 此二言乃篇中要言. 學者爲人君說者, 宜以此勸之也." 第二十九章

30장 問, "程子曰, '修養之所以引年, 國祚之所以祈天永命. 常人之所以至於聖人, 皆工夫到這裏. 則有此應.' 夫修養之引年, 資質之變化, 皆可勉而至焉, 至所以祈天永命, 則獨係於天, 而非人力之所能致. 何術可能致之." 曰, "祈天永命, 豈有他哉. 亦曰, 仁而已矣. 夫天無心, 以民心爲心, 民心悅焉, 則天心悅矣, 民心厭焉, 則天心厭矣. 書曰, '天視, 自我民視, 天聽, 自我民聽.' 好民之所好, 惡民之所惡, 民心悅豫, 則可以祈天永命也. 昔者文王之治岐也, 耕者九一, 仕者世祿, 關市譏而不征, 澤梁無禁, 罪人不孥, 鰥寡孤獨四者, 天下之窮民而無告者, 文王發政施仁, 必先斯四者. 故周有天下. 中間雖有幽厲之暴, 斲先王之國脈, 然猶能歷八百餘年之久矣. 若好子孫相繼, 善維持之, 則豈止曆過其數. 永膺天命, 奄有九有, 不可茹度焉. 詩曰, '於戲前王不忘.' 若夫福慶流於子孫, 奕世累葉, 有隆莫替者, 鬼神所不能, 人力所不及. 唯非得民心而沒世不忘, 則不得. 故雖禱爾百神, 而不若得民心之必實而能遠大也. 若秦始皇, 本朝羽柴氏, 雄武英略, 過絶古今, 戰勝攻取, 風動草靡, 前無勁敵, 其宜子孫繁衍, 保數百年宗社, 而纔一再傳而亡, 嚮氣焰赫赫者, 何在哉. 吁, 不仁之禍, 和漢一轍. 漢高祖纔以寬仁濟天下, 唐太宗從魏徵之言用仁義, 皆能身致太平, 子孫緜緜, 此鬼神所不能

致其靈, 唯得民心而能然, 仁義之效, 豈不大乎." 第三十章

31장 "問治道之要." 曰, "文勝其武, 則國祚修, 武勝其文, 則國脈蹙. 賞勝其罰, 則刑罰淸而民心安, 罰勝其賞, 則刑罰亂而民心搖." 第三十一章

32장 問, "何以得賞罰能當其功罪." 曰, "欲賞罰各當其功罪者, 爲政者之心也. 然欲賞罰各當其功罪, 則罰必過而賞必不及, 罰過而賞不及, 則人心睽, 人心睽, 則國危. 故聖人過其賞而減其罰. 過其賞而減其罰, 則賞罰自得其當. 書曰, '罪疑惟輕, 功疑惟重, 與其殺不辜, 寧失不經.' 是也. 孔子曰, '惟仁者能好人, 能惡人.' 蓋好人之善每難及, 而惡人之惡必易過. 惟仁人愛人也深. 故好惡能中其實. 賞罰能當其功罪亦然." 第三十二章

33장 問, "觀夫好儉者, 大抵皆吝嗇, 何哉." 曰, "儉與嗇, 其迹相似, 而其心實相反. 儉, 善之基, 嗇, 欲之叢. 儉而好施者, 眞儉也, 儉而不知施, 亦嗇焉耳. 古人務儉者, 爲其施也. 儉而不知施, 不可謂儉. 世之鄙夫, 託儉而詆夫奢者, 可附一噱, 儉而好施者, 爲誠大德之人, 儉而不知施者, 眞守錢虜耳." 第三十三章

34장 問, "天下何善最貴." 曰, "莫貴乎好賢. 上自王公, 下至於庶人, 未有不尊賢而能修身存心成其大業者也. 大賢則有大益, 小賢則有小益. 所謂賢者, 凡賢於己者, 皆是也. 不必知學明道而後謂之賢. 中庸九經, 以修身爲首, 而次之以尊賢. 親親敬大臣等, 皆在其後, 可見尊賢一事甚重, 爲萬事之本也. 後世之所以不及乎古人者, 職此之由. 後世非徒不尊賢, 或媢嫉之, 或狎辱之, 甚而至於蔽害之, 悲哉. 孟子曰, '言無實不祥. 不祥之實, 蔽賢者當之.' 言聽蔽賢之言, 則國必敗, 身必亡也." 第三十四章

35장 問, "孟子之於齊宣王, 其禮似甚倨. 如何." 曰, "禮固稱矣. 奚謂甚倨. 古者道德隆, 故尊賢. 後世道德衰, 故簡賢. 尊賢, 故賢者之權重, 簡賢, 故賢者之勢微. 天下之治亂盛衰, 其判于此歟. 昔黃帝屈天子之尊, 而問道崆峒之山. 堯以萬乘之位, 館甥于貳室, 迭爲賓主. 成湯之於伊尹, 桓公之於管仲, 其初皆師而尊之. 晉平公, 大國之君也, 師尊亥唐, 入云則入, 坐云則坐, 食云則食, 雖疏食菜羹, 未嘗不飽. 孟子猶惜其弗與共天位, 與治天職. 戰國之時, 雖道湮學廢, 然先王之遺化尙在, 人不以孟子爲簡禮. 此後世之所不及也." 第三十五章

36장 "問孝." 曰, "孝以愛爲本. 愛則順矣, 順則百行成矣. 順者, 不逆于父母之心, 是也. 不愛其親, 而愛他人, 謂之悖德, 不順乎其親, 而順乎他人, 謂之逆德. 孟子曰, '大孝終身慕父母. 五十而慕者, 予於大舜見之矣.' 慕者, 愛之發, 大孝, 愛之至也." 第三十六章

37장 問, "孝亦有大小乎." 曰, "使父母無憂者易, 使父母悅之者難. 何者. 凡爲人之子

者, 平生裎身勤業, 無亡賴之友. 不博奕好飲酒, 不好勇鬪狠以危其父母, 則足以免父母之憂. 然而未足悅父母之心. 苟好學志善, 立身起家, 足以張其祖業, 耀其門楣, 而後父母之心, 怡然驩然, 有不勝其悅者, 孝之至也. 不能使父母無憂者, 不可以爲人, 不能使父母悅之者, 不可以爲子. 勉哉." 第三十七章

38장 問, "何謂達孝." 曰, "達孝也者, 謂通天下之孝, 而非一人之小孝也. 夫飲食供奉, 左右就養者, 人子之常職, 而不足以爲孝. 惟善繼人之志, 善述人之事, 立身行道, 揚名於後世, 以顯父母, 而後足以稱孝也. 孔子曰, '孟莊子之孝也, 其他可能也, 其不改父之臣與父之政, 是難能也.' 莊子父獻子, 魯之賢大夫, 顯名諸侯. 其臣皆獻子之所擧, 其政皆獻子之所建, 人材紀綱, 足以遺後嗣. 莊子皆能用之而不改, 故夫子稱之, 言莊子之孝, 其難能者固多, 然不如此二事之最爲難能也. 由此觀之, 斁其先業, 墮其家聲者, 雖有他美, 不孝之甚也. 孟懿子問孝, 子曰, '生, 事之以禮, 死, 葬之以禮, 祭之以禮.' 蓋懿子, 魯之上卿, 民之所具瞻. 而生事葬祭以禮, 則非徒能治其家有法, 亦足以善魯國. 君以爲忠, 民以爲歸, 可以永孟氏之祀. 故夫子以此告之. 深哉." 第三十八章

39장 "問忠." 曰, "古今稱忠臣者, 其品不一. 感激殺身者有矣, 若程嬰, 杵臼, 荊軻, 豫讓, 紀信之流, 是也. 知有其君而不知有其身者有矣, 如令尹子文, 是也. 不避艱險以濟其君者有矣, 如狄仁傑, 婁師德, 是也. 至誠愛君, 以善勸之, 以道輔之者有矣, 非伊尹, 周公之聖, 不足以當之. 奚感激殺身者之多, 而以道事君者之寡耶. 蓋感激殺身, 出於一旦之義, 故似難而實易, 以道事君者, 非躬有其德, 始終不失其道者, 不能, 故似易而實難." 第三十九章

40장 問, "忠與孝孰重." 曰, "無輕重. 君親體均, 恩義相倚. 孝於其親者, 必忠於其君, 忠於其君者, 必孝於其親. 未有不孝於其親而能忠於其君者也. 又未有不忠於其君而能孝於其親者也. 故孔子曰, '以孝事君則忠.' 又曰, '求忠臣者, 於孝子之門.' 世俗多言, 忠孝不能兩全, 爲此言者, 蓋有意欲勤其一而緩其一. 若非不孝之子, 必是不忠之臣. 不孝之子, 非人. 不忠之臣, 亦非人. 戒之, 戒之. 歐陽子曰, '在君則爲君, 在親則爲親.' 此言得之." 第四十章

41장 "問師資之道." 曰, "古者崇道, 故尊師, 後世不知崇道, 故師輕. 師者, 道之所在, 崇師, 卽所以崇道也. 故師有君臣之義, 有父子之親. 師而喜弟子之勝己者, 眞師也, 忌勝己者, 惡師也. 弟子亦視之猶父, 而己之學, 雖超于其師, 終身敬之而不衰爲道. 若及少有靑藍之譽, 則有入室操戈之意者, 眞小人哉." 第四十一章

42장 "問求師之道." 曰, "治病須求良醫, 不可委丁庸醫. 誤其治, 則雖有百良醫, 而不能善其後. 欲學道者, 須擇天下第一等人而師之, 勿師半上落下之人. 學問之成否得失, 非俗師村學之所能識也. 始初爲其所誤, 則爲終身之大害. 習慣如天性, 漸染難

磨淬. 後雖遭大賢君子, 而自知其非, 卒不能改其故步. 況乎自安其陋而不知悔者, 十居八九, 可不謹哉. 人家爲子弟延師, 多厭其禮遇, 憚其嚴重, 必先擇易狎易近者而招之, 可謂大謬矣." 第四十二章

43장 "問爲師之道." 曰, "師之責甚重矣. 爲師之道, 在務長育人材, 一師而君親之道備. 可不謹哉. 爲人之君, 而不知養民, 則爲不仁, 爲人之父, 而不知敎子, 則爲不慈. 師而不知長育人材, 則倂不仁不慈而有之, 其罪不亦大乎. 前輩以不導道德而專誘詩文者, 比之誘入飮博門中, 宜矣." 第四十三章

44장 "問朋友之義." 曰, "朋友有輔仁責善之道, 有通財許死之義. 古人或有互爲臣僕者, 或有養其寡婦孤女者. 居五倫之一, 而與師竝稱, 其爲道甚大矣. 然於締交之初, 不可不審其善否如何. 人誰不欲其身之善而無惡, 然與君子俱居, 則不欲善而自善, 小人與處, 則不欲惡而自惡, 所關係尤重, 不可不謹焉. 杜子美貧交行曰, '君不見管鮑貧時交, 此道今人棄如土.' 孟郊審交詩曰, '君子芳桂性, 春濃秋更繁, 小人槿花心, 朝在夕不存.' 古人云, '君子之交淡若水, 小人之交甘若醴.' 有味哉." 第四十四章

45장 問, "朋友有信, 信者, 謂有爲有, 無爲無, 多謂多, 寡爲寡, 而不少欺詐之類與." 曰, "否. 信, 實也. 能踐其言而不失之謂. 若約爲兄弟, 則終身以兄弟待之. 一旦有朋友之義, 則守之如初, 始終不變, 正謂之朋友有信. 非但言一言之有實也. 語曰, '久要不忘平生之言.' 是也. 若有大故, 不得已而後絶之. 雖君子所不免, 苟尤小過, 逞小忿, 因一旦之怒, 而棄平生之交. 假令有理, 而非忠厚之道, 君子不爲也. 朋友之間, 謙己相下, 揚善隱惡, 赦小過, 懲小忿, 始終全交, 斯可矣." 第四十五章

46장 問, "子路問夫子曰, '願聞子之志.' 子曰, '老者安之, 少者懷之, 朋友信之.' 先生亦有願乎." 曰, "人各有願, 我豈無願乎. 吾願朋友之間, 務相推讓, 舍己從人, 有善則揚之, 有過則告之, 各盡一視同仁之心. 橫渠之於程子, 其表叔也, 而二程以西銘與大學書同其尊信. 又援之其門人, 可爲萬世學者之模範也." 第四十六章

47장 問, "觀夫世之學者, 見與己議論不合者, 必謂學術異, 而不復與交通. 如何." 曰, "悅與己議論同, 而不樂與己意見異者, 學者之通患也. 學問貴乎切磋琢磨, 莫若從與己意見異者, 舍己平心, 切劘講磨, 所謂樂取于人, 是也. 不有益于己, 必有益于彼, 謂之兩益. 倘樂與己議論同者, 每自講習, 則終身無改其舊見, 而無得新益, 與獨學何異. 無益于己, 亦無益于彼, 謂之兩損. 昔者明道先生, 使吳師禮達于王介甫曰, '如有說, 願往復, 此天下公理, 無彼我, 果能明辨, 不有益于介甫, 則必有益于我.' 柳子厚亦曰, '子不有得焉, 則我得矣.' 古人設心如此, 故能成其大也. 今之學者則不然. 守己甚堅, 服善甚淺. 其學稍優于人焉, 則以師道自居, 不復肯問于人, 其卒也. 必自至於喪己, 蓋其器識淺狹, 不知好善故也, 可不戒乎." 第四十七章

48장 問, "世之學者, 各私其師門, 互相詆譏, 如何." 曰, "尊師門之敎, 可矣, 私師門, 不可也. 在宋, 初有程蘇之黨, 晚有朱陸之派, 皆出其門人, 而非諸先生之意. 有宋之世, 雖道學甚盛, 然此等惡俗尙在, 可惜. 學者, 天下之公學, 豈容私其師門乎. 多見其不知道也. 予少時嘗讀朝鮮李退溪輯朱子書札, 於楊子直姓字下註之曰, '朱門之叛徒.' 予竊薄之曰, '何見之陋乎. 往者不追, 來者不拒, 古之道也, 奚以叛名之爲, 滉蓋私朱門云爾.'" 第四十八章

49장 問, "人各私其師門, 我亦不得獨不私, 如何." 曰, "何言之過耶. 人各爲不善, 我亦可傚其不善乎. 若七十子之事孔子, 聞其崇夫子之敎, 未聞私孔氏之門也. 孟子曰, '往者不追, 來者不拒. 苟以是心, 至斯受之而已矣.' 道愈小, 故設心愈隘, 不得不立町畦, 不可與入堯舜之道也." 第四十九章

50장 "問守身之法." 曰, "節儉爲要. 夫儉者, 萬善之本, 奢者, 衆惡之基. 非惟其身成敗之所分. 其家儉則福慶流於子孫, 奢則凶禍傳於後嗣, 可不愼乎." 第五十章

51장 "問守儉之方." 曰, "人家之奢, 大抵生於閨門, 閨門之奢, 生於丈夫軟弱失駕御之道. 丈夫能嚴而有節制, 則閨門自肅, 而奢亦不生. 是守儉之要也. 然閨門之奢, 不過熬財糜物, 男子之奢, 不至亡國敗家則不已. 男子氣質柔軟, 少年之氣不除, 則忘拘檢, 縱貪慾. 不喜近端愨方正之士, 墜志廢業, 遊惰放縱, 無所不至. 乃衆惡之淵藪也." 第五十一章

52장 "問修家." 曰, "中庸引詩曰, '妻子好合, 如鼓瑟琴, 兄弟旣翕, 和樂且耽, 宜爾室家, 樂爾妻帑.' 子曰, '父母其順矣乎.' 言至極之理, 常存乎至近之中也. 蓋妻子之好合, 兄弟之和樂, 家道之至近者也. 然堯舜之光被四表, 格于上下. 其實以此爲本焉, 則閨門之修, 豈非至極之道乎. 然和睦之弊, 必有狎恩之患, 而少儆束之意, 又須有節制之在. 易家人九三曰, '婦子嘻嘻, 終吝.' 故閨門之內, 要有肅然淸苦之氣象. 若終日嬉笑, 不知節之, 則必至敗家, 可不戒乎." 第五十二章

53장 "問應世之道." 曰, "莫如讓. 讓者, 實德也. 凡犯上好勝, 與人爭奪, 皆生於忘讓. 故一讓立而衆德聚. 非徒不與世乖戾, 於應事接物之間, 最爲要道, 人焉而無禮讓之心, 則雖有他美, 皆不足觀焉. 故天卜莫善於讓, 莫不善於不知讓." 第五十三章

54장 問, "毁譽之來, 不能無喜厭之心. 如何而可." 曰, "毁譽, 士之常. 奚足以爲憂喜. 孟子曰, '士增玆多口.' 趙氏曰, '爲士者益多爲衆口所訕.' 若常人, 固不足輕重. 爲士者必有志有義. 其稍高者, 又或有識見, 特立獨行, 不隨時輩馳逐. 是所以來訕誹也. 其道愈大, 譏之者愈衆, 其德愈邵, 寇之者愈深. '憂心悄悄, 慍于群小.' 孔子猶然, 況其他乎. 韓文公, 程伊川, 朱晦翁, 王新建之在當時也, 擯排斥逐, 不遺餘力. 然而至于後世, 其美名芳蹟, 彌遠彌彰, 至與日月爭光, 公論之在天下, 不可掩如此. 唯明主能

察之,而暗主不能不眩於衆言,所以關張之識,不行于孔明,而孔文仲之誣,行于元祐也. 孟子曰, '有不虞之譽, 有求全之毀.' 說者曰, '修己者, 不可以是遽爲憂喜, 觀人者, 不可以是輕爲進退, 士若聞譽而喜, 聞毀而厭焉, 則必至徇時阿世, 改節移操, 不可不自戒焉." 第五十四章

55장 "問禍福之所以然." 曰, "無禍便是福, 不凶則爲吉. 世人以富貴貧賤論吉凶禍福者, 非也. 苟富貴而身多憂患子孫不肖者, 不若貧賤而身長無事子孫聰明之爲愈遠甚也. 若夫以富貴貧賤論吉凶禍福者, 實市道之見, 鄙哉." 第五十五章

56장 "問學問之要." 曰, "學問之要, 唯在反求於己. 中庸曰, '射有似乎君子, 失諸正鵠, 反求諸其身.' 孟子曰, '仁者如射, 射者正己而後發. 發而不中, 不怨勝己者, 反求諸己而已矣.' 所謂終身用之有不能盡者也. 又曰, '愛人不親, 反其仁, 治人不治, 反其智, 禮人不答, 反其敬. 行有不得者, 皆反求諸己, 其身正而天下歸之.' 故曰, 學問之要, 唯在反求諸己而已. 聖人之不怨天不尤人之境, 亦從此而馴致. 實學者之本務, 大矣哉." 第五十六章

57장 問, "反求與忠恕, 亦有差別." 曰, "無差別. 忠恕是以爲己之心而爲人也, 反求是以責人之心而責己也. 能反求於己, 則必能忠恕於人, 能忠恕於人, 則必能反求於己, 非有異也. 故孔曾專曰忠恕, 孟子專曰反求, 其實一也." 第五十七章

58장 問, "如何是儒者心法." 曰, "孔子曰, '不怨天, 不尤人. 下學而上達.' 此是儒者心法. 言不遇於時, 而不以怨天, 不容於世, 而不以尤人, 不立異以干譽, 不務高以取人, 唯知自修耳. 故曰, 知我者, 其天乎. 是謂儒者本領, 是謂學問實際. 不可勉而能, 不得強而到. 但反求於己是其要. 孔子曰, '飯疏食, 飲水, 曲肱而枕之, 樂亦在其中矣.' 惟不怨不尤者能焉, 至矣." 第五十八章

59장 "問下學上達之義." 曰, "下學, 謙辭, 猶曰最下之學. 指人倫平常之道而言. 程子所謂下學人事, 是已. 自與求向上一路者正相反. 上字當作上聲讀. 上達者, 漸次自進之義, 非指高遠之理而言. 所謂君子上達, 小人下達, 是也. 下達猶在平地上行. 循循不止, 則能到萬里之遠. 其事甚近, 而其功不可量焉. 求向上一路者, 猶欲去平地, 上騰空中, 不墜而傷損者, 未之有也. 此異端之所以廢人倫, 捨日用, 蔑棄禮義, 而不可爲萬世常行之道也." 第五十九章

60장 "問上達功夫." 曰, "功夫欲其密, 議論欲其正. 至奇極妙, 不如一當. 學者當竢悟門自開, 而勿自我開發之. 眞積力久, 怡然理順, 渙然氷釋. 謂之悟門自開, 永爲己之有. 而終身不失, 蓋實德之所到, 而非專事智見者之所得而及, 正謂之實智. 吾所謂上達者如此. 不竢悟門自開, 強自抽關啓鑰, 等待促迫, 謂之自我開發之. 禪家所謂頓悟者正如此. 聰明強力, 志氣超邁者, 其卒必爲風癲佯狂之流. 學之不可不謹如此. 予也

固有與漢宋舊說異者, 然皆積疑之至, 融釋開明, 自然得之. 而一無思慮安排強探力索而得者也. 嫌自我開發之也." 第六十章

61장 問, "上達之時, 畢竟如何." 曰, "中庸曰, '素富貴, 行乎富貴, 素貧賤, 行乎貧賤, 素夷狄, 行乎夷狄, 素患難, 行乎患難. 君子無入而不自得焉.' 此是上達之功驗. 蓋學者之進道, 其初學問與日用扞格齟齬, 不能相入. 及乎眞積力久, 自有所得, 則向視之以爲遠者, 今始得近, 向視之以爲難者, 今始得易, 漸次近前, 非學問不樂, 非學問不言. 及乎其愈熟, 殆如布帛菽粟, 不可須臾離焉. 至於子女臧獲之賤, 米鹽柴薪之細, 大凡接乎耳目, 施乎日用者, 總是莫非道. 俗外無道, 道外無俗, 而雖一點俗氣, 亦著不得. 此是上達光景." 第六十一章

62장 問, "禪家有頓悟之說, 儒者有一旦豁然之論. 於聖人之學, 亦有之乎." 曰, "無之. 聖人之學, 以實語明實理, 目覩而耳聞, 心得而身有. 故有踐履之可言, 而無頓悟之可期. 禪者以空言說空理, 耳無所聞, 目無所覩. 故不得不用悟. 蓋有實德, 而後有實見. 猶白日視物, 歷歷分明, 旣無所疑, 亦無所迷. 根乎人心, 存乎風俗, 包括天地而無餘, 周羅古今而無遺. 仁者安仁, 智者利仁. 任重道遠, 死而後已, 何有頓悟之可期. 宋儒以無聲無臭之妙, 爲無極之眞, 爲本心之體, 而要格物致知, 以領會之. 所以亦有一旦豁然之說也. 猶於無物之地求物, 雖眼中如有所見, 而實無物, 非空見而何. 水吾知其淡, 鹽吾知其鹹. 然不服鹽與水, 而欲知其鹹淡, 旣不可得. 況欲求鹹淡於鹽與水之外. 吾知其以爲鹹爲淡者, 乃其虛見而非眞鹹淡也. 夫道至仁義禮智而極矣, 敎至孝弟忠信而盡矣. 而於其上面更求悟道, 奚以異乎求鹹淡於鹽與水之外. 宜乎其有頓悟豁然之說也." 第六十二章

63장 問, "吾聞之朱子, 曰, '於理有所以然與所當然之異. 所以然者, 卽所當然之本, 而所當然者, 便所以然之發. 故曰, 陰陽, 自形而下之器也, 太極, 自形而上之道也.' 今先生之所說, 皆所當然之事. 而於其所以然之本, 則未之及, 有用而無體, 恐得無過淺近乎." 曰, "所謂所以然之理者, 非謂人之所以爲人, 物之所以爲物, 陰陽之所以往來消長之理乎. 夫陰陽固非道, 一陰一陽, 往來不已者, 卽是道. 陰陽往來, 天道成矣, 剛柔相濟, 地道成矣, 仁義相須, 人道成矣. 天之道盡乎陰陽, 地之道盡乎剛柔, 人之道盡乎仁義. 故易曰, '一陰一陽之謂道.' 又曰, '大哉乾元, 萬物資始, 乃統天. 至哉坤元, 萬物資生, 乃順承天.' 古先聖人所以論天道者, 至此而極, 更不於此上面復加一語. 所謂太極云者, 亦斥此一元氣而言耳. 若於此上面求其所以然之理, 則是非向所謂就無物之地求物邪. 故後世所謂無極太極之理, 畢竟天地本無之理, 而聖人之所不言, 祛之可矣." 第六十三章

64장 問, "古昔未有理學之稱. 近世或曰聖門之學, 爲理學, 爲心學, 爲性學 是乎否." 曰, "聖人之學, 包該宇宙, 統攝道德. 堯舜禹湯文武周公治天下之大經大法, 而孔孟之所祖述憲章之者也. 本無名稱之可擬. 若不得已而強欲命之, 當以王道號之. 或直

稱儒學亦可. 若以理學命之, 則氣象偏枯, 視之王道之盛大, 不啻霄壤. 後世儒者以爲心卽性, 性卽理, 一理字可以盡聖學之全. 故公然以理名學, 而心學性學等名興焉. 殊不知一理字可以盡聖學之全, 則孔孟當先命之, 而詎竢後世之名稱. 可知理學等目, 皆以後世學術而所稱, 非稱聖學之實者也." 第六十四章

65장 問, "理學之稱, 信不稱聖學之實. 然如理字, 亦不可輕." 曰, "然. 孟子曰, '理義之悅我心, 猶芻豢之悅我口.' 是也. 孟子之意, 謂物之有條理, 與宋儒之意頗異矣. 宋儒以爲一理字可以盡乎天下之事, 殊不知天下雖無理外之物, 然而不可以一理字斷天下之事也. 學者據一理字, 以斷天下之事理, 議論可聞. 而求之於實, 則不得其悉中矣. 夫古今之終始, 不可得而究焉, 四旁之窮際, 不可得而知焉. 近取諸身, 遠取諸物, 凡其形狀性情所以然之故, 皆不可得而窮詰也. 佛者說三千世界, 儒者以十二萬九千六百年爲一元. 然推而到其外, 則亦皆不可得而知也, 理之不可窮也可見矣. 且刑有罪者, 理之常也, 亦奚足恤. 然聖人三赦三宥惟刑之恤者, 豈非過爲姑息哉. 善善而惡惡, 亦理之常也. 然聖人善善每長, 惡惡每短者, 亦豈非愛憎失宜耶. 然聖人皆不然者, 足見不可依理字以斷天下之事也. 故凡事專依理斷決, 則殘忍刻薄之心勝, 而寬裕仁厚之心寡. 上德非薄, 而下必傷損, 人亦不心服. 須有長者氣象方可. 隱惡而揚善, 成人之美, 而不成人之惡, 躬自厚而薄責人, 是皆長者氣象. 唯仁者能之, 非區區小儒之所能及也. 予觀通鑑纂要等書, 其評騭人物, 善善惡惡, 不一毫假借, 可謂嚴矣. 然斷決深刻, 古今無全人. 殆有申韓刑名之氣象, 而無聖人涵容之意味. 持己甚堅, 責人甚深, 浸淫于肺腑, 透浹于骨髓, 卒爲刻薄之流. 專主張理字之弊, 一至於此, 悲哉. 夫無裨於世道, 無補於生民者, 聖人不爲. 今講理學者, 或論至六合之外, 曁近世講天學者, 好說無限道理, 雖窮微極妙, 然皆無裨於世道, 無補于生民, 聖人之所不取也. 孟子曰, '楊墨之道不息, 孔子之道不著.' 予所以呶呶然如此其不已者, 實恐孔子之道不著也. 非好辯也. 君子諒諸." 第六十五章

66장 問, "然則理字未盡善歟." 曰, "言各有攸當. 理字施之於事物, 則可, 用之於天地, 則不可. 孟子所謂始條理, 終條理, 及理義之悅我心等語, 皆以事各得其條理而言. 易曰, '窮理盡性以至於命.' 窮理, 就事物而言, 盡性, 就人而言, 至命, 就天而言. 措詞之序, 自可見矣. 若以理爲萬物之本原焉, 則自流入于老佛之學, 與聖人之旨, 實天淵矣. 可不謹哉." 第六十六章

67장 問, "以理爲學問之本原, 則自流入于異端, 其旨如何." 曰, "是非爾所知也. 學問視其所本者如何耳. 所本少差, 邪正相反. 聖人以天地爲活物, 異端以天地爲死物. 此處一差, 千里之繆. 蓋天之所以爲活物者, 以其有一元之氣也. 一元之氣, 猶人之有元陽, 飮食言語, 視聽動作, 終身無息, 正爲其有元陽也. 若元陽一絶, 忽爲異物, 與木石無異. 唯天地一大活物, 生物而不生於物, 悠久無窮, 不比人物之有生死也. 夫無太虛則已, 有太虛, 則不能無斯氣. 斯氣也, 旣無所生, 亦無所不生, 萬古獨立, 擺撲不破, 豈容以虛無目之邪. 故曰, '大哉乾元. 萬物資始, 乃統天. 至哉坤元. 萬物資生, 乃順

承天.' 聖人之論天, 至此而極, 從此以上, 更不說一層之理. 漢儒以太極爲一元氣, 是也. 此是千古不傳之祕, 大易之露洩天機者也. 欲明言之, 則落于義解, 欲不言, 則亦可惜, 子以意逆之, 可矣." 第六十七章

68장 問, "理字何故不足爲生生化化之原乎." 曰, "理本死字. 在物而不能宰物. 在生物有生物之理, 死物有死物之理, 人則有人之理, 物則有物之理. 然一元之氣爲之本, 而理則在于氣之後. 故理不足以爲萬化之樞紐也. 萬物本乎五行, 五行本乎陰陽. 再推而至於陰陽之所以然, 則不能不歸之於理. 旣歸于理, 則自不能不陷于虛無, 所謂萬法歸一, 一歸何所, 是也. 此常識之所以必至此而與聖人自相違也. 惟聖人能識天地之一大活物, 而不可以理字盡之. 故彖贊之曰, '大哉乾元, 至哉坤元.' 至矣盡矣. 若知天地眞活物, 許汝卽身卽伏羲." 第六十八章

69장 問, "先生謂天地一大活物, 不可以理字盡之. 卽字義所謂有生而無死, 有聚而無散. 一平生故也之理." 曰, "然. 凡天地間, 皆一理耳. 有動而無靜, 有善而無惡. 蓋靜者, 動之止, 惡者, 善之變. 善者, 生之類, 惡者, 死之類, 非兩者相對而並生. 皆一乎生故也. 凡生者不能不動, 惟死者而後見其眞靜也. 其生也, 晝動而夜靜. 然雖熟睡之中, 不能無夢, 及鼻息之呼吸, 無晝夜之別, 手足頭面, 不覺自動搖. 是皆其動處, 字義所謂死者, 生之終, 散者, 聚之盡, 是也. 驗之天地, 亦益信然. 日月星辰, 東升西沒, 晝夜旋轉, 無一息停機. 日月相推而明生焉, 寒暑相推而歲成焉, 天地日月, 皆莫不乘斯氣而行. 若走馬燈然, 兵卒輿焉, 隨火氣而往來驅逐, 旋而不已也. 流水之爲物也, 亘晝夜而不舍, 草木之有生也, 雖隆冬亦有花. 皆爲有動而無靜也. 有善而無惡亦然. 人之有是四端也, 猶其身之有四體. 天下皆然. 然適有生而無耳目口鼻者, 謂之不成人. 以其不成人也, 故曰, '無惻隱羞惡辭讓是非之心者, 非人也.' 所謂惡者, 善之變, 非相對而並生, 其理不亦彰然乎. 故伏羲之目無死物, 孟軻之目無不善之人. 非知道者, 孰能識之." 第六十九章

70장 問, "先生釋易乾卦亨字曰, '有通而無塞.' 亦有生而無死. 有動而無靜之意." 曰, "然. 天地之間, 物各無不足之理. 爲有通而無塞也. 日煜乎晝, 月煜乎夜, 水流而不已, 物生而不窮. 若人之一身, 有耳以受萬物之聲, 目以辨萬物之色, 鼻以嗅萬物之臭, 口以知萬物之味, 其於飮食, 齒舌以嚙嗑之, 咽喉以呑嚥之, 三焦以通之, 膀胱以瀉之. 非惟人爲然, 物亦然. 凡跂行喙息翾飛蠕動之微, 皆各有其用, 用各相足. 失於彼則得於此, 失於此則得於彼. 在物各無不足之患, 造化之工, 亦何巧哉. 爲有通而無塞也. 易曰, '品物流形.' 是也. 流卽流通之意." 第七十章

71장 問, "唯心學之名, 似乎無害. 不知以爲如何." 曰, "心學之稱, 亦自禪學來. 禪家自以其法名心宗. 性學之號亦然. 蓋理學者流, 以其非記誦詞章之學, 創建斯名, 以標榜于世. 然實非聖人之意也. 禪者本不知本然之德, 硬就己心上用功. 後世儒者雖知由本然之德, 而其工夫却亦就一心上見道, 遂以心學稱之. 殊不知人具斯形, 則必有斯

心, 自聖人至于愚夫愚婦, 一也. 本非貴, 亦非賤. 故聖人言德而不言心, 其千言萬語, 皆莫非所以使人由本然之德也. 孟子雖屢言心, 亦皆指仁義之良心而言, 所謂本心恆心, 是也. 蓋聖人從天下上見道, 佛者從一身上見道. 從天下上見道, 故見天下所同然之理. 所以貴德而不貴心也. 從一身上見道, 所以知心而不知德也. 故其學自霄壤, 而卒至離人倫. 可不察耶." 第七十一章

72장 問, "何謂本然之德." 曰, "天下所共通行之謂達道, 君臣父子夫婦昆弟朋友之倫, 是已. 天下所共尊之謂達德, 仁義禮智是已. 此天下之所同然, 而根乎人心, 存乎風俗, 萬世不得磨滅, 此之謂本然之德. 佛氏之學, 見此心之妙, 出入變現, 無可奈何. 故專以默坐澄心攝收精神爲事, 要超脫三界, 不生不滅. 蓋用智自私, 專知有已, 而不知天下萬世同然之道故也. 理學者流, 亦見得心性一理萬物之一原, 卒以人倫日用天下萬世通行之道, 爲道之用, 而却要向上面求其所以然之體. 皆有見於心, 而無見於道. 故其學褊急險薄, 不見聖人寬洪盛大之氣象. 唯聖人以天下同然之道, 而治天下同然之人, 不以己修己, 而與天下共由焉. 不立異以違人, 不好高以拂俗. 故曰, '吾非斯人之徒與, 而誰與.' 所以爲大中至正之道也." 第七十二章

73장 問, "楊龜山曰, '人性上不可添一物. 堯舜爲萬世之法, 亦只循性而已.' 而以歐陽永叔所謂聖人敎人性非所先爲非, 如何." 曰, "歐陽子之言, 亦不可深非也. 論語曰, '性相近也, 習相遠也.' 此見聖人不責乎性, 而專責乎習也. 又曰, '有敎無類.' 此見不貴性, 而專貴敎也. 蓋有敎, 則性之美惡, 在所不論. 向嘗爲子明性道敎之分, 今又申明之. 夫道, 尊而無對, 至矣. 然不能使人爲聖爲賢, 而開天下之泰平, 其所以使人爲聖爲賢, 而開天下之泰平者, 敎之功也. 故次道而貴者, 敎也. 而盡道受敎者, 性之德也. 故性亦貴矣, 然敎有功而性無爲. 故性學盛則敎法衰, 敎法衰則天下之達道廢. 聖人之所深嫉之也. 所以論語一書, 專言敎而不言性, 孟子一書, 亦無一非從仁義二字紬繹出來, 其說性善者, 亦爲自暴自棄者而發之, 非徒以性爲主而說也. 既看破以理爲主之弊甚難, 而至知以性爲主之非, 則實古今之難事, 學者之牢關. 非具足實智實德者, 則不能. 夫道也者, 夏葛而冬裘, 晨興而夜寐, 雖無吾說, 後來固當有知之者. 此予之所以自恃而自安也. 至於性學之非, 則予死之後, 千歲之遠, 不知復有實見得之者乎否. 予所以慨然不得已, 正以此也. 吁嗟, 誰爲後來者, 當與此心期." 第七十三章

74장 問, "程子曰, '仁者以天地萬物爲一體, 莫非己也, 認得爲己, 何所不至.' 此語如何." 曰, "有此理, 然難施之用. 有博施於民, 而能濟衆, 堯舜其猶病諸, 則藉令認得爲己, 豈得能至哉. 故口可言而身不可行者, 君子不道. 墨子以兼愛天下爲道, 佛氏以三界衆生爲己一子. 皆口可言而身不可行者也. 高論多說, 皆無益於道, 以不言爲是." 第七十四章

75장 "問張子西銘." 曰, "此反欲施之用者也. 民吾同胞一句, 雖如甚過高, 然下面大君者吾父母宗子以下, 句句有落著. 不比程語甚大無形影, 不可不體認." 第七十五章

76장 問, "先生最愛先儒何語." 曰, "董子曰, '仁人正其誼, 不謀其利, 明其道, 不計其功.' 及張子曰, '責己者當知無天下國家皆非之理. 故學至於不尤人, 學之至也.' 此二語. 孔孟以後之名言, 最當受用. 董子之語, 可入孟子, 張子之語, 可入論語. 晉王述曰, '人非堯舜, 何得每事盡善.' 韓退之取之, 可爲行恕之要." 第七十六章

77장 問, "以先儒何語, 最爲至極." 曰, "伊川復卦象傳曰, '一陽動於下, 乃天地生物之心也. 先儒皆以靜爲見天地之心, 蓋不知動之端乃天地之心也. 非知道者, 孰能識之.' 又經說曰, '動靜無端, 陰陽無始. 非知道者, 孰能識之.' 二章總一意, 實象象以來之名言. 在道理, 當爲古今極至之道理, 在議論, 當爲古今極至之議論, 至矣. 後之論註者, 皆失其意. 其所謂非知道者孰能識之者, 斥釋迦老子莊列之徒而言, 非對區區諸子諸儒而辨之. 又賁卦象傳云, '一不獨立, 二則有文.' 蓋言一非一而二中自有一也. 與周子所謂五行一陰陽, 陰陽一太極者, 大異矣. 又曰, '非知道者, 孰能識之.' 其自珍重之如此. 雖尊信程子者, 亦不實知其意之所在. 程子平生不說太極, 而以動靜無端, 陰陽無端, 爲至極, 其見可謂卓越矣. 但易傳序中體用一源顯微無間, 及艮卦外物不接內欲不萌等語, 不能無疑. 然猶美玉之有瑕, 雖應以此減價, 而不害其爲眞玉, 瑕不掩瑜, 瑜不掩瑕, 可以爲程子也." 第七十七章 童子問卷之中畢.

## 童子問卷之下
洛陽 伊藤維楨 著
凡五十三章.

1장 問, "向蒙敎誨, 孟子性善之說, 就氣質之中而言, 非離氣質而言之. 然諸儒之說, 紛紛藉藉, 不可適從. 冀明辨極論, 以發其歸趣." 曰, "孟子之說性, 古今言性之準則也. 諸儒所以有紛紛之說者, 皆不善讀孟子之過也. 荀子知專主敎, 以爲人不敎則不善. 故說性惡. 不知善受敎者, 以性之善. 揚子疑信兩端, 不能歸一. 故把善惡混. 韓子以爲孟子得其上, 荀揚各得其中下, 欲調停衆說, 自下品題. 故曰, '性有三品.' 此等皆俗見焉耳. 至程張二先生, 又立本然氣質之論, 以爲孔子說氣質之性, 孟子說本然之性. 而蘇氏胡氏又以爲性本無善惡之可言, 孟子謂之善者, 讚歎之辭, 此亦自禪說而來. 凡此等說, 皆非徒不知孟子之本旨, 實不能理會孟子文義者也. 可怪可怪. 孟子之意, 本非謂天下之性皆善而無惡也. 就氣質之中, 而指其善而言之, 非離氣質而論其理也. 而其所謂善者, 就四端之心而言, 非謂未發之時有斯理也. 故曰, '人性之善也, 猶水之就下.' 夫水之就下, 在流行之時而可見焉, 則人性之善, 亦就發動之時而言之, 可知矣. 又曰, '人之有是四端也, 猶其有四體也.' 言四端之心, 人人具足, 不假他求, 猶四體之有于其身, 而相離不得也. 可見孟子之學, 本無未發已發之別, 而以四端之心比四體之有于其身, 則性善者, 卽以四端之心言, 而非本然之理也. 下文又曰, '無惻隱之心, 非人也, 無羞惡之心, 非人也, 無辭讓之心, 非人也, 無是非之心, 非人也.' 則知孟子之意, 以謂凡人必有耳目四體, 而後謂之人, 四端之有于吾身也, 猶四體之有于其身. 非天下之性皆善而無惡乎. 然而天下之衆, 間或有生而無目者, 或

有耳不聞者, 或有四體不具者. 其無有四端之心者, 亦猶如此. 如左氏所載四凶, 子越椒, 羊舌氏之類, 是已, 猶有人之形而無耳目四體者. 然人而無耳目四體者, 億萬人中之一二耳. 人而無四端者, 亦億萬人中之一二耳. 故曰, 天下之性, 皆善而無惡, 當以意理會之. 其下又繼之曰, '凡有四端於我者, 知皆擴而充之矣, 若火之始然, 泉之始達.' 言天下或亦有無四端者, 則固無如之何, 凡有四端者, 苟能知所以擴充之, 則其勢猶火之始然, 泉之始達, 漸次張皇, 不能歇止. 觀其不曰凡爲人者, 而曰凡有四端於我者, 則知其無四端者, 所謂禽獸之心, 不可以人理論者, 而置而不論. 其道性善者, 皆就其有四端者而言之也. 孟子之語, 明白順妥, 無復可疑, 從來諸儒誤認孟子之意, 以爲天下之性, 唯善一樣, 而無一惡者. 然見天下之人, 剛柔善惡, 氣稟不同. 於是荀揚韓之說興矣. 自理氣之說作, 而又謂其善者理, 而自堯舜至塗人不異, 而其不同者, 則氣之不齊也. 若如其說, 則無有下愚之不可移者. 於是乃以自暴自棄者充之, 而曰, '非不可移也, 不肯移耳.' 是皆不得孟子之意故耳. 此是先儒未了之公案. 故不厭其詞之繁. 豈不千載之一大快乎." 童子曰, "唯." 第一章

2장 問, "宋明諸儒, 一家各有一家宗旨, 而指導人. 孰是孰非, 願聞其詳." 曰, "吾有讀書一法, 今爲子發之. 天下無全是之書, 又無全非之書. 蓋降聖人一等, 必不能無一短一長, 雖大儒先生, 必有小疵, 雖稗官小說, 亦或有至言, 不可不取. 然其長處, 必淡然無味, 無跡可尋. 而其可悅可好者, 必其短處. 故短處易得, 而長處難得. 若專主一家之學, 則必先得其短處, 日染月漬, 卒爲終身之深害, 永不可除. 宜如披砂簡金, 左沙右汰, 悉棄去塵沙, 斯得眞金. 苟兼取旁搜廣求並蓄諸家之書, 捨其短而取其長, 則是非相形, 彼此相濟, 覈索旣久, 而後有一至正至當之理. 自在其中, 非徒可免終身之害, 而天下之書, 皆靡非吾師矣. 孔門貴乎博學者, 蓋爲此也. 今如講朱王氏之學者, 其宗朱學者, 專讀晦翁之書, 而至象山陽明之書, 一不過目. 講王學者亦然, 殊不知朱氏有朱氏之短長, 王氏有王氏之短長. 知其長, 又知其短, 是爲能知其人也. 苟熟讀翫味語孟二書, 以此爲規矩繩墨, 而校其是非覈其得失, 則眞是眞非, 斤兩適均, 無毫差爽. 今不暇一一枚擧." 第二章

3장 問, "先生以程子所謂論語孟子旣治則六經可不治而明爲名言, 如何." 曰, "二書猶權衡尺度乎. 豈翅六經不治而明而已哉. 雖諸子百家祕冊奧牒, 其是非得失, 了了分明, 自無所能遁其情. 大抵學六經者, 專以研究其名物度數訓詁異同爲事. 雖博士之所掌亦然, 非也. 蓋六經之學, 在得其大意, 苟大意旣明, 則瑣瑣文義, 固無補於道, 置而勿論. 學者苟熟讀二書, 猶身坐堂上, 辨堂下人曲直, 其於天下之言, 何不能辨析之有." 第三章

4장 "問五經之理." 曰, "五經是宛然天地萬物人情世變圖子耳. 天下之書, 靡非論說, 唯六經不屬論說, 而萬理畢具. 變化無方, 隨取隨在. 順之則治, 逆之則亂. 從之則存, 悖之則亡. 皆使人思而得之, 不比論孟章章句句各有其義, 而不能兼他義也. 故論語雖爲宇宙第一書, 然猶可有. 六經不可有. 其故何也. 倘世有孔子, 自當有論語書. 若

六經, 則非有唐虞以來至於周末一世界, 而其間又有極治極亂之時, 許多人情世變備, 則不可有也. 雖孔子亦不能作, 此六經之所以不可不有也. 然本無甚異義, 求異義則不是. 詩, 民巷之歌謠, 書, 先王之政事, 易, 陰陽消長之變, 春秋, 魯史簡牘之文, 本何有異義. 但其理自深遠耳. 古來註六經者, 皆作議論解之, 淺矣. 晋陶潛方夏日高臥北窓之下, 自以爲羲皇上世之人, 其見固高矣. 然猶有待北窓之涼. 論語曰, '斯民也, 三代之所以直道而行也.' 苟達於六經之理焉, 則今日卽唐虞三代之時, 斯身卽唐虞三代之民, 固無待乎外. 余嘗有題壁詩云, '天空海闊小茅堂, 四序悠悠春色長, 笑殺淵明無卓識, 北窓何必慕羲皇.' 竊述此意." 第四章

**5장** "問各經之大意." 曰, "韓子原道, 以詩書易春秋爲列, 不數禮記, 其見卓矣. 當從韓子, 以詩書易春秋爲本經. 而聖門專以詩書爲敎者, 蓋二經之旨, 平易近情, 傳之萬世而無弊者也. 詩以道情性, 天下之人雖衆, 古今之生雖無窮, 而原其所以爲情者, 則無出於三百篇之外者. 順之則治, 逆之則亂. 故先王保之而無傷, 愛之而勿斁, 其所以能保數百年宗社, 而子孫猶賓於王家者, 以此也. 不知此, 則莫以治天下國家, 申商之徒是已, 不由此, 則莫以立敎, 佛老之學是已. 詩之不可不學如此. 且古書引詩者, 多斷章取義, 蓋古人用詩之通法也. 此亦讀詩者之所當知也. 書以道政事. 皆古先聖人平治天下之大經大法, 而萬世靡能出其上者, 其道皆人倫日用通行之典. 亦傳之萬世而無弊者也. 故孔子祖述憲章之, 而雖三墳五典, 其磅礴廣大, 不可爲萬世之典者, 殫黜之. 故今讀尙書者, 雖非二典及文武誓誥, 凡四代之書, 孔子所定者, 皆當依此意求之. 世俗以虛無恬澹無爲自化爲至極. 故反有平視尙書之意, 不亦誤之甚乎. 易以道陰陽. 昔聖人畫卦爻, 以盡陰陽消長之變. 老則變, 滿必損. 故避盈滿而處退損者, 易之敎也. 孔子曰, '加我數年, 五十以學易, 可以無大過矣.' 是也. 六十四卦, 三百八十四爻, 其義雖多, 然夫子可無大過之一言, 足以蔽之矣. 論語曰, '禮與其奢也, 寧儉.' 又曰, '奢則不孫, 儉則固. 與其不孫, 寧固.' 孝經曰, '制節謹度, 滿而不溢, 高而不危.' 皆莫非此意. 夫陰陽之消長, 變遷無方, 進退無恆, 難執一守. 故論語曰, '可與共立, 未可與權.' 孟子曰, '執中無權, 猶執一也.' 亦皆莫非之理也. 古者易學自有二家. 象象二篇, 儒家之易也, 文言亦然. 蓋專述象之義, 皆論陰陽消長之理, 而推之人事, 無一及卜筮者. 繫辭說卦等篇, 專主卜筮而言, 歐陽子以爲筮師之書, 是也. 蓋義之與卜筮相反, 言義則不須言卜筮, 從卜筮則不能不捨義. 故論孟二書, 不言卜筮者, 以此也. 程傳雖從繫辭, 其實與象象之理相合, 當從之. 春秋以道名分. 蓋春秋, 聖人之史也. 古者無載籍之傳世, 善惡淑慝, 與時俱滅, 無暴于天下後世. 故亂臣賊子肆其欲, 無所忌憚. 故孔子因魯史以紀天下之善惡, 所以制亂臣賊子之心也. 孔子秉筆而不止, 直至哀公十六年四月己丑孔丘卒之前而止. 左丘明又承夫子之意, 引而至哀公二十三年秋八月而止. 自是而後世史臣各有一代之史, 及荀悅, 習鑿齒, 宋子京, 司馬公, 朱考亭諸大儒, 亦各有著作, 皆自孔子發之. 故春秋非徒紀二百四十四年之間, 實紀二十年以來, 而萬世無絶. 此聖人之旨也. 讀春秋者, 當專據左氏之傳, 義理明白, 自與孟子之意合. 公穀二傳, 深刻過密, 殆若解隱語, 非聖人之意. 故善得夫子之意者, 莫左氏若也. 胡氏謂公穀說義理, 左氏備故事, 非也. 左氏經,

至哀公十六年四月己丑孔丘卒而止, 公羊穀梁經, 至十四年西狩獲麟而止. 蓋公穀本脫獲麟以下, 不知後尙有二年經. 因附會孔子反袂而泣等語. 朱子語類說, '公穀二傳, 本姓姜人一手做.' 可謂卓見矣. 左氏以禮一字爲春秋之權衡, 孟子以義爲其要領. 然禮以義起, 則其辭雖異, 而理則一也. 學者以此求之, 自見其大意矣. 若夫於日月名字爵位之間, 襃貶予奪者, 非聖人之意. 四經之旨, 大略如此. 苟通其理, 則見野史稗說, 皆有至理, 詞曲雜劇, 亦通妙道. 學者唯知說道理之有道理, 而不知不說道理亦有道理, 鄙哉. 其詳予將竢各經傳成而明之. 今當參閱語孟字義." 第五章

**6장** "問禮記." 曰, "問多格言, 然不足列之於詩書易春秋. 蓋七十子喪, 大義旣乖, 戰國以來, 齊魯諸儒, 知道者鮮矣. 至於論理, 則皆專主黃老之旨, 石梁王氏辨之, 是也. 然猶有未辨盡者矣. 或王氏亦以爲聖門之遺言, 而實自黃老中來者, 間有之矣. 若樂記所載, '人生而靜, 天之性也. 感於物而動, 性之欲也.' 此語本老氏之語, 淮南子亦有之. 蓋禮記剽竊之, 晦翁取之, 爲詩傳序起頭, 不深考耳. 論語曰, '先進於禮樂, 野人也, 後進於禮樂, 君子也. 若用之, 則吾從先進.' 以此推之, 禮記諸篇, 大類皆繁文縟節, 恐非盛周之禮, 審擇之, 可矣. 予欲因夫子之意, 斟酌裁定, 以爲一書, 有志而未果." 第六章

**7장** "問蔡氏書傳所載渾天儀之制." 曰, "不知也." "問春秋春王正月之辨." 曰, "不知也." 童子云, "聞先生自幼留心經學, 今於此二事不知者, 何哉." 曰, "學有本有末, 有必不可不知者矣, 有在所不必知者矣. 若學術政體修己治人之術是本, 必不可不知焉. 其他進而不足以治人, 退而不足以修己者, 雖不知之無害. 渾天儀之制, 是有司之所掌, 春王正月之辨, 亦無益於學術. 故左氏亦不傳焉. 大凡支干孤虛旺相律呂隔八相生之屬皆然. 附之好陰陽數學者, 可矣, 非儒者之先務. 今世之小子, 不知爲學之法, 區區留心此等細務, 甚不可也." 第七章

**8장** 問, "先儒謂戚儆俱失中而不及, 聖人不得已而救時之弊. 若先儒之所謂, 則非雖易論語亦有不合於道者乎." 曰, "是失中字之義. 中謂中間. 所謂執其兩端. 用其中於民, 是也. 今以一丈杖求其中間, 子必竢及至五尺, 而後謂之中. 纔不及一分, 便指爲非中, 甚泥矣. 大凡自四五尺至六七尺以內, 皆是中間. 凡把杖, 執中間近欄柄處爲便, 若欲度至五尺處把之, 則必失之過, 聖人敎人儆戚, 是將近欄柄處與人, 不可謂失中. 又不可謂不得已而救時之弊也. 若謂時中, 又別是一義. 去時字, 則依舊只是中間. 易道總是退一步法, 與老子以弱爲强退爲進夐別." 第八章

**9장** 問, "五經與論孟異同淺深." 曰, "論異同而勿論淺深. 雖其辭有艱澁平穩之異, 然理則一也. 人皆以謂易春秋深奧難通, 論語孟子平易易知, 非也. 五經猶天地萬物自有而不知長養, 論孟猶聖人裁成輔相天地之道以左右民也. 制禮作樂, 立敎垂範, 以建中正之極, 以定人倫之法, 使萬世君臣父子夫婦朋友昆弟, 各得其所, 而不爲禽獸者, 皆聖人之功也. 雖有天地, 然非得聖人爲之敎育焉, 則天地亦不能爲天地. 論孟之於五經, 亦猶如是. 吾故以論語爲宇宙第一書, 而孟子亞論語者, 爲此也. 此論孟之所

以與五經異也." 第九章

10장 "問知命之說." 曰, "天有必然之理, 人有自取之道. 易曰, '積善之家, 必有餘慶, 積不善之家, 必有餘殃.' 是謂天有必然之理也. 詩云, '永言配命, 自求多福.' 是謂人有自取之道也. 文王不死於羑里, 孔子不害於陳蔡, 此非天有必然之理乎. 孔子曰, '天之未喪斯文也, 匡人其如予何.' 又曰, '天生德於予, 桓魋其如予何.' 此非人有自取之道乎. 夫人自取而後天命之, 天之所命者, 便人之所自取, 可不慎乎." 第十章

11장 問, "於知命之說, 未能釋然. 願發其奧旨." 曰, "蓬生麻中, 不能不直. 天道正直. 四旁上下, 渾渾淪淪, 通徹無間, 莫非斯理. 近火則焦, 近水則濡. 豈得以不正不直須臾置身於其間乎. 孔子曰, '君子畏天命, 小人不知天命而不畏也.' 其畏之者, 以實可畏怖而有不可慢之理也. 蓋夫子五十知天命以後, 初置語如此. 不作一毫聰明, 不挾一毫智見, 至誠正直, 內外表裏, 打成一片, 而後可以自得, 非可以聰明智見而得之也." 第十一章

12장 問, "夫子謂南容, '邦無道, 免於刑戮.' 又曰, '愚而好自用, 賤而好自專, 生乎今之世, 反古之道. 如此者烖及其身者也.' 又遭桓司馬之難, 微服過宋, 夫子何畏難之甚耶." 曰, "以一木支大廈之倒, 君子不爲. 是故以寧武子之愚爲不可及, 以蘧伯玉之卷而懷之爲君子. 是爲實智, 是爲實德. 非淺見謏聞之所能窺測也. 子夏曰, '君子信而後諫, 未信則以爲謗己也.' 亦是意也. 上表遭憲宗之怒, 而發韓侘胄之奸, 皆有損於己, 而無益於天下. 智者不强哉, 有德者自不爲, 至矣. 後漢黨錮諸人, 其禍最甚, 皆由知主張學問, 而不知君子之大道故也. 宋儒謬解中庸明哲保身之旨, 貽害善類甚大矣. 方孝孺之在永樂, 李夢陽等之在正德, 是已. 可不謹乎." 第十二章

13장 問, "曾子語子襄曰, '自反而縮, 雖千萬人, 吾往矣.' 夫子稱史魚曰, '直哉.' 亦與前所論相反, 如何." 曰, "是勇之爲. 勇者, 義之發, 義者, 聖人之大用. 然好義者, 必犯命, 言命者, 不盡義. 義命合一, 是爲君子之全德. 非有大勇有大義韜晦含藏不露形跡者, 則不足與入于君子之域. 是爲學問之準的, 非區區諸生之所能識也. 故至道並行而不相悖, 而爲學問之極功. 難哉." 第十三章

14장 "問屈原." 曰, "不知道. 漁父辭曰, '世人皆濁我獨淸, 衆人皆醉我獨醒.' 是屈子之所以自取其禍, 非子蘭之讒, 懷王之不明所能爲也. 禹曰, '愚夫愚婦, 一能勝予.' 孔子曰, '斯民也, 三代之所以直道而行也.' 豈可以天下爲皆濁醉耶. 中庸曰, '居上不驕, 爲下不倍, 國有道, 其言足以興, 國無道, 其默足以容.' 此學問之所成, 道德之所熟, 而非屈子之所能及." 第十四章

15장 問, "漁父辭云, '聖人不凝滯於物, 能與世推移.' 此語亦合於聖人之旨歟." 曰, "庶幾於智者之言, 但欠一義字. 後世儒者, 奚爲獲其髣髴." 第十五章

16장 問, "異端之語, 亦有可取者歟." 曰, "有, 老子云, '天道好旋.' 又曰, '天網恢恢, 疎而不失.' 至言哉, 可入于詩書之中矣." 第十六章

17장 問, "老莊之學, 聖門指爲異端. 然雖好之, 似亦無甚害." 曰, "老莊之害, 徵之於小, 則固難見, 徵之於大, 而後其害章章矣. 士庶人之輩好之, 則必惡禮法, 厭拘撿. 故至於隳業敗家而止. 此其害之小者也. 若夫大人好之, 則其害及于家國天下, 人心日傷, 風俗日壞, 亂亡尋至, 可不懼乎." 第十七章

18장 問, "佛氏謂, '三代以前, 聖人生于儒中, 三代以後, 聖人生于佛中. 然乎." 曰, "非也. 視近而平正者, 必惰而不敬, 視遠而奇僻者, 必驚以爲高. 古今之通患也. 況乎人之視以爲聖人者自殊. 故其所以稱之者, 亦隨而異. 儒者以仁智合一至誠無息者爲聖人. 佛氏以淸淨無欲若明鏡止水者爲聖人. 是其爲聖人者, 所以大異也. 其心如明鏡止水, 本匪具形骸者之所及. 藉令有如明鏡止水者, 亦但不過發一長歎, 而於天下國家之治, 無分毫之補, 奚足以爲貴. 若達磨, 慧能, 臨濟, 雲門之徒, 彼素屛居山林, 謝絶人事, 內無人倫之累, 外無職務之紛. 故其高風凜然, 可仰可欽. 若使其居人倫之間, 執四民之業, 其高風凜然者, 必蕭索蕩盡, 略無可觀者. 且呵責妻孥, 毆擊奴隷, 閨門不和, 家法壞亂, 靡所不至. 又使其居一官, 授一職, 必顚倒錯亂, 庶事曠廢, 至自投劾而去. 不若良吏精練政事者遠甚, 奚敢望房杜韓范之諸賢. 佛氏所謂聖人者, 豈足尙之乎. 宋三百年, 禪之傑然者, 莫宗杲若. 然觀其作事少點檢, 喜怒不中節, 則實不及韓范諸公百分之一, 其人亦可知矣." 第十八章

19장 問, "佛法甚熾, 而孔子之敎寥寥者, 何哉." 曰, "厭常而喜新, 嫉正而好奇, 古今之通病也. 孔子曰, '邦有道, 貧且賤焉, 恥也, 邦無道, 富且貴焉, 恥也.' 儻使儒敎若今之佛敎之熾焉, 則卽是唐虞三代之盛耳. 雖以後漢明帝唐太宗之崇文敎, 奚敢足比其萬一. 然而佛之敎有所至, 有所不至, 用之則存, 舍之則息. 不如聖人之道, 無處不在, 無時不然, 非本然之道故也. 今不能使度天下之人, 悉爲僧尼毁天下之屋宅, 皆爲蘭若, 則是其道有所至, 有所不至也. 且唐虞三代之盛時, 不聞有老莊之學, 後漢明帝以前, 又未有佛法焉, 則不可謂之不可須臾離之道. 若聖人之敎不然. 雖東夷西戎南蠻北狄, 聲敎之所不曁, 言語之所不通, 必當有君臣父子夫婦朋友昆弟之倫, 又當以孝悌忠信爲善. 大凡天下之不出家緇衣在於君臣父子夫婦昆弟朋友之間者, 擧皆儒人也. 執四民之業而不至不孝不弟不忠不信者, 亦皆儒人也. 不繫學與不學也. 故子夏曰, '雖曰未學, 吾必謂之學矣.' 可見堯舜孔子之道, 與日月同照, 極天罔隊, 猗嗟盛乎. 故佛法如盛而實微, 孔子之道, 如微而實盛, 不可與爲比擬也." 第十九章

20장 問, "唐裴相國, 白樂天, 宋蘇東坡, 呂原明之儔, 皆高明博學之士也. 何故亦好禪乎." 曰, "高明易得, 博學不可恃. 唯得中庸爲難. 故孔子稱顔子曰, '回之爲人也, 擇乎中庸焉.' 此顔子之所以爲大賢亞聖也. 高明而不中, 不得不自入于異端, 博學而不正, 亦不得不雜異端. 皆其所以自陷, 固不足怪. 又有一種心多憂戚, 或世事違忤, 强欲排

484 원문

遺而不能,忽聞禪莊之說,悅其廣大包容,事事無礙,不覺自陷于其窠臼者.若平正通明,心下泰然者,雖有眞佛出,爲之說法,亦不爲動.況有道之士乎.夫理之於是非,其猶黑白之相反,東西之自定,有目者皆能辨之,有知者皆能識之.至於迷之甚焉,則以黑爲白,認西爲東,顚倒錯亂,不可以言語云喩.非徒愚者爲然,至於賢智者則益甚.自守甚確,自信甚深,雖有聖人者爲之抽鐵解縛,卒不能回首改轍.吁夫.迷之不遠者,或得還家,迷於千里之外者,終身不得歸.愚者之惑淺矣,猶迷之不遠者也,賢智者之迷深矣,猶迷於千里之外者也.吾不爲愚者憂,而深爲賢智者懼焉."第二十章

**21장** "問朱陸之異同." 曰, "以朱陸辨朱陸, 則不得朱陸之是非. 以孔孟辨朱陸, 則朱陸之是非判然矣. 聖人明天下古今所同然之道, 而尊天下古今所同然之德, 使人由焉而行, 所謂仁義禮智, 是已. 忠信以爲地, 篤敬以守之, 恕以行之, 皆所以修夫仁義也. 所謂立人之道, 曰仁與義, 是也. 二公之學, 雖有煩簡頓漸之不同, 然自聖門之學而觀之, 則其差道一也. 何哉. 聖人未嘗特曰心, 又未嘗特曰理. 其所謂心者, 皆指仁義之良心而言, 非虛靈知覺之心. 其所謂理者, 皆以事之有條理者而言, 非無聲無臭之理, 與後來之所稱夐別. 晦翁之學雖博, 然大要以爲人之所以爲學者, 心與理而已矣. 象山曰, '此心之靈, 此理之明.' 可見二公皆不求由天下所同然之道德, 而專求之於己之心與事物之理. 此其所以不能無詭于孔孟也. 夫人之於學問, 少疎則不及, 過密則過. 二公之學, 皆坐講理過密, 是學者之深戒也." 第二十一章

**22장** 問, "王陽明答徐成之二書, '自謂天下是朱非陸. 論定旣久, 一旦反之爲難. 姑爲調停兩可之說, 使人自思得之.' 如何." 曰, "夫勇生於斷, 斷生於明, 明生於智, 智以學而大. 苟知之明, 則是是非非, 一刀兩斷, 不得少假借. 故孟子曰, '予豈好辨哉. 予不得已也.' 陽明爲人也, 聰明絶倫, 縱於古今, 雖二公不及遠甚. 然學問空疎, 磨勘之功甚少, 而其學本得于禪學, 而於孔孟之宗旨, 實數塵矣. 故其書含糊衡決, 不得中二公之肯綮, 多似乎爲朱門廻護. 但書中所謂重背朱而不厭叛孔數句, 實中今學者之眞病矣." 第二十二章

**23장** 問, "承朱陸之學, 皆非天下古今所同然之道. 然則古人不求之於己之心與事物之理歟." 曰, "古人何嘗不求于己之心, 亦何不講明物理. 但與宋諸老夐然自異. 居仁由義, 忠信以守之, 敬恕以行之. 此古人之所以求于己之心也. 後世學問, 非不講議堊賢之書, 然至其所以自爲學, 則別立一般名目, 以爲學問之宗旨. 若無欲主靜, 持敬, 致良知之說, 是已. 若講究物理, 古人亦不廢. 但古人以修己治人爲學, 而至講究物理, 自爲其餘事, 而不專用力於此. 後世以格物窮理爲最初入門之功夫, 自天文地理律曆兵刑農圃醫卜, 以至於一草一木之微, 莫不鑽硏講磨, 以求其理. 其言曰, '不讀一書, 則闕一書之理, 不窮一事, 則闕一事之理.' 夫天下之書, 不勝其多, 天下之事, 不堪其繁, 如欲 ‧ 通曉其理, 則惟日不足, 至於修尸治人之術, 自不能不置之度外矣. 近世諸大儒, 亦多以此糜爛許多歲月, 可惜." 第二十三章

24장 問, "近世學問, 專以求放心爲要. 故程子曰, 聖賢千言萬語, 只是欲人將已放之心約之, 使反復入身來, 與今所說, 異同如何." 曰, "後世所謂求放心者, 卽佛氏所謂定心之謂, 而非孟子之意也. 孟子所謂放心者, 謂放失仁義之良心. 蓋慈愛惻怛, 人之本心也. 日爲不仁之事, 而莫之省, 是放其心也. 求之云者, 謂自覺其非, 而欲以仁愛存乎心也, 非謂攝收精神, 排遣思慮, 專守此心也. 故曰, '仁, 人心也, 義, 人路也. 舍其路而不由, 放其心而不知求.' 又曰, '雖存乎人者, 豈無仁義之心哉. 其所以放其良心者, 亦猶斧斤之於木也.' 夫心者, 活物也, 學者, 活法也. 以活法治活物, 宜如養草木. 務灌漑培植, 而不可摧折屈撓, 以斲喪遏絶其生氣. 故曰, '苟得其養, 無物不長, 苟失其養, 無物不消.' 近來所謂求放心者, 出於無欲主靜之說, 皆摧折屈撓之類已. 書曰, '一日二日萬幾.' 論語曰, '君子有九思.' 在天子之位, 則有天子之職, 居宰相百司之任, 則有宰相百司之責, 左右應接, 不遑啓處. 苟以區區死定束縛覊縶此心爲事焉, 則是悉廢心之用也. 豈得爲酬酢萬變之主乎哉. 與孟子之意, 不啻氷炭." 第二十四章

25장 問, "何謂以活法治活物." 曰, "學問須要看活道理, 不要守著死道理. 枯草陳根, 金石陶瓦之器, 謂之死物, 以其一定無增減也. 人則不然, 不進則退, 不退必進, 無一息之停, 不能若死物然. 故君子不貴無過, 而以能改爲貴焉. 若宋慶元諸老之學, 銖銖而量, 寸寸而校, 把捉矜持, 欲一毫無容人之指摘. 故其德緊急嚴勵, 而不見寬裕溫柔氣象. 此之謂見死道理而不見活道理. 惟南軒東萊二公, 寬緽可樂, 蓋氣質使然, 至於學問, 不多爭耳. 君子終日乾乾, 夕惕若, 戰戰兢兢, 如臨深淵, 如履薄氷. 然其心則綽綽然有餘裕矣. 故聖人之言如泛然, 而意實到, 見活道理故也. 大學曰, '知所先後, 則近道矣.' 論語曰, '信近於義, 言可復也. 恭近於禮, 遠恥辱也.' 若使後儒言之, 必曰, '知所先後, 則合道', 必曰, '信合於義, 恭合於禮', 而不可用近字. 然聖賢皆言近者, 何哉. 中庸云, '忠恕違道不遠.' 亦言近也. 蓋道之廣大, 何所執守. 故唯要主忠信, 而不要強爲. 主忠信, 則雖不中不遠, 強爲, 則外似而內實非. 聖人之道, 優優洋洋, 不得促迫, 不得牽強. 顔子之亞聖, 猶曰, '三月不遠於仁.' 曾子之篤行, 亦至疾革而初易簀. 天地之化亦然, 二十四節, 七十二候, 或進或退, 寒熱溫涼, 不能截然悉如其數, 亦活物故也. 語曰, '禮與其奢也, 寧儉.' 又曰, '奢則不遜, 儉則固. 與其不遜也, 寧固.' 寧者, 庶幾之辭, 亦近之謂也. 聖人豈不欲其一一得中, 而不可必得, 故謂之寧. 蓋敎人以退一步而就質實也. 註家不知聖人微意之所在, 乃於前章解之曰, '禮貴得中, 奢則過, 儉則不及. 二者皆不合禮.' 又解後章曰, '奢儉俱失中, 不得已而救時之弊也.' 果若其說, 則是聖人之言, 皆半上落下, 不足爲敎也. 明道先生曰, '道之浩浩, 何處下手. 惟立誠纔有可居之處.' 又曰, '惟進誠心. 其文章雖不中不遠矣.' 伊川先生曰, '人道唯在忠信.' 皆確言, 人不知其意味之深長." 第二十五章

26장 問, "老子曰, '有生於無.' 宋儒以爲無中含有. 異同如何." 曰, "兩說固當有分別. 然言及有無, 則所爭亦不多. 老子以虛無爲本, 以謂禮儀三百, 威儀三千, 皆聖人以意創之. 故以禮爲僞, 爲矯人之具. 宋儒以爲至無之中, 自有三百三千之理, 特聖人爲之節文以敎人. 是其所以有分別也. 然聖人之制禮也, 考諸時世, 揆諸人事, 或循時俗之

所用, 而爲之節文, 何必察至無之中有此理而制之哉. 畢竟飾詞焉耳. 晦翁答袁樞詩云, '若識無中含有象, 許君親見包犧來.' 卽芥子納須彌之說也. 易曰, '大哉乾元, 萬物資始, 乃統天. 至哉坤元, 萬物資生, 乃順承天.' 是天道之極至, 萬有之本原, 猶人之有元陽也. 所謂太極云者, 亦便指此一元氣而言, 則不可謂之無物也. 亦不可向此上面別求所謂無者也. 諸公區區辨有無二字者, 皆不知大易之奧旨也. 大抵有生於無之論, 本出於俗見, 雖世俗不識字之人, 少有知慧者, 皆能道有生於無. 老子特造其妙焉耳." 第二十六章

**27장** 問, "老氏之虛無, 與釋氏之寂滅, 亦有所異乎." 曰, "雖若有淺深, 然其歸則一也. 老氏以天地萬物, 皆爲虛無, 釋氏以天地萬物, 總爲寂滅. 後漢書云, '其道以虛無爲宗.' 是已. 其他說種種奇特神通, 皆方便說耳. 至老氏反無之. 佛以慈悲濟度爲主. 至於禪, 則一向棄去, 說理至高, 必不得不到於此. 其主慈悲濟度, 似乎仁, 然不知義則一也. 殊不知義者天下之大路, 不可一日離也. 老氏亦然." 第二十七章

**28장** "問儒釋之所以分." 曰. "聖人欲與天下共同斯善, 而不欲離乎天下而獨善其身. 故曰, 吾非斯人之徒與, 而誰與. 釋氏則不然, 其言曰, '天上天下, 唯我獨尊.' 此其所以先與聖人異也. 蓋釋氏欲離乎天下而獨善其身, 故其始初用功夫處, 不在通于天下達于萬世不可須臾離上, 專就其一身生意見. 爲生死念重, 愛根難絶, 心猿意馬, 不受覊束, 乍出乍入, 或眞或妄, 變現起滅, 無可奈何, 乃屛居山林, 謝絶世故, 坐禪面壁, 硬以澄淸斯心爲事. 及乎其修行旣久, 功夫旣成, 忽見天地萬物, 悉皆幻妄, 山川城郭, 總現空相, 獨此心孤明歷歷萬劫無盡, 自謂超脫三界. 遂廢人事而不修, 蔑天下而不顧, 抗顔揚眉, 傲然談道. 殊不知其孤明歷歷萬劫無盡者, 乃虛見而非實理. 彼微塵天地, 天地何曾微塵. 夢幻人世, 人世何曾夢幻, 天是天, 地是地, 古是古, 今是今, 晝是晝, 夜是夜, 生是生, 死是死, 夢是夢, 幻是幻, 有者自有, 無者自無, 明明白白, 無所復容疑. 萬古之前如此, 萬古之後亦如此. 聖人有還其有, 無還其無, 亦不容一毫智慧於其間. 本無可愕, 亦無可讚, 以予見之, 二氏之敎, 皆出其意想造作, 而非自然之正道. 夫人之所當修焉者, 人倫而已矣, 人之所當務焉者, 人事而已矣. 天下非仁不親, 非義不行. 故外人倫而無道, 外仁義而無敎. 萬世之遠, 四海之廣, 不得一日離. 故居仁由義, 則雖不坐禪, 不面壁, 然身自修, 家自齊, 國自治, 天下自平, 無往而不可矣. 苟不居仁由義, 則設其心如明鏡, 如止水, 無一毫人欲之私, 無益. 此聖人之道, 所以度越諸子百家, 而宇宙之間爲獨尊也." 第二十八章

**29장** 問, "禪有宗派之圖, 儒有道統之圖. 然儒者之道統, 不如禪林祖祖的傳相付授之正." 曰, "道統圖, 近世陋儒倣宗派圖而所作, 非聖人之意也. 若禪家的傳, 是私天下之道, 而爲一家之物者也. 大道之在人, 猶日月之繫天, 有目者皆能覩, 豈得爲己之物, 而私相付授乎. 中庸曰, '文武之政, 布在方策, 其人存則其政擧, 其人亡則其政息.' 又曰, '君子之道, 費而隱. 夫婦之愚, 可以與知焉. 夫婦之不肖, 可以能行焉.' 子貢曰, '文武之道, 未墜於地, 在人. 賢者識其大者, 不賢者識其小者. 莫不有文武之道.'

夫道之流行也,無時不然,無處不在,有隱顯而無斷續.有可付囑之語,而無可付囑之
物,謂祖祖之傳者,非也.韓子曰,'堯以是傳之舜,舜以是傳之禹,禹以是傳之湯,湯
以是傳之文武周公,文武周公傳之孔子,孔子傳之孟軻.軻之死,不得其傳焉.' 夫道
之浩浩,極天罔墜,其曰軻之死而其傳泯者,誤矣.韓子蓋見孟子篇末,歷叙堯舜禹湯
文武周公孔子之事,而爲此言,謂必有所見,則非也." 第二十九章

30장 問, "古今異端之敎, 不知其幾多. 孰爲深, 孰爲淺. 何爲大, 何爲小. 其間亦有稍
近是者與." 曰, "自古著書立敎者, 紛紛藉藉, 不堪其衆, 然不過三大坎. 其不高不卑,
平常不易, 此爲一大坎, 乃中庸之極, 而聖人之宗旨也. 高此一等, 則爲虛無, 老佛之
學, 是已. 卑此一等, 則爲功利, 申韓商鞅之徒, 是已. 老佛以下, 雖代異地殊, 交出迭
起, 而不過此二端, 假令百世之後, 有異端者出, 不因舊套, 創倡新說, 亦不能出於此
二端, 其他區區半上落下之徒, 亦不足論, 若趙孟靜, 林兆恩, 乃近時小異端, 然不過
假三敎而爲名. 故其學不至大誤, 亦可笑也." 第三十章

31장 問, "何古昔人材之多, 而後世之尠耶." 曰, "一則達, 多岐則迷. 後世之不能成人
材者, 爲其多岐也. 夫學也者, 所以成德達材也. 學者內無名利之膠, 外無他事之擾.
衣食於此, 寢處於此, 立則見其參於前, 在輿則見其倚於衡, 積而又積, 不知老之將
至. 心心念念, 專一於此焉, 則何不成德達材之有. 舜人也, 我亦人也, 雖堯舜之事業,
孔孟之學術, 亦豈遠乎哉. 昔韓幹好畫馬, 所見之馬, 皆莫非其師. 夫然後能造其妙,
冠絶古今. 古人之於道藝皆然. 後之學者則不然. 己之所期, 父兄朋友之所責, 不過利
名兩者, 有用之事不講, 有用之書不讀, 守無益之章句, 鶩無益之空文, 記無益之故
事. 一切以徇時好, 邀名譽, 旁蹊多岐, 用志不專, 而於大學問大事業, 則付之度外. 藉
令有數十卷著述行于世, 亦兒戲耳. 行將澌滅, 何益. 其所求之名與利, 亦皆供兒女
子之仰歎耳, 何所成人材邪. 少有智慮者, 其可不知所取捨哉." 第三十一章

32장 問, "孔門有博文博學之訓. 似與今所說大異. 如何." 曰, "亦無異. 夫子曰, '賜也,
女以予爲多學而識之者與.' 對曰, '然, 非與.' 曰, '非也, 予一以貫之' 一與多學對, 貫
與識對. 一者, 不二之稱. 主道而不他之謂一, 用志而不分之謂一. 所謂博文博學者,
便一以貫之之謂. 與多學相反, 不啻霄壤之殊而已." 第三十二章

33장 問, "尋常以爲博學與多學一般, 今謂相反. 何諸." 曰, "一而之萬, 謂之博學, 萬而
又萬, 謂之多學. 博學猶有根之樹, 自根而幹, 而枝, 而葉, 而花實. 雖繁茂稠密, 不可
算數, 然一氣流注, 無所不底, 彌長彌已. 多學猶剪綵之花. 雖枝葉花實, 頭頭相排,
爛熳繽粉, 可觀可愛, 然乾燥枯槁, 不受長養, 有限而無增. 猶生死之相反, 不可槪而
一之也. 初學不察, 以世俗駁雜之學爲博學者, 誤矣." 第三十三章

34장 問, "讀書以何爲要." 曰, "識見爲要. 讀書無識見, 猶不讀也. 苟要得識見, 當尋其
所歸宿, 勿徒涉獵. 須如在外者之求歸家, 不可如迷子之行道路. 在外者之歸家也, 不

由迂途, 不省外事, 一步急一步, 一行速一行. 携凡囊橐資糧途中不可少之具, 而一箇不齎無用之長物. 讀書者亦須如作歸計. 先辨其有用無用, 取其關學術政體修己治人之切要者, 而其泛然不切無益實用者, 闕之可矣. 古人之書, 或有議論可聞而不可施之實用者, 或有宜于古而不宜于今者, 或有宜于彼而不宜于此者. 要一一體察, 不可放過. 如此用工夫, 則讀一卷書, 斯一卷便爲己之用, 讀十卷書, 斯十卷便爲己之用, 乃至數百千卷皆然. 迷子之在途也, 不識東西, 不分南北, 從面信脚, 行行不已. 茫然而立, 偃然而憩, 卒不知其家之在何處. 今之讀書者, 不辨有用無用, 欲貪多鬪靡, 至僻書奇編祕記奧牒, 索搜無遺, 雖有數百俱下, 積以數寸之捷, 顧其所成, 卒爲無識見之人, 雖有數十卷著作, 然無許大議論足以貽後世者. 況於羽翼聖經, 黼黻國家, 則有萬里之阻, 豈足稱讀書乎. 今之讀書者, 奚以異迷子之行道路也. 噫." 第三十四章

35장 問, "宋儒謂天文地理律曆兵刑五運六氣及素問等書, 皆當理會. 此意如何." 曰, "大凡關學術政體者, 皆當講究. 其他知亦好, 不知亦無害. 禮樂兵刑, 治天下之具, 不可不講. 然須要先講究其理如何. 若其度數條目之詳, 則臨時考之. 亦可矣, 律曆之法, 伶官星翁之所職, 以此爲儒者之業, 則非也. 故曰, '籩豆之事, 則有司存.' 蓋古者有其才, 則爲之, 非其才, 又非其好, 則不強爲. 醫藥之事亦然." 第三十五章

36장 問, "予平生專用力於治經, 而於史漢通鑑等書, 未嘗一過目其間. 或謂必須讀史, 或謂旣明經, 何必讀史. 如何." 曰, "史者, 治亂得失之林, 不可不讀焉. 詩書春秋, 皆古聖人之史. 故稱經史. 苟不讀史書, 則雖略得通曉道理, 然其智局促寡陋, 反欠意思條暢, 譬則人生長于遐陬僻壤, 而不走通都大邑, 周旋賢士大夫之間, 觀風俗之美, 人物之雅者, 鄕俗之習, 終身不除, 其智亦膚淺隘陋, 動失措置. 故語孟詩書旣通之後, 必不可不讀史. 勿貪多, 勿事強記. 但於古今之大治亂, 大機會, 大成敗, 及賢人君子讜論懿行, 須歷歷記取." 第三十六章

37장 "問讀史之法." 曰, "經, 載道者也, 史, 以道裁之者也. 故非知道者, 則無盡史之用也. 大凡讀史, 以涑水通鑑朱子綱目爲要. 本末相貫, 次第相承, 古今治亂成敗, 犁然畢見矣. 可謂史家之權衡也. 欲觀一代之治亂得失典故人物, 須見正史. 有萬目擧而紀綱不正者, 有紀綱正而不滿人意者, 有併紀綱萬目漫然無統者, 是看史之要也. 此方學者, 大類以史做小說之流看. 可笑之甚. 古今史臣, 有卓識者寡矣, 其所著論贊, 膚淺冗雜, 無足觀者, 須考諸儒論評以爲斷. 但其間有議論刻薄, 反失實者, 不可不辨. 讀史, 須以經爲斷, 勿從史中作功夫. 晦翁譏老泉父子之學, 皆從史記戰國策中作功夫. 又以東萊之博學純正, 猶譏其全體史學. 皆惚門頂上之一針也." 第三十七章

38장 問, "古今史記, 亦有巧拙." 曰, "從昔以司馬遷班固稱良史. 文章則有之矣, 議論體製則未也. 爲人立傳者, 其道德事業, 節操行義, 足師表萬世, 而後可以傳之, 不然則不可立也. 蘇張之姦計詐謀, 曠古之罪人也, 史遷爲之立傳, 何哉. 如司馬相如, 亦不足傳, 貨殖日者龜策等傳皆然. 若欲就此揭示當時風俗人物, 須散見之本紀世家

之間, 不可別立傳. 晉孫恩宋李全等, 盜賊耳, 亦別立傳者, 何也. 蓋史遷作俑, 而後之
史臣無卓識, 故不能改其例, 可謂污衊靑史矣. 班固五行志亦然. 其不可不記者, 當附
之本紀, 其設志, 不可也. 先儒以范曄著方伎傳深爲非, 甚是. 唯歐陽公五代史, 體製
議論, 實爲古今之冠冕, 不可不讀. 凡關國家之治亂成敗風俗政體, 足爲百代之鑑戒
者, 而後可紀, 其瑣瑣事跡, 可入小說稗官者, 不書爲是, 是作史之法也." 第三十八章

**39장** 問, "學者好作詩, 無害于道乎否." 曰, "詩吟詠性情, 作之固好, 不作亦無害. 古
人以六藝敎人, 甚有意思. 人而無藝, 必不能成材, 其人亦可知矣. 醫書云, '五菓以爲
輔.' 然多食必有害. 詩雖藝中之雅翫, 然甚嗜焉, 則必有害. 若夫山林隱士, 遺世無營
之徒, 聊詠懷抒情, 發其幽鬱無聊之心, 固可矣. 公卿將相學士大夫, 身有職務者, 苟
溺心於詩, 則志荒業隳, 可戒." 第三十九章

**40장** 問, "作文如何." 曰, "詩起於三百篇, 文本於尙書. 詩以言志, 文以明道, 其用不
同. 詩作之固可, 不作亦無害, 若文, 必不可不作, 非言無以述志, 非文無以傳道, 學而
無文, 猶有口而不能言. 然文之入律亦難. 以司馬遷, 董仲舒, 劉向, 班固爲正. 韓柳歐
曾二蘇之文, 皆法之所在, 不可不熟讀. 方正學, 王遵嚴, 歸震川等, 皆近世大家, 正而
有法, 必可讀之. 文以詔奏論說爲要, 記序志傳次之. 尺牘之類, 不足爲文, 賦騷及一
切閒戲無益文字, 皆不可作. 甚害於道, 葉水心曰, '作文不關世敎, 雖工無益.' 此作文
之律, 亦看文之繩尺也." 第四十章

**41장** 問, "詩文編集甚多. 孰爲得正." 曰, "三百篇之後, 唯漢魏之際, 遺響尙存, 厥後唯
杜少陵氏之作, 爲庶幾矣. 蓋古人之詩, 皆發於咨嗟詠歎之餘. 而一無非事實者, 所謂
本於性情, 是已. 非若後人之無事而强作也. 其無所感托, 徒流連光景摸寫物象者, 雖
寫難狀之景如在目前, 畢竟徒作耳. 風雲月露, 山川草木, 本天地自有之物, 不須詩人
摸寫之也. 唯杜甫平生憂國愛民, 忠憤感激, 一皆寓之於詩, 世稱詩史, 故杜詩之妙,
不在於巧拙之間, 而在於眞情盈溢不可歇止. 無意托物比興, 而托物比興, 無所不在,
後世或譏其近質野, 或誚其間有村陋句. 至於明鄭善夫, 亦襃貶是非, 不少假借, 後世
徒知以詩家繩墨糾之, 而不知此反是其妙處也. 李白雖神於詩, 其意易識, 至杜詩, 註
者亡慮數十家, 是李之所不及, 以人之所感自異也. 至於文, 則蕭統文選爲本, 然識見
不正, 銓擇不精. 多載淫麗蕪蔓, 無益于實用者, 甚害於學者也. 特東萊文鑒, 西山正
宗爲得正. 然正宗中, 猶載退之畫記等, 則未可謂純善, 吳訥辯體, 愼蒙明文則, 稍可
矣." 第四十一章

**42장** 問, "今時學者, 何志于聖學者之少, 而好雜學者之多邪." 曰, "豪傑者少, 而庸材
者多, 古今皆然. 予聞養鷹者說. 鷹捷者必先擊鶴最大者, 其不捷者必見鶴小者而擊
之. 鷹最神俊者, 號海東靑, 産于建酋, 海內不可得. 好韓歐古文者旣少, 志于伊洛之
學者益少. 況志于孔孟之正學者, 千萬人中之一人耳. 其好韓歐古文者, 擊鶴稍小者
之類也, 志于伊洛之學者, 鷹捷者也, 志于孔孟之正學者, 建酋之海東靑也. 其好雜

學詞章記誦之類者, 亦小隼擊麻雀鶉鷃之類耳, 不足貴焉. 子其可不知所自勵乎." 第四十二章

**43장** 問, "天下之善, 如何爲最." 曰, "好學爲最, 穎敏次之, 材幹又次之. 蓋好學之益, 深焉而不可測, 高焉而不可及. 雖極天下之材幹穎敏, 皆所不及. 故好學優於天下矣. 孔門之諸子, 聰明莫顏子若. 然夫子不稱其聰明, 而特稱其好學. 中庸曰, '舜好問而好察邇言.' 孟子稱舜曰, '自耕稼陶漁, 以至爲帝, 無非取於人者.' 又曰, '及聞一善言, 見一善行, 若決江河, 沛然莫之能禦也.' 子思孟子, 皆不稱其聖, 而一稱好問, 一稱無非取於人者, 可見好學優於天下矣. 人皆知聰明之可貴, 而不知好學之功, 倍聰明實萬萬也. 與患聰明不如人, 不如自篤其好學之志也." 第四十三章

**44장** 問, "先儒多用佛老之語, 以解聖人之書. 或以爲非, 或以爲不相妨, 或以爲善補聖言之所不到. 紛紛不定, 不知孰說爲是." 曰, "其善以佛老之語解聖人之書者, 是其學本自禪莊之理來. 故善之. 謂不相妨者, 是泛然無愛憎之言, 不足取也. 其爲非者似矣. 然徒惡禪莊之語而非之耳. 吾恐非眞知佛老之與吾儒猶薰蕕氷炭之不相入而非之也. 學脈自有照應, 言語自有由來, 言彼則不得言此, 言此則不得言彼. 富貴人猶自不作寒乞語. 矧邪正殊塗, 水火異氣, 一毫不得假借. 其非之者, 亦眞知而眞非之者甚鮮矣. 大抵讀書者, 本無實見, 謂是亦得, 謂不是亦得, 茫乎無定準, 皆謂不相妨之類也. 譬諸有人來毆其父者耶. 又有一人來, 從旁拯之, 爲之子者, 謝拯其父者耶, 將謝毆其父者耶. 若以禪莊之理說孔孟之書者, 是毆其父者也. 辨其非孔孟之旨者, 是拯其父者也. 今痛詆辨非孔孟之旨者, 而回護用禪莊之理者, 是不謝拯其父者, 而反黨毆其父者也. 凡在爲子者, 則不待佗人拯之, 當自出死力, 與毆其父者相鬪而可矣. 豈容謝毆其父者乎. 斯之謂不知是非之類. 弗思甚也." 第四十四章

**45장** 問, "先生常欲使孔孟之旨復明於天下, 建言著書, 犯千辛萬苦而敢爲, 而今信之者有矣, 不信者有矣, 或有肆譏摘之者矣. 奈何不能使其盡信." 曰, "學者當以不恥下問舍己從人爲志, 苟有如此之志, 則天下何善如之. 予也第欲孔孟之旨復明于世, 而不較其信不信, 況欲其言之必行乎. 苟有闡明孔孟之直指, 明以告我者, 是吾之所大欲聞也, 吾將執鞭以從之. 豈尤其譏我乎. 孔子曰, '丘也幸. 苟有過, 人必知之.' 凡人之不我信, 不我服, 皆吾誠之未孚也, 惟當自修省焉耳. 苟有人以至當之說告之, 吾守我說而拒之, 是自絶于善道也, 是自戕害吾身也. 予雖愚, 未至如此之甚, 予雖門人小子之說, 苟有可取者, 皆從之. 解論語孟子皆然. 乃與門人商推, 衆議定, 而後命之於書. 若有不合於理者却之, 是子之所識也. 若夫以私心攻之, 持私說難之, 是吾之所不欲聞也. 後世有有道之人出, 必於吾言, 若合符節, 是吾之所自恃也. 子其諒焉." 第四十五章

**46장** 問, "吾曹雅不多讀書, 經解之中, 雖多用禪莊之語, 不能識別. 願一一拈出以告之." 曰, "近思錄, 四書集註等, 用禪莊之語者, 不暇悉擧. 今摘出其尤者而告之. 曰靜,

曰忘, 曰公, 曰無欲, 曰無情, 曰無極, 曰無將迎, 曰冲漠無眹, 曰明鏡止水, 曰廓然大公, 曰尸居龍見, 皆老莊書中之要語. 曰喚醒, 曰常惺惺法, 曰虛靈不昧, 曰體用一源, 顯微無間, 此等語, 皆出禪書. 及靜坐功夫, 調息箴, 亦專用老佛之法. 語孟二書, 本無此語, 亦無此理. 聖人雖啐嚌之中, 自不作此等語. 以其本異也." 第四十六章

47장 問, "先生所以深惡明鏡止水等語者, 何哉. 願詳見喩." 曰, "此語於聖人不啻氷炭, 實有生死之差. 請以其所易見易喩者, 而後詳論其理. 凡聖賢之設譬, 本甚精且嚴矣. 蓋道也, 性也, 心也, 皆生物而非死物也. 故可以生物喩, 而不可以死物比也. 若以死物比之, 則非翅引喩失當, 必以邪爲正, 認西爲東, 其不錯人者鮮矣. 何者. 流水有源而流行, 活物也. 止水無源而停蓄, 死物也. 故孟子以水取譬, 常就流水爲言, 而未嘗有一言以止水爲譬者也. 嘗曰, '人性之善也, 猶水之就下也. 人無有不善, 水無有不下.' 又曰, '若火之始然, 泉之始達.' 又曰, '流水之爲物也, 不盈科不行.' 其意不亦明白乎. 鏡之爲物亦然. 姸媸大小, 應物無遺, 可謂靈矣. 雖能寫影, 而不能照物, 徒以其虛, 故能受物影耳. 不能如日月之放光, 燈燭之遠照, 其非生物故也. 故舜之十二章, 取日月曁火之象, 而不取鏡者, 亦豈非以其不分美惡, 不辨好醜, 物來則寫, 無所揀擇乎. 佛老尙空虛, 聖人尙實理. 故佛老之書, 以鏡爲譬, 不可勝擧, 而浩浩六籍語孟, 一無及於鏡者, 爲其有生死之差也. 夫道也者, 君臣父子夫婦昆弟朋友之交, 而所以能維持此五者, 亦在於恩義兩者. 孟子曰, '父子之間不責善. 責善則離, 離則不祥莫大焉.' 孔子曰, '兄弟怡怡.' 又曰, '君子之事親孝. 故忠可移於君.' 皆非所以養此心而全恩義也. 若佛老之敎, 專以淸淨無欲爲務, 修行旣熟, 功夫旣成, 則本心瑩然, 如明鏡之空, 如止水之湛, 一塵不染, 一疵不存, 可謂難矣. 然恩義之心, 斷喪斬絶, 掃地而盡. 捨父母, 絶妻子, 如綴旒, 如土梗, 恬然無所用其愛. 況君臣乎. 況兄弟乎. 到此, 則與聖人之道, 實天淵矣. 皆明鏡止水之說之所致也. 其深惡之, 不亦宜乎." 第四十七章

48장 "問先生學問之家法." 曰, "吾無家法. 就論語孟子正文理會, 是吾家法耳. 近日札中一段, 論爲學法, 甚得爲學肯綮. 又爲子誦之. 曰, '儒者之學, 最忌闇昧. 其論道解經, 須是明白端的, 若白日在十字街頭作事, 一毫瞞人不得方可. 切不可附會. 不可牽合, 不可假借, 不可遷就. 尤嫌回護以掩其短, 又戒粧點以取媚悅. 從前諸儒, 動犯此諸病, 非惟有害於論道解經, 必大壞人之心術, 不可不知也. 又要若剝大蒜子, 盛于銀盤子內, 潔潔淨淨, 渾身透明. 不要若蓋蔽臭物, 藏諸器中, 則佗物亦皆觸氣染類, 悉就臭腐不可用. 學問之不進, 德義之不修, 一皆坐此. 此是儒者講學第一要訣. 學者須以此爲安身立命根基. 常常體取, 不容遺忘.' 中庸曰, '不明乎善, 不誠乎身.' 又曰, '自明誠, 謂之敎.' 此一段卽中庸所謂明字之謂." 第四十八章

49장 問, "孟子曰, '夫子賢於堯舜遠矣.' 程子曰, '語聖則不異, 事功則有異. 夫子賢於堯舜, 語事功也.' 此語頗似牽合. 如何." 曰, "聖人亦人焉耳, 安得人人皆同. 雖天地之化, 有豊年, 有歉歲, 年年不同, 歲歲相異. 雖經千歲之遠, 不得一歲同焉. 奚獨於聖人疑之. 程子專以理字懸斷, 而不知視其實故也. 予以謂孟子之後, 識道者莫程子若. 然

猶有悅高遠之意, 故於孔孟之旨所齟齬者固多. 孟子只曰, 賢於堯舜, 而不曰, 其所以賢於堯舜者如何. 則未必可定爲以事功言之. 王陽明以萬鎰金譬堯舜, 以九千鎰金譬孔子, 尤非也. 可以供知道者之大噱. 故實知孟子之本指, 而後能知孔子之所以爲孔子, 知孔子之所以爲孔子, 而後眞知其所以賢於堯舜矣." 第四十九章

50장 問, "然則孔子之所以賢於堯舜者, 果何在." 曰, "此是古今未了大公案. 學者之於道, 其知與不知, 得與不得, 總決於此. 非一言之所能悉也. 學者眞能知高遠廣大難知難行之說, 卽邪說暴行, 而人倫日用平常可行之道, 實爲至極, 而後自知其所以賢於堯舜之實也. 今且以事實明之. 夫源愈深則流愈遠矣, 根愈大則樹愈盛矣. 故見其教之遠被, 則知其道之本大, 見其化之遠及, 則知其德之甚廣. 堯舜, 天子也, 宜其聲敎之遠曁, 而餘澤之久流. 然治績不過于九州, 子孫襲封, 亦不及後世. 仲尼, 匹夫也, 旅人也, 然道德遠曁, 不可限量. 以地, 則自鄒魯之鄕, 不問海之內外, 至四夷之遠, 凡有文字國, 莫不尊崇夫子之敎. 以禮, 則身被天子服裳, 用天子禮樂, 春秋二仲, 天子親臨雍, 上自大學, 下至州縣學, 延及夷服之地, 各修釋奠禮惟謹. 以時, 則自夫子時到今, 旣二千餘年, 猶一日也. 其子孫亦相襲封爵, 到今不絶, 猶嗟盛哉. 夫有人倫則天地立, 無人倫則天地不立. 大凡天下君臣父子夫婦昆弟朋友, 雖不親讀夫子之書, 服夫子之敎. 然夫人善仁義, 崇忠孝, 不失君臣父子夫婦昆弟朋友之倫者, 其誰之力哉. 非夫子之道, 浹於肌膚, 淪於骨髓, 永自行於冥冥之中, 豈能然耶. 昔夫子稱管仲之仁曰, '民到于今受其賜. 微管仲, 吾其被髮左衽矣.' 若夫子之德之盛, 視之管仲, 奚翅萬萬, 非止謂裁成輔相天地之道, 仲尼卽天地也. 故中庸贊之曰, '聲名洋溢乎中國, 施及蠻貊, 舟車所至, 人力所通, 天之所覆, 地之所載, 日月所照, 霜露所隊, 凡有血氣者, 莫不尊親, 故曰, 配天.' 夫子所以賢於堯舜之實, 略可知矣. 故孔子爲最上至極宇宙第一聖人, 論語爲最上至極宇宙第一書. 所謂自生民以來, 未有盛於孔子也. 非知道者, 孰能識之. 難哉難哉." 第五十章

51장 問, "夫子旣賢於堯舜, 則奚不自作之, 而祖述之耶." 曰, "此非汝之所識也. 其祖述之者, 是自祖述之也. 其憲章文武者, 亦是自憲章之也. 孟子敎人, 又表章堯舜之道, 而未嘗一言及堯舜以前之事. 卽夫子祖述之意也. 夫厠堂下稠人之中, 則不能辨堂下人之曲直. 身在堂上, 乃能辨堂下人之曲直. 夫子之祖述堯舜也, 非夫子實有所不及於堯舜而祖述之. 蓋有高出於天下之上之明, 而能燭天下之所不覩, 能燭天下之所不覩, 而能知天下之所至極. 道也者, 全中庸而極, 不出於人倫日用之間, 而天下萬世所不可須臾離焉. 夫子以高出於天下之上之明, 而能燭天下之所不覩, 洞照古今, 歷選群聖, 其造中庸之極, 而可爲萬世之標準者, 唯堯舜而已矣. 是其所以祖述之也. 藉令非堯舜, 若有能造中庸之極, 足以師表萬世者, 夫子亦必祖述之. 何必堯舜而已哉. 所謂憲章文武者, 亦是也. 憲章者, 顯表章之也, 亦祖述之謂. 非非其意, 則不祖述之, 非其意, 則亦不憲章之. 猶身在堂上而指堂下人之直者而示之. 故曰, '其祖述之者, 是自祖述之也, 其憲章之者, 是自憲章之也.' 其不取伏羲神農黃帝, 又不列少昊顓頊高辛, 獨祖述堯舜, 是夫子之所獨, 而雖堯舜亦所不及也. 故祖述堯舜者, 是

其所以賢於堯舜也. 子曰, '述而不作.' 又曰, '信而好古.' 夫以夫子之大聖, 而卒不自
我作古, 是孔子之本心, 而學問之極則也. 故論語泰伯堯曰二篇, 歷擧群聖, 皆始於堯
舜, 而終於文武. 許行爲神農之言, 則孟子亦折衷以堯舜之憂天下. 所以中庸贊夫子
之德曰, 祖述堯舜, 憲章文武, 其意可見矣. 而宋諸大儒, 或以天皇地皇人皇爲三皇,
以庖犧神農黃帝堯舜爲五帝, 或別以伏犧神農黃帝堯舜爲列, 皆不知夫子祖述堯舜
之意故也." 第五十一章

**52장** 問, "伏犧神農黃帝少昊顓頊高辛, 皆上古之聖神. 夫子奚以不取." 曰, "夫子不
明言其不取之之意, 今不可得而詳焉. 孟子曰, '堯舜之道, 孝弟而已矣.' 又曰, '規矩,
方員之至也, 聖人, 人倫之至也. 欲爲君盡君道, 欲爲臣盡臣道, 二者皆法堯舜而已
矣.' 又曰, '舜明於庶物, 察於人倫, 由仁義行, 非行仁義也.' 由是觀之, 三皇三帝之道,
豈其有不宜人倫日用之道者而黜之歟. 漢孔安國尙書序曰, '伏羲神農黃帝之書, 謂
之三墳, 言大道也. 少昊顓頊高辛唐虞之書, 謂之五典, 言常道也.' 孔子討論墳典, 斷
自唐虞, 以下訖于周. 觀其曰言大道, 則三皇之道, 專尙磅礴廣大無爲自化, 而實有不
宜人倫常道者, 可知矣. 吁, 天下豈有大於常道者乎哉. 其爲出於常道之上而別有大
道焉, 則其道豈非磅礴廣大不宜人倫日用, 而有與堯舜之道差異者耶. 磅礴廣大無
爲自化之道, 乃方外高達之士之所必藉口以託其說, 而邪說暴行之所由興也. 然則
夫子之不取也, 其意可知矣." 第五十二章

**53장** 問, "中庸以聲名施及蠻貊, 爲夫子盛德之驗. 然而佛老子之名亦然. 不獨孔子,
至於佛之稱號, 益熾矣. 此方固無老子之宮, 然在漢土, 道觀與佛寺相埒, 則其盛可知
矣." 曰, "好怪而不好常, 喜奇而不喜正, 天下古今之通患. 人人皆然. 道士多假借禪
說, 又爲人醮祭祈禱, 其陋可知矣. 佛者務莊嚴, 好誇大, 專以傳燈爲要, 蠱惑愚民, 誘
入賢智, 周羅綢繆, 無所不至. 蓋懼其法之或斷絶, 而其敎之或有所不至也. 此其聲
名之所以盛也. 若夫子則不然. 子貢曰, '夫子溫良恭儉讓以得之.' 蓋五者謙己下人不
願乎外之事, 與佛老之務莊嚴好誇大異矣. 蓋夫子之敎, 天地自然之道理, 根乎人心,
徹乎風俗, 無時不然, 無處不在. 故不務莊嚴, 不好誇大, 而其聲名赫赫, 施及蠻貊.
此其所以大也. 苟眞知夫子之道之德之大, 實賢於堯舜, 而生民以來, 所未嘗有之盛
焉, 則許汝眼空宇宙." 童子曰, "大哉言乎. 始得聞所未嘗聞, 何幸如之." 斂衽而退. 第
五十三章 童子問卷之下畢.

先師古學先生, 不由師傳, 深造鄒魯之閫奧. 平生所得, 具有成書, 其經旨之委, 語孟
古義字義二書詳之矣. 至平素所講明人倫日用之工夫, 則畢備于此書. 予向旣刊字
義書二卷, 廣傳人間, 此書未遂印流, 謄寫轉訛, 學者憾焉. 仍請先生令嗣長胤點校,
遂鋟梓以公于世. 三卷凡百八十九條. 苟讀此書者, 如升先生之堂, 而耳先生之誨, 手
澤所存, 神明在人. 勿謂其人已陳而忽其書也.
寶永四年丁亥重陽日 門人林景范文進 頓首拜書.

| 해제 |

# 유학의 자기화 혹은 독립으로서의 『동자문』

## 1. 동자는 누구인가?

이토 진사이$^{伊藤仁齋}$는 「서문」에서 구양수 등의 예를 본받아 제목을 『동자문』$^{童子問}$으로 정했다고 하였다. 문답체의 글은 유구한 전통을 가진 데다 진사이의 경우 『논어』에 대한 애정과 연구가 남달라서 『논어』의 문체와 대화의 역동성을 분명히 염두에 두고 『동자문』을 저술했다. 헌데 무엇보다 먼저 '동자'의 존재가 독자에게 당혹감을 준다. 동자-어린아이라고 가볍게 생각해서 읽다간 '아이'의 학식에 당황, 심지어는 좌절하게 된다. 이 아이는 누구인가?

중국의 걸출한 학자인 첸무$^{錢穆}$에게 「항탁고」$^{項橐故}$라는 글이 있다. 항탁이라는 어린아이를 여러 문헌에서 고증해 『논어』의 한 구절을 해석한 짤막한 논문이다. 『논어』 「자한」$^{子罕}$ 2절에, "달항의 시골 사람이 말하였다. '위대하구나 공자여, 박학하면서도 명성을 이룬 분야가 없구나.' 선생님께서 이를 들으시고 말씀하셨다. '내가 무슨 일에 종사할까. 말 모는 일에 종사할까, 활 쏘는 일에 종사할까. 나는 수레 모는 일에 종사하겠다.'"(達巷黨

한대 화상석(漢代 畫像石)에 보이는 공자가 노자를 만난 조각. 위쪽에 공자, 노자라고 써 있다. 노자 쪽에서 공자를 함께 맞이하는 어린이가 바로 항탁이다. 공자가 노자에게 드리는 예물은 비둘기다. 비둘기는 노인에게 장수하시라는 상징으로 바치는 것이다. 옛사람들은 비둘기가 모이를 먹을 때 목이 메이지 않았다고 믿었기 때문이다. 노인들의 지팡이를 구장(鳩杖)이라 한 것도 여기서 왔다.

人曰: '大哉孔子, 博學而無所成名.' 子聞之, 謂門弟子曰: '吾何執, 執御乎, 執射乎. 吾執之御矣.')『논어』의 이 구절은 예로부터 논란이 되는 곳이기도 하다. 전체 내용이 무슨 뜻인지 명확하지 않을 뿐만이 아니라 '달항당인'이 누구인지 밝혀지지 않았다. '달항이라는 동네에 사는 사람' 정도의 뜻으로 달항당인을 이해해 왔다. 첸무는 진한시대의 문헌 고증을 통해 당黨과 탁橐은 글자 모양이 비슷해 서로 통용된 것을 근거로 달항당인은 옛 문헌에서 말하는 '대항'大項 혹은 '대항탁'大項橐이라고 밝혔다.

이 항탁은 유명한 어린아이다. 고대 민간 전설 속의 인물로 진한시대에 널리 전해진 이야기에 따르면 모든 것을 다 아는 신동이었다. 이 맹랑한 아이를 보여 주는 그림도 있다. 한대 화상석畵像石에 보면 「공자가 노자를 만난 그림」孔子見老子圖이 보인다(위 그림). 두 위인 사이에 자그마한 어린아이가 바로 항탁이다. 손에 들고 있는 물건이 보이는데 '구거'鳩車라고 하는 장난감이다. 이 구거를 통해서 어린아이라는 사실을 알 수 있다.

덧붙이자면, 공자가 노자를 찾아보았다는 전설을 표상한 이 그림은 사마천의 『사기』에 근거를 두고 있지만 이 전설에는 나름의 의미가 있다. 서한시대에 공자의 명성이 점점 높아 가면서 유학이 세력을 키울 즈음 이미 노자의 명성은 확고했다. 한나라가 설 때부터 황로지학黃老之學이라 해서 황제黃帝와 노자老子를 존숭하는 일이 먼저 자리를 잡고 있었다. 막 성장하는 유학이 택한 길은 노자와 충돌하는 것이 아니라 유화책을 펴는 것이었다. 이런 유가의 전략이 이 그림에 들어 있다. 한편으로 어린아이까지 들어 있어, 노인을 공경하고 어린아이를 사랑하는 유가의 정신까지 체현하는 그림으로 나타난 것이다.

사마천의 『사기』 권71 「감무열전」甘茂列傳에, "항탁은 7세에 공자의 스승이 되었다"(夫項橐, 生七歲而爲孔子師)고 한 기록을 보면 7세가량의 어린아이로, 당나라 때의 기록 돈황변문敦煌變文 「공자와 항탁이 서로 질문하는 글」孔子項托相問書에는 공자를 난처하게 하는 질문을 하는 어린아이로 나와 있다고 한다. 실상 성인이나 유명한 인물을 괴롭히는 괴이한 존재로서 어린아이는 옛 문헌에 낯설지 않게 등장한다. 『열자』列子 「탕문」湯問편에도 어린아이가 등장하며, 『장자』 「서무귀」徐無鬼에도 황제보다 식견이 높은 어린아이가 나온다. 성인을 무조건 존숭하지만은 않은, 혹은 사랑스럽게 존경하는 마음을 담은 이 어린아이의 존재는 민간 전설의 애정표현 방식으로 이해할 수 있겠다. (그렇다면 앞에 인용한 『논어』 「자한」편의 해석도 달라질 수 있다. 항탁이 한 말은 공자를 비꼬는 표현으로, 그리고 공자가 수긍하는 대화로 말이다. 하지만 활쏘기와 수레 몰기의 비유는 여전히 석연치 않다.)

이토 진사이는 항탁 같은 존재를 염두에 두었던 것 같다. 그의 『논어고의』論語古義의「자한」해당 구절을 보면 달항당인에 대한 기존 해석을 따르고 있어 항탁이란 존재를 알고 있었던 것 같지는 않다. 하지만 고전에 밝았던 그가 이 재미있는 어린아이의 존재를 몰랐을 리는 없어 보인다. 항탁을 알 때『동자문』을 읽는 재미가 배가 된다.

『동자문』은 저자의 가상문답으로 동자가 임의로 소환됐음은 의문의 여지가 없다. 허나 왜 동자였을까 생각을 해보면 이런 인물이기에 뜻밖에 긴장감이 생기고 답변도 피상적인 가르침을 벗어난다. 문답 수준이 계속 높아지기 때문이다. '동자'라는 말과 관련해서 한 가지 설명할 게 있다. 근대 이전 일본에서는 15세에 성인식을 했다. 전통적인 표현에도 성동成童이라 해서 10세 안팎을 가리키는 용어도 있다. 또 동몽童蒙이라는 표현이 흔히 보이는데 '어리석다'[蒙]는 말이 나타내듯 근대 이전의 어린아이는 어른이 되는 준비 과정으로, 어린아이의 시간은 계몽의 기간이었다. 바꿔 말하면 지금과 같은 개념의 어린아이는 근대 이전에는 존재하지 않았다. 작은 어른만 있었을 뿐. 현재 우리 머릿속에 있는 아이-청소년-어른이라는 위계나 층위는 근대에 형성된 개념이다. 어린아이라는 어떤 존재는 예전부터 존재했지만 지금과 같이 생물학적 개념을 집어넣고 균질화된 집단으로 대상화해 동심이며 순진성을 기의記意로 주입하게 된 일은 근대의 발견/발명invention이다. 동자라는 말을 제대로 이해하려면 중국의 경우이지만 민간 전설에서 전해져 온 신비스런 존재로서 항탁을 염두에 두고, 현대인의 머릿속에 있는 어린아이라는 관념형에서 벗어나야 한다. 근대 이전의 글을 읽을 때 조심히 건너야 할 지뢰밭이 어디 한둘로 그치겠는가마는 시간을 달리해서뿐 아니라 공간을 달리할 때도 역사적 경험의 차이 때문에 늘 읽기에 주의할 필요가 있다.

## 2. 이토 진사이의 생애와 저술

이토 진사이伊藤仁齋는 초명이 고레사다維貞로 뒤에 고레에다維槇로 개명했으며, 보통 겐시치源七·겐키치源吉·겐스케源佐 등으로 불렸다. 진사이는 그의 호다. 도인棠隱이라는 호도 있다. 그는 1627년(간에이寬永 4년) 교토에서 태어났다. 1627년은 일본의 센카쿠戰國시대를 마감하는 오사카전투에서 도쿠가와 이에야스가 승리, 에도江戶시대를 연 지 12년이 지난 때였다. 전쟁의 시대가 끝나고 평화시대가 시작되었으나 아직 전란의 기운이 다 가라앉지 않은, 사무라이의 기질이 여전히 남아 있을 시기였다. 교토는 당시 문화와 경제의 중심지였고 진사이의 가계는 새 시대의 주역이 되는 조닌町人(상인)계층 집안이었다. 일찍부터 유자儒者가 되기로 뜻을 품었으나 주위의 반대가 심했다. 이때의 기억이 강렬해서였는지 진사이는 훗날 기록에 이 시절의 이야기를 뚜렷이 남기고 있다. 역으로 말하면 유자라는 계층이 당시 일본 사회에서 그렇게 존경받는 직업(?)은 아니었고 아직 사회적으로 특수한 집단이었음을 그의 글에서 읽을 수 있다. 조닌계층의 상승하는 기운이 거기에는 반영되어 있기도 하고 사무라이 계층의 우위가 남아 있는 시대임을 추측해 볼 수도 있다.

주위의 반대를 무릅쓰고 유자의 길을 걸으면서 그가 심취했던 학문은 주자학이었다(정확히는 조선성리학이었다. 퇴계를 언급한 그의 글에서 이를 읽을 수 있다). 주자학에 얼마나 골두했는지 (역시 그의 글 곳곳에 남아 있는데) 자신의 호를 교사이敬齋라고 한 데서 단적으로 알 수 있다. 성리학 수양 방법의 핵심으로서 경敬을 자신의 목표로 삼아 매진했음이 드러난다. 하지만 이 청년기에 은자처럼 고립해 살면서 자신의 학문을 모색·탐구·확립하고 이후 변화된 자신의 학문을 펼치게 된다. 은둔 시간 동안 생계에 큰 위협을 느끼지 않았던 걸 보면 조닌 집안의 경제규모를 짐작할 수 있다. 실제 조닌 출신이라는 배경이 그저 배경에 그치지 않고 그의 학문과 사상에 직접 관계된다는 연구가 있음을 염두에 둘 필요가 있다. 은거 이후 그는 호를 진사이仁齋로 바꾼다. 자신의 학문이 인仁에 있음을 천명한 것이다. 널리 알려진 대로 인仁은 『논어』의 핵심사상 가운데 하나인데 인의 재해석을 통해 자신의 학문으로 독립하는 장면을 볼 수 있다.

29세에 시작했던 은둔생활을 접고 36세에 집으로 돌아와 고의당古義堂이라는 강습소를 열고 40세쯤 늦은 나이로 결혼, 후에 모두 유자로 성장하게 되는 5형제와 딸 하나를 슬하에 둔다. 에도의 오규 소라이荻生徂徠와 나란히 학식을 칭송받았던 도가이東涯가 첫부인에게서 얻은 장남이다. 고의당에서 강의를 하며 학생들을 가르치는 한편 동지회同志會를 만들어 유자들과 학문을 토론하며 남은 생애를 보낸다. 1705년 79세를 일기로 세상을 떠났다. 한국으로 말하자면 조선시대 인조에서 숙종의 치세 후반까지에 해당한다. 그의 만년에 일본 국학國學의 최고봉으로 일컬어지는 모토오리 노리나가本居宣長가 세상에 태어났고, 그와 함께 일본 유학의 쌍벽으로 칭해지는 오규 소라이가 다음 세대를 준비하고 있었다.

진사이가 주자학에 전념하다 자기 학문을 세워 일본 사상의 새로운 지평을 열었다고 평가받는 이유는 유학의 일본화, 자기이해의 단계에 들어갔다는 말로 이해할 수 있다. 그 전제에는 독립하기까지 고투했던 주자학이라는 대상이 존재한다. 그 고투의 과정이 그의 저작에 고스란히 반영되었음은 말할 것도 없다.

이토 진사이의 대표저작으로 『동자문』과 『어맹자의』語孟子義를 꼽지만 이 두 저술은 그의 사상이 확립된 후 그를 정리한다는 의미에서 쓴 종합판이라 할 수 있다. 가장 먼저 주목해야 할 그의 저술은 『논어고의』論語古義다. 30세 무렵부터 쓰기 시작해 50세 가까이 될 때까지 계속 수정을 해 완성한 저술이다. 이어 『맹자고의』孟子古義를 저술하는데 이 책은 만년까지 계속 수정·가필하였다. 진사이의 사시私諡가 고학선생古學先生인바, 이 두 저술에서 나왔음을 알 수 있다. 이 책들을 저술한 후 『어맹자의』를 통해 『논어』·『맹자』의 핵심 개념어를 설명하면서 주자학과 다른 개념으로 정의를 내렸다. 이런 작업 끝에 마지막으로 『동자문』을 저술한 것이다. 『동자문』에 스민 정서에서 어떤 자부심이 느껴지는 것도 장년 이후 만년까지 자신의 사상을 숙고한 사람에게서 느낄 수 있는, 좋은 의미와 성취감 때문일 것이다. 이런 학문과정에서 생긴 작은 생각을 모아 『진사이일찰』仁齊日札을 엮기도 했으며 동지회의 기록을 담은 『동지회필기』同志會筆記도 그의 지적 역정을 파악하는 데 도움이 된다.

　주목할 만한 사실은 이토 진사이는 생전 자신의 저술을 전혀 출판하지 않았다는 점이다. 그의 사후 그의 아들 도가이가 모두 교감해서 출판하였다. 도가이는 부친의 가업을 이어 강의와 저술활동을 활발하게 진행했는데 그 덕분에 부친의 저작이 차례차례 정리 공간公刊될 수 있었다. 첫 출판작이 『어맹자의』·『동자문』이었다는 사실은 이토 진사이 저술에서 『동자문』이 차지하는 비중을 가늠하게 한다. 도가이의 사시가 소술선생紹述先生이다. 부친의 업을 잘 이어 후세에 전한 공적을 칭송한 말이다. 후대 유학사에서 이토 부자父子로 병칭되는 것도 다 정당한 이유가 있는 것이다.

### 3. 주자학과 고투해 자기 것으로 소화하다

『동자문』의 구성을 보면 처음 도가이의 서문이 있고, 다음에 진사이의 서문이 놓여 있다. 마지막의 간기刊記를 보면 진사이 사후 도가이가 교감을 한 후 인쇄에 부쳐 통행됐음을 알 수 있다. 필사로도 유통되었다는 언급으로 보아 저술의 존재는 이전부터 알려져 있었다고 추론할 수 있겠지만 필사본의 존재는 큰 고려 사항이 되지 못할 것 같다. 조선시대의 유통방식이 필사에 주로 의존했다면 일찍부터 목판 인쇄술이 발달했던 일본에서는 목판 인쇄물의 존재가 더 위력적임은 말할 나위가 없다. 한 세대 뒤 에도를 중심으로 활동한 오규 소라이나 오규 소라이의 제자인 다자이 슌다이 太宰春臺가 진사이 저술에 대해 언급한 것을 보면 그의 저술이 읽힌 범위도 추정해 볼 수 있다.

　그렇다면 『동자문』의 어떤 면이 유학의 자기 수용이라는 점에서 주목받았던 것인가. 앞서 언급한 대로 주자학과의 격투와 관련된다. 여기서 그 내용을 다 다루지 않고 전체 윤곽만을 거론하기로 한다. 『동자문』 상권은 '『논어』는 우주 제일의 책이다'라는 명제를 중심에 두고 논의를 시작한다. 이 말을 핵심으로 해서 이를 증명하기 위해 『맹자』를 가져와 설명하고 보충하는 논리가 동심원처럼 퍼져 나간다. 『맹자』를 '『논어』의 뜻에 주석을 붙인[義疏] 책'이라는 표현에서 그의 『맹자』 이해를 단적으로 알 수 있다. 중권은 『맹자』를 인용해 펼쳤던 논의가 사서四書까지 확대되는 과정이며, 하권은 논의가 경전 전체로 확산되면서 아울러 독서론과 사서史書에 대한 의견까지 포괄한다. 한마디로 하자면 『동자문』에서, "송대 주석을 다 버리고 『논어』와 『맹자』 원문을 숙독 완미해 계속하면 스스로 터득하는 바가 있을 것이다"라고 한 (실상은 자신의 경험이기도 한) 말을 논증하는 과정이 『동자문』이라 할 수 있겠다.

　『동자문』의 핵심이 『논어』 이해에 있다면, 이토 진사이의 『논어』 이해에 있는 고갱이는 무엇인가? 한마디로 실實이다. 이 실實은 실학實學의 실을 말한다. 실학은 허학虛學에 반대되는 말이다. 송대 주자학도 실학을 표방하였다. 이때 비판의 표적으로 삼은 대상은 허학으로서 불교와 도교였다. 이토 진사이가 타깃으로 삼은 허학은 주자학이었다. 특히 주자학의 형이상학적 성격이었다. 누누이 강조하는 그의 말은 고원高遠한 논의가 아니라 비천卑賤한, 일상생활에 쓸 수 있는 실질적인 덕성[實德]이다. 이토 진사이의 탁월한 안목은 실제 학문[實學]의 발견에 있고, 그 실학은 추상적 성격이 배제된, 문자 그대로 실제로 행할 수 있는 구체적인 방책이었다. 그것은 백성들을 잘 살게 하고 사회를 안정시키는 것이었으며, 지금 여기서 실행할 수 있다는 확신이었다(중권 19, 21장). 특히 관중管仲을 높이 평가하는 말에서 진사이가 추구하는 방향은 백성들에게 실질적인 은택이 미치는 데 학문의 지향이 있음을 알 수 있다(상권 47, 52장). 학문의 공공성에 대한 강조(중권 48장)도 이런 측면에서 이해할 수 있을 것이다.

바꿔 말하면 리理가 고원하게 논의되면서 실상에 필요한 삶의 균형감이 깨졌다고 보았던 것이다. 리의 논리화 자체가 문제가 아니라 추상적인 논의가 필연적으로 첨예화하면서 일용日用에 필수적인, 도움이 되는 학문이 위축되고 말았다는 문제의식이 그의 저술에 날카롭게 존재한다. 그런 의식으로 주자학의 주석을 섭렵한 후, 주석을 버리고 『논어』, 『맹자』 원문과 직접 대면해 자신의 학문을 세워 나갔다. 그의 방법적 탐구를 경전의 원래 옛 모습으로 돌아가자는 고의학古義學이라 칭한 것이다. 고의학이란 말을 오해해서는 안 된다. 중국어와 고문古文에 정통했던 진사이다. 그의 방법론은 단순히 옛 그대로의 글로 읽자는 모토가 아니다. 그랬다면 그는 단지 또 한 사람의 주석가에 멈추고 말았을 것이다. 고의학을 통해 새로운 주석을 첨가하는 데 그치는 것이 아니라 『논어』 전체를 새롭게 읽고 다른 세계로 진입했다는 사실을 인지해야 한다. 『동자문』의 내용을 두고 설왕설래 할 수 있다. 하지만 이토 진사이가 품고 있던 강렬한 문제의식과 권위에 굴하지 않고 정면으로 맞선 그의 학문 자세는 독자를 분발하게 한다. 정면대결하는 각오에서 그의 학문이 싹텄던 것이다.

주희 사상의 핵심 개념이라 할 수 있는 리理와 논리적 쟁투를 벌이면서 이학사상理學思想과 결별하게 되는 이토 진사이만의 기반이 바로 천지일대활물天地一大活物(천지는 살아 있는 거대한 생물) 사상이다(중권 67~69장). 일종의 기氣 중심 사유로 존재의 원리를 활물로 파악한 것이다. 성리학의 핵심원리인 리理를 사물死物로 보아 대척에 세우고 비판할 수 있는 근거가 바로 활물사상이다. 활물사상 근저에 『역』易의 건곤乾坤에 대한 이해가 있음은 두 말이 필요치 않다. '리' 문제를 고심하고 비판 논리를 세우면서 자기 사상을 정립한 것인데, 경직된 '리'에 대한 사유를 깊이 품으면서 결과적으로 자신이 심취했던 주자학에서 벗어나게 되고, 이 이탈이 결국 사유의 독립을 낳았다고 할 수 있겠다. 곳곳에 보이는 주희에 대한 비판(예컨대 상권 14장)도 확고한 자기 견해가 정립되었기에 가능했다.

그렇다면 독자적인 그의 사상을 실례를 통해 보자. 도道에 대한 진사이의 견해는, "도는 사람으로 인해 나타나고 사람이 없을 때는 보이지 않는다"는 말에 집약되어 있다. 도의 선행성, 실체성, 편재성을 의심치 않았고 당위적 전제로서 사상의 근원이기도 했던 주자학의 형이상학적 성격은 이 말에서 찾아볼 수 없다. '도道는 길[路]'이라는 원래 의미를 파고 들어가 사람 사이의 통로라는 인간관계의 실질적인 윤리로 파악한 것이다. 형이상학에서 윤리학적 명제로 전회한 도道는 구체적인 내용으로서 오륜五

倫이 전면에 나서게 된다. 그러나 이 역시 인간 사회의 당위 규범이라는 이치로서가 아니라 실천으로서 현실사회에 보편적인 사실로 제시된다. 이런 논리에 서면 주자학에서 부정적으로 쓰이고 항상 저속한 의미로 쓰이는 정情과 속俗이 긍정적 의미로 쓰이게 되는 역전은 당연한 일이다. 도는 현실을 사는 인간들의 풍속과 인정에 의거한다는 말이기도 하다.

인仁에 대한 재정의도 마찬가지다. 인과 서로 가까운 개념어로 시恕 등이 있다. 주자학에는 자기 자신의 마음에서 시작해(수양과 위기爲己) 남에게로 나아가는 방향성이 있고, 그 바탕에 덕의 중심 이치로서 인이 존재한다. 때문에 주희는 인을 '사랑의 이치'[愛之理]라고 정의했던 것이다. 그러나 진사이는 인을 '사랑'[愛]으로 해석했다. 인 자체가 사랑이라는 말이다. 인이라는 본체가 있고 사랑이라는 현상으로 나타난다는 주자학적 의미와는 전혀 상관없이 인 자체가 사랑이라는 뜻이다. 이때 인은 자신의 마음속에 내재된 덕성이 아니라 타인과의 관계에서 베풀게 되는, 인간관계의 구체성 속에서 볼 수 있는 덕성이 된다. 상대와 접할 때, 극단적으로 밀고 나간다면 상대에게 어떤 태도를 취할 것인가 타인의 입장을 헤아려 자신의 관계를 규정할 수 있다는 윤리적 실천을 대표하는 말로 썼였다. 내재성이 외부성으로 바뀐 것이다.

리理를 물리치고 도道와 인仁을 재정의한 작업에서 보듯, 진사이는 주자학의 형이상학적 독단과 폐해를 제거하고 사회의 실천윤리로서 유학을 해석·수용한 것이었다. 상권 20장에 지당至當에 대한 정의가 보인다. 문자 그대로 지당은 지극히 당연한 전제 혹은 사실이어서 질문의 여지가 없는 것이었다. 진사이는 이를 다시 성의하면서 윤리적 성격을 세삼 강조했는데 지성적 탐구보다 우위에 있다는 의미로 썼다. 윤리와 지식을 대립쌍으로 놓은 정의 방식에서 실천 윤리의 강조와 고원한 지적 탐구에 대한 배척을 다시 확인할 수 있다(한 가지 주의할 점은 진사이는 주자학을 비판하면서 새로운 개념을 만들지 않고 용어를 그대로 쓰고 있다는 사실이다. 동일한 기표로 이루어진 언술이지만 기의가 다르다는 사실을 명심해야 한다).

### 4. 고전의 현대적 해석과 관련하여

1952년 일본의 마루야마 마사오丸山眞男는 『일본 정치사상사 연구』를 출간한다. 일본의 사회과학 수준을 과시한 이 책은 일본의 근대가 어떻게 성립할 수 있었던가 하는 문제의식에서 출발, 그 철학적 기반이 오규 소라이라고 하는 에도시대 사상가의 유학 이해와 수용에 있음을 밝힌 역작이었다. 일본에 고유사상이 존재했음을 알림과 동시에 일본의 서구 이해가 어느 정도인지 스칼라십에서도 큰 영향력을 발휘한 저작이기도 했다. 마루야마 마사오의 방법론은 근대의 집대성이라 할 수 있는 헤겔 이해에 바탕을 둔 것으로 사상사적 방법의 새 장을 연 획기적 저술이기도 했다. 그로부터 40여 년이 지나 1991년, 사카이 나오키酒井直樹라는 인물이 나와 『과거의 목소리』Voices of the Past를 간행한다. 어떤 면에서 이 책은 서구에 마루야마의 책보다 파장이 더 컸다고 할 수 있다. 영어로 간행된 저작이어서 파급력이 컸다는 의미이기도 하지만, 그보다는 서구 철학에 대한 또 다른 깊은 이해가 있기 때문이다. 에도시대의 다양한 담론을 하나하나 검토하면서 에도시대 담론의 형성을 비판적으로 추적한 책이다. 이 책의 중심 인물이 바로 이토 진사이다. 인仁을 사랑[愛]으로 해석한 이토 진사이의 개념을 키워드로, 한편으로 현대 실천윤리학의 문제까지 탐색한 난해한 이 저서는, 푸코와 데리다를 소화한 포스트모더니즘의 언어철학 방법론과 사상이 일관되게 적용되었다.

일본은 에도시대를 대표하는 두 사상가로 오규 소라이와 이토 진사이를 거론한다. 실제 이 두 사람이 대표성을 띠게 된 것은 마루야마 마사오와 사카이 나오키라는 두 학자의 연구가 결정적이었다. 그리고 두 사람 모두 당대 가장 수준이 높았던 학문 이해로 각각 고전 저작을 창조적으로 읽고 재해석하는 데 성공하였다. 고전의 새로운 읽기, 현대적 재창조라는 말의 진정한 의미를 마루야마와 사카이 두 학인에게서 목도할 수 있다. 이토 진사이와 관련해 통찰력 있는 견해를 보여 준 글이 하나 더 있다. 가라타니 고진의 『유머로서의 유물론』에 수록된 「이토 진사이론」이 그것이다. 이토 진사이의 방법론을 깊이 사색하면서 그 의의를 밝힌다는 점에서 시사하는 바가 적지 않다. 여기서 오규 소라이와 이토 진사이가 주목할 만할 인물임을 이미 조선시대에 이덕무와 정약용 등이 명확하게 인지하고 평가하고 있었다는 사실도 적시해 둔다.

사족이지만, 이 책과의 인연을 적는 것도 개인적인 일이면서 우리 시대 글 읽기의 한 풍경으로서 가치가 있을 것 같다.

이토 진사이의 책을 번역하게 된 일은 순전히 『과거의 목소리』 때문이었다. '연구공간 수유+너머'에서 사카이 나오키 선생과 인연을 맺은 후 『과거의 목소리』 읽기 모임이 만들어졌는데, 우연히 신문에서 이 모임을 알게 되어 참석하게 된 것이다. 앞에서 언급한 대로 『과거의 목소리』에서 중요하게 다뤄지는 인물이 이토 진사이였고, 그의 중요 저작으로서 지목된 서적이 바로 『동자문』이다. 해서 그에 대한 독회讀會를 열게 되었다. 옛말에 '글을 읽으면서 사람을 만난다'以文會友라고 했는데 그 말이 이렇게 온

전혀 나에게 적용될 줄은 몰랐다. 일주일에 한 번씩 만나 초벌번역을 읽고 참석자들이 하나하나 지적해 주고 토론하는 방식으로 번역이 진행되었다. 한문을 읽는 사람들이 계속 함께해서 긴장을 늦추지 않은 게 무엇보다 다행한 일이었고, 일본어에 능숙한 분이 계셔서 현대 일본어 번역을 읽으면서 매번 코멘트를 해주셨다. 일본사에 밝은 분이 참석하셔서 에도시대와 관계된 특정 발언 부분을 환기시켜 주기도 했다. 유의儒醫에 관심이 많았던 한의사 분도 있어서 의학 비유가 나올 때마다 이해를 도와주셨다. 게으른 내가 매주 빠지지 않을 수 있었던 작은 기적(?)은 순전히 이분들의 도움 덕분이다. 세상에 학은學恩이라는 말이 있는데, 『동자문』을 같이 읽으면서 끝까지 일을 마칠 수 있도록 해준 이분들의 도움을 일컫는 말이라고 나는 이해한다. 특히 모임이 가능하도록 환경을 만들어 주고 긴장감을 잃지 않도록 늘 관심을 기울여 준 오반장님을 잊을 수 없다. 지금은 몇몇 사람만이 그때의 인연을 이어 계속 만나지만, 돌이켜 보면 이해관계와 사심 없이 온전히 독서에 집중할 수 있었던 때였다. 그럼에도 가리지 못한 몇몇 거친 부분이나 잘못된 곳은 그 도움을 다 반영하지 못하고 고집을 부린 내 아둔함 때문일 것이다. 자랑을 하나 하고 싶다. 사카이 나오키 선생이 『동자문』 번역한다는 말을 듣고 기꺼이 만나 주셔서, 『동자문』을 비롯한 다양한 이야기를 나눌 수 있었고 특히 번역과 관련된 의견을 주시면서 격려받았던 즐거운 기억이 있다. 이 또한 글로 사람을 만난다는 좋은 예라 할 수 있겠다.

번역 텍스트는 『근세사상가문집』(이와나미서점岩波書店에서 일본고전문학대계 시리즈 가운데 97권으로 1966년 간행) 중의 『동자문』 본문 뒤에 수록된 한문 원문이며, 진사이의 최후 수정본을 도가이가 교감·출간한 글을 저본으로 한 것이다.

    이제 이 번역본이 너른 세상으로 나간다. 번역을 마치고 교정을 봤음에도 어색한 부분이 여전히 눈에 띈다. 세상에 눈 밝은 사람이 있어 이 책의 미진한 부분을 찾아내고 부족한 부분엔 혀를 찰 것이다. 비판적인 안목으로 책을 읽어 줄 식견 높은 독자의 질책을 기다린다.

2012년 11월
용산의 불석재不釋齋에서
번역자 삼가 쓰다

# 찾아보기

## 【ㄱ】

가도(家道) 256~257
가의(賈誼) 370
『개보례』(開寶禮) 212~213
『개원례』(開元禮) 212~213
거경궁리(居敬窮理) 371~372
검약[儉] 202~203, 207~208, 223
격물궁리(格物窮理) 372
격물치지(格物致知) 275, 425
겸애(兼愛) 154~155, 304
겸양[讓] 258
경(敬) 100, 102
『경덕전등록』(景德傳燈錄) 291
경서(敬恕) 12
『경설』(經說) 309~310
경세제민(經世濟民) 183
「경재잠」(敬齋箴) 101
『경제유편』(經濟類編) 183~184
고례(古禮) 197~198
『고문논어』(古文論語) 79~80
『고문상서』(古文尙書) 163
『고문진보』(古文眞寶) 205, 308
고신(高辛) 440~442

고요(皐陶) 161, 219
고의(古義) 15
고자(告子) 70
고조(한나라 고조高祖) 219
곧다[直] 352
공문중(孔文仲) 261
공서화(公西華) 109, 128
공안국(孔安國) 442
『공양묵수』(公羊墨守) 237
공영달(孔穎達) 198
공자(孔子) 20, 22, 29, 115, 122, 125, 136, 348, 433~437, 439, 442
 ~와 맹자의 가르침 20, 421
 ~와 요순 433, 435
 ~의 인(仁) 135~136
 중용의 덕 36~37
『공자가어』(孔子家語) 59, 201
과유불급(過猶不及) 155
관중(管仲) 125~126, 129, 133, 135~136, 226~227
광성자(廣成子) 227
교(敎)와 성(性) 55~58
교(敎)의 조목 60
구경(九經) 224~225

『구당서』(舊唐書) 233
구양수(歐陽脩, 구양영숙歐陽永叔, 구양자歐陽子, 구양공歐陽公) 18, 196, 234~235, 301, 303, 329, 332, 407, 410, 415
구준(邱濬) 183
군자와 소인 56
굴원(屈原) 354, 410~411
궁리(窮理) 111
귀유광(歸有光, 귀진천歸震川) 410~411
규구(規矩) 62
극기복례(克己復禮) 157, 178
『근사록』(近思錄) 27, 37, 49, 113, 219, 305, 308, 310, 374, 379, 424~425
기(氣) 287~288
기신(紀信) 232~233
기질지성(氣質之性) 315, 318

【ㄴ】

나여방(羅汝芳, 호는 근계近溪) 16
나흠순(羅欽順, 호는 정암整庵) 370
『난경』(難經) 296
「남간에서 짓다」(南澗中題) 303
남에게 차마 하지 못하는 마음[不忍人之心] 170, 172~173
『냉재야화』(冷齋夜話) 360
노론(魯論) 79
노불(老佛)의 학문 391
노자(老子) 334, 340, 357, 380~381
『노자』(老子, 『도덕경』道德經) 182, 237, 331, 341, 357, 381, 425, 443
노장(老莊) 82, 84, 327, 358
「논불골표」(論佛骨表) 350

『논어』(論語) 20, 22, 24, 26, 28, 31, 33, 41, 45, 58, 94~96, 302, 321~322, 342
「계씨」(季氏) 347, 374
「공야장」(公冶長) 88, 106, 131, 134
「미자」(微子) 14, 182, 300, 387
「선진」(先進) 155, 205, 213, 335, 447
「술이」(述而) 61, 267, 332, 345, 379, 394, 411, 422
「안연」(顔淵) 42, 106, 114, 124, 157, 178, 209, 241
「양화」(陽貨) 47, 63, 169, 303
「옹야」(雍也) 124, 157, 189, 305, 379
「요왈」(堯曰) 161~163, 440~441
「위령공」(衛靈公) 47, 49, 57, 103, 149, 178, 180, 200, 303, 326, 350, 353, 355, 394, 396
「위정」(爲政) 123, 153, 169
「이인」(里仁) 149, 222, 275
「자로」(子路) 103, 112, 169, 209, 429
「자장」(子張) 145, 350, 390
「자한」(子罕) 19, 23, 42, 79, 294, 332, 345, 396
「태백」(泰伯) 158, 203, 275, 363, 401, 440~441
「팔일」(八佾) 213, 332, 340, 379
「학이」(學而) 14, 42, 57, 106, 258, 364, 378~379, 443
「향당」(鄕黨) 241
「헌문」(憲問) 81, 126~127, 178, 244, 264, 269, 438
인(仁)에 대해 문답한 곳 124
지(知)에 대해 문답한 곳 124
효(孝)에 대해 문답한 곳 123

『논어고의』(論語古義) 15, 38, 42, 44, 46, 61, 80, 153, 155, 157~158, 162, 178, 203, 209, 213, 244, 267, 269, 332
『논어지장』(論語指掌) 90
『논어집주』(論語集註) 23, 163, 340
『논형』(論衡) 338
누사덕(婁師德) 232~233

【ㄷ·ㄹ】

단(端) 34
달덕(達德) 299
달도(達道) 299
달마(達磨) 173~174, 360~361
달효(達孝) 230
당경(唐庚) 137
당고(黨錮)의 화 349~350
『당서』(唐書) 196, 333
대동(大同) 173
대용(大勇) 352
대의(大義) 352
대중지정(大中至正) 28
『대학』(大學) 70, 152, 183, 275, 370, 377~378, 387
『대학연의』(大學衍義) 184
『대학연의보』(大學衍義補) 183~184
『대학장구』(大學章句) 426
도(道) 82, 87
  ~에 이르는 길 22, 24, 87
  ~와 교(敎) 46
『도서편』(圖書編) 183
도요토미 히데요시(豊臣秀吉) 218
도원(道原) 291

도잠(陶潛, 도연명陶淵明) 325~326
도통(道統) 161, 388~390
독경(篤敬) 102
독서와 식견 398
돈오(頓悟) 270, 274~275
돌이켜 찾기[反求] 263, 265~266
동중서(董仲舒, 동자董子) 307, 410
『동지회필기』(同志會筆記) 15, 104, 184
두보(杜甫, 두자미杜子美, 두소릉杜少陵) 240, 242, 395, 412
두여회(杜如晦) 210~211, 360~361
두예(杜預) 271
리(理) 276, 282~283, 285, 287, 290

【ㅁ】

마단림(馬端臨) 183
매응조(梅膺祚) 150
맹교(孟郊) 241~242
맹상군(孟嘗君) 206~207
맹자(孟子) 20, 22, 115, 122, 167, 170, 187, 226, 314, 417, 433
  ~의 성선설 314
『맹자』(孟子) 33, 46, 53, 58, 95~96, 302, 321~322, 342
「고자 상」(告子上) 54, 68, 143, 283, 298, 318, 374, 429
「고자 하」(告子下) 30, 189, 443
「공손추 상」(公孫丑上) 14, 30, 35, 47, 54, 68, 116, 123, 171, 246, 264, 294, 318, 353, 374, 418, 429, 434, 438
「공손추 하」(公孫丑下) 227
「등문공 상」(滕文公上) 38, 209, 441

「등문공 하」(滕文公下) 30, 168, 284, 370
「만장 상」(萬章上) 193, 228, 349
「만장 하」(萬章下) 169, 286
「양혜왕 상」(梁惠王上) 14, 171, 205, 211, 298, 407
「양혜왕 하」(梁惠王下) 120, 188, 193
「이루 상」(離婁上) 19, 47, 61, 76, 116, 189, 261, 264, 384, 429, 443
「이루 하」(離婁下) 68, 106, 163, 168, 174, 176, 225, 241, 395, 443
「진심 상」(盡心上) 47, 54, 143, 147, 169, 178, 332, 387, 418, 429
「진심 하」(盡心下) 35, 76, 114, 117, 120, 124, 143, 180, 250, 252, 260
곡속장(觳觫章) 14
왕도(王道)를 논한 곳 185
우산장(牛山章) 15, 54, 374
호연지기장(浩然之氣章) 30, 68, 160, 374, 434
『맹자고의』(孟子古義) 15, 35, 163, 180, 189, 216, 225, 227, 252, 283, 294, 443
『맹자집주』(孟子集註) 23, 261
맹헌자(孟獻子) 189
명(命) 217, 344, 346
명경지수(明鏡止水) 359, 424, 427, 429
명절보신(明哲保身) 349~350
무극태극(無極太極)의 리(理) 277~278
『무문관』(無門關) 426
무욕(無欲) 182
묵자(墨子, 묵적墨翟) 155, 304
문강(文姜) 97
『문선』(文選) 413

문(文) 쓰기 410
문왕(주나라 문왕文王) 173, 204, 218, 260, 344~345
『문장정종』(文章正宗) 413
문제(한나라 문제文帝) 199~200, 202~204
『문체명변』(文體明辯) 413
문·행·충·신(文行忠信) 60~61
『문헌통고』(文獻通考) 183~184
미발(未發) 315, 318
민자건(閔子騫) 204

【ㅂ】

박문(博文) 396
박문약례(博文約禮) 78~80, 157
박애(博愛) 139
박학(博學) 321, 396~397
반고(班固) 30, 186, 199~200, 202, 406~407, 410
반구(反求) 263
방심(放心) 142, 373~374
방정학(方正學) 410
방현령(房玄齡) 210~211, 360~361
방효유(方孝孺) 349, 351, 411
배휴(裵休) 365
백낙천(白樂天) 365
백순(伯淳) →정호
백이(伯夷) 168
번지(樊遲) 90, 103, 114, 124
범엽(范曄) 407
범조우(范祖禹) 188
범중엄(范仲淹) 360~361

『법언』(法言) 318
『벽암록』(碧巖錄) 269, 426
보광(輔廣, 자는 한경漢卿) 18~19
「복성서」(復性書) 15
복희(伏羲) 291, 293~294, 440~442
본심(本心) 298
본어성정(本於性情) 413
본연의 덕[本然之德] 297, 299
본연지성(本然之性) 315, 318
『본초강목』(本草綱目) 103~104
봉덕이(封德彝) 195
부열(傅說) 161
『북계자의』(北溪字義) 318
『분서』(焚書) 242
불교(불가佛家, 불법佛法, 불씨佛氏) 304, 327, 359, 362, 383
불교(佛敎)와 노장(老莊) 84. 419, 181
불립문자(不立文字) 62
붕우(朋友) 240~245
붕우유신(朋友有信) 243
비근(卑近) 73, 75, 78

## 【ㅅ】

『사기』(史記) 120, 201, 207, 227, 233, 250, 261, 332, 337, 345, 402, 405, 441
사단(四端) 11, 34, 115~116, 293, 315
사랑(愛) 121~122
사마광(司馬光) 261, 333, 404~405
사마상여(司馬相如) 406
사마천(司馬遷) 406~407, 410
사무사(思無邪) 152~153
『사서집주』(四書集注) 424

사우(師友) 242
사자(師資) 237
사제지간(師弟之間)의 도리 236
사조제(謝肇) 25
사흉(四凶) 316, 318
삼계(三界) 300, 304
『삼국지』(三國志) 184, 261
상과 벌 221
상달(上達) 270, 272
상앙(商鞅) 327, 391
서(恕) 146~149, 307
『서경』(書經, 『상서』尙書) 31, 60, 120, 125, 152, 161~163, 173, 175, 180, 192, 207, 219, 221, 255, 284, 325, 327, 331, 355, 357, 374, 410, 429
「서명」(西銘) 306
『서전』(書傳) 336
『서전대전』(書傳大全) 174
석량 왕씨(石梁 王氏) 334~335
선(善) 224, 417
선(禪) 365, 383
  ~과 노장(老莊)의 이치 82
선가(禪家) 270, 274
  ~의 전수 388
선왕(제齊나라 선왕宣王) 226
섭이중(聶夷中) 205
섭적(葉適, 섭수심葉水心) 411
성(性) 301, 314
성(性)·도(道)·교(敎) 45, 48, 50, 301
성리학(性理學) 82
「성문사업도」(聖門事業圖) 389
성선(性善)(성선설) 45, 54, 294, 314
성악설(性惡說) 314

성인(聖人)의 도(道) 43
성학(聖學) 153, 279~281, 297, 415
세금(稅金) 206
『세설신어』(世說新語) 237, 443
『세시기』(歲時記) 294
소공(召公) 161
소당연(所當然) 276
『소문』(素問) 379, 401
소식(蘇軾, 소씨蘇氏, 호는 동파東坡) 250, 261, 315, 318, 365, 411
『소씨역해』(蘇氏易解) 318
소옹(邵雍, 소강절邵康節) 283
소이연(所以然) 276, 290
소진(蘇秦) 406
소통(蕭統) 413
「소학 제사」(小學題辭) 364
소호(少昊) 440~442
손무(孫武) 177
손은(孫恩) 407
『송당강문록』(宋唐康文錄) 137
송명(宋明) 유학자 320, 380
『송사』(宋史) 261, 407
수기치인(修己治人) 371~372
「수사언인록」(洙泗言仁錄) 144
순열(荀悅) 332
순(舜)임금 158, 163, 228, 417~418, 428, 442~443
순자(荀子) 314
『순자』(荀子) 163, 170~171, 237, 271, 317, 347
스승을 구하는 빙도 238
스승의 도리 239
『시경』(詩經) 14, 31, 37~38, 60, 63, 77, 90~91, 97, 108, 125~126, 137, 152~153, 205, 218~219, 256~257, 260~261, 275, 325, 327, 331, 344, 350, 357, 375, 378, 410, 412, 430
「시령론 상」(時令論上) 74
『시인옥설』(詩人玉屑) 414
『시전 동자문』(詩傳童子問) 18~19
시중(時中) 340~341
시(詩) 짓기 408
신농(神農) 413, 440~442
신불해(申不害) 282, 284, 327, 391
심법(心法) 266~267
『심법』(心法) 129
심학(心學) 279, 297

【ㅇ】

안회(顔回, 자는 연淵, 안자顔子) 76~78, 80, 124, 156, 365~366, 377, 418
애공(노魯나라 애공哀公) 104, 418
양걸(楊傑) 298
양설씨(羊舌氏) 319
양시(楊時, 양구산楊龜山) 188, 301, 303
양웅(揚雄) 318, 350
양자(楊子, 양주楊朱) 155, 314
양지에 이른다(致良知) 371~372
『어맹자의』(語孟字義) 34~35, 100, 292~293, 331, 426
「어부사」(漁父辭) 354, 356
엄우(嚴羽) 413
「어맹간산서서」(與孟簡尙書書) 137
여민동락(與民同樂) 197
여본중(呂本中) 414

『여씨동몽훈』(呂氏童蒙訓) 414
『여씨춘추』(呂氏春秋) 198
여원명(呂原明, 여희철呂希哲) 365~366
여조겸(呂祖謙, 동래東萊) 376, 405, 413
『역대 통감찬요』(歷代通鑑纂要) 284
『역 동자문』(易童子問) 18~19, 332
역사서(歷史書) 402~407
역수(曆數) 161~163
『역전』(易傳) 31, 329, 425
염유(冉有) 109, 128
영락제(永樂帝) 351
영명연수(永明延壽) 387
영무자(寧武子) 348~349
『예기』(禮記) 16, 25, 86, 173, 193, 242, 261, 284, 311, 327, 334, 379, 407, 447
『예기집설』(禮記集說) 335
예양(豫讓) 232~233
예(禮)와 인(仁) 96
오경(五經) 324, 327, 342
~과 『논어』, 『맹자』 342
오경박사(五經博士) 27
『오경정의』(五經正義) 198
오기(吳起) 177
오눌(吳訥) 413
『오대사』(五代史) 235, 407
오복(五服)제도 437
오사례(吳師禮) 248
오운육기(五運六氣) 401
『오잡조』(五雜組) 25, 341
완적(阮籍) 443
왕도(王道) 170, 172, 175, 177, 179, 181, 183, 185, 187, 194, 202, 210
~와 검약 202

왕상설(王相說) 338
왕선겸(王先謙) 317
왕수인(王守仁, 호는 양명陽明, 왕신건王新建) 16, 62, 259, 261, 321, 369~370, 372, 434
왕술(王述) 307~308
왕신중(王愼中) 411
왕안석(王安石, 왕문공王文公, 왕개보王介甫) 247~248, 333, 360
왕(王)의 덕(德) 192
왕자(王者)와 패자(霸者) 214
왕준암(王遵巖) 410
왕통(王通) 200~201
외물(外物) 71
요(堯)임금 202, 226
우(禹)임금 158, 202, 354
운문(雲門) 360~361
원굉(袁宏) 384
「원도」(原道) 15, 139~140, 155, 327, 363, 390
「원성」(原性) 318
「원인」(原人) 246
원추(袁樞) 380~382
위경지(魏慶之) 414
위아(爲我) 154~155
위징(魏徵) 195~196, 219
유가(儒家)와 불가(佛家) 385
『유마힐경』(維摩詰經) 382
유방(劉邦, 한나라 고조高祖) 201, 233
유안(劉安) 49
유약(有若) 14, 90
유(有)와 무(無) 380
유의경(劉義慶) 237, 443

유종원(柳宗元, 유자후柳子厚) 74, 248, 303, 410
유준(劉峻) 184
유하혜(柳下惠) 168
유향(劉向) 410
육경(六經) 61, 322, 324~326
육구연(陸九淵, 호는 상산象山) 250, 321
『육도삼략』(六韜三略) 186
육예(六藝) 60~61
율려(律呂) 337~338
이기설(理氣說) 317
이단(異端) 357~358, 391~392
이동양(李東陽) 284
이몽양(李夢陽) 351
이발(已發) 315, 318
이백(李白) 308, 413
이시진(李時珍) 103
이원강(李元綱) 389
이윤(伊尹) 161, 168, 192, 226, 232
이정(二程, 정씨 형제) 112, 245
『이정유서』(二程遺書) 248
『이정전서』(二程全書) 49
이지(李贄) 242
이황(李滉) 249~250
인(仁) 12, 15, 96, 107, 109, 115, 119, 128, 135, 138~139, 217
  완성된 덕으로서의~ 118, 123, 125
  ~과 궁리(리理) 111
  ~과 사랑[愛] 121~122
  ~과 서(恕) 146
  ~과 성(性) 139, 141 142
  ~의 실천 방법 124
  ~의 효과 120

『인수옥서영』(因樹屋書影) 239
인의(仁義) 53, 154, 165~166
  ~와 왕도(王道) 170
  ~와 중(中) 154, 156
인의예지(仁義禮智) 11, 35, 39, 367
일원지기(一元之氣) 287, 290
일이관지(一以貫之) 396
임방(林放) 213
임제(臨濟) 360~361
임조은(林兆恩) 391~392

【ㅈ】

자공(子貢) 30, 81, 124, 126, 149, 159~160, 305, 311, 388, 444
자란(子蘭) 354
자량(子良) 318~319
자로(子路) 14, 112, 126, 128, 178, 182, 184, 244~245, 394, 429, 447
자문(영윤令尹 자문子文) 109~110, 131, 232, 319
자사(子思) 160, 417
자양(子襄) 353
자월초(子越椒) 316, 318~319
자장(子張) 42, 90, 103, 131, 155, 394
『자치통감』(資治通鑑) 333, 402~405
『자치통감강목』(資治通鑑綱目) 333
자포자기(自暴自棄) 47
자하(子夏) 89, 144, 155, 193, 350, 363
『자휘』(字彙) 150
장격(臧格) 271
장량(張良) 185~186
장식(張栻, 남헌南軒) 144~145, 376

장의(張儀) 406
장자(莊子, 장주莊周) 70
『장자』(莊子) 70, 72, 113, 167, 211, 425~426
장재(張載, 호는 횡거橫渠) 49, 245~246, 267, 288~289, 306~308, 314, 318, 361
장저(長沮)와 걸익(桀溺) 14
장황(章潢) 183
재아(宰我) 30
저구(杵臼) 232~233
「적벽부」(赤壁賦) 411
적인걸(狄仁傑) 232~233
『전국책』(戰國策) 405
전등(傳燈) 444~445
『전습록』(傳習錄) 370, 434
전욱(顓頊) 440~442
절약과 검소[節儉] 208, 212, 253
절차탁마(切磋琢磨) 247
『정몽』(正蒙) 267, 288, 308, 318, 361
정선부(鄭善夫) 413
정심성의(正心誠意) 190~191
『정씨유서』(程氏遺書) 318~319
정영(程嬰) 232~233
정이(程頤, 호는 이천伊川, 정자程子) 27, 31, 49, 61, 92, 110, 113, 140, 159, 217, 245~246, 250, 259, 261, 264, 268, 304, 309~311 314, 318, 322, 329, 341, 373, 378, 425, 433
『정자통』(正字通) 363
정현(鄭玄) 25, 80, 237, 242, 311
정호(程顥, 호는 명도明道) 37, 113, 245~248, 378~379
『정화례』(政和禮) 212~213

조기(趙岐) 25, 252, 259~260
조맹정(趙孟靜) 391~392
조술(祖述) 439~441
「조식잠」(調息箴) 424, 426
조정길(趙貞吉) 392
조주(趙州, 종심從諗) 291
조최(趙衰) 227
존양(存養) 46
『종경록』(宗鏡錄) 387
종고(宗杲, 대혜종고) 360~361
좌구명(左丘明) 330
주돈이(周敦頤, 주자周子, 호는 염계濂溪) 154, 179, 197, 271, 278, 289, 310~311
주량공(周亮工) 239
『주례』(周禮) 25, 150
『주문공문집』(朱文公文集) 200, 277, 381, 425
『주역』(周易, 『역경』) 30, 37, 44, 51, 68, 99, 137, 145, 152, 193, 196, 256, 277, 285, 289, 291, 295, 310, 325, 327, 329, 331, 339, 342~345, 378, 381, 438
『주역고의』(周易古義) 296
『주자서절요』(朱子書節要) 250
『주자어류』(朱子語類) 113, 137, 372
주희(朱熹, 회옹, 고정考亭, 주자朱子) 34, 37, 51, 61, 64, 68, 90, 101, 112, 126, 133, 155, 160, 163, 171, 190, 199, 200, 250, 252, 259~261, 264, 275, 277, 289, 291, 296, 318, 321, 330~334, 349, 364, 366, 379~381, 404, 426
　~와 육구연 367~371
중(中) 154, 161, 339
중용(中庸) 37~38, 43, 159

『중용』(中庸) 14, 30, 35, 38, 40, 44, 50~52, 65, 67, 74, 77, 83~86, 88, 99, 104, 152, 159, 168, 172, 174, 177~178, 182, 224~225, 256~257, 264, 272~273, 318, 341, 349~350, 354~355, 364, 366, 368, 377~378, 388~389, 391, 418, 432, 438~441, 444
『중용발휘』(中庸發揮) 160, 340, 351
『중용장구』(中庸章句) 49, 160, 350
중유(仲由) 109
중정(中正) 155, 342
증공(曾鞏) 410
증자(曾子) 42, 148~149, 159, 275, 353, 377, 379, 401
지(智, 知) 167~168
진덕수(眞德秀) 184, 413
진량(陳亮) 200~201, 289
진문자(陳文子) 109~110, 131
『진사이 일찰』(仁齊日札) 432
진상(陳相) 441
『진서』(晋書) 308, 407
진수(陳壽) 184
진순(陳淳) 318
진시황(秦始皇) 85, 218, 233
『집주대전』(集註大典) 22~23

【ㅊ】

『창랑시화』(滄浪詩話) 413
채침(蔡沈) 174, 336
청정(淸淨) 182
청정무욕(淸淨無欲) 429
청출어람(靑出於藍) 236~237

체용(體用) 15
『초사』(楚辭) 411
『초씨필승』(焦氏筆乘) 414
초횡(焦竑) 414
『춘추』(春秋) 31, 44, 204, 325, 327, 329~331, 336, 342
『춘추곡량전』(春秋穀梁傳) 237, 330, 333
『춘추공양전』(春秋公羊傳) 237, 284, 330, 333, 337
『춘추좌(씨)전』(春秋左傳) 30, 35, 198, 237, 316, 318~319, 330, 401, 422
충(忠) 232
 ~과 효(孝) 234
충서(忠恕) 148, 265, 378
충신(忠信) 12, 96, 98, 102~103, 105
치도(治道) 220
「치안책」(治安策) 370

【ㅌ·ㅍ】

탕(湯)임금 162~163, 226
태극(太極) 277~278, 288, 311, 381
『태극도설』(太極圖說) 112, 372
『태극도설해』(太極圖說解) 277~278
태종(당나라 태종太宗) 195, 201, 219
태허(太虛) 287, 289
『통감강목』(通鑑綱目) 404~405
『통서』(通書) 155, 198
편작(扁鵲) 177
평공(진晉나라 평공平公) 226
포희(庖犧) 441
풍기(馮琦) 183
풍환(馮驩) 206~207

## 【ㅎ】

하안(何晏) 80
하학상달(下學上達) 79~81, 264, 268
하휴(何休) 237
학문과 본성 69
학문과 왕도 181
학문의 가법 431
학문의 공력 65~66
학문의 요체 263
한간(韓幹) 393, 395
한기(韓琦) 360~361
『한기』(漢紀) 332
한비자(韓非子, 한비) 282, 391
『한비자』(韓非子) 203
『한서』(漢書) 30, 186, 200~201, 289, 308, 402
한유(韓愈, 한문공韓文公, 한퇴지韓退之, 한자韓子) 15, 21, 134, 137, 139, 142, 155, 242, 246, 259, 261, 307, 314, 318, 327, 348, 350, 363, 389, 410, 415
한탁주(韓侂冑) 349
항심(恒心) 298
항우(項羽) 233
해당(亥唐) 226
허령지각(虛靈知覺) 368
허무(虛無)와 적멸(寂滅) 383
허행(許行) 440~441
허형(許衡) 130
형가(荊軻) 232~233
형병(邢昺) 158

혜능(慧能) 173~174, 360~361
혜홍·각범(惠洪覺範) 360
호굉(胡宏) 315
호안국(胡安國) 315, 318, 330
호인(胡寅) 74
『호자지언』(胡子知言) 318
호학(好學) 417~418
혼천의(渾天儀) 제도 336
확충(擴充) 12, 14, 46, 67~68, 116
환공(제나라 환공桓公) 226~227
환퇴(桓魋) 344, 348~349
활물(活物) 290~292, 373~374, 376
활법(活法) 376
황간(黃幹) 340
황극(皇極) 173
『황극경세서』(皇極經世書) 283
황로(黃老) 200
『황명문칙』(皇明文則) 413
황석공(黃石公) 185~186
『황송문감』(皇宋文鑑) 413
황제(黃帝) 227, 440~442
『황제내경소문』(黃帝內經素問) 401, 409
『회남자』(淮南子) 49, 334~335, 337
회옹(晦翁) → 주희(朱熹)
회왕(懷王) 354
효(孝) 12, 228~229
『효경』(孝經) 231, 235, 328, 332, 430
『효경위』(孝經緯) 235
『효경정의』(孝經正義) 158
『후한기』(後漢紀) 384
『후한서』(後漢書) 207, 235, 237, 383